SEGUNDA EDICIÓN AMPLIADA Y REVISADA DEL BEST SELLER DE
MEDICINA CUERPO MENTE

CHINESE MEDICAL QIGONG

• • • • • • •

QIGONG TERAPÉUTICO PARA LA PRÁCTICA CLÍNICA
LIBRO DE TEXTO PARA EL PRIMER CURSO DEL MÁSTER DE QIGONG

POR JOAQUÍN ALMERÍA

CHINESE MEDICAL QIGONG

QIGONG TERAPÉUTICO PARA LA PRÁCTICA CLÍNICA

LIBRO DE TEXTO PARA EL PRIMER CURSO DEL MÁSTER DE QI-GONG

JOAQUÍN ALMERÍA

TAO PUBLISHING CO. P.o.box 370128 Las Vegas, NV. 89137 USA ©

Joaquín Almería Querol © 2017

ACLARACIÓN :

Este libro se presenta sólo como texto complementario a los cursos presenciales impartidos por el Dr. Joaquim Almería. Ni el autor, ni la editorial, ni los centros en los que se imparten estas enseñanzas pueden garantizar o asegurar que la práctica de estas técnicas produzca resultados. El lector entiende que si aplica de forma incorrecta las técnicas aquí escritas sin supervisión puede sufrir lesiones o daños y ni el autor, ni la editorial, ni los centros de enseñanza se responsabilizan de dichas lesiones. Es imprescindible consultar a su médico antes de realizar cualquier tipo de ejercicio y/o terapia natural. Las técnicas y conceptos aquí descritos se presentan únicamente como una forma de preservar el legado cultural de oriente.

NOTA DEL AUTOR:

Mi pasión y misión en esta vida es mejorar la calidad de vida de todas aquellas personas que entren a formar parte de mi esfera de influencia, a través de tratamientos personales, seminarios, cursos, charlas y tecnología multimedia.
Mi filosofía es educar, entretener e inspirar, siendo un ejemplo de lo que es posible conseguir cuando uno se lo propone y se deja llevar por su voz interior.
Mi obsesión desde joven ha sido entender y cultivar el Qi. Eso me ha llevado a vivir y estudiar en Japón, China y EEUU. Después de años de práctica clínica y de investigación, ahora me complace compartir mi experiencia y conocimiento con los míos.

ÍNDICE

SOBRE EL AUTOR

Joaquín Almería nació en Pamplona, España. Empezó su carrera en las artes marciales de la mano del Judo y Ju Jitsu a la edad de ocho años. Para muy joven Joaquín era ya instructor de artes marciales ostentando el grado de cinturón negro en artes como Tae Kwon Do, Kick Boxing, Full Contact, Savate, y Muay Thai.

En los años '90 obtuvo títulos nacionales e internacionales como campeón en las disciplinas del Taekwondo Do y el Kick Boxing. Durante los veranos Joaquín solía visitar los EEUU para poder estudiar bajo la tutela de los mejores maestros de las artes marciales. Joaquín está orgulloso de haber estudiado con Grandes Maestros de la talla de Dan Inosanto, George Dillman, Reylson Gracie (noveno Dan en Gracie Jiu Jitsu), Los hermanos Machado, Ron Balicki, etc... Asimismo Joaquín se certifico como personal trainer y licenciado en Fitness bajo el consejo americano del deporte, ACE (American Council on Exercise).

Joaquín empezó a amar las artes orientales durante sus visitas a E.E.U.U. Su principal maestro allí fue el Sr. Dan Inosanto en la IAMA (Inosanto academy of martial arts) de Los Ángeles. Dan Inosanto fue un adelantado alumno y amigo personal del desaparecido Bruce Lee. El Sr. Inosanto es en la actualidad el heredero de su arte y se dedica a preservar sus enseñanzas. Continuando con sus estudios de la filosofía oriental Joaquín estudio Acupuntura, Qi Gong, Masaje Chino, Fitoterapia y Medicina Tradicional China. Joaquín Almería es pionero en lengua española en hacer cursos de formación en esas disciplina energética. Sus trabajos por escrito se han publicado en 37 países y se han traducido a 7 idiomas. Sus video cursos online están disponibles tanto en castellano como en ingles.

Joaquín es coreógrafo de escenas de lucha para el teatro y el cine. Una de sus coreografías mas celebres es la escena de lucha en el barrio chino de la película "Desde París con Amor" cuyo protagonista es John Travolta, alumno privado y amigo personal, en la cual aparece Joaquín como actor invitado.

Joaquín es considerado como un experto en artes curativas y marciales y constantemente viaja por el mundo realizando cursos y seminarios en artes tan variadas como Qi Gong Medico, Acupuntura, Masaje de la Medicina Tradicional China, Dieta de los cinco elementos, técnicas Taoístas de salud longevidad y sexo, JKD (Jun Fan Jeet Kune Do), las AMF (Artes Marciales Filipinas), el Kyusho/ Dim Mak o el Tai Chi Chuan.

Su ambición para aprender de la fuente le condujo a Japón y a China, donde continúo su formación marcial y sus estudios de medicina china. Mientras en Japón, Joaquín aprendió el idioma y la escritura. Debido a su habilidad con el idioma fue capaz de enseñar artes marciales y administrar tratamientos de acupuntura a los japoneses. Joaquín Obtuvo el título de campeón de Japón en el estilo Sei Shin Kai de Karate a pleno contacto sin protecciones. Joaquín es uno de los pocos Occidentales en haber dado clases de Artes Marciales en Japón y en ganar en ese tipo de campeonatos. Después de vivir en Japón varios años Joaquín obtuvo el cinto negro en Karate Sei Shin Kai y Aikido.

Después de vivir en Japón se traslado a Los Ángeles E.E.U.U. para estudiar a jornada completa bajo la tutela de Dan Inosanto consiguiendo los títulos de instructor en el arte y ciencia de Bruce Lee (Jun Fan Jeet Kune Do) y las Artes Marciales Filipinas (AMF). Joaquín ha sido una de solo tres personas no nacidas allí que ha impartido clases como instructor en su academia de los Ángeles. No es lo mismo ser instructor bajo Dan Inosanto que dar clases en la academia de Dan Inosanto. Joaquín tiene el honor de haberlo hecho.

Joaquín fue nombrado Instructor del año por el USA Hall Of Fame en el 2000. Además Joaquín consiguió el cinturón negro de Brazilian Jiu jitsu bajo la tutela de Reylson Gracie (noveno Dan). Debido a su conocimiento de los puntos de presión y de la Medicina Oriental (Joaquín es Experto en Medicina Tradicional China y pionero del Qigong Médico en lengua hispana) Joaquín está llevando a cabo un revolucionario estudio que une al Kyusho Jitsu con los conceptos del JKD y sus aplicaciones. Dicho estudio está avalado por la D.K.I. (Dillman Karate International) de la que Joaquín es el único representante en España y mayor grado 8o DAN a fecha de este escrito.

Durante su residencia en EEUU Joaquín trabajo como asesor de salud privado de estrellas de Hollywood como John Travolta y de familias reales como el príncipe de Arabia Saudita. Su afán por experimentar hasta donde llegan los límites de la medicina energética, lo llevo a trabajar en varios centros de medicina alternativa de Los Ángeles y Las Vegas.

Después de toda esta experiencia, Joaquín ahora enseña su sistema de sanación y de defensa personal por todo el mundo. Tú no necesitas dejar tu vida y viajar a China para poder aprender estas artes.

Ahora tienes la oportunidad de beneficiarte de toda su experiencia, pero eso no es todo...

Mas importante aun es la perspectiva única que tiene de primera mano de saber lo que funciona y lo que no. Apúntate hoy mismo a uno de los cursos o compra el programa de aprendizaje a distancia y aprovéchate de toda esa experiencia y conocimientos.

El curso online de Joaquín Almería es un sistema práctico, fácil y rápido de implementar por cualquier persona sin importar edad, sexo o conocimientos previos en Medicina China o Artes Marciales. Para organizar cursos, charlas, sesiones privadas o certificación contactar con nuestra web.

CAPÍTULO 1

INTRODUCCIÓN AL QIGONG MÉDICO

Hace más de 5000 años, los físicos chinos entendieron que todo está compuesto por la misma substancia energética llamada Qi (pronunciada "chi"). Estos maestros antiguos concluyeron que hay una unidad y una plenitud en toda existencia, y que energéticamente todo está interconectado como un cuerpo, aunque la energía aparezca y tome formas diferentes. Todas las formas en la naturaleza y, de hecho, todas las cosas del Universo están entretejidas, así que estamos, bastante literalmente, unidos de forma simbiótica al Universo a través del Qi. El Qi siempre está en movimiento dentro de todas las cosas y es el catalizador para que todo se relacione entre sí y el Universo.

En la actualidad, las leyes de la física han demostrado que materia y energía son intercambiables, y que esa materia no es más que otra forma de energía. La materia está en constante vibración en las formas tangibles sólidas y los gases intangibles. Y se está constantemente alterando, siendo afectada por, o interactuando con la energía. La energía es inherente en el cuerpo humano vivo, y el cuerpo humano está sostenido por energía.

Los antiguos maestros chinos dominaron técnicas para equilibrar la energía del cuerpo (Qi) para vivir en armonía con el Qi ambiental (terrenal) y el universal (de los cielos). La medicina tradicional China mantiene que cuando las cosas vivas empiezan a perder su Qi, pierden su vitalidad. Un viejo dicho chino dice: «La vida empieza porque reunimos el Qi, cuando el Qi se esparce, la persona muere».

El Qi se almacena dentro del cuerpo en forma de lagos, creando la estructura de los órganos internos. Es desde estos lagos internos que la fuerza vital del cuerpo fluye en forma de ríos y corrientes. Estas corrientes energéticas y ríos forman las venas del cuerpo, los canales, y los sistemas colaterales.

LOS CINCO DOMINIOS DE LA ENERGÍA

Los antiguos maestros observaron que el Qi puede dividirse en cinco manifestaciones de materia y energía: mineral, vegetal, animal, humana y divina. Cada forma atrae la energía de la siguiente, resonando e interactuando con la divina a través de la relación de las formas en el Wuji (espacio infinito). Las cinco manifestaciones de la energía y la materia son las siguientes.

1. 1. El campo energético **mineral** está considerado el más denso (y por ende, el más lento) o la forma más lenta de vibración energética. La desintegración o división de las partículas minerales se combina con los elementos del aire y el agua para formar el suelo terrestre. Cada partícula en el suelo conserva aún la energía original y primordial del mineral, que interactúa con la energía de lo divino.

2. El campo energético **vegetal** es considerado el siguiente nivel de vibración energética. Toda la vegetación de la Tierra (árboles, matorrales, flores, hierbas, etc.) absorbe una parte de su energía vital del campo energético de los minerales, incrementando y multiplicando su potencial energético. El campo energético de las plantas se considera el siguiente escalón en la evolución energética hacia el campo energético divino.

3. El campo energético **animal** es el siguiente nivel de vibración energética. El animal consume y absorbe la energía del campo energético de las plantas, incrementando y multiplicando su energía potencial, llevándola un paso más cerca del campo energético divino. Con cada frecuencia de vibración energética también hay un mayor nivel de consciencia y percepción.

4. El campo energético **humano** es considerado el siguiente nivel de vibración energética. La humanidad se erige entre el cielo y la Tierra, participando de los dos campos energéticos. A través de la dieta, la práctica del Qigong, la plegaria, y la meditación, los humanos pueden refinar y multiplicar más su potencial energético.

5. El campo energético **divino** es la forma más alta de vibración energética conocida. Mientras se introduce y se activa en el cuerpo humano, incrementa y multiplica la energía potencial del cuerpo, permitiendo al hombre alcanzar consciencia divina.

Todos estos campos energéticos tienen su origen en una misma fuente, y todos contienen las vibraciones de la misma fuerza vital divina. Igualmente, con una actitud de gran respeto hacia las plantas y animales que renuncian a su fuerza vital energética para que la consumamos, es posible incrementar el valor nutricional de las sustancias que nos proporcionan. La bendición de la comida, y la comida preparada con una actitud cariñosa, nos permite no sólo absorber las vitaminas y los minerales que contiene, sino también la vibración de la energía divina inherente en todas las cosas. Por esta razón, muchas culturas ancestrales, a menudo llamadas "primitivas" rezaban antes de cazar para que el espíritu del animal se entregara voluntariamente para el sacrificio. Los rezos también se hacían después de haber matado al animal para liberar su espíritu y que pudiera volver al reino celestial.

Una vez que los individuos toman consciencia del campo energético divino, empiezan a experimentar la refinada vibración de los minerales, plantas, animales y seres humanos.

Esta percepción potenciada de la fuerza vital divina refuerza la percepción del campo energético particular y el de los demás. Esto a su vez puede ayudar a profundizar en las conexiones conscientes e inconscientes entre nosotros y los demás, sean humanos, animales, vegetales o minerales.

DEFINIENDO LA ENERGÍA DEL YIN Y EL YANG

Cada uno de los cinco campos energéticos puede ser subdividido en aspectos Yin y Yang. En la medicina tradicional China (MTC), la teoría de la energía Yin y Yang representa la dualidad del equilibrio y la armonía en nuestro cuerpo, así como en el Universo. La energía terrestre es Yin, mientras que la celestial es Yang.

El Yin existe en el Yang, y el Yang en el Yin. El Yang se manifiesta como activo, creativo, masculino, caliente, duro, luminoso y brillante. El Yin se manifiesta como pasivo, receptivo, femenino, frío, blando y oscuro. El equilibrio dinámico entre Yin y Yang siempre cambia y transforma la energía vital del cuerpo.

Los practicantes que equilibraban con éxito estas energías del cuerpo eran considerados maestros o "inmortales", capaces de armonizar el cuerpo con la mente, la mente con la voluntad, la voluntad con la respiración, la respiración con el espíritu, el espíritu con el movimiento, y finalmente, el movimiento con el ambiente que nos rodea (Tierra), el Universo (Cielo), y lo divino (Dao).

ENTENDIENDO EL CONCEPTO DE QI

Aunque el concepto de Qi parezca complicado es, de hecho, bastante simple. La materia se hace energía y la energía se transforma en espíritu. El Qi es el mediador, o el puente, entre materia y espíritu. Una vez nos damos cuenta de la realidad del Qi, se reconoce muy fácilmente.

A través de la observación y el estudio, los maestros de Qigong Chino (pronunciado chi-gong) descubrieron que cada órgano en el cuerpo humano tiene una función diferente y una velocidad diferente de vibración energética. Mediante la traza de los caminos (canales) que el Qi toma a través de cada órgano y observando sus efectos en las funciones corporales, los chinos desarrollaron las teorías básicas en las que se fundamenta la práctica del Qigong. Durante miles de años, la Medicina China ha curado de manera eficaz enfermedades muy serias estimulando las energías del cuerpo de formas muy específicas.

A través del estudio del Qigong, cualquiera que desee cultivar la percepción de las vibraciones energéticas y sus caminos individuales puede aprender a influenciarlas o incluso a controlarlas. Los practicantes de Qigong usan estas habilidades para sanar y reforzar el sistema inmunológico y para mejorar el funcionamiento de varios sistemas de órganos del cuerpo. China Healthways International estima que sólo en Beijing, más de 1.3 millones de personas practican alguna forma de Qigong cada día, además, en toda China, alrededor de 80 millones de personas practican Qigong.

DIFERENTES ESCUELAS DE QIGONG

Qi significa "energía de fuerza vital" y gong significa "habilidad", así Qigong es la habilidad de reunir, hacer circular, y aplicar la energía de fuerza vital. En China actualmente, la práctica del Qigong se divide en tres escuelas principales: médica, marcial, y espiritual. Las tres escuelas están basadas en los mismos principios filosóficos y comparten muchas meditaciones y técnicas. Difieren principalmente en los temas a que dan más importancia. Los estudiantes escogen una escuela en base al uso que le quieran dar a su entrenamiento en Qigong. De forma breve, cada escuela se concentra en una de las especialidades siguientes:

1. La escuela **médica** entrena a terapeutas y sanadores en métodos especiales de Qigong para mantener la salud y la longevidad, prevenir la enfermedad, y diagnosticar y tratar enfermedades y desórdenes. Las tres principales técnicas del Qigong Médico son las siguientes:

a) purgar para desintoxicar el cuerpo de agentes patógenos;
b) tonificar para reforzar los órganos internos del cuerpo y sus sistemas; c) regular el equilibrio de la energía interna del cuerpo.

2. La escuela **marcial** entrena artistas marciales para incrementar su fuerza y poder para hacer artes marciales y aplicarlas. Las tres técnicas básicas en el entrenamiento del Qigong marcial son las siguientes:

a) técnicas de poder obvias (Ming Jing) que enfatizan el entrenamiento y el condicionamiento de los músculos, refuerzan la estructura ósea e incrementan la resistencia global individual. Esta escuela incluye técnicas como golpear al cuerpo (brazos, manos, piernas y torso) para endurecer y reforzar los tejidos;

b) técnicas de poder ocultas (An Jing) que enfatizan los estiramientos de los tendones y ligamentos (conocido como devanar y estirar la seda) cultivando la resonancia de la vibración en el cuerpo para el golpeo y la generación de fuerza;

c) técnicas de poder misterioso (Hua Jing) que enfatizan el entrenamiento y el condicionamiento de la imaginación de la mente y la intención, para proyectar y utilizar el poder y la fuerza del Shen individual (espíritu).

3. La escuela **espiritual** entrena a practicantes que quieran buscar la transformación espiritual y el despertar (Taoísmo, Budismo, y Confucianismo tienen cada uno sus técnicas particulares). Sus técnicas incluyen meditaciones para fusionar, así como para liberar las tres almas etéreas (Hun). Estas almas pueden ser mejor entendidas como personificación de cualidades morales (o arquetipos). Cuando las Hun están completamente desarrolla-

das, el practicante adquiere ciertos poderes extraordinarios, como el viaje espiritual. La meta, aún así, es alcanzar la transformación y un estado de iluminación, y no desviarse del camino por esos poderes extraordinarios. Las tres técnicas básicas del entrenamiento en Qigong espiritual son las siguientes:

a) nutrir el espíritu (Shen), para reforzar y refinar el poder del Shen individual;

b) albergar el Shen a través de un proceso disciplinario de los pensamientos y las emociones, para relajar y pacificar el Shen individual, y para hacerse más receptivo a la guía y energía divina;

c) combinar el Shen con el Qi, para coordinar la respiración y la intención para dirigir el espíritu a que guíe la fuerza vital del cuerpo.

El entrenamiento en Qigong involucra todos los sentidos físicos individuales. La concentración se centra en la respiración, la escucha, la visualización, y la relajación muscular. Los masajes y el movimiento también se usan para desarrollar el control y el desarrollo de la energía interior del cuerpo. Estudiar Qigong requiere no sólo comprender la inconmensurable sabiduría reunida para el desarrollo médico, marcial o espiritual, sino también la cultura China ancestral inherente en estos sistemas.

DEFINICIÓN DE QIGONG MÉDICO

Todos los cuerpos vivos generan un campo externo de energía llamado Wei Qi (pronunciado "uei chi"), que se traduce por "energía de protección". La definición de Wei Qi en el Qigong Médico es un poco diferente a la de la Medicina Tradicional China (MTC). En los textos de MTC clásica, el campo Wei Qi es visto como limitado a la superficie del cuerpo, circulando entre los músculos y los tendones. En el Qigong Médico, en cambio, el campo Wei Qi también incluye las tres capas externas del aura del cuerpo y los campos energéticos sutiles. Esta energía se origina en cada uno de

los órganos internos y emana a través de los tejidos externos. Allí el Wei Qi forma un campo energético que irradia desde todo el cuerpo físico. Este campo de Qi protege el cuerpo de la invasión de agentes patógenos externos y comunica e interactúa con los campos energéticos universales y ambientales del alrededor.

Tanto los factores patógenos internos como los externos afectan a la formación estructural del Wei Qi. Los factores internos incluyen influencias emocionales reprimidas (como ira, culpa o traumas); los factores externos incluyen influencias ambientales cuando son muy serias o crónicas, como el frío, la humedad, el calor, o el viento, etc. Los traumas físicos también afectan al Wei Qi.

Cualquier cambio negativo afecta al Wei Qi creando agujeros en la matriz del campo energético externo del individuo. Cuando no se los atiende, estos agujeros dejan al cuerpo vulnerable a la penetración y la enfermedad empieza a echar raíces en el cuerpo. Las emociones fuertes, quedan atrapadas dentro de los tejidos del cuerpo, en forma de energía tóxica, cuando nos contenemos o no las integramos en nuestros sentimientos. Estas emociones no procesadas bloquean el curso natural del Qi, creando lagos estancados de energía tóxica dentro del cuerpo.

El Qigong Médico consiste en técnicas específicas que usan el conocimiento de los campos energéticos internos y externos del cuerpo para purgar, tonificar, y equilibrar estas energías. El Qigong Médico ofrece a los receptores de la terapia una forma sana y efectiva de liberarse de patógenos tóxicos y años de emociones dolorosas que, de otra forma, pueden causar enfermedades físicas y mentales. Esta terapia combina técnicas de respiración con movimiento, visualización creativa, e intención espiritual para mejorar la salud, el poder personal, y el control sobre la vida de uno mismo.

CÓMO SE ESTUDIA EL QIGONG MÉDICO EN CHINA

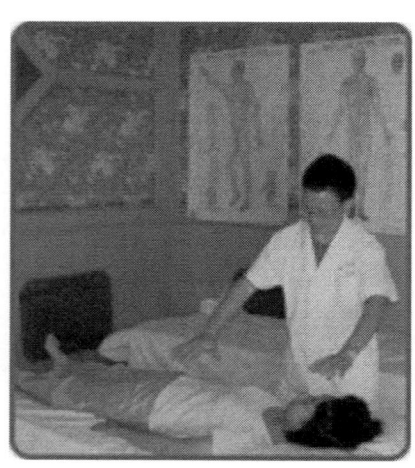

Hay muchas universidades de MTC a lo largo y ancho de China que actualmente se concentran en la enseñanza del Qigong Médico. La mayoría apoyan el estudio científico y la expansión de los métodos del Qigong Médico y los tratamientos de la MTC.

Según el maestro de Qigong y doctor de MTC, el profesor Zhou Qianchuan, todos los doctores chinos más famosos de acupuntura y moxibustión, medicina herbal, recolocación ósea, y terapia mediante masaje, o bien practican Qigong o lo han incorporado en sus prácticas clínicas. Las universidades más importantes en China ofrecen un programa de tres años de duración, financiado por el gobierno, en terapia de Qigong Médico. El programa incluye clases, laboratorio y seminarios sobre teoría de la Medicina China Tradicional. Estos estudios incluyen los fundamentos de la Medicina China para las dolencias internas de acuerdo al *Canon interior del emperador amarillo, el eje espiritual, preguntas esenciales, y el canon de las perplejidades*.

Las clases de Qigong Médico también incluyen Anatomía Energética y Fisiología, Diagnóstico y Sintomatología, Psicología Energética, Patología de Qigong, Terapia de Qigong Médico, así como el estudio de otras modalidades médicas relacionadas, donde se incluye un entendimiento comprensivo de la medicina herbal, terapia por acupuntura, y masaje chino. Las clases de Anatomía Occidental y Fisiología, Dolencias Internas Occidentales, Salud y recuperación, también son requeridas.

Durante el programa de graduación, entrenamientos de tres a cinco horas acompañan a las clases estándar, de seis días por semana según el currículum. En el curso se desarrolla la maestría personal en la extensión energética, y las técnicas de diagnóstico se examinan rigurosamente una vez por semana. Cuando se completan los cursos requeridos y se pasa el examen final, el estudiante recibe un certificado que lo acredita en el cumplimiento del curso. Después, se requiere un internamiento de seis meses a un año en un hospital afiliado a la universidad. A cada programa de internamiento se le asigna una sala separada de los hospitales seleccionados; tanto las instalaciones para el receptor de la terapia como las que no están abiertas al público. Cada rama tiene aproximaciones específicas a la hora de curar al receptor de la terapia, con sus reglas únicas para la diagnosis y el tratamiento. Una vez finalizado este período de prácticas, el nuevo doctor es licenciado como Monitor de Terapia en Qigong Médico por el Departamento de Tecnología Científica de la República Popular de China.

Hay tres niveles de supervisores diferentes trabajando con cada rama de la MTC en China. La primera y la posición más baja es "doctor en Qigong Médico", el cual es responsable del tratamiento de todos los receptores de la terapia (incluyendo los de dentro y fuera del hospital). Los puestos de los terapeutas de Qigong Médico se cubren con licenciados que hayan estado entre cuatro y cinco años de práctica en un hospital. El siguiente nivel es "físico o doctor en cargo", y denota una posición de veteranía en la clínica. Este individuo es el encargado de supervisar los procedimientos clínicos de los doctores de Qigong. Esta posición se consigue después de haber ejercido al menos cinco años como doctor de Qigong. El nivel final, y el más alto, es el llamado "director o profesor"; esta posición asume la supervisión de los doctores al cargo, así como la enseñanza, el tratamiento, y el entrenamiento de otros doctores para pasar el conocimiento del Qigong clínico a las generaciones futuras. Esta posición se

obtiene después de pasar un mínimo de cinco a seis años como doctor en cargo.

La licenciatura es revisada por el departamento de tecnología científica (que da licencia en los hospitales locales) o por el ministerio de tecnología científico (que da licencia para ejercer en cualquier hospital del país) de la República Popular de China. Las habilidades del doctor en Qigong se examinan a través de pruebas orales, escritas y prácticas, y se da la licencia según la puntuación. En la China actual, hay cinco posiciones posibles para el doctor en MTC:

1. doctor en Terapia por Acupuntura (D. Ac.), se especializan en las cinco modalidades de acupuntura China;

2. doctor en Medicina Herbal (D.M.H.), se especializan en las cinco modalidades de herbología China;

3. doctor en Terapia por Masaje (D.T.M.), se especializan en las cinco modalidades de masaje chino y regulación de tejidos;

4. doctor en Terapia de Qigong Médico (D.Q.M.), se especializa en las cinco modalidades de Qigong Médico;

5. doctor en Medicina Tradicional China (D.M.T.C.), es un doctor que se ha entrenado en las cuatro ramas de la MTC (acupuntura, herbología, masaje, y Qigong Médico).

CÓMO SE ESTUDIA EL QIGONG MÉDICO EN E.E.U.U.

El Instituto de las Cinco Ramas, universidad y clínica de MTC se convirtió en la primera universidad de MTC/Acupuntura en los Estados Unidos en abrir una clínica de Qigong en abril del año 2000. La clínica no sólo sirve como un centro valiosísimo de enseñanza sino que también es una clínica más económica o alternativa para el público general. Fundada en 1984, el Instituto de las Cinco Ramas ha sido conocido tanto por su liderazgo en la educación sobre MTC, como por su innovación académica. Fue la primera universidad de MTC en establecer un centro de neurología (fundado en 1995) para el tratamiento especializado de receptores de la terapia paralíticos, bajo la dirección del mundialmente famoso físico chino, el doctor Ming Qing Zhu y sigue siendo la única que cuenta con un centro de este tipo.

Los estudiantes aprenden y experimentan la aplicación básica de la purgación, tonificación y ejercicios de regulación durante el primer semestre. Las clases incluyen conferencias y laboratorio. Además también estudian los principios subyacentes de cada ejercicio y meditación de Qigong Médico, y aprenden cuándo se deben o no hacer estos ejercicios en la aplicación clínica. Se les enseña Psicología Energética y cómo tratar con las descargas emocionales de sus receptores de la terapia.

En el segundo semestre los estudiantes hacen unas series progresivas de meditaciones y ejercicios de Shengong, para desarrollar habilidades avanzadas e intuitivas en el diagnóstico. También aprenden protocolos de tratamiento básico en Qigong y empiezan la primera fase de internamiento clínico.

Del tercer semestre en adelante, empiezan el estudio profundo en la teoría del Qigong Médico y su aplicación. La meta es completar un proceso de titulación de tres años en Terapia de Qigong Médico.

En la primera fase del internamiento clínico, los estudiantes trabajan como parte de un equipo, asistiendo a un interno superior.

En la segunda fase, los estudiantes trabajan con sus propios receptores de la terapia bajo la supervisión de un instructor.

Al final de la fase de internamiento, los terapeutas reciben su graduado y estarán cualificados para tratar y diagnosticar a los receptores de la terapia sin supervisión.

MEDICINA TRADICIONAL CHINA Y TERAPIA POR QIGONG MEDICO

La Terapia por Qigong Médico es la más antigua de las cuatro ramas de la MTC y proporciona los fundamentos energéticos desde donde la acupuntura, la fitoterapia, y el masaje chino se originaron. Es a través del entendimiento del Qigong como otras ramas de la

MTC son elevadas a un camino espiritual de autorrealización y transformación interna. Los doctores de MTC atienden las necesidades físicas, energéticas y espirituales del receptor de la terapia de forma simultánea. Según los principios de la MTC, la raíz de todo desorden puede encontrarse en un desequilibro crítico de la energía vital del cuerpo. Así pues, la mejor forma de prevenir o curar afecciones es establecer un equilibrio energético saludable y armonioso entre el campo energético del cuerpo y las fuerzas de la naturaleza y el cosmos.

La MTC está dividida en cuatro ramas de cura clínica: Acupuntura, Fitoterapia, Masaje Chino, y Terapia por Qigong Médico. Estas cuatro ramas principales se construyen sobre los mismos principios energéticos de diagnosis conocidos como las cinco raíces de la MTC. Las cinco raíces se usan para la diagnosis de los órganos internos, de acuerdo a las teorías de las seis fases, los cinco elementos, los ocho principios, los triples calentadores y los cuatro niveles (todas estas teorías se verán explicadas a lo largo del libro).

TERAPIA POR ACUPUNTURA

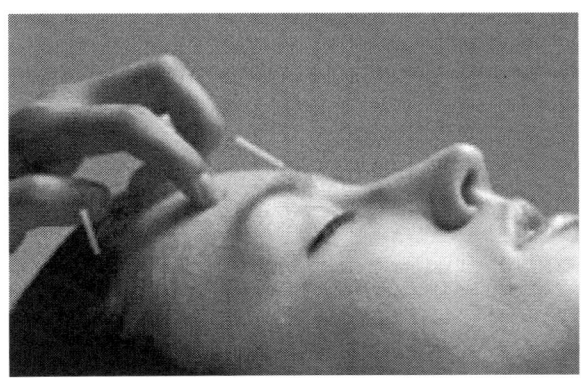

Mediante la inserción de agujas muy finas en puntos específicos, el acupuntor manipula la energía del receptor de la terapia (Qi) para conseguir un equilibrio completo. En una situación aguda o de emergencia, los síntomas del receptor de la terapia son tratados antes, después de eso se pasa a redirigir el Qi desviado o a eliminar las causas originales de dichos síntomas (estancamientos).

Los puntos energéticos son áreas específicas tanto en el cuerpo como dentro de él desde donde el Qi emerge del interior de los órganos y tejidos, o se sumerge para viajar más profundamente dentro del cuerpo. El Qi se mueve a través de caminos específicos conocidos como canales y colaterales.

Los colaterales son los pequeños flujos de Qi que se bifurcan de los principales ríos energéticos (canales). Cada canal primario toma el nombre de uno de los seis órganos Yin o Yang al que corresponde. Cada órgano tiene dos canales, uno en cada lado del cuerpo.

A menudo en los diagramas y procedimientos médicos chinos veréis abreviaciones referidas a puntos energéticos específicos. La MTC nombra los puntos según el canal donde está y su posición en dicho canal. Los primeros puntos en cada lado del canal de la Vesícula Biliar (VB), por ejemplo, son los puntos VB-1. Algunos canales contienen casi 60 puntos, cada uno numerado en forma de secuencia de principio a final. A estos puntos también se les da nombres descriptivos según su localización y su efecto en el cuerpo cuando son tratados. Los puntos de VB-1, por ejemplo, están cerca de los ojos, en el canto exterior, al nivel de las pupilas, y se llaman las costuras de los ojos.

La terapia por acupuntura incluye cinco técnicas mayores de tratamiento: punción, ventosas, sangría, moxibustión, y curación mediante imanes.

1. La punción usa agujas de acupuntura de varios tamaños que se insertan en puntos de los canales. Estos puntos son pequeñas área donde están los lagos de Qi a lo largo de los canales de energía. Las agujas estimulan los nervios y el flujo de energía para tonificar o reducir el exceso de Qi.

2. La técnica de ventosa usa vasos de madera, barro o cristal que se adhieren a la piel del receptor de la terapia por succión. La succión drena, o elimina, el Qi patógeno de los poros del cuerpo. Esta técnica también puede ser usada para tonificar áreas específicas del cuerpo. Esta modalidad de tratamiento se ha combinado con éxito con las sangrías para tratar esguinces severos acompañados de estancamiento sanguíneo.

3. La sangría se hace con instrumentos como agujas o martillos de estrella de siete o cinco puntas para eliminar el Qi tóxico, el estancamiento sanguíneo, calor, y otros factores patógenos. El martillo tiene de cinco a siete puntas que pinchan la piel y provocan un ligero sangrado. El acupuntor diagnostica y monitoriza la condición del receptor de la terapia a partir de las diferentes sombras de la sangre. La sangre estancada o enferma se libera hasta que se ve un color sano en la sangre. Esta terapia se considera muy útil para tratar desórdenes del sistema nervioso, traumas físicos y enfermedades febriles muy serias.

4. La moxibustión emplea conos de hierba o bastoncillos que se insertan encima de las agujas de acupuntura (o se ponen encima de canales específicos del cuerpo) para infundir calor y Qi en áreas específicas del cuerpo para su tonificación. Esta técnica es también usada para repeler el frío y así dispersar el estancamiento sanguíneo.

5. La curación mediante imanes usa parches o cintas magnéticas que están unidas a varios puntos de los canales del cuerpo del receptor de la terapia para estimular una respuesta en el campo electromagnético. La terapia magnética viene siendo usada desde la dinastía Tang (618-907 d.C.). Los imanes se aplican a los puntos por un período de 3 a 5 días, se quitan un día, después se vuelven a poner. Ya sea para tonificar o para sedar, esta terapia facilita el tratamiento constante del canal en cuestión.

FITOTERAPIA

Las fórmulas de herbología han venido usándose con éxito para tratar una gran variedad de enfermedades durante casi 5000 años. Históricamente, la fitoterapia o medicina herbal han sido la base mundial para los fármacos usados en la mayoría de las culturas anteriores a los tiempos modernos. Hoy, las hierbas proporcionan la fuente para muchos de los fármacos usados en la medicina occidental, especialmente para el tratamiento de afecciones virales y bacterianas, dolores, tumores, enfermedades crónicas, regeneración de tejidos internos y externos y muchos otros problemas médicos.

La herbología es tanto una ciencia como un arte. Un herbolario se pasa muchos años estudiando las plantas usadas para crear fórmulas de fitoterapia. El herborista debe entender bien los efectos de las hierbas de forma individual, así como su efecto global una vez combinadas. Las hierbas son usadas para tonificar, purgar, dispersar, calentar, enfriar, nutrir el Yin y el Yang, y dispersar el calor, así como mover el Qi, la sangre, la flema, y los fluidos dentro del cuerpo. Provocan que el Qi del cuerpo ascienda o descienda, afectando la parte superior o inferior del cuerpo.

La Fitoterapia Médica China no incluye sólo el cultivo y la recolección de semillas, frutos, flores, hojas, espinas, tallos, y raíces, sino que también receta componentes que no provienen de las plantas (como minerales, partes animales o de insectos) que se añaden para potenciar el efecto de éstas. Las hierbas chinas curan energéticamente moviendo el Qi en los canales. Diferentes hierbas entran en diferentes canales y afectan a diferentes órganos internos. Las hierbas son muy poderosas. El herbolario usa plantas para tonificar (reforzar) y mover el Qi y la sangre así como eliminar el calor de la sangre del receptor de la terapia. Usadas de forma individual o cuando se combinan en una fórmula, las hierbas pueden ayudar mucho al cuerpo; asimismo, una fórmula incorrecta puede tener efectos nocivos muy serios.

La Fitoterapia China incluye cinco aplicaciones clínicas mayores: educación nutricional (comida y dieta); tés y sopas (tang); tinturas y vinos (jin); aceites, bálsamos, y linimentos (you y gao); y comprimidos, polvos (san), y pastillas (wan).

1. La **educación nutricional** asiste al receptor de la terapia en la elección de los alimentos necesarios para una buena nutrición del cuerpo y ayudar así a mantener una salud óptima, así como para el tratamiento de enfermedades o desórdenes. Las comidas tienen muchas propiedades similares a las hierbas. Un viejo dicho chino se pregunta: «¿Son las hierbas para comer o la comida es hierba?», así se remarca la importancia de una buena dieta.

2. Los **tés y las sopas** son fórmulas basadas en el agua que tradicionalmente se preparaban con ingredientes vegetales procesados o naturales. Se ingerían tradicionalmente para el tratamiento de desórdenes internos y externos de naturaleza tanto crónica como aguda.

3. Las **tinturas y los vinos** son fórmulas basadas en el alcohol. Las tinturas son fórmulas basadas en el alcohol concentradas y preparadas con vegetales naturales similares a los usados para los tés y las sopas. Los vinos tradicionalmente son aplicados de forma externa para aliviar dolores, o ingeridos como un tónico, dependiendo de la fórmula y el desorden que se trate.

4. Los **aceites, bálsamos y linimentos** son fórmulas basadas en el aceite, normalmente aplicadas de forma externa para el tratamiento de traumas sobre los músculos, tendones, y ligamentos, para aliviar dolor, dispersar el exceso de Qi, o para llevar el Qi a áreas específicas para tonificarlas.

5. Las **compresas, polvos y pastillas** consisten en hierbas que han sido pulverizadas hasta alcanzar una pasta, polvo, o cataplasma y después son aplicadas externamente para el tratamiento de lesiones agudas o crónicas. También pueden ser ingeridas para la tonificación de los órganos internos y el equilibrio del sistema energético del cuerpo. Las pastillas son hierbas especialmente preparadas con fórmulas tradicionales y son ingeridas de forma oral para el tratamiento de desórdenes internos.

TERAPIA POR MASAJE CHINO

"Terapia por masaje chino" es un término genérico para designar todas las técnicas de manipulación de tejidos que se usan actualmente en China. Esta rama particular de la MTC engloba cinco sistemas populares que incluyen la manipulación no sólo de la piel, músculos, tendones, articulaciones, nervios, y la fascia interna, sino también de los órganos internos y los sistemas de dichos órganos.

Esta antigua terapia es usada como tratamiento preventivo y es también una modalidad de sanación. Mediante la aplicación de métodos específicos de manipulación de tejidos, se pueden eliminar las obstrucciones en los caminos de los canales, promoviendo e incrementando la circulación de sangre y de Qi.

Esta terapia se concentra en mejorar el alineamiento estructural del cuerpo y en sanar las lesiones del tejido blando. También corrige cualquier desviación funcional de los órganos internos, nervios, y articulaciones. El trabajo corporal chino y la terapia de tejidos son el origen del masaje sueco moderno, la terapia miosfascial, la reflexología, y la terapia neuromuscular terapéutica.

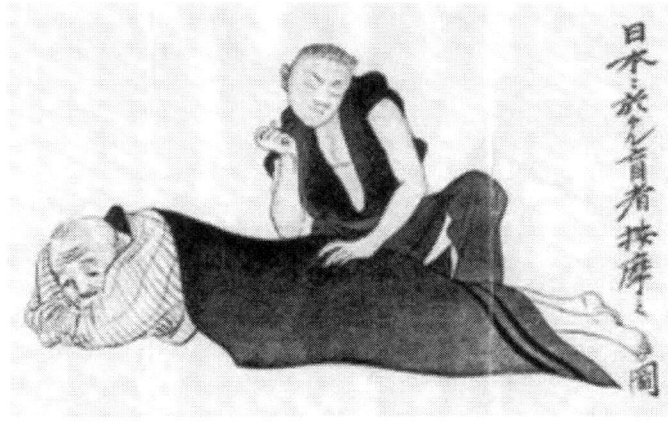

La terapia por masaje chino se divide en cinco escuelas: Jie Gu, Tui Na, Gua Sha, An mo, y terapia del punto Jing. Las escuelas Jie Gu, Tui Na, y Gua Sha emplean manipulaciones de tejidos externos. Estas tres manipulaciones externas se usan para tratar huesos, músculos, ligamentos, y tendones, también para tratar fiebres. La terapia An Mo y del punto Jing emplean la manipulación del tejido blando. Estas modalidades son similares a la quiropráctica, la osteopatía, la terapia física occidental, y la terapia por masaje.

1. La terapia **Jie Gu** se utiliza para la colocación de huesos y para ajustar la alineación del cuerpo del receptor de la terapia. La traducción literal de Jie Gu es "hueso anudado", lo que describe el arte de manipular huesos y ligamentos para deshacer los nudos de los canales de sangre y de Qi en las articulaciones del receptor de la terapia.

2. La terapia **Tui Na** se centra en la manipulación de los tejidos externos para corregir la circulación anormal de Qi dentro del sistema muscular del cuerpo. La traducción de Tui Na es "empujar y alcanzar". Se desarrolló primeramente para corregir la desviación de los huesos y los músculos del cuerpo debido a lesiones físicas de forma traumática. La reflexología tiene sus raíces en el uso de la terapia Tui Na en las afecciones pediátricas en China.

3. La terapia **Gua Sha** se usa para regular procesos febriles, como gripes, cólera y malaria, y para tratar condiciones del esqueleto y los músculos. La traducción de Gua es "rascar" y Sha se traduce por "coloración", o mácula como la arena (refiriéndose a la decoloración roja producida por el acto de rascar). Esta terapia se centra en el rascado de los tejidos externos superficiales, normalmente alrededor del cuello y el área del tórax. Se usa de forma común para promover la circulación de Qi y sangre, eliminar toxinas, dispersar el calor, enfriar la sangre, deshacer los estancamientos, y disolver los bloqueos. Un rascador de jade (moneda, bol, o cuchara) se usa para purificar el Qi y transformar el Shen (espíritu). Un cuerno de búfalo de agua es normalmente usado para extraer la calor y las toxinas del cuerpo del receptor de la terapia (a veces se usa cerámica, pero nunca vidrio o plástico).

Las dos manipulaciones internas se usan para tratar órganos y nervios.

4. La terapia **AnMo** se utiliza para la regulación de los órganos internos. Se centra principalmente en la extensión del Qi y la manipulación del tejido blando y los órganos internos. Aunque la traducción literal significa "presionar y frotar", esta terapia se centra en la regulación de las vísceras internas, concentrándose directamente en el tratamiento de enfermedades internas específicas.

5. La terapia del **punto Jing** es empleado para la regulación de los canales y los órganos internos. La terapia usa la presión, los pinzamientos, las palmadas, y las técnicas de toque en puntos energéticos específicos y en los canales. Estas técnicas son empleadas para promover la circulación del Qi y la sangre, equilibrar el Yin y el Yang del cuerpo, tonificar los órganos más débiles, drenar los canales, y repeler los factores patógenos.

TERAPIA POR QIGONG MÉDICO

El objetivo para sanar las enfermedades en el entrenamiento de Qigong Médico es triple:

Primero, eliminar los factores patógenos internos (la acumulación excesiva de emociones como ira, culpa, preocupación, miedo, etc.) así como de factores patógenos externos (la invasión del frío, el calor, la humedad, etc., del medio ambiente).

Segundo, incrementar o reducir el Qi del receptor de la terapia según sea necesario para contrarrestar las condiciones de deficiencia o exceso en los órganos internos o canales.

Tercero, regular y equilibrar el Yin y el Yang del receptor de la terapia para devolverlos a la armonía.

Esta terapia única consiste en la regulación de los tres campos Wei Qi externos del cuerpo (físico, mental-emocional y espiritual), y los cuatro campos internos de la energía vital (Ying Qi, Mar de Sangre, Mar de médula, y el polo Taiji). Algunas de las enfermedades más comunes tratadas en las clínicas de Qigong Médico son: diabetes, artritis, hipertensión, tumores y quistes en los pechos y ovarios, migrañas, ardores de estómago, fibromialgia, insomnio, dolor abdominal agudo, atrofia muscular, tumores cerebrales, embolias, recuperaciones de comas, y ciertos tipos de cáncer. El tratamiento médico se centra en aliviar el dolor, desintoxicar el cuerpo de emociones tóxicas (ira excesiva, miedo, preocupación, etc.), corregir las disfunciones de los órganos internos y equilibrar el exceso y la deficiencia de Qi y sangre.

La terapia por Qigong Médico usa cinco modalidades clínicas mayores: la terapia a distancia, la terapia por auto regulación, la terapia por masaje de Qigong, la terapia por puntos energéticos, y la terapia por agujas invisibles.

1. La **terapia a distancia** (también llamada emisión de Qi) requiere que el terapeuta de Qigong Médico manipule el Qi del receptor de la terapia concentrándose en las propiedades energéticas de los canales del receptor de la terapia, así como de los colaterales,

los órganos internos y puntos desde la distancia de unos cuantos metros, hectómetros o incluso kilómetros.

2. La **terapia por auto regulación** (también llamada recetas de Qigong y deberes del receptor de la terapia) son ejercicios de Qigong (posturas, movimientos, vibraciones sonoras, visualizaciones, etc.) dadas a los receptores de la terapia por el terapeuta de Qigong Médico. Los receptores de la terapia pueden usar estas técnicas para auto regular su salud, usando varias posturas sentados, tumbados, moviéndose, y estando de pie. Los receptores de la terapia también pueden usar sus creencias espirituales como una forma de sanación.

3. La **terapia por masaje de Qigong**, una técnica de regulación de tejidos blandos, difiere del Tui Na o el An Mo, en que en esta modalidad las manos del terapeuta de Qigong Médico tocan tan ligeramente al receptor de la terapia como si fueran una pluma, nunca excediendo la presión que uno pondría encima de un globo ocular. Esta acción es usada para drenar los canales externos de Qi del receptor de la terapia, causando que la energía se libere a si misma de los canales interiores, lo cual sirve como camino para la transferencia de Qi.

4. La **terapia por puntos energéticos** es usada por el terapeuta de Qigong Médico para extender el Qi en áreas específicas, tanto internas como externas, del cuerpo del receptor de la terapia para dirigir y hacer avanzar el Qi. Este tipo de terapia requiere que terapeuta de Qigong Médico y receptor de la terapia se concentren en un punto específico. Esta terapia demuestra el poder de la mente como herramienta activa en el proceso de sanación, y se usa para purgar, tonificar, y regular.

5. La **terapia de agujas invisibles** involucra la visualización de agujas de luz imaginarias que son insertadas en puntos específicos del cuerpo del receptor de la terapia. Las agujas de luz son usadas para estimular y dirigir el Qi del receptor de la terapia.

LOS TRES TESOROS DE LA TIERRA: TIERRA, AGUA Y VIENTO.

INTRODUCCIÓN A LOS TRES TESOROS DE LA TIERRA

La fuerza exterior (poder) de los tres tesoros de la Tierra consiste en la interacción Yin y Yang de la energía y la luz, emitida, absorbida, y reflejada otra vez, de la Tierra, agua, y viento. Los tres tesoros terrestres vienen provocados por el crecimiento y la disminución de las cinco transformaciones climáticas Yin y Yang (los cinco ciclos de las estaciones de crecimiento), que a su vez son causadas por el sol, la luna y las estrellas. Cada cambio de temporada trae un regalo de vida que afecta a la transformación de la mente, cuerpo, emociones y espíritu. El viento (tiempo) refleja las diversas condiciones y transformaciones de la energía en el cielo, y es visto como una manifestación terrenal de los estados de ánimo celestes.

1. El Qi de la Tierra se compone de las interacciones Yin y Yang de la energía y la luz, que se manifiesta como energía fría y caliente procedente de la superficie terrestre.

2. El Qi del agua se compone de las interacciones Yin y Yang de energía y luz, manifestándose como energía fría y caliente procedente de los vastos océanos, lagos y ríos del mundo.

3. El Qi del viento se compone de las interacciones Yin y Yang de la energía y la luz, que se manifiesta como la circulación de aire frío y caliente creado a partir de la interacción del calor del sol sobre la superficie del planeta. Esta interacción incluye todas las formaciones de nubes y la presión barométrica (tornados, huracanes, tormentas eléctricas, etc.).

LAS INTERACCIONES ENTRE EL CALOR Y LA LUZ

El calor y la luz se manifiestan tanto a nivel externo y de la superficie de la Tierra, como internamente dentro de la misma.

1. Externamente, cuanto mayor sea la intensidad de la luz del sol absorbido en la superficie de la Tierra, más calor se manifiesta en la superficie terrestre. Los días nublados disminuyen la interacción térmica del sol y tienden a traer frescura.

2. Internamente, el calor y la luz, así como otras fuerzas naturales, están contenidos dentro de la propia Tierra. Intensos campos energéticos del sol atraen el calor y la luz de la Tierra, que luego se refleja volviendo a la Tierra a través de la atmósfera.

El aire de la Tierra se extiende a una distancia relativamente corta desde la superficie de la Tierra, y los efectos de los rayos de calor disminuyen a medida que dejan la superficie de la Tierra y ascienden hacia las regiones exteriores de la atmósfera. A medida que el aire se vuelve menos denso, hay menos reflejo de la luz. Cuanto más se asciende, más frío se vuelve el aire. Cuando se haya llegado al límite de aire, también se habrá alcanzado el límite de calor de la Tierra.

El calor y la luz forman un campo de protección energética alrededor de la superficie de la Tierra similar al campo Wei Qi del cuerpo. Una vez que se ha alcanzado el límite de calor y de luz, se llega a lo que se llama "El Gran Frío". Este frío se considera mucho más sólido que el acero, y presiona hacia abajo sobre el campo energético de la Tierra y la atmósfera con una fuerza casi irresistible, manteniéndolos juntos.

LAS INTERACCIONES YIN Y YANG DE LA TIERRA

Entre el Cielo y la Tierra hay una interacción permanente de intercambio de energía Yin y Yang. Cuando el Qi terrestre está en equilibrio, las plantas crecen y prosperan los animales. El poder, en forma de campos energéticos, se crea por la integración del Yin y el Yang. Este poder afecta directa e indirectamente al campo electromagnético del cuerpo, así como a la regulación y la formación de los tejidos del cuerpo. Visualice la energía de la Tierra como Qi resonando y emitiendo de la Tierra misma. Esta energía incluye los campos electromagnéticos, radiaciones subterráneas, y termoluminiscencia (luz y emisión de calor desde el centro de la Tierra).

Cuantos más estrechos sean los lazos del terapeuta de Qigong Médico (física, mental, emocional y espiritualmente) con la Tierra y la naturaleza, más fácil es aprovechar la energía de la Tierra y la vibración. El desarrollo del Qi de la Tierra en relación al cuerpo y las conexiones del cuerpo con la energía de la Tierra se apoyan mutuamente. El primer paso en el cultivo interior implica enfocar la mente en el bajo Dan Tien (con la ayuda de técnicas de respiración) para mejorar la conexión mente-cuerpo, esta conexión interactiva desarrolla una relación con el Qi terrestre.

REUNIENDO ENERGÍA DE LOS CAMPOS ENERGETICOS DE LA TIERRA

La capacidad de reunir la energía de la naturaleza y el medio ambiente es sumamente importante para el médico de Qigong. La energía de la Tierra se mantiene dentro de los componentes estructurales del planeta, fluyendo como ríos caudalosos de Qi. Se absorbe en el terreno y la vegetación y está en el agua que bebemos. El Qi del medio ambiente es específico de cada área geográfica. Es la energía que ha sido recogida de los componentes estructurales de la propia Tierra (suelo, campos, desiertos, plantas, árboles, bosques, montañas, arroyos, ríos, lagos y océanos, etc.) El potencial energético del Qi de la Tierra cambia de Yin a Yang con la salida y la puesta del sol, y por lo tanto afecta directamente a la energía del medio ambiente.

Aunque la comida y el agua son excelentes fuentes para la recolección de energía, el médico no puede continuamente ingerir alimentos o beber tés, mientras trata a los receptores de la terapia, sin sobrecargar su sistema digestivo. Es, por tanto, importante para el médico encontrar una fuente alternativa de energía para llenar su sistema una vez que se agota. Al estudiar el crecimiento y la disminución de las energías de la Tierra Yin y el Yang, el médico puede optimizar la absorción de la energía Yin y Yang.

TECNICAS PARA CULTIVAR EL QI DE LA TIERRA

Por lo general, se utilizan varias meditaciones para cultivar y absorber la energía de la Tierra mediante la utilización de la energía de los árboles, arbustos, flores, lagos, etc. El objetivo principal de estas meditaciones es limpiar primero el cuerpo de agentes patógenos, a continuación cultivar y absorber el Qi medioambiental para reponer el campo energético del cuerpo. Los médicos y los receptores de la terapia deben visualizarse a sí mismos inmersos en un campo concentrado de energía del medio ambiente, lleno de su vibración, color y luz. Se debe permitir que este campo de energía envuelva todo el cuerpo.

PURIFICANDO EL CUERPO

Una de las técnicas de limpieza más utilizados en las clínicas del Hospital Xi Yuan de Qigong comienza por lo general en una postura Wuji (acostado, sentado o de pie), frente a un objeto natural, como un árbol. Para limpiar la energía del cuerpo, hay que extender las dos manos hacia el árbol, como si quisiéramos abrazarlo (no importa si el árbol es tocado o no). Tras la inhalación, empezamos a guiar la energía del árbol al torso a través de los puntos Laogong (Pericardio-8) en el centro de las palmas, y los puntos Baihui (Canal gobernador-20) en la parte superior de la cabeza. Debemos absorber esta energía profundamente en el cuerpo. Una vez que sintamos que el cuerpo está completamente saturado con Qi, a través de la boca exhalamos y guiamos el Qi turbio a las piernas y fuera del cuerpo a través de los puntos Yongquan (Riñones-1) en la planta de los pies. Continuaremos guiando el Qi turbio a través de

la Tierra hacia el sistema de raíces del árbol. Luego inhalamos por la nariz, mientras absorbemos la energía purificada de la parte superior del árbol, conduciéndola hacia la parte inferior del cuerpo a través de la parte superior de la cabeza. Continuamos este proceso hasta que nos sintamos totalmente limpios. Es importante recordar que se debe sincronizar la respiración por la nariz mientras nos concentramos en la absorción del Qi de la Tierra, y exhalar a través de la boca, mientras nos centramos en la dispersión y la liberación del Qi turbio.

Para la tonificación, se debe ampliar el Qi y la concentrar la intención profundamente en el sistema de raíces del árbol e imaginar que se absorbe su energía natural a través del punto Baihui, situado en la parte superior de la cabeza.

REUNIENDO QI DE LOS ÁRBOLES, ARBUSTOS, Y FLORES

El Qi de la energía del medio ambiente saturado de todo tipo de follaje, permite que el médico de Qigong pueda seleccionar, reunir y absorber el Qi de muchas fuentes botánicas. A lo largo de la historia, los chinos han utilizado árboles, arbustos y flores para la curación y la medicina. Los árboles y las plantas absorben del aire, luz, energía, agua y minerales. Cuando el Qi Celestial se combina con la energía del medio ambiente del árbol o planta, el resultado es una poderosa fuente de energía vigorizante.

En China, cada clínica de Qigong Médico tiene su propio jardín. Cada jardín está lleno de árboles sanos, arbustos y flores hermosas de los cuales los receptores de la terapia pueden obtener la energía. Los receptores de la terapia pueden elegir entre diferentes plantas y arbustos, pues cada tipo de vegetación tiene sus propias fuerzas y ventajas únicas. Cualquier combinación de las energías de las plantas sanas puede ser absorbida por los receptores de la terapia para mejorar su salud.

El mejor momento para la absorción de la energía de los árboles, arbustos y flores es entre las horas de la salida del sol (Mao: 5-7 horas) y el mediodía (Wu: 11 am - 1 pm).

Es importante señalar que, dentro de las diferentes regiones de un país específico, cada tipo de árbol y planta tendrá variaciones, menores o mayores, en cuanto a su potencial energético. Esta diferencia de potencial energético es debida a las diversas influencias ambientales que afectan a cada planta. Se provoca por los diversos campos Qi producidos por la altura de cada región, el contenido mineral del suelo y agua y la cantidad de exposición a la energía del sol. Incluso las hierbas con el mismo nombre, pero que han crecido en diferentes países, pueden tener diferentes efectos en el sistema de energía del cuerpo, alterando ligeramente su potencial clínico (el ginseng americano es dulce, ligeramente amargo y frío, y entra en el cuerpo afectando a los canales del corazón, pulmón y riñón; el ginseng Siberiano es dulce, ligeramente amargo y ligeramente tibio, y entra en el cuerpo afectando a los canales del pulmón y del bazo).

REUNIENDO ENERGÍA DE LOS ÁRBOLES

Los árboles son plantas tremendamente poderosas y son comúnmente usadas tanto por el terapeuta de Qigong Médico como por el receptor de la terapia para absorber y transformar el Qi patógeno en energía vital, limpia y saludable. Los pinos suelen ser de los más poderosos ya que irradian gran cantidad de Qi. Una vez el individuo ha conectado con el árbol, la meta principal es:

1. Eliminar el estancamiento de los canales;

2. Tonificar los órganos internos;

3. Estabilizar y rellenar cualquier energía agotada del cuerpo;

4. Nutrir la sangre;

5. Fortalecer el sistema nervioso.

Lo que sigue es una breve descripción de varios árboles, su potencial Yin o Yang, y su efecto energético en el sistema orgánico del cuerpo.

. Manzano-ligeramente Yin-estómago y bazo.
. Bambú-Yin-corazón, pulmón, vesícula biliar, y estómago.
. Abedul-Yin-estómago.
. Casia (canela)-Yang-bazo, riñón, y vejiga.
. Cerezo-Yang-hígado, pulmón, riñón, y estómago.

. Castaño-Yang-bazo, estómago, y riñón.

. Olmo-neutral-estómago, intestino delgado, e intestino grueso.

. Higo-neutral-pulmón, intestino grueso, y bazo.

. Gingko-neutral-pulmón, riñón, y corazón.

. Espino-ligeramente Yang-bazo, estómago, pulmón, e intestino grueso.

. Magnolia-Yang-pulmón, estómago, vesícula biliar, intestino grueso, y bazo. . Arce-neutral-bazo, riñón, e intestino grueso.

. Morera-Yin-pulmón, intestino grueso, bazo, y riñón.

. Roble-ligeramente Yang- riñón, intestino grueso, bazo y corazón.

. Pino-Yang-corazón, pulmón, intestino grueso, y riñón.

. Sauce-Yin- corazón y bazo.

REUNIENDO ENERGÍA DE LOS ARBUSTOS

Los arbustos son una fuente muy eficaz para la recolección y la ingestión de distintas formas de energía curativa. De manera similar a los árboles, cada arbusto tiene sus propias propiedades energéticas y provoca una reacción específica en el campo energético del cuerpo. Los arbustos, sin embargo, no son fuentes de energía tan poderosas como los árboles para recoger grandes cantidades de Qi.

REUNIENDO ENERGÍA DE LAS FLORES

Las flores son únicas en su efecto sobre la estimulación del sistema nervioso. Los diferentes colores, formas y tamaños pueden afectar a las emociones, haciendo que el espíritu de la persona se abra. Cada color se puede absorber en el cuerpo con el fin de facilitar la estimulación de la energía de los órganos internos. Regalar flores es un gesto de larga tradición histórica que calma el dolor emocional y lleva alivio a los receptores de la terapia.

TÉCNICAS DE CULTIVACIÓN Y REGULACIÓN

Las técnicas utilizadas en las clínicas de Qigong para el cultivo, la absorción y regulación de la energía generalmente comienzan poniendo al receptor de la terapia encarado a un árbol, arbusto, flor, etc. A pesar de que las manos y las posturas corporales son similares a la última meditación, la intención de la mente es muy diferente. En esta meditación el receptor de la terapia absorbe Qi del árbol, inhalando la energía por su mano izquierda, para llevarla a su cuerpo. La energía es guiada por el pecho del receptor de la terapia, hacia su Dan Tien inferior. A partir de ahí el receptor de la terapia hace circular esta energía obtenida a través de su órbita micro cósmica. A medida que el receptor de la terapia exhala, el Qi sale a través de la palma derecha hacia el árbol, y comienza nuevamente el ciclo. Esta meditación se practica para reponer el campo energético del cuerpo.

Los receptores de la terapia deben ser controlados regularmente para evitar las desviaciones de Qi, que pueden ocurrir al absorber el Qi a través de sus poros. Para obtener los mejores resultados, se debe elegir un entorno tranquilo, seguro y saludable. Hay que seleccionar los árboles, arbustos y flores con una raíz estable, o troncos gruesos. El color también es muy importante, ya que las hojas y las flores deben ser brillantes, plenas y saludables.

Debido a que la energía interna del cuerpo se corresponde con el ambiente externo, es importante evitar la selección de un área que sea desagradable o insalubre, así como cualquier árbol, arbusto, o flor que esté enfermo, moribundo, haya perdido su color, o esté recién podado. El uso de árboles, flores o arbustos para limpiar el cuerpo, así como para absorber la energía, está prohibido por la noche, debido a que su producción de oxígeno disminuye después de la puesta del sol.

PRECAUCIONES

Es importante no meditar frente ningún árbol, arbusto, o flor que tenga parásitos, o haya sido envenenado o contaminado, ya que este tipo de vegetación inducirá una resonancia energética impura dentro del cuerpo del terapeuta de Qigong Médico.

REUNIENDO QI DE LAS MONTAÑAS, VALLES, Y DESIERTOS

Las montañas, valles y desiertos absorben y liberan luz, energía y el calor del sol. Estas energías son absorbidas y liberadas más rápidamente en estas estructuras de la Tierra que en los océanos, lagos y arroyos. La energía del medio ambiente también es recogida y almacenada por las formaciones geológicas y la ecología local. Los antiguos maestros chinos de Qigong veían la Tierra como una entidad viva, con los ríos y las bolsas de energía similares a las del cuerpo humano. Ciertas altitudes, densidad en los colores y formaciones estructurales pueden afectar el potencial energético de la Tierra.

REUNIENDO ENERGÍA DE LAS MONTAÑAS

Las montañas son conductos de energía muy poderosos. Ellos actúan como áreas de picos, o puntos de recogida de energía. Cuanto más alta sea la montaña, más cargado estará el aire de potencial electromagnético. En la antigüedad, para la oración y la meditación, los templos, santuarios y cuevas budistas y taoístas fueron construidos en las zonas de acumulación energética, en la cima de las montañas de China. De hecho, las altas montañas, que están lejos de la civilización humana son consideradas lugares adecuados para el cultivo energético superior, debido a la claridad de las energías de luz y las potentes y extraordinarias energías que incluyen un número de iones negativos muy alto en el aire.

REUNIENDO ENERGÍA DE LOS VALLES

Los valles de la Tierra actúan como canales para la energía de la Tierra, recogiendo y transportando la energía por todo el terreno natural. Los sistemas de valles se extienden a través de las llanuras, colinas y montañas, y en general fluyen hacia el océano. Al estar en el "suelo" del valle (rodeado por las paredes), la energía puede ser fácilmente absorbida por el cuerpo para el cultivo.

REUNIENDO ENERGÍA DE LOS DESIERTOS

Los desiertos son considerados mares de energía de calor seco. Son ambientes excelentes para meditaciones cuando se emplean para reunir Qi en el cuerpo, especialmente, para combatir enfermedades que pertenecen al viento, al frío y a la humedad.

TÉCNICAS DE CULTIVO

En general, hay varias meditaciones para el cultivo y absorción de la energía de las montañas, valles y desiertos. El objetivo principal de estas meditaciones es o bien limpiar el cuerpo de los factores patógenos, o cultivar y absorber el Qi. Cuando se hace cultivo de la energía de las montañas, valles, o desiertos, los profesionales deben visualizarse a sí mismos, inmersos en el campo de energía de la Tierra, lleno de vibraciones, el color y la luz. Los profesionales deben permitir que este campo de energía de la Tierra los envuelva por completo.

Para obtener los mejores resultados, seleccionaremos montañas, valles y desiertos, con base estable. El color también es muy importante, ya que la Tierra, el suelo, las rocas, y sus alrededores deberían estar limpios. Además, hay algunos lugares en el planeta conocidos como "lugares de poder", que pueden producir efectos muy poderosos en los campos energéticos del cuerpo.

Los receptores de la terapia deben ser controlados periódicamente a fin de evitar desviaciones de Qi, que pueden ocurrir al absorber el Qi por sus poros.

PRECAUCIONES

Debido a que la energía interna del cuerpo se asocia al ambiente externo, es importante no meditar frente a ninguna montaña, valle o desierto que esté erosionada, esté muriendo, haya perdido su color, o esté contaminada. También está prohibido meditar frente a áreas con actividad sísmica, o actividad volcánica, ya que esas áreas inducirán una resonancia inestable en el interior del terapeuta de Qigong Médico.

REUNIR QI DE LOS OCEANOS, LAGOS, Y CORRIENTES

Los océanos, lagos, y corrientes retienen y liberan la luz del sol, energía, y el calor lentamente y son, así pues, importantes para el cultivo de la energía. El cuerpo absorbe la luz de forma instantánea, la energía, y las vibraciones resonantes almacenadas en el agua. El agua energizada (a veces en forma de tés) es usada mucho en las clínicas de Qigong de China. Esta agua transformada energéticamente le da al cuerpo del receptor de la terapia los componentes básicos para la restauración y la regeneración, y es considerada el "elixir de la vida" por muchos terapeuta de Qigong Médico de Qigong.

REUNIR ENERGÍA DE LOS OCEANOS

La energía del océano tiene un fuerte efecto limpiador y purificador en el Qi del cuerpo. La meditación junto al mar está muy extendida para dispersar emociones negativas y regular los órganos internos del cuerpo. El sonido y ritmo de las olas permite al receptor de la terapia armonizar sus ritmos internos con los de la marea, acallando al sistema nervioso.

REUNIR ENERGÍA DE LOS LAGOS

La energía de un lago tiene un fuerte efecto sedante en el campo energético del cuerpo. La soledad del lago puede ser usada para sedar emociones activas, equilibrar cualquier exceso o deficiencia, y calmar el Shen del cuerpo.

REUNIR ENERGÍA DE LAS CORRIENTES

La energía de una corriente puede ser usada para rellenar y restaurar el Qi agotado, sedar emociones activas, equilibrar cualquier exceso o deficiencia, y también para calmar el Shen del cuerpo.

TÉCNICAS DE CULTIVO

Generalmente hay varias meditaciones para cultivar y absorber la energía de estos elementos. El objetivo primario es o bien limpiar el cuerpo de agentes patógenos, o cultivar y absorber el Qi para rellenar el campo energético del cuerpo. Cuando cultivamos la energía de los océanos, lagos y corrientes, los receptores de la terapia deben visualizarse inmersos en una piscina de agua llena de energía, color, y luz. El receptor de la terapia debe dejar que este agua energizada absorba, limpie, y refuerce su cuerpo.

Los receptor de la terapia deben ser controlados regularmente para prevenir las desviaciones de Qi, que pueden ocurrir mientras se hallan absorbiendo energía por sus poros. Para mejorar los resultados, hay que buscar mares, lagos, y ríos con una corriente estable y calmada. El color también es muy importante, debería ser claro y limpio. El agua y sus alrededores también deberían estar limpios.

PRECAUCIONES

Debido a que la energía interna del cuerpo se asocia al ambiente externo, es importante evitar escoger cualquier corriente, mar o lago que sean turbulentos, se hayan oscurecido en el color, estén contaminados o estancados.

REUNIR QI DE LAS SEIS DIRECCIONES

La absorción del Qi de las seis direcciones se concentra en la reunión de la energía ambiental en el núcleo central del cuerpo (polo Taiji) del cielo, la Tierra, y las cuatro direcciones (los cuatro vientos): el sur corresponde a la parte frontal del cuerpo, el norte a la parte posterior, el este a la parte izquierda y el oeste a la derecha. El polo Taiji se considera el eje central, con dos direcciones, arriba y abajo. Este es un ejercicio de tonificación que se usa para reunir y absorber el Qi ambiental de la Tierra, para energizar una condición debilitada o deficiente.

TÉCNICAS DE CULTIVO

Hay varias meditaciones para el cultivo y absorción de la energía de los cuatro puntos cardinales del horizonte, con la quinta y sexta dirección en la parte superior y la parte inferior del polo Taiji. El objetivo principal de estas meditaciones es limpiar primero el cuerpo de los factores patógenos, a continuación, cultivar y absorber el Qi del medio ambiente. Cada dirección de la energía tiene su propio campo único de energía y vibración, y se le asigna un color específico. Cada vibración y color estimula el campo de la energía de uno de los cinco órganos Yin importantes a través de la conexión del cuerpo con el Cielo y la Tierra (por ejemplo, el polo Taiji).

Cuando se haga cultivo de la energía en el horizonte, los profesionales deben encararse al sur y visualizarse a sí mismos envueltos en una niebla de energía. Esta niebla se divide en seis colores diferentes de luz y vibraciones. De las cuatro direcciones emanan los correspondientes cuatro colores: rojo rubí, blanco brillante, índigo y verde esmeralda. Cada uno de estos colores se asocia a un determinado órgano Yin: rojo rubí, al corazón, blanco brillante a los pulmones, el índigo a los riñones y el verde esmeralda al hígado. De la misma Tierra surge una neblina de oro amarilla; este color está asociado con el bazo. Desde el cielo desciende una bruma plateada y blanca que entra en el cuerpo a través de la parte superior de la cabeza, este color se asocia con el polo Taiji. Estas seis neblinas coloreadas impregnan y envuelven el cuerpo con sus vibraciones curativas de luz.

Para realizar esta meditación, nos ponemos de pie en una postura Wuji mientras visualizamos:

1. una neblina plateada y blanca descendiendo desde los cielos para penetrar y envolver tu polo Taiji. Esta bruma entra en el cuerpo a través del Baihui (VB-20) en la parte superior de la cabeza, y fluye y rellena el polo Taiji, saturando y absorbiendo la energía hacia tu núcleo interno.

2. Una neblina dorada y amarilla, ascendiendo desde el centro de la Tierra, entrando al cuerpo a través de la planta de los pies por el punto Yongquan (Riñón-1). Esta bruma satura tu bazo mientras penetra y envuelve tu núcleo central.

3. Una neblina rojo rubí, fluyendo desde el horizonte frente a ti, que entra en tu corazón, mientras satura y envuelve la parte frontal de tu cuerpo.

4. Una neblina índigo o azul oscuro fluyendo desde el horizonte detrás de ti, que entra en tus riñones, mientras satura y envuelve tu espalda.

5. Una neblina blanca y brillante fluyendo desde el horizonte a tu derecha, que entra en tus pulmones, mientras satura y envuelve el lado derecho de tu cuerpo.

6. Una neblina verde esmeralda fluyendo desde el horizonte a tu izquierda, que entra en tu hígado, mientras satura y envuelve la parte izquierda de tu cuerpo.

Los receptores de la terapia deben ser supervisados para prevenir la desviación de Qi mientras absorben Qi por sus poros. Para mejores resultados mientras absorben Qi del medio ambiente, el color de la energía debería ser limpio, claro y brillante.

PRECAUCIONES

Debido a que la energía interna del cuerpo se asocia al ambiente externo, es importante evitar escoger cualquier área que sea ventosa, turbulenta, polucionada, o estancada. También debe evitarse cultivar la energía durante tormentas, huracanes, calor asfixiante, o frío glacial. Evita cualquier condición ambiental extrema.

TÉCNICAS ADICIONALES PARA ENTRENAR EL QI DE LA TIERRA

Los ejercicios siguientes fueron practicados secretamente en China, como medio de manipulación ambiental avanzada para los terapeutas de Qigong Médico de Qigong y los maestros. El propósito de estos ejercicios es permitir a los terapeutas de Qigong Médico practicar la conexión y la insuflación de su campo energético con el campo medioambiental.

SACAR NUBES DEL CIELO

Este ejercicio requiere que los terapeutas de Qigong Médico de Qigong se enraícen y se sumerjan en la vibración de la Tierra. Después, los terapeutas de Qigong Médico extienden una línea energética desde la Tierra al cielo, envolviendo y conectando con una nube específica. A través de la intención, los terapeutas de Qigong Médico imaginan absorber la nube y llevarla a la Tierra, enraizando su forma energética con

la de la Tierra. Mientras la energía de la nube es absorbida por la Tierra, esta se disuelve en el cielo.

Una vez que la nube ha quedado atrapada, los terapeutas de Qigong Médico tienen dos opciones: liberarla conectándola a otra nube ya existente, o dejar que se disperse con la energía del medio ambiente.

PARTIR UNA NUBE POR LA MITAD

Después de conectarse y enraizarse en el campo energético de la Tierra, los terapeutas de Qigong Médico extienden las manos y se conectan con una formación nubosa en particular. Después los terapeutas de Qigong Médico condensan su intención vertical y como un rayo laser, empiezan a dividir y separar la nube en dos trozos. Después de haberlo hecho pueden seguir cortándola o volver a unirla a su estructura.

Para más información de cómo aplicar los tres tesoros de la tierra y cómo curar con ello, pincha en este enlace y podrás ver vídeos gratis y lecciones sobre ello

https://joaquinalmeria.clickfunnels.com/registro-webinar

EL TESORO TERRESTRE DE LA COMIDA

Las transformaciones naturales de la Tierra afectan al flujo de la fuerza vital del cuerpo. La comida y el agua son ejemplos de una forma natural de Qi terrestre, y son vistas como tesoros terrestres. Aunque el aire que respiramos es representativo del Qi de los cielos, debido a la influencia de los campos energéticos ambientales, también es visto como un tesoro terrestre. El objetivo del auto cultivo es purificar la energía del micro cosmos humano continuamente e incrementar la percepción de la energía pura dentro del macro cosmos del Universo.

Debido a su conexión con los campos Yin y Yang de la Tierra, la fuerza vital del cuerpo puede ser rellenada a través del consumo de comida y hierbas. Ambas cosas

tienen propiedades Yin y Yang, que al ser consumidas, ayudan al cuerpo a moverse, tonificarse, purgarse o regularse a sí mismo y a su energía vital.

EL ASPECTO YIN Y YANG DE LA COMIDA

Cuando se intenta definir qué comida es más Yin o Yang, se deberían tener en cuenta varias características. Las comidas Yin tardan menos en crecer, son más jugosas o húmedas, y son frías, y dulces. Las comidas Yang tardan más en crecer, son secas, calientes, y menos dulces. Cuanto más Yin sea la comida, más se expandirá (calabaza); cuanto más Yang sea se tornará más condensada o densa (nabo).

Las dietas influyen en la habilidad del cuerpo de generar Qi. La habilidad del cuerpo para digerir la comida juega un gran papel en cómo se aprovechan de forma efectiva los nutrientes que el cuerpo recibe.

EL ASPECTO YIN Y YANG DE LAS HIERBAS

La comida es una herramienta poderosa para la sanación. Las hierbas medicinales se consideran "comidas especiales" y se dividen entre aspectos Yin y Yang por toda China. Se recetan para ser tomadas en sopas, tés, o como complementos de otras comidas; por ejemplo muchos terapeutas de Qigong Médico y artistas marciales beben tomar frecuentemente tés para regular su cuerpo durante los cambios de estación. Los tés son consumidos siguiendo la secuencia siguiente:

1. El verano se considera la estación de Yang máximo; el té verde y el de menta se beben para refrescar el cuerpo y regular el sistema de los órganos internos.

2. El otoño es una estación donde el Yin y el Yang se equilibran; de todas formas, la energía Yin se incrementa, así que se bebe té floral para ayudar a estabilizar el Yin y el Yang del cuerpo.

3. El invierno es considerado la estación de máximo Yin, se bebe té negro o rojo para calentar el cuerpo y regular el sistema de los órganos internos.

4. La primavera es la otra estación donde Yin y Yang se equilibran, pero, a diferencia de lo que ocurre en otoño, la energía Yang se incrementa, así que se bebe té floral para ayudar a estabilizar el Yin y el Yang del cuerpo.

Los tés se recetan normalmente por sus particulares propiedades curativas. Cada hierba tiene una naturaleza específica. Las hierbas consideradas frías o templadas se usan para tratar condiciones de calor. Las hierbas también se dividen por su sabor y se usan para afectar a la energía de los órganos internos. Las hierbas ayudan al Qi a ascender o descender para purgar o tonificar un órgano o canal. También se usan para mover la sangre. Algunas se escogen para recetarlas basándose en el diagnóstico diferencial según los ocho principios energéticos, los cinco elementos, y la teoría de las seis fases.

Generalmente, como todas las plantas tienen usos médicos y contraindicaciones, se recogen y se dividen en tres categorías: hierbas superiores, que son tónicos; hierbas comunes, que son un poco tóxicas; y hierbas inferiores, que son tóxicas. Para reunir hierbas, el terapeuta de Qigong Médico debe tener un conocimiento muy extenso del entorno, y de las hierbas específicas. También debe poseer la habilidad para recogerlas de la forma apropiada. Una vez reunidas se deben procesar, es muy importante este proceso ya que muchas hierbas necesitan que se les eliminen las

toxinas, mientras que otras ven potenciados sus efectos durante este procesamiento.

ENERGÍA, COMIDA Y DIETA

Muchas generaciones se han preguntado lo mismo, «¿es la comida medicina o la medicina es comida?». Un viejo proverbio chino dice: «Fortalecerse con comida es mejor que hacerlo con medicinas, pero fortalecerse con Qi es mejor que con comida». Muchas décadas de estudio establecen una conexión entre enfermedad y hábitos alimenticios.

Durante siglos, los curanderos chinos han estudiado la comida, descubriendo las propiedades específicas de cada alimento y sus secretos para alcanzar la longevidad y sanarse. La nutrición china se concentra en las propiedades energéticas de la comida y sus acciones cualitativas en el cuerpo como un todo, así como en sus influencias en los órganos y los canales. A menos que un receptor de la terapia coma correctamente, el Qigong, la acupuntura, el masaje, la fitoterapia, y demás tratamientos no tendrán efecto, o no durante mucho tiempo. En la dinastía Tang, el gran físico Sun Simiao escribió el clásico médico *Un millar de onzas de oro*, que describe el tratamiento mediante la dieta de muchas enfermedades, incluyendo la ceguera nocturna y el bocio.

Lo que comemos puede o bien agravar nuestro estado o mejor nuestra condición. Cuando la energía de la comida (Gu Qi) se está generando, fuertes sobretensiones de energía del bazo y del estómago hacen que el cuerpo genere mucho más Yang Qi. Mientras el aspecto Yin del cuerpo se debilita, su naturaleza energética se vuelve más seca y se desvanece; el Yang ya no se mantiene a raya y un Yang muy exuberante empieza a generar calor, lo que produce y a veces libera emociones.

Las emociones empiezan con las propiedades energéticas del Qi postnatal. Cuando examina al receptor de la terapia, el terapeuta de Qigong Médico debe asegurar un entorno saludable, así como supervisar la cantidad de comida y su calidad. Ambientes hostiles interfieren en la digestión y causan Qi tóxico. La comida, el aire, y el agua se convierten en la gasolina que genera la energía del cuerpo. Cuando la fuerza vital se vuelve impura por la dieta, el calor se acumula en los órganos, creando exceso de Yang, o exceso de Qi de fuego.

Una habilidad esencial para recolectar los tesoros de la Tierra es controlar la dieta. Es importante que el receptor de la terapia no consuma alimentos que estén excesivamente fríos, calientes, picantes, o grasos. Si la comida se consume cuando es demasiado Yin (fría) o fuera de armonía con las estaciones, se puede crear un agente patógeno externo. Cuando el frío o el factor Yin se crea (una condición donde el frío y el exceso de Yin consumen el Yang del riñón, y no deja al calor Yang calentar al cuerpo), el Qi se vuelve lento, y bloquea los canales o colaterales. Estos bloqueos causan dolor y daño al estómago y los intestinos y afectan al corazón y los pulmones.

Si la comida se ingiere cuando es demasiado Yang (caliente) o fuera de armonía con las estaciones, un factor Yang es creado, causando una liberación de energía interna, que daña tanto a la sangre como al Qi. Debido a su naturaleza turbia, la comida con demasiada grasa puede dañar el Qi del estómago, causando ardores e infecciones, además de úlceras. Comer en exceso puede causar demasiado Gu Qi, generándose demasiado poder. Este poder sobrante produce una reacción vertical de Qi del estómago, lo que va en detrimento del bazo y del estómago, causando que se dificulte la tarea de respirar (madre/bazo afectando al hijo/pulmones), y los centros psíquicos (Shen dentro del corazón) se bloqueen. Muchas enfermedades postnatales son resultado de ingerir alimentos incorrectos en la temporada inadecuada, de no comer la cantidad recomendada, de comer demasiado, o de todo lo anterior.

Equilibrar la dieta según los principios de la naturaleza y del Yin y Yang debería ser parte integral de la práctica diaria. En algunas situaciones, el cuerpo puede compensar una dieta poco equilibrada. Para contraatacar este desequilibrio el cuerpo tendrá que gastar mucha energía. Comer comidas similares todo el tiempo provoca la acumulación de toxinas de esas comidas y puede causar reacciones alérgicas. Un equilibro entre los diferentes grupos de alimentos es la clave para un éxito dietético.

USO DE LOS CINCO SABORES DE LA COMIDA

Las propiedad energéticas de los cinco sabores de la comida (agrio/ácido, dulce, amargo, salado y picante) pueden usarse para equilibrar y controlar la energía de cada órgano. Cada exceso o deficiencia de algún sabor afecta no sólo al órgano que corresponde sino a todos los otros órganos. En las clínicas de China, la teoría de los cinco sabores se combina con la teoría de los cinco elementos para describir la interacción de los diferentes sabores en los órganos del cuerpo y los sistemas energéticos. Los cinco sabores y

su

efecto en el cuerpo están descritos en los siguientes apartados.

SABOR AGRÍO/ÁCIDO, ELEMENTO MADERA

Algunos ejemplos son: limones, hígado, vinagre, aceites de ensalada, y crema agria. Las comidas agrias afectan al hígado, los ojos, y los tendones. También son excelentes para estimular la energía del hígado y de la vesícula biliar.

1. Las comidas agrias son astringentes (causan encogimiento), y pueden ser recetadas para conseguir estos fines:

. prevenir o revertir la pérdida anormal de Qi y fluidos;

. contrarrestar la diarrea y la transpiración excesiva, haciendo más lentos los fluidos;

. drenar al hígado del exceso de Qi, indirectamente fortaleciendo los pulmones; . corregir los latidos lentos o irregulares.

2. Un exceso de estas comidas puede causar: . lesiones en los músculos;
. endurecimiento y arrugas en la piel;

. tirantez en los tendones que están controlados por el hígado. Como el hígado controla los tendones, los receptores de la terapia con problemas de hígado deberían comer menos comidas agrias.

SABOR AMARGO, ELEMENTO FUEGO

Algunos ejemplos de comida amarga son: café, té verde y negro, espárragos, brócoli y coliflor. Las comidas amargas afectan al corazón la lengua y el corazón. También son excelentes para estimular la energía del corazón y el intestino delgado.

1.   Las comidas amargas son usadas para drenar y secar, y pueden ser recetadas para alcanzar los siguientes objetivos:
. estimular la energía del corazón, controlar el fuego del corazón; . bajar la fiebre y el exceso de calor;
. estimular la digestión;
. drenar el exceso de Qi del bazo;
. eliminar obstrucciones en la parte alta del tracto respiratorio.

2.   Un exceso de comidas amargas puede producir:
. sequedad y congestión del bazo y el estómago;

. hiperactividad del fuego del corazón, y la consumición de los fluidos Yin del riñón.

SABOR DULCE, ELEMENTO TIERRA

Algunos ejemplos de comida dulce son: miel, caña de azúcar, zumo de naranja, maíz, y leche. Las comidas dulces afectan al bazo, la boca, y los músculos. También son excelentes para estimular la energía del bazo, estómago y páncreas.

1.   Las comidas dulces se usar para tonificar, regular y humedecer, y pueden ser recetadas para alcanzar los siguientes objetivos:
. estimular el fuego digestivo;
. tonificar el bazo, el estómago y el páncreas; . drenar el exceso de Qi en el corazón.

2.   Un exceso de comida dulce puede causar:

. desequilibrio en los riñones;
. dolor en los huesos;
.pérdida de pelo;

.disfunciones musculares;

. lesiones en el bazo y el estómago.

El dulce se extiende por los músculos, así que el receptor de la terapia con enfermedades de bazo, estómago, o músculos (diabetes, hipoglucemia, cándida sistémica, fibromialgia, fatiga crónica, etc.) deberían limitar la ingestión de comidas dulces.

SABOR PICANTE, ELEMENTO METAL

Algunos ejemplos de comidas picantes: el ajo, cebolla, pimienta, mostaza y chili. Las comidas picantes afectan a los pulmones, nariz, piel y el vello corporal. También son excelentes para estimular la energía de los pulmones y el intestino grueso. Como los pulmones controlan el Qi, son muy rápidos en absorber la energía de las comidas picantes.

1. Las comidas picantes se usan para dispersar y mover, y pueden ser recetadas para alcanzar los siguientes objetivos:

. inducir la respiración;
. mejorar la circulación de Qi y sangre;
. estimular la digestión;
. activar la energía del pulmón y promover el funcionamiento de este; . expandir el Qi del pulmón;
. drenar el pulmón de excesos de Qi;
. incrementar la secreción de saliva y fluidos;

2. Un exceso de comidas picantes puede producir:

. grandes pérdidas de energía del pulmón y daño a este;

. nudos en los músculos;

. degeneración y marchitamiento de las uñas de los pies o las manos.

SABOR SALADO, ELEMENTO AGUA

Algunos ejemplos de comida salada: almejas, queso, salsa de soja, sal, jamón york y margarina. Esta comida afecta los riñones, oídos, y huesos. También son excelentes para estimular el Qi del riñón y la vejiga.

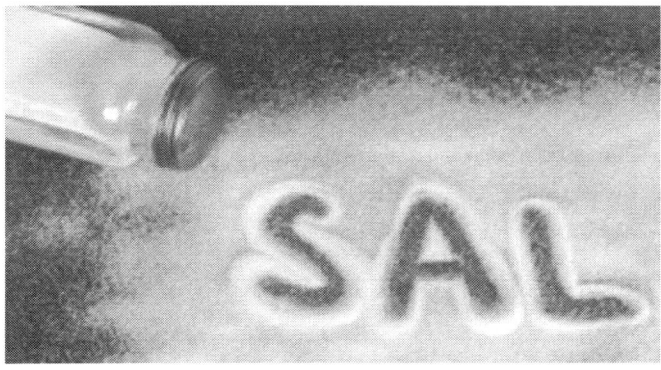

2. Las comidas saladas se usan para purgar y ablandar, y pueden recetarse para alcanzar los objetivos siguientes:

. ablandar nódulos duros, como los quistes; . purgar las glándulas linfáticas inflamadas; . ablandar músculos pinzados;

2. Un exceso de comidas saladas puede causar:

. daños en los riñones y vejiga; . coagulación de la sangre;

. enfermedades de la sangre;

. endurecimiento del pulso;

. cambios en la complexión.

GUÍAS PARA LOS CINCO SABORES ELEMENTALES

Durante cada estación, los cinco extremos separados en los sabores sirven como catalizador para llevar el Qi al órgano que lo necesite. La sobreexposición a los elementos de la estación (frío, calor, viento, etc.) son los responsables de los agentes patógenos externos que invaden el cuerpo y afectan al Jing corporal, el Qi, y el Shen. El desarrollo de una enfermedad se debe al desequilibrio y la lucha entre la salud corporal que preserva el Qi y las influencias patógenas. Si los factores patógenos son excesivos, pueden obstruir el funcionamiento fisiológico normal del cuerpo, provocando la enfermedad. Sin embargo, si el Qi del cuerpo es fuerte, los agentes patógenos lo tendrán difícil a la hora de crear algún desequilibrio energético.

La MTC divide los efectos de estos sabores en cinco estaciones, cada una con su función única y su particular flujo de energía afectando al cuerpo humano. Un ejemplo de los efectos de los ritmos naturales en el hombre es que la calidad del pulso en las vísceras cambia constantemente de acuerdo a las cinco estaciones. El pulso del hígado es relativamente fuerte en primavera, comparado con los otros órganos; en verano el corazón es más fuerte; al final del verano, el bazo; en otoño, los pulmones; y en invierno los riñones.

Las guías básicas se desarrollan para comer de acuerdo al flujo del ciclo de los cinco elementos. Esta guía ayudará a entrenar al cuerpo a reconocer la comida que necesita. Los tipos de comida y sabores están divididos en cinco categorías, que representan las cinco estaciones del año, los cinco elementos, y los órganos Yin y Yang.

Para alcanzar un equilibrio global, la comida y la energía deben estar igualmente equilibradas. Si el hígado es débil, por ejemplo, ingerir alimentos agrios ayudará a corregirlo y también lo hará la comida salada. Esta prescripción está basada en la teoría de los cinco elementos, que se centra en dos ciclos: el ciclo de creación y el ciclo de control.

RESUMEN DE LOS CINCO SABORES ELEMENTALES

El entendimiento global de los cinco sabores elementales da la habilidad al terapeuta de Qigong Médico para asistir y recetar de forma precisa mejores hábitos de comida. Entendiendo los parámetros de comida estacional (por ejemplo, en invierno comer comida vegetal, que crezca debajo del suelo, y en verano comer cosas que crezcan en las ramas y flores) el terapeuta de Qigong Médico puede observar si el receptor de la terapia tiene componentes en su enfermedad de una dieta incorrecta.

SUMARIO

Al comprender el potencial energético de los tres tesoros terrestres, el terapeuta de Qigong Médico será capaz de evaluar al receptor de la terapia tanto en ámbitos de dieta como de vida y su efecto en la condición de éste. Esto también incluye prescribir los ejercicios de Qigong Médico, meditaciones, dietas, y hábitos alimenticios necesarios para mantener los tratamientos del terapeuta de Qigong Médico.

A través de la supervisión de la conexión del receptor de la terapia con su medio ambiente y sus hábitos alimenticios, el terapeuta de Qigong Médico será capaz de entender la influencia terrestre en el ser físico, mental, emocional, y espiritual del receptor de la terapia.

Para más información de cómo aplicar los cinco sabores elementales a la dieta y cómo curar con ello, pincha en este enlace y podrás ver vídeos gratis y lecciones sobre ello

https://joaquinalmeria.clickfunnels.com/registro-webinar

CAPÍTULO 2
LOS TRES DAN TIEN

Según la fisiología energética humana de la teoría china, los humanos tenemos tres centros energéticos muy importantes.

Los tres están localizados en el centro del cuerpo, dentro del eje que va de la cabeza al perineo, y son equidistantes en la parte frontal y posterior. Ellos son los encargados de recolectar y acumular la energía tal y como haría la batería de un coche. La energía sobrante que nosotros generamos al movernos, digerir, etc. se almacena dentro de los tres Dan Tien.

Dan tien (丹田) es un término chino, Dan (丹) significa literalmente "cinabrio" y Tien (田) "campo". Esta terminología viene de la alquimia, fenómeno que se dio tanto en Europa como en China. El cinabrio es un mineral que forma la base del mercurio y en la China antigua estaba reservado solamente para el emperador, cosa que nos da una idea de cuán importante es esta simbología y del valor que tiene aún en la cultura china actual.

El cinabrio es un elixir vital en la alquimia taoísta y bastante especial pues tiene un equilibrio entre ying/yang muy óptimo, como el arroz en la alquimia alimenticia. La alquimia taoísta se practicaba de dos formas: la alquimia externa y la alquimia interna.

La alquimia externa nació de la obsesión por la metamorfosis de metales poco nobles en oro. Es el ancestro de la química moderna.

La alquimia interna aspiraba a crear un elixir para la vida eterna o para acercarnos a nuestros ancestros desde un plano espiritual. Esto se conseguía a través de ejercicios de Qigong y Tai Chi, cultivando la energía sexual y alcanzando estados alternativos de conciencia; así como trabajando sobre la espiritualidad humana.

En este aspecto los Dan Tien se conforman como una parte vital de la alquimia interna, pues no solo almacenan la energía sobrante sino que actúan de caldero para poder transformar y almacenar la energía que más tarde pasará de Qi a Shen y luego éste al cuerpo inmortal.

La teoría china está llena de numerología y el número "3" es muy importante como manifiestan los tres regalos, las tres virtudes, los tres Dan Tien, los tres tesoros... El Qi, el Jing y el Shen son parte de estos tres tesoros. Son tres manifestaciones de la energía universal:

- El Jing es una manifestación más sólida que vibra a una frecuencia más lenta y es lo que se suele traducir como esencia humana. Tiene más densidad.

- El Qi es un intermedio y sería la bioenergía que circula por el cuerpo en forma de luz, electricidad magnetismo, etc.

- El Shen es etéreo y su frecuencia de vibración es más alta. Se manifiesta más como una energía.

Haciendo un paralelismo con el agua el Jing sería hielo, el Qi agua y el Shen el vapor de agua.

Siguiendo con el aspecto numerológico, el Jing, el Qi y el Shen están conectadas con las tres fuerzas exteriores: el cielo, la tierra y el hombre.

El Jing es la parte más sustancial, por tanto la más Ying, y está conectado con la tierra. Se almacena en el Dan Tien inferior y está asociado con el calor.

El Qi es una mezcla de Ying y Yang. Una mezcla entre la energía del cielo y la tierra. Se almacena en el Dan Tien medio.

El Shen es el más insustancial de los tres y por tanto el más Yang. Es la energía del cielo y se almacena en el Dan Tien superior.

Los tres Dan Tien están conectados a través del polo Tai Ji entre ellos y éste actúa como una autopista energética, pues mueve las fosas interiores. El alma es atraída al cuerpo por el movimiento del polo Tai Ji y es desde ahí que sale cuando el cuerpo muere. También sirve para transportar el alma Hun.

Aunque el practicante de Qigong moderno no esté preocupado por alcanzar la longevidad, los tres Dan Tien son muy importantes desde el punto de vista médico ya que su comprensión es necesaria para entender el movimiento, el almacenamiento de energía, la transmisión y la condensación de ésta. Igualmente son un recurso muy importante para el diagnóstico a través de los tres Dan Tien o la auto curación por medio de ejercicios de Tai Chi.

Volviendo a los alquimistas, estos usaban palabras claves para que la gente no pudiera copiar sus fórmulas si se diera el caso de que se descubrieran sus escritos. Así pues vemos muchas referencias a metales y alquimia externa cuando en realidad están hablando de alquimia interna. Describiendo ejercicios de Qigong más que cocciones físicas. El objetivo principal de los alquimistas era la inmortalidad y para ello se dedicaban a sublimar los metales o, haciendo el paralelismo con las energías, lo que hacían era transformar el Jing en Qi y éste en Shen para poder fundirse con el espíritu colectivo (Dao) y conseguir la inmortalidad.

El Jing se transformaba en Qi en el Dan Tien inferior, el Qi en Shen en el Dan Tien medio y finalmente el Shen se fundiría en el Wu Ji (infinito absoluto), en el lenguaje cristiano lo llamaríamos fundirse con Dios, alcanzando así la vida eterna.

Qigong, actualmente, se traduce como "la alquimia interna" o "cultivo de la energía interna". Hoy en día también se viene traduciendo Dan Tien como "campo del elixir interno".

EL DAN TIEN INFERIOR

El Dan Tien inferior es el más conocido por los artistas marciales y la gente que practica la meditación zen pues es considerado el centro de gravedad, de potencia y el centro del cuerpo humano. Los japoneses le llaman Hara (腹) y se sitúa en el centro del abdomen.

Si hacemos un triángulo entre la línea del ombligo, el Ming Men (punto situado en la zona lumbar) y el perineo. Estos tres puntos forman una pirámide que apunta al suelo y que da cabida al Dan Tien inferior.

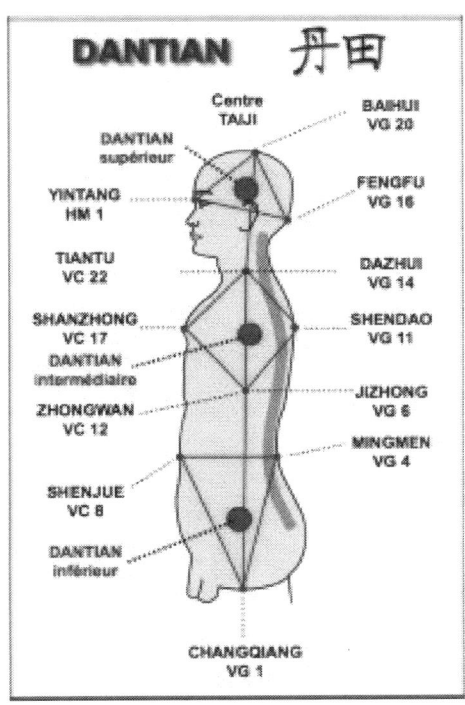

El Dan Tien inferior es el lugar más importante de almacenamiento de energía de los riñones. Los riñones están asociados a nuestra energía prenatal y nos dan la base de Jing, el Qi y el Ying/Yang del cuerpo. El Dan Tien inferior está asociado con el Qi protector (Wei Qi) que circula por fuera del cuerpo, comúnmente llamado el aura, que nos protege de infecciones y ataques exteriores como si fuera un escudo. Este Wei Qi se prolonga unos 2 ó 3 cm más allá de nuestra piel. Cuando el Dan Tien se llena de Qi el Wei Qi se espesa y nos protege mejor, cuando hay deficiencia de Qi la armadura presenta agujeros.

EL DAN TIEN INFERIOR Y EL JING

El Dan Tien inferior recolecta la energía de la tierra y representa la parte física de la energía del cuerpo. La energía de la tierra se transforma en el Dan Tien inferior y es densa, espesa y vibra a una frecuencia más lenta, por lo tanto, es más sólida.

A veces se traduce como el Jing Gong ("palacio de la esencia") el Jing Gong está localizado en el perineo y es nuestra reserva de Jing. También nuestra esencia prenatal (Yuan Jing) está ahí y determina nuestra constitución y vitalidad, es además el encargado de pasar nuestra información genética del ADN.

La energía Jing interacciona con el riñón y crea el Jing del riñón. Las energías del riñón son el Jing, el Qi, el Ying, el Yang y el fuego. Cuando hablemos de patologías del riñón hablaremos de la energía Jing, Qi, Ying, Yang y la energía del fuego.

El fuego del Ming Men también se llama "el fuego del riñón", estos dos términos son intercambiables. Este fuego del riñón es el que nos ayudará a sublimar el Jing para llevarlo a Shen o siguiendo el símil con el agua, nos permitirá sublimar el hielo para convertirlo en vapor.

El Jing del riñón circula a través de los ocho vasos extraordinarios y en particular a través del vaso de la concepción, el gobernador y el estratégico. Todos estos se originan en el Dan Tien inferior.

El Jing del riñón controla la energía reproductiva y los ciclos de la vida dentro del cuerpo. Algunos textos alquímicos describen el Dan Tien inferior localizándolo en el útero de la mujer y en el caso del hombre en el Jing Gong o palacio de la esencia (próstata) y las vesículas seminales. En algunos textos taoístas de Qigong se usan indistintamente las palabras ovarios, testículos o riñón como si fueran sinónimos, tal es la relación entre el Jing del riñón y estas energías sexuales.

El palacio de la esencia en el hombre, por ejemplo, está localizado en el centro del cuerpo a nivel del extremo superior del hueso púbico, es posterior al punto 2 del canal de la concepción. En el caso de la mujer el palacio de la esencia está un poco más arriba, centrado en el útero, unos 2 cm por encima del hueso púbico, en el punto de acupuntura "concepción 3". La localización del Jin Gong también decide dónde va el Jing, en el caso de los hombres a los testículos y en la mujer a los ovarios.

Como se ha dicho, el Jing es una manifestación más física del Qi, pero ha de quedar claro que el Jing y el Qi son la misma energía con manifestaciones diferentes. El Dan Tien inferior actúa como una reserva de calor y energía asociada a los riñones.

Los riñones són los responsables de controlar el agua dentro del cuerpo, del Jing se ha dicho que es el agua dentro del caldero que en invierno se ha helado. A través de la concentración, el enfoque y la meditación, el Jing esencia se transforma y se refina para transformarse en el Qi que circulará por el cuerpo. El fuego del Ming Men se mezcla con el agua del riñón y esta transformación es la que nos dará potencia y movilidad al Qi. De hecho el ideograma del Qi se asemeja al vapor que sale de un caldero.

EL DAN TIEN INFERIOR Y EL QI

El Dan Tien inferior es a veces llamado el mar del Qi, es donde se almacena el Qi. El fuego del Ming Men se eleva, las energías Ying/Yang se almacenan, así como el Yuan Qi o Qi original.

Yuan Qi es la fuerza que anima todas las energías y órganos del cuerpo, está relacionada con el Ming Men y proporciona el calor al cuerpo. Además es el catalizador que nos ayuda a transformar la comida y el aire en Qi post-natal. El Yuan Qi también ayuda en la producción de la sangre.

Está conectado a través del triple calentador o San Jiao. El Yuan Qi entra en los doce canales principales a través de los puntos Yuan o puntos fuente. El Dan Tien inferior es el más Ying y el que almacena la polaridad negativa de la tierra.

En el Qigong Médico una vez que los alumnos y receptores de la terapia han aprendido a conservar y hacer circular su propio Qi, pueden incrementarlo conectándose al Qi ilimitado de la tierra; esto se hace a partir del Dan Tien inferior. Conectarse con la anergia de la tierra es importante por varias razones:

- Como todo circuito eléctrico nosotros también necesitamos una toma de tierra para no perder el norte y convertirnos en demasiado Yang, lo que podría desembocar en locura o esquizofrenia.

- Al conectarse con la tierra, los receptor de la terapias también pueden desviar el exceso de calor, ya que la tierra tiene un efecto de enfriamiento.

- Nuestra energía es limitada y se va agotando a lo largo del día a través de las actividades que llevamos a cabo, por eso es bueno saberse conectar a la tierra ya que su energía es ilimitada, pues proviene del universo.

El terapeuta de Qigong Médico, antes de comenzar una sesión se conecta a la tierra y al cielo actuando como un canal y utilizando esas energías para sanar. De otra forma acabaría exhausto y caería enfermo, y solo podría tratar a uno o dos receptor de la terapias al día.

EL DAN TIEN INFERIOR Y EL SHEN

El Dan Tien inferior es considerado también un centro de consciencia, la consciencia es más física o cinética por tanto es más Yin. El Jing del cuerpo está conectado a las siete almas Po o corporales, que son densas y menos etéreas que las otras que se estudian en la Medicina China.

Las almas Po controlan el instinto de supervivencia, reflejo y subconsciente. Por esta razón los artistas marciales se enfocan tanto en el campo inferior, ya que esto les va ayudar a reaccionar ante situaciones adversas en fracciones de segundo.

EL DAN TIEN INFERIOR Y LA COMUNICACIÓN CINÉTICA

No solo el Dan Tien inferior es el centro de la energía física sino que también es el centro de la potencia y capacidad cardiovascular. También es considerado la casa de la fuerza cinética, la comunicación y los sentimientos. La intuición también se almacena allí.

A veces el subconsciente también reside allí y desde ahí se van recibiendo señales que se traducirán en información que irá directamente a la mente subconsciente y provocarán respuestas de movimiento inconsciente o a nivel emocional.

Cinético se refiere al movimiento y este estado cinético es el que permitirá al terapeuta de Qigong Médico sentir las vibraciones de la energía en el cuerpo del receptor de la terapia. Cuando el terapeuta de Qigong Médico nota de repente calor, frío o temblores esto puede significar que la mente subconsciente está tratando de comunicarle la situación y la condición de desequilibrio del receptor de la terapia. Las señales son bastante sutiles pero gracias a su entrenamiento, los terapeutas de Qigong Médico pueden notarlos y hacer el diagnóstico apropiado. Durante el entrenamiento están incrementado la sensibilidad que usarán más adelante.

Este cultivo simplemente requiere tiempo y paciencia, además de atención a nuestro cuerpo interior. Como en todo entrenamiento de Qigong es muy importante situar el foco mental y relajarse para que las energías cinéticas aparezcan espontáneamente y no forzarlas. Como se ha dicho, las señales son muy sutiles y a veces el terapeuta de Qigong Médico se tendrá que esforzar para sentir, oír, oler y usar sus sentidos para interpretar estas señales.

Se han hecho estudios científicos en Occidente que reconocen los impulsos que llegan a través del Dan Tien inferior. Igualmente hay muchos estudios escritos que demuestran que los intestinos tienen una inteligencia y existe comunicación a nivel neurológico, como existe en el cerebro.

Se han descubierto un total de cien millones de neuronas, neurotransmisores y proteínas que, independientemente del cerebro, son capaces de aprender, interpretar y recordar sentimientos en el intestino. Algunos de estos neurotransmisores son la serotonina, dopamina, el glutamato, el óxido nítrico y la

encefalina. También se han encontrado metodiazepacinas, que son derivados químicos que ayudan a reducir la ansiedad. El abdomen también tiene dos docenas de proteínas cerebrales que se llaman neurolépticos.

Así pues finalmente se ha demostrado con la ciencia lo que la medicina antigua viene predicando desde hace milenios, que existe un centro importante de inteligencia y de atención en el Dan Tien inferior.

LOCALIZACIÓN ANATÓMICA DEL DAN TIEN INFERIOR

El Dan Tien inferior está centrado debajo del ombligo, dentro del abdomen inferior y justo en el centro a igual distancia entre la superficie frontal del cuerpo y la espalda. Forma un triángulo que apunta hacia abajo que se compone del ombligo, el Ming Men (punto de la espalda entre 2a y 3a vértebra lumbar) y el perineo. Ocupa el primero de los tres Chakras inferiores.

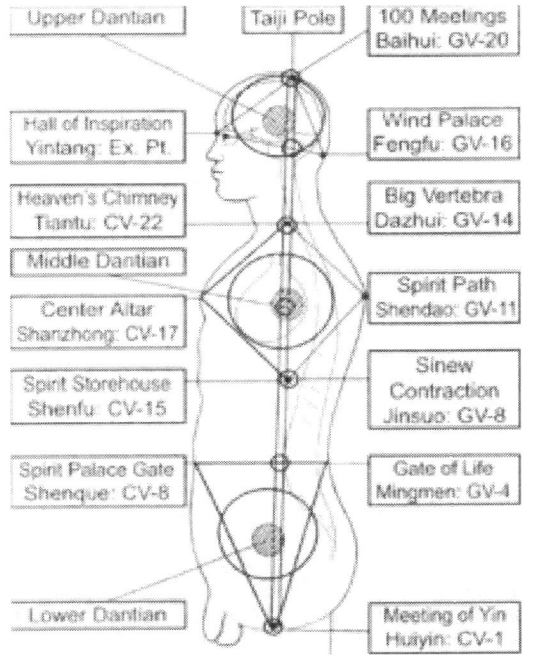

Los Chakras son centros energéticos que se originan del polo Tai Ji y tienen una o más puertas para interrelacionarse con energías exteriores.

El punto más bajo del Dan Tien inferior se extiende al seno Hui yin o el perineo que es el vaso de la concepción y se encuentra entre el ano y el escroto. Hui yin se refiere en chino a la absorción de la energía de la tierra, porque a través de aquí se absorbe energía Yin.

Esta área es la responsable de almacenar y distribuir la energía a través de los canales Yin de la pierna que son el hígado, el bazo y el riñón. También se conoce como la puerta inferior del polo Tai Ji o el punto más bajo del Chakra inferior.

La parte frontal del triángulo se localiza en el ombligo, en el punto Shen que o palacio del espíritu (concepción 8) por donde se absorbe el Shen y el Qi de la madre. También se conoce como la parte frontal del Dan Tien o la parte frontal del segundo Chakra.

El vértice posterior está localizado en el Ming Men (vaso gobernador 4) que ocupa el vacío entre los dos riñones y aquí nace el Qi original. Este punto determina la vida y la muerte. A través de él se proporciona el fuego auténtico del cuerpo y es el que se lleva al San Jiao o triple calentador. Es el fuego resultante de estabilizar la energía de los riñones y toda la energía del Dan Tien inferior. Este punto también es conocido como el Dan Tien de la espalda o la puerta de la espalda del segundo Chakra.

Hay discrepancias en China sobre dónde se localiza el centro del Dan Tien inferior. Algunas escuelas lo sitúan en los órganos sexuales del hombre y la mujer, otras enseñan que en el hombre está localizado en concepción 4 o Guan Yuan y en la mujer en el Xi Hae o concepción 6. Esta área se llama a veces el Dan Tien medio y se sitúa entra el ombligo y el Ming Men.

LAS NUEVE CÁMARAS DEL DAN TIEN INFERIOR

El cuerpo humano es una réplica micro cósmica del cielo. El cielo, en la teoría china está dividido en nueve niveles y cada uno de ellos alberga diversos palacios. Nuestro cuerpo se dice que también tiene palacios o cámaras que se corresponden a las nueve estrellas que conforman la constelación de la Osa Mayor, así cada Dan Tien

tiene nueve palacios. A los aspectos emocionales de la psique se les da el nombre de espíritus y cada uno de ellos vive en un palacio del Dan Tien inferior.

Dichos aspectos están relacionados con el cuadro psico-físico de los órganos internos y la teoría de los cinco elementos. Los maestros de Qigong creían que conforme el Dan Tien inferior se iba llenando de energía, produciría una serie de reacciones en el cuerpo que provocaría que ciertos espíritus se despertaran, dando lugar a distintos niveles de despertar espiritual dentro del individuo.

Cada una de las cámaras tiene varios cm. de anchura y se divide en nueve:

1. **El palacio de esencia.** Se corresponde con los órganos sexuales y el Hui yin.

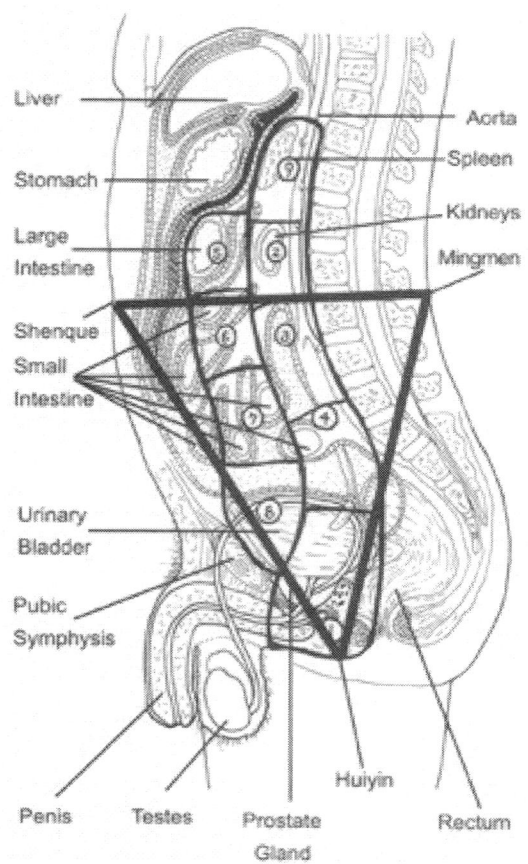

2. **El monitor oficial de la salud.** Coincide con los riñones.

3. **Ministro de la terraza.** Sección posterior debajo del riñón.

4. **Cámara de las borlas.** Está situada entre la 3a y el Hui Jin.

5. **Ministro de limpiar la casa.** Primera por arriba de la parte frontal. Corresponde al intestino grueso.

6. **Palacio de los espíritus místicos.** Debajo de la 5a. Se corresponde al intestino delgado.

7. **Cámara del elixir misterioso.** Debajo de la 6a.
8. **Cámara del espíritu de Jade.** Coincide con la vejiga y está debajo de la 7a. Es la

última de la parte frontal
9. **El espíritu de la corte amarilla.** Coincide con el bazo.

Si hacemos un corte lateral en el abdomen bajo y lo dividimos en dos columnas, la primera columna tiene cuatro cámaras y se numeran 5,6, 7 y 8. La segunda columna es un poco más larga y su numeración es 9, 2, 3,4 y 1 que coincide con el Hui Jin.

CONCENTRARSE EN EL DAN TIEN INFERIOR PARA ENTRENAR LA ENERGIA

Todos los entrenamientos de Qigong sean del estilo que sean empiezan por el Dan Tien inferior. Hay tres niveles de entrenamiento: el de la tierra o inferior, el del corazón o medio y el superior o del espíritu. Estos tres niveles se corresponden con los tres Dan Tiens.

Es imperativo empezar por el nivel más bajo, las artes marciales empiezan así y también el Qigong curativo. Al inicio de la sesión el terapeuta de Qigong Médico va a pedir al receptor de la terapia que empiece concentrándose en el Dan Tien inferior, con el fin de atraer el Yuan Qi al Dan Tien inferior y empezar la sesión recargando la energía primaria del cuerpo.

Es muy peligroso que los estudiantes de Qigong o Qigong Médico se salten el estudio del Dan Tien inferior y empiecen a cultivar otros entrenamientos o Dan Tiens. Esto puede dar caso a episodios psíquicos o psicóticos o, en el menos grave de los casos, a inestabilidad emocional.

EL DAN TIEN MEDIO O EL DAN TIEN DEL CORAZÓN

El corazón es el órgano principal asociado al Dan Tien medio, el segundo órgano serían los pulmones y también tiene especial importancia la glándula timo, pues su función es determinante.

En los niños la glándula timo es bastante grande, y hasta ahora se creía que en los adultos se atrofiaba debido a que cambiaba de tamaño, pero se ha visto que no es así. Recientes estudios sobre el sistema inmunológico han descubierto que la timo cubre un papel muy importante en la generación de células blancas y que, evidentemente, continúa funcionando hasta la muerte, algo que se viene diciendo desde hace mucho en los círculos de la MTC.

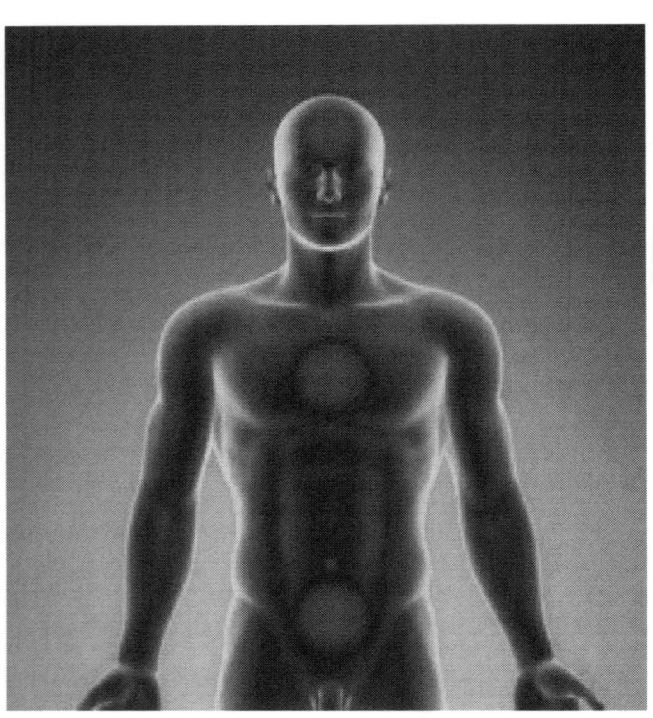

En el Dan Tien medio es donde se recolecta y almacena el Qi. Es aquí donde tenemos la energía mental y emocional. Esta energía tiene la cualidad del agua y se refinará en el Dan Tien medio, convirtiéndose en vapor de agua y este subirá el Shen al Dan Tien superior para trabajar el espíritu.

El Dan Tien medio está conectado con el segundo nivel de Wei Qi, que es la segunda aura protectora y que se extiende unos 30 cm más allá de la piel. Este Dan Tien también está relacionado con los cinco agentes u órganos que controlan las cinco emociones. Conforme el receptor de la terapia o el estudiante vaya avanzando en su comprensión del Dan Tien medio, experimentará diversos grados de evolución en sus estados emocionales, así como cambios en el color del aura.

EL DAN TIEN MEDIO Y EL JING

El corazón está relacionado con el fuego y deriva el fuego Yang de los riñones y es este fuego lo que ayuda al Qi a convertirse en Shen. La medicina moderna nos da un caso parecido con la función de las glándulas adrenales. De acuerdo a la fisiología occidental las glándulas adrenales ayudan a los latidos del corazón.

Para mantener el fuego del corazón en equilibrio, el corazón también necesita Yin. El Yin del corazón deriva del Yin del riñón (Jing es un aspecto de Yin del riñón).
En la fisiología tradicional china, se afirma que el corazón regula la sangre y también es el responsable de transforma el Gu Qi en sangre.

El Gu Qi (energía destilada a partir del consumo y la transformación de los alimentos y bebidas) es una forma de Jing post-natal, transformado por el bazo y el estómago. La sangre está compuesta de Qi nutritivo llamado Ying Qi, Jing, y de fluidos. Los riñones también envían Jing prenatal al corazón para hacer sangre. Por lo tanto, el Jing es vital para el funcionamiento del corazón.

EL DAN TIEN MEDIO Y EL QI

Al igual que el Dan Tien bajo, el Dan Tien medio también se considera un mar de Qi. El Qi del Dan Tien medio se llama Zong Qi. Zong Qi se traduce como el Qi ancestral, recopilación de Qi o Qi esencial. En las traducciones, se confunde a veces con el Qi original (Yuan Qi), sin embargo, no son lo mismo. El Zong Qi es una forma de Qi post- natal Chi, mientras que el Yuan Qi se encuentra en el Dan Tien inferior y es una forma de Qi prenatal. El Zong Qi y el Yuan Qi prestarán asistencia mutua para mantener la función saludable del corazón y los pulmones.

El Zong Qi alimenta el corazón y los pulmones, controla el habla y la fuerza de la voz, e interactúa con los pulmones para ayudar en la respiración. Según la medicina tradicional china, los riñones ayudan a los pulmones para captar, mantener y estabilizar la respiración durante la inhalación.

El Qi y la sangre están estrechamente relacionados. En la Medicina China, se dice a menudo, «el Qi es el comandante de la sangre. La sangre es la madre del Qi». El Qi da a los vasos del corazón y la fuerza para hacer circular la sangre, y también da vida a la propia sangre. La sangre, por otro lado, aloja el Qi y lo lleva a todas las células en el cuerpo. Cuando uno pierde sangre, también se pierde Qi. Por lo tanto, el Qi y la sangre se consideran inseparables.

El Qi es también inseparable de la mente y el espíritu. De acuerdo con las enseñanzas tradiciones se dice que los canales son (metafóricamente hablando) los caminos, el Qi es el caballo, y la mente es el jinete. A través del proceso de perfeccionamiento del Qi, la mente y el espíritu son refinados y purificados.

EL DAN TIEN MEDIO Y EL SHEN

Tradicionalmente, los chinos sitúan la mente en el corazón. En chino, la palabra "mente" (Xin) es también la palabra que designa el corazón. En el Qigong Médico, se hace una distinción entre la mente adquirida (Ren Xin) y la mente original (Yuan Xin).

El Dan Tien medio alberga el Shen, y controla todas las funciones del Shen que se atribuyen a los órganos Yin. Por lo tanto, el corazón es llamado a menudo el "Emperador Celestial".

En todo el mundo, la gente relaciona el corazón a las emociones y sentimientos. Las emociones y los sentimientos son un aspecto importante del espíritu. Todas las emociones tienen un efecto sobre el Shen.

La mente humana cae fácilmente bajo la influencia del Po (las siete almas corporales) que se ocupan de la supervivencia. Cuando el Po domina el corazón, se entra en un estado de exagerada preocupación por sí mismo dando lugar a un estado crónico de miedo, tristeza, preocupación, ira, y arrogancia. Estas emociones negativas a veces se llaman "los cinco ladrones", porque a pesar de que las emociones negativas son aspectos necesarios de la vida, los estados crónicos derivados de las emociones negativas drenan el Qi.

El Hun (las tres almas etéreas) controla la circulación fluida de Qi a través del cuerpo y se nutre de las cinco virtudes que son la bondad, el orden, la confianza, la integridad y la sabiduría. Estas cinco virtudes dan la paz y la claridad al corazón y permiten que las cualidades superiores del Yuan Shen hagan caso omiso del Po.

Una relación importante entre el Dan Tien medio y Shen se encuentra en el papel del corazón en el gobierno de la sangre. Los textos antiguos dicen que el Shen también se encuentra en la sangre y penetra el cuerpo a través de la circulación sanguínea. Esta relación entre la sangre y el Shen es una de las razones por las que las personas con anemia suelen ser inquietas y sufrir de insomnio. Muchas formas de malestar espiritual pueden ser tratadas nutriendo la sangre del corazón.

Según un estudio reciente sobre los neurotransmisores, el cerebro y los glóbulos blancos contienen los mismos neurotransmisores y componentes bioquímicos que se requieren para la existencia de la conciencia. Los mismos neurotransmisores y componentes bioquímicos que están vinculados a la conciencia se sintetizan y son creados por los glóbulos blancos. Esta correspondencia indica que no sólo el cerebro y el abdomen tienen su propia conciencia y sistema nervioso, sino que también la sangre. Esto implica, además, que la conciencia es posible en cualquier parte del cuerpo, esto justifica la explicación china antigua que dice que la conciencia es un fenómeno generalizado en todo el cuerpo a través del Shen, que reside en la Sangre.

EL DAN TIEN MEDIO Y LA COMUNICACIÓN EMPÁTICA

El Dan Tien medio también se considera la "casa" del sentimiento emocional (empatía), la comunicación y la conciencia. La comunicación emocional se experimenta como empatía en el corazón. Esta empatía es el medio por el cual el terapeuta de Qigong Médico toma conciencia de los componentes emocionales de los bloqueos energéticos del receptor de la terapia y sus desequilibrios.

La comunicación empática se siente como una emoción y se origina en el corazón y el área del Dan Tien medio. Cuando los terapeutas de Qigong Médico se centran en el área del Dan Tien medio, se crea una línea de comunicación con el ser superior. Todos nacemos con esta capacidad, pero a medida que envejecemos tendemos a reemplazar este tipo de comunicación emocional con una exagerada dependencia de la mente lógica. A través de estados de shock, la decepción, el rechazo y la falta de uso, las impresiones disminuyen lentamente con el tiempo haciendo que perdamos esta capacidad natural de la comunicación empática. Por lo general, la desconexión de esta percepción se produce como una respuesta a los mensajes negativos y mixtos recibidos de nuestros padres y de la sociedad. La manera de reconectarse con el ser intuitivo es mirar hacia adentro y ser uno con el verdadero ser que está conectado con lo divino.

LOCALIZACIÓN ANATÓMICA DEL DAN TIEN MEDIO

El Dan Tien medio, con cuatro puntos, tiene la forma de un tetraedro: los puntos principales apuntan hacia el Dan Tien superior y los cielos, los puntos de la parte inferior hacia el Dan Tien inferior y la Tierra, y los puntos de los lados hacia el frente y la espalda.

La parte frontal inferior está localizada en el Zhong Wan (concepción 12), en el medio del abdomen justo debajo del esternón. Es uno de los puntos clave del calentador medio y a veces se llama el tercer chakra o "la corte amarilla". Es donde se almacenan las emociones.

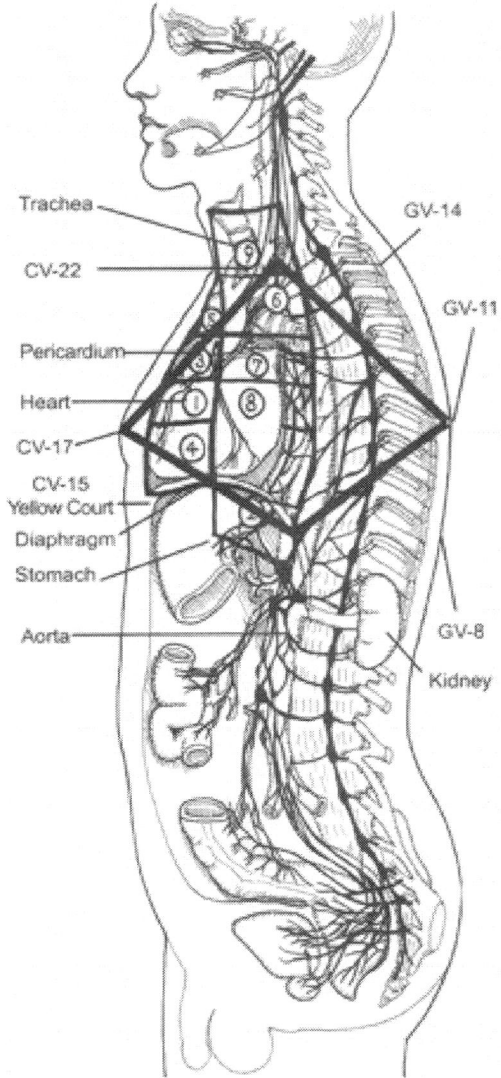

La parte posterior inferior está localizada en el punto Ji Zhong (gobernador 6). Esta área se llama la puerta de atrás del tercer chakra. La parte frontal-central está localizada en el punto Dan Zhong (concepción 17). En medio del esternón y en el cuarto espacio intercostal. Es conocido a veces como el "lugar de plegaria" y es donde reside el Shen. Esta área a veces se llama la puerta del cuarto Chakra.

El punto central de la espalda del Dan Tien medio se encuentra a unos centímetros por encima de los hombros (omoplatos) en el punto Shendao (gobernador 11) punto ubicado en el hueco entre las vértebras dorsales quinta y sexta.

El punto frontal superior del Dan Tien medio se encuentra en el punto Tiantu (concepción 22), en la base de la garganta.
El punto superior de la espalda se encuentra en el punto Dazhui (gobernador 14) "Gran vértebra" en la parte posterior. El nombre del punto se refiere a su ubicación por encima de la relativamente grande primera vértebra dorsal y debajo de la mucho más pequeña séptima vértebra cervical. Esta área se conoce como la puerta de atrás del quinto chakra.

El centro del Dan Tien medio se encuentra en la aurícula derecha del corazón, centrado entre el nodo sino auricular y el nodo aurículo-ventricular. El centro del corazón es considerado como la sede de todas las emociones.

ENTRENAMIENTO DEL DAN TIEN MEDIO

En la formación médica de Qigong, a los estudiantes y receptores de la terapia se les anima a centrar su mente y la respiración en el Dan Tien medio para regular el corazón. Las técnicas se utilizan para el tratamiento de condiciones deficientes mediante la elaboración de Qi en el corazón y el área del Dan Tien medio, y a continuación la regulación de los campos energéticos del cuerpo. Para el tratamiento de las condiciones de exceso, los estudiantes son instruidos para dirigir y purgar el exceso de Qi en el corazón y el área del Dan Tien medio y lo liberan hacia el exterior a través de las extremidades del cuerpo.

EL DAN TIEN SUPERIOR

El Dan Tien superior recoge el Qi de los cielos, y representa el aspecto espiritual del hombre y su conexión con lo divino. La energía que se transforma el cielo en el alto Dan Tien tiene una capa delgada y etérea, y es de una calidad similar al vapor.

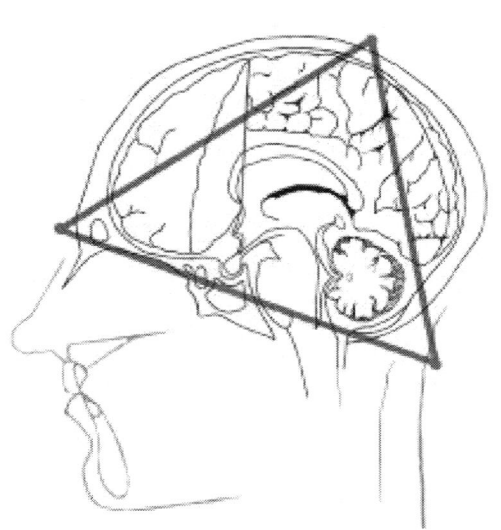

El Dan Tien superior está conectado al tercer campo de Wei Qi, que circula varios metros fuera del cuerpo. A medida que el Dan Tien superior se llena de Qi, aumenta la intuición espiritual y de la percepción psíquica. En China, en el campo de la Fisiología Médica, el cerebro controla la memoria, la concentración, vista, oído, tacto y olfato. Estos sentidos se mantienen en estrecha comunicación con el corazón y el Shen.

EL DAN TIEN SUPERIOR Y EL JING

El Jing y el Qi constituyen la base material para el Shen. En chino, el término Jing Shen significa mente o conciencia. Jing Shen también puede significar vigor, vitalidad, o unidad. En China, los médicos tanto de la Medicina China Tradicional como occidental utilizan el término Jing Shen Bing para referirse a todo tipo de enfermedades mentales. El término Shen se utiliza casi siempre como la comprensión de la estrecha relación entre la mente y el espíritu.

El término Wu Jing Shen prenatal se utiliza en Qigong Médico para describir el cuerpo original de los cinco espíritus esenciales (Hun, Po, Zhi Yi y Shen). Estos cinco espíritus combinan la esencia energética de los cinco órganos Yin con el fin de crear el cuerpo de la conciencia espiritual innata.

El propio Jing se considera la base y el gobernador de la médula ósea, que se define en la Medicina China como una sustancia derivada de los riñones, que alimenta al cerebro y la médula espinal y también forma la médula ósea. El cerebro es uno de los seis órganos extraordinarios y se llama el "Mar de Médula Ósea", ya que se considera una forma de ésta.

Los seis órganos extraordinarios son órganos huecos que alojan el Yin Jing. Son el cerebro, médula, huesos, vasos sanguíneos, vesícula biliar y el útero. La deficiencia de Jing puede conducir a la falta de concentración, mala memoria, mareos, y la distracción. La deficiencia de Jing prenatal se relaciona con el retraso mental y el trastorno por déficit de atención en los niños.

En algunos estilos de Qigong, el Jing es intencionalmente conservado y su energía se extrae hacia arriba desde el Dan Tien inferior a través de la columna vertebral para nutrir el cerebro.

EL DAN TIEN SUPERIOR Y EL QI

La cabeza es el aspecto más Yang del cuerpo ya que es la parte más cercana al cielo. El Qi, que opera en el alto Dan Tien es, por tanto, de naturaleza Yang. El bazo y los riñones envían el claro Yang Qi (luz pura, y no sustancial) al cerebro para facilitar la claridad mental y la actividad.

El Dan Tien superior es también el lugar donde el individuo se conecta con el Yang Qi de los cielos. Los practicantes de Qigong absorben conscientemente Qi celestial a través de la puerta superior, Baihui (gobernador 20). El Qi del cielo está compuesto por el Qi de los cuerpos celestes: el sol, la luna, los planetas y las estrellas. El Dan Tien superior está situado en el centro del cerebro, en un área que abarca la glándula pineal, hipófisis tálamo, pituitaria y el hipotálamo.

La glándula pineal y el hipotálamo han demostrado ser extremadamente sensibles a la influencia de la luz. En su libro, *El cuerpo eléctrico*, el Dr. Robert Becker cita los experimentos con varias especies de animales que navegan gracias a la luz del sol. En las aves, esta capacidad puede deberse al hecho de que tienen glándulas pineales desproporcionadamente grandes.

La luz, la electricidad y el magnetismo son tres formas de energía que el cerebro está condicionado, naturalmente, para reconocer de forma automática, recibir y responder. Además, el cerebro también interactúa y genera la energía de la luz, la electricidad y el magnetismo. Estas formas particulares de la energía estimulan la glándula pineal, hipófisis tálamo, hipotálamo y las glándulas, que influyen en el estado mental y emocional del individuo.

EL DAN TIEN SUPERIOR Y EL SHEN

Ya hemos hablado de la relación entre el Jing y Shen con el Dan Tien superior. De particular interés para los alquimistas taoístas es la apertura del centro del Dan Tien superior, llamado el "Salón de los Cristales", ya que es donde se llevarán a cabo las percepciones psíquicas y la conciencia intuitiva. Con el Dan Tien superior se relacionan una mayor capacidad de comunicación, las experiencias de felicidad intensa, y las percepciones que trascienden el tiempo y el espacio.

Estas experiencias son especialmente valiosas para Qigong, los terapeutas capacitados pueden utilizar estas percepciones aumentadas para diagnosticar la enfermedad. La eficacia de la cognición intuitiva está bien documentada; se utiliza el término "intuición médica" para describir esta capacidad paranormal. El Dan Tien superior es también el lugar donde el alma eterna se conecta con el Wuji y con el Tao.

Aunque el Dan Tien superior es responsable de la realización de las percepciones intuitivas y psíquicas, es necesario equilibrar las propiedades combinadas energéticas de los tres Dan Tiens a fin de establecer una base confiable para la percepción psíquica genuina Aquí es donde se fusiona el Shen con la luz. A medida que esta se dispersa, se desplaza hacia fuera en el Wuji, volviendo de nuevo a lo divino. Esta interacción también es responsable de lo que los chinos llaman "la recepción del mensaje", que describe la capacidad de conectar con el campo de un receptor de la terapia de energía sutil para adquirir conocimiento oculto almacenado en él.

Mientras está en un estado de paz interior, el terapeuta de Qigong Médico intuitivamente procesa la información del entorno y el universo. Este conocimiento intuitivo le ofrece una mayor capacidad para explorar su propia consciencia, así como los patrones subconscientes sutiles del receptor de la terapia. Los antiguos llamaban a esta capacidad "saber sin saber".

EL DAN TIEN SUPERIOR Y LA COMUNICACIÓN INTUITIVA

A medida que el Shen se desarrolla y el Dan Tien superior se abre, las comunicaciones espirituales pueden manifestarse en un destello de una imagen o como una visión en el ojo de la mente. Estas imágenes y las visiones son a veces muy breves y abstractas. La correcta interpretación de estas imágenes requiere de práctica, pues, como las imágenes fluyen desde el Shen Yuan, no pueden ser interpretadas fácilmente por la mente lógica.

Los terapeutas de Qigong Médico deben ser capaces de distinguir entre mensajes verdaderos y falsos reflejados a través de sus visiones. Las verdaderas visiones se reciben a través de la conexión divina del terapeuta de Qigong Médico con el Dao o Wuji, mientras que las falsas visiones reflejan los mensajes del subconsciente. La capacidad de separar con precisión estas visiones es otro ejemplo de "saber sin saber."

Aunque la comunicación intuitiva desde el interior usualmente se siente como un fuerte impulso, el terapeuta de Qigong Médico debe aprender a mantener la mente lógica fuera de juego mediante la práctica de meditaciones espirituales. Estas meditaciones incluyen técnicas de establecimiento y fortalecimiento de vínculos claros de comunicación con el ser superior. Se debe practicar varias veces hasta que esta conexión se convierte en un fenómeno natural y recurrente, en sustitución de otro modo del ego y la mente lógica. Cuantas más prácticas para acallar el ego se hagan, más fácil será volver a recibir una comunicación clara desde el ser superior. Cuando el ser superior inicia una comunicación, ni exige ni impone. Por eso es muy fácil ignorarlo.

Cinco son los principios espirituales que deben estar en su lugar antes de que se abran plenamente las líneas de comunicación entre el individuo y el yo superior. Estos cinco principios espirituales se describen de la siguiente manera:

1. El individuo debe tener pureza de intenciones.

2. El individuo no debe tener segundas intenciones.

3. El individuo debe entregarse a la Voluntad Divina.

4. El individuo debe tener plena confianza y fe en el éxito.

5. El individuo debe tener un silencio tranquilo y receptivo de la mente.

Las líneas de comunicación con el ser superior se cortan por la mente lógica a través de la duda, el miedo y la incredulidad. La fe firme es necesaria para abrir esta línea de comunicación. La fe no requiere ninguna prueba lógica, si se demuestra que se necesita entonces intervienen las dudas que conducen al fracaso.

Cualquier forma de cinismo dará lugar a un estancamiento del crecimiento espiritual, porque golpea en la raíz misma de la fe.

La fe no es algo que puede ser forzado. Incluso después de la práctica de Qigong Médico durante muchos años, terapeutas de Qigong Médico aún pueden tener que luchar con sus propias preguntas y dudas. A través de la práctica dedicada, sin embargo, la semilla de la fe estará firmemente establecida, lo que le permite crecer y florecer. Lo contrario de la fe es una combinación de la duda y el miedo, la opresión y la negación de las versiones de miedo y armaduras del ego, que conduce a más dolor a través del aislamiento y la confusión.

LOCALIZACIÓN ANATÓMICA DEL DAN TIEN SUPERIOR

El Dan Tien superior se centra en la cabeza, por detrás del punto de Yintang entre las cejas. Tiene la forma de una pirámide en posición vertical, lo que facilita la obtención de energía a partir de los Cielos. Es un depósito de energía luminosa. Las localizaciones anatómicas del Dan Tien superior se describen como sigue:

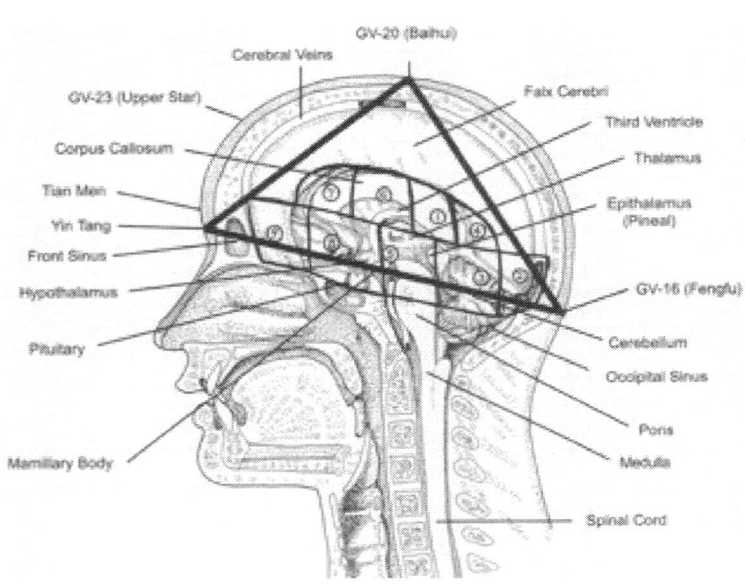

El punto frontal del Dan Tien superior es el punto de Yintang. Se le llama a veces tercer ojo o la puerta de entrada del sexto Chakra. Representa la sabiduría y la iluminación.

El punto posterior del Dan Tien superior se encuentra por debajo de la protuberancia occipital externa, es el punto Fengfu (gobernador 16) "Palacio del Viento". Esta zona también está conectada con el punto de vejiga-10 (Pilar Celestial), situados a ambos lados ligeramente por debajo del punto de Gob-16. Este punto permite que el terapeuta de Qigong Médico regule su estado de conciencia y por lo tanto la ponga a punto para las diferentes frecuencias de conciencia que existe en el universo. El punto de gobernador-16 se llama "mar de la médula" y afecta al flujo del Qi y de sangre dirigido al cerebro. Terapeutas de Qigong Médico han observado que los individuos con una protuberancia occipital más prominente tienden a ver el aura más fácil y desarrollan más rápido la intuición psíquica. Esta área se conoce como la puerta de atrás del sexto Chakra.

El punto más alto del Dan Tien superior está situado en el vértice de la corona, en el punto Baihui (gobernador 20). El nombre, "Baihui" se traduce literalmente por "punto de las cien reuniones" y se refiere a la comprensión antigua de que una persona puede acceder y recibir mensajes divinos e intuiciones espirituales a través de este punto. El área de Baihui a veces se conoce como la puerta de arriba del Polo Taiji, o la puerta de arriba del séptimo Chakra.

También se dice que todos los canales más importantes del organismo mantienen una conexión con el Baihui para que, en la muerte, el Shen pueda salir del cuerpo a través de esta puerta de entrada superior y ascender a los reinos celestiales.

El centro del Dan Tien superior se encuentra en la glándula pineal. Por lo tanto, esta zona es considerada como el espacio donde el Shen trasciende las limitaciones de la forma y se funde con el espacio infinito del Wuji. Desde el Wuji, el Shen se va hacia el reencuentro con el Dao.

El Dan Tien superior también tiene nueve cámaras, de las que nos ocuparemos en otro momento.

ENTRENAMIENTO DEL DAN TIEN SUPERIOR

En el Qigong Médico, el entrenamiento del Dan Tien superior se utiliza para el cultivo de la intuición espiritual y la luz.
El terapeuta de Qigong Médico puede absorber Qi universal y del medio ambiente por el Dan Tien superior a través de la Baihui y el Yin Tang (región del tercer ojo). La energía se recoge y se dirige entonces al receptor de la terapia a través de cualquiera de los puntos Tang Yin o puntos de Tian Men. El Shen puede salir y entrar en el cuerpo por el Dan Tien superior, a través de las áreas del Baihui, Tang Yin, o Tian Men (Puerta Celestial).

ASPECTOS FUNCIONALES DE LOS TRES DAN TIEN

Los depósitos de energía de los tres Dan Tiens están vinculados externamente a través de los vasos del gobernador y de la concepción, y por el interior a través del vaso estratégico y el Polo Taiji.
El centro de cada Dan Tien es penetrado por y conectado al polo Taiji, que se extiende desde el punto Baihui en la parte superior de la cabeza hasta el punto Huiyin en el perineo. La localización anatómica de cada uno de los Dan Tiens corresponde a un centro fisiológico para el calor, luz, magnetismo y electricidad que vibran en ese punto. La intensidad y la carga de la vibración depende de la intención mental del individuo, la postura y la respiración. Lo que en Qigong se conoce como las tres correcciones.

El Qi se mueve por los Dan Tiens del cuerpo a través del Polo Taij. Después La energía es absorbida por los principales órganos del cuerpo y los tejidos circundantes.
Cada Dan Tien actúa como un depósito o una pila en la captación de energía y la redistribución en todos los órganos internos. Esta energía se proyecta a través de la superficie del cuerpo en el campo Wei Qi "campos áureos". La misma energía que también se proyecta hacia dentro del cuerpo y fluye a través de los canales de energía, el sistema

nervioso y las glándulas endocrinas, y luego satura la sangre para alimentar todo el cuerpo.

Esta transformación de la energía se puede visualizar de la siguiente manera: el Qi fluye en el cuerpo como el agua de lluvia fluye en un estanque (el cuerpo y la recolección de Qi a través de los Dan Tiens). El agua de lluvia es luego absorbida por el suelo circundante, el follaje y las raíces (piel, tejidos y células) y antes de que se acabe, es recogida en pozos (los Dan Tiens).

Otra analogía popular es considerar los Dan Tiens como baterías de coche, el Polo Taiji es como una barra magnética que conecta las baterías a la vez, los canales son los cables, y los campos de Wei Qi los campos electromagnéticos que se manifiestan a partir de la energía contenida dentro de la estructura.

La conciencia mental y emocional de una zona específica de tejido se puede aumentar mediante el incremento del flujo de energía a ese lugar. Cuando la energía llena los tejidos, una reacción celular hace que se liberen o almacenen emociones, en función del exceso o déficit de Qi en el cuerpo.

Si enfocamos el Qi en el Dan Tien inferior, el resultado es un elevado sentimiento de poder y estabilidad. Si enfocamos el Qi en el Dan Tien medio, el resultado es un elevado sentimiento de la conciencia emocional. Si enfocamos el Qi en el Dan Tien superior, se produce una mayor conciencia espiritual y un sentido de conexión con lo divino. La salud del individuo y la fuerza de sus campos energéticos dependerán de la cantidad de energía presente en los tres Dan Tiens.

LAS CÁMARAS ENERGÉTICAS YIN/YANG DE LOS TRES DAN TIENS

Cada Dan Tien se puede dividir en varias cámaras energéticas Yin o Yang. La cámara Yang tendrá que ver con la parte superior y con aspectos espirituales o del Hun. La cámara Yin por su parte estará relacionada con la parte inferior y con aspectos más terrenales o Po.

Pasemos a estudiar las cámaras de cada Dan Tien:

DAN TIEN INFERIOR

Yang
Está relacionado físicamente con el cuadrante superior del abdomen. Corresponde al intestino delgado en los hombres y al útero en las mujeres. Cuando está influenciada por el Hun, esta cámara nos producirá serenidad.

Yin
Está asociada con el cuadrante bajo del abdomen y se corresponde con los órganos se-

xuales, la vejiga, la uretra y el ano. Es responsable de la reproducción y la sexualidad. Cuando está influenciada por el Po los poderes sexuales y los instintos más básicos se ven potenciados.

DAN TIEN MEDIO

Yang
Parte superior del corazón. Es responsable de las aptitudes espirituales y las virtudes que se corresponden con el Hun, que es el responsable de enviar las informaciones divinas. Además, es la responsable del amor incondicional.

Yin
Cuadrante bajo del corazón. Es responsable de las pasiones, la sensualidad y el amor condicional. Están influenciados por el Po que estimula motivos biológicos que nos llevan a comer, preservar la especie, desear, etc.

DAN TIEN SUPERIOR

Yang
Parte superior del cerebro y la parte alta de la intelectualidad. Cuando se estimula el cerebro puede llegar a sentir inspiraciones espirituales o ver visiones. Si se cultiva se pueden llegar a desarrollar lo que se conoce como percepciones extrasensoriales.

Yin
Parte inferior o lo que se ha llamado el cerebro reptiliano. Cuando se activa por el Po se experimenta una subida general de naturaleza carnal. Se suele ver en receptores de la terapia que se están empezando a recuperar.

LOS CAMPOS ÁUREOS PROYECTADOS DEL TERAUPEUTA DE QIGONG MÉDICO

En China, terapeutas de Qigong Médico se dividen según el color curativo que desprenden. Esto depende de cuál de los tres Dan Tiens domina y de la potencia energética del individuo en particular.
El color que se emite se observa a través de un espectro que es sensible a la luz. Normalmente se tiene en cuenta del color de Qi que sale de las manos.

Color amarillo

Los terapeutas de Qigong Médico que llevan poco tiempo ejerciendo emiten una energía de color amarillento, normalmente también en el aura. Su energía proviene del Dan Tien bajo.Es bastante normal y significa que su energía es débil para tratar patologías serias como cáncer, etc.

Color rojo

Los que ya han dominado su cuerpo y su mente emiten color rojo. Este color también domina su aura y sale del Dan Tien bajo. Es un color bastante normal para los terapeutas de Qigong Médico graduados recientemente y que están a un nivel intermedio.

Color púrpura

Los que ya han llegado al siguiente nivel y han dominado sus emociones emiten un color púrpura que irradia desde su aura. Estos terapeutas de Qigong Médico usan la energía que les sale del Dan Tien medio. Se encuentra en un nivel avanzado.

Color azul

Los que han llegado a un grado de refinamiento superior emiten un color azulado. Su energía también proviene del Dan Tien medio y se observa en terapeutas de Qigong Médico con muchos años de práctica clínica y de transformaciones espirituales a nivel personal.

Color blanco

Los que han dominado su vida espiritual y se han entregado a la llamada superior, emiten una energía de color blanco radiante. Usan la energía del Dan Tien superior y su aura es de un blanco intenso y resplandeciente.

EL POLO TAIJI

Se observa como una columna que transporta la energía a nivel muy amplio, es como una súper autopista. Este punto fluye desde el Baihui o punto de las cien reuniones hasta el centro del cuerpo donde se conecta a los tres Dan Tien y luego al Hu Yin (perineo).

En la biología energética china se dice que mientras el esperma del padre entra en el huevo de la madre crea un vértice energético que es el principio del polo Taiji y la energía del cielo crea y conecta los Tres Dan Tiens haciendo que la columna se enraíce y se llene de esta energía tan blanca que llegará hasta los riñones y el Ming Men. Conforme el feto crece el polo Taiji va creciendo y llega al perineo.

Se puede observar como una columna larga y brillante de luz blanca que está rodeada de energía dorada.

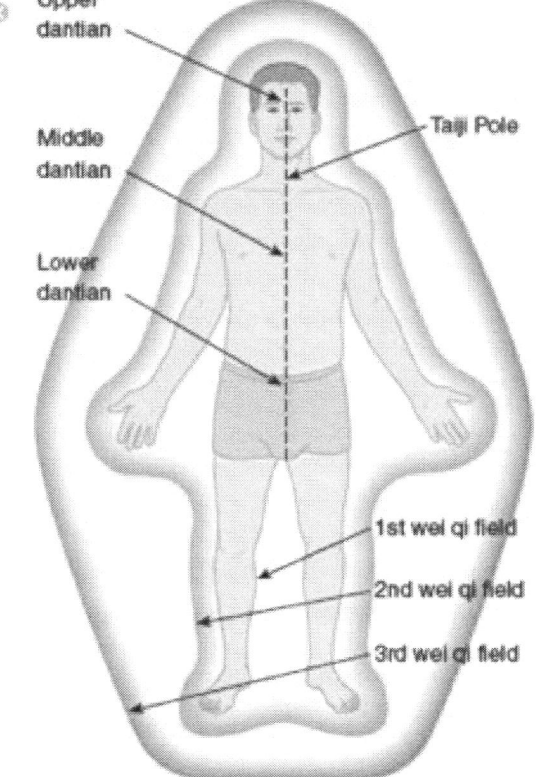

EL CIELO, LA TIERRA Y LAS RELACIONES DEL HOMBRE

El polo Taiji del cuerpo puede ser visto como el eje central de la tierra. En los extremos del polo Taiji de la tierra tenemos el polo norte y el polo sur que se corresponde a nuestros puntos Bai Hui i Huei Yin.
El polo norte está alineado con la estrella polar. Esta estrella es como el polo Taiji del cielo, y es considerada como el centro que no se mueve similar al ojo de un huracán, ya que todo en el cielo cambia menos el polo. El polo Taiji es el punto inerte del hombre. Asimismo se experimenta una gran paz y una sensación de no movimiento cuando uno se enfoca en el punto Taiji.

INTERACCIONES INTERNAS DE LA ENERGÍA

Enfilados en el polo Taiji están los tres Dan Tiens y los cinco Jing/Shen [consciencias] y los ocho canales extraordinarios. Esto es lo que alimenta los principales órganos del cuerpo y los doce canales principales de la acupuntura.

Del mismo modo que los Dan Tiens absorben energía del cuerpo, lo absorben del polo Taiji y también alimentan a los órganos Yin y Yang. El Dan Tien del individuo se conecta al polo Taiji y este es el encargado de hacer los procesos alquímicos de convertir el Jing en Qi el Qi en Shen i el Shen al Wu Ji y del Wu Ji al Dao. En la práctica clínica cuanto más cerca del polo Taiji se trabaje, más fuertes serán las energías. El cuerpo entero del receptor de la terapia se podrá tonificar y regular más rápidamente que de otra manera ya que el terapeuta de Qigong Médico se estará conectando a sus Dan Tiens, su polo Taiji, etc.

LOS CINCO CANALES ESTRATÉGICOS

Según la teoría china existen cinco canales estratégicos que se conectan al polo Taiji. Estos canales empiezan en el perineo y suben en forma de espiral por el centro del cuerpo y conectan el punto Bai Hui con el Hui Yin.

Estos cinco canales absorben los cinco elementos de la tierra al cuerpo: fuego, madera, metal, etc. El polo Taiji es el responsable de absorber la energía del cielo y la tierra y distribuirlo al cuerpo que a su vez los pasará a los órganos internos.

Como el polo terrestre, el polo Taiji tiene dos polaridades básicas: los cinco portales Yang del cielo y los cinco portales Yin de la tierra. Cuando la energía del cuerpo se sincroniza a nivel interno y externo a través de la meditación, se producen unas pulsaciones rítmicas dentro del polo Taiji que empiezan en lo profundo y van vibrando hacia fuera, hasta que se conectan con el Wu Ji o el Dao.

MANIFESTACIONES ESPIRITUALES

Cuando los terapeutas de Qigong Médico penetran el velo que se encuentra alrededor del polo, pueden acceder al centro del polo del receptor de la terapia. Desde ahí pueden extender más su intención y experimentar la sensación de caer al espacio. Esto va seguido de colores, flashes de luz y formas a medida que el terapeuta de Qigong Médico extiende aún más su intención. A esto se le considera una conexión verdadera con el Wu Ji o el retorno al Dao.

Esta capacidad existe en todos nosotros y se puede alcanzar mediante la meditación y la plegaria. Estos fenómenos son bastante usuales en los círculos espirituales y la gente que medita y a veces se llama como "acceder al río de Dios".

ABRIENDO EL POLO TAIJI

Cuando nacemos ya estamos conectados a la gran sabiduría espiritual a través de nuestro centro. A medida que maduramos la conexión se pierde y nos vamos rindiendo a máscaras y mecanismos de defensa.

En la juventud cada vez que reprimimos los sentimientos dolorosos estamos, en esencia, creando una representación inmortal de ese suceso en nuestros músculos. En los círculos espirituales se le llama *Imprint* "huella". Ya que el Wei Qi está constituido por energía consciente, cada vez que un suceso de esta naturaleza ocurre, un bloque de Wei Qi queda congelado y se forma dentro de nuestro cuerpo en el momento que tratamos de inhibir el dolor. Así, de alguna manera, estamos saboteando nuestra propia conexión con el ser interno de forma inconsciente. Estamos previniendo una solución natural al trauma. Cada vez que sonreímos estando furiosos nos reprime el ser interno y las energías positivas que son duales a ellas, ya que las emociones positivas son pares Yin/Yang con las emociones negativas y negamos el individuo creativo.

Durante el tratamiento de Qigong algunos receptores de la terapia regresan poco a poco a los recuerdos o miedos que han causado el estado en el que se encuentra y

las energías bloqueadas. Los recuerdos pueden ser muy fuertes y dolorosos. A medida que las emociones se liberan, el dolor decrece y se va dispersando el trauma original. Se puede observar, en la práctica clínica, que el dolor no viene del trauma original sino de un sistema de referencia que han creado ellos para protegerse.

Se consigue más dolor evitando el trauma que trabajando a través de él. Se necesita una increíble cantidad de fuerza y de energía para suprimir sensaciones y sentimientos. Cada vez que lo hacemos nos estamos haciendo daño y creando una serie de patrones que terminan dominándonos a nosotros y perdemos el timón de nuestra vida. Hemos de decidir en base al espíritu y no según estos programas prefijados como la mayoría de las personas.

EL DESPERTAR ESPIRITUAL

Cuando los receptores de la terapia se dan cuenta de su conexión con lo divino, se dice que tienen "un despertar". Los cambios se pueden ver de forma más dramática a través del polo Taiji.

Cuando el polo Taiji empieza a despertarse hay ciertas reacciones emocionales y físicas que ocurren dentro del receptor de la terapia. Esto es porque la fascia, el tejido conectivo, empieza a cambiar.

LAS DOCE PUERTAS DEL SISTEMA DE CHAKRAS

Aunque los centros energéticos más importantes están contenidos en los Dan Tiens, estos también tienen puertas energéticas que corren en el canal gobernador y de la concepción, son los doce Chakras.

Son superficiales en la epidermis y no son tan profundas como los Dan Tiens o el polo Taiji. En sánscrito la palabra Chakra "च" significa rueda o espiral. Normalmente tienen el triple de diámetro de un euro. Estos Chakras son vértices de Qi y los terapeutas de Qigong Médico y sabios han descritos sus percepciones de los Chakras como vértices o puertas de energía que salían de su cuerpo.

Cada uno de ellos se extiende hasta el Wei Qi o aura y mientras la energía viaja a través del polo crea un pulso que igualmente que el de la sangre se puede notar en la superficie. Digamos que el Taiji es el corazón y los Chakras son los lugares en los que, colocando los dedos, puede sentirse el corazón.

El Chakra más inferior o el numero uno,está situado en el perineo y el superior o numero siete en el Bai Hui, estos contienen solo una puerta a diferencia de los demás que tienen dos, la posterior y la frontal. Vamos a estudiarlos con más profundidad:

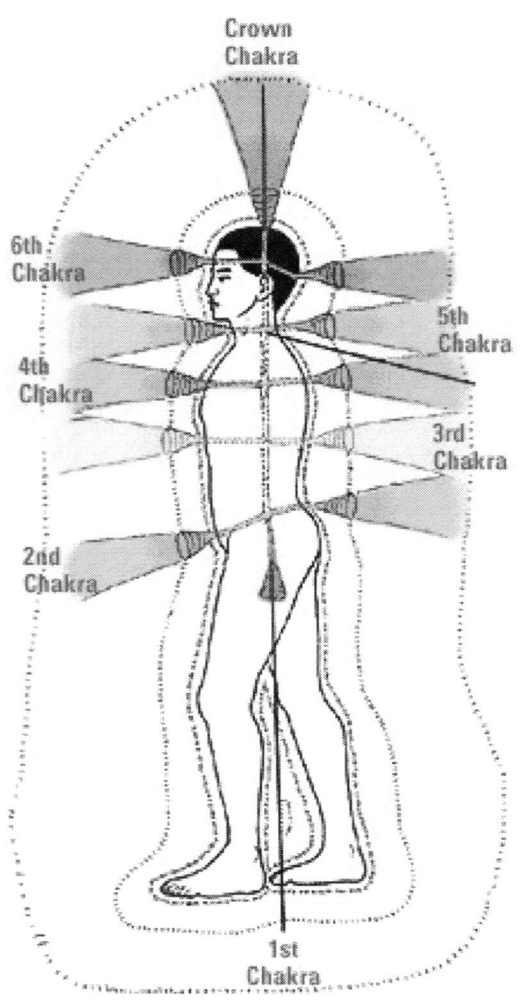

Chakra superior o séptimo.

El Chakra de la cabeza es el que absorbe la luz celestial y la energía del cielo a nuestro cuerpo. También es el responsable de energizar el centro del polo Taiji.

Chakras frontales

Son los responsables de las emociones del receptor de la terapia y los sentimientos. Se relacionan con el Shen, el corazón y la energía fuego. Están conectados con el canal de la concepción.

Chakras posteriores

Responsables de la determinación y la voluntad. Están relacionado con el Zhi del receptor de la terapia, con la energía agua de los riñones y están conectados con el canal gobernador.

Los centros de los Chakras están dentro del cuerpo justo en el medio del polo Taiji:

El Chakra base o primero, es el responsable de subir la energía del suelo y el calor dentro del suelo. También crea energía del polo Taiji y normalmente cuando se trata, el terapeuta de Qigong Médico extenderá energía hacia la espalda para estabilizar las emociones y acceder a la determinación conectándose al Chakra del corazón por el Shen Dao (gobernador 11) o puerta trasera del cuarto chakra por ejemplo.

Los Chakras frontales se usan para quitar exceso de emociones al receptor de la terapia.

Aunque el tratamiento cambia, el sistema de los Dan Tiens y los Chakras se complementan mutuamente ya sea en localización de centros energéticos como en manifestación física de sus funciones.
La polaridad de los Chakras es opuesta en hombres y mujeres.
Sirven como distribuidores de energía sutil que nos ayudan a absorber y distribuir el Qi ambiental a órganos y tejidos.

Cada Chakra está conectado con un potencial de percepción física y psíquica e interacciona con el sistema nervioso y una glándula endocrina especifica.

Cualquier energía que se extienda del terapeuta de Qigong Médico a través de los Chakras del receptor de la terapia afectará al cuerpo físico del receptor de la terapia, evidentemente, y a medida que el receptor de la terapia interactúe energéticamente con sus Chakras, los irá abriendo al exterior y las ruedecitas empezarán a girar abriendo y cerrando el pulso energético. Cada apertura o cierre se corresponderá con una liberación de energía emocional embotellada anteriormente.

Algunos de estos episodios pueden significar la liberación de memorias o energías dolorosas y recuerdos que estaban bajo llave. Por eso es normal que el receptor de la terapia se ponga a llorar de repente o a reír e incluso tenga convulsiones si se estaban abriendo los Chakras y por consiguiente liberando esas energías que hace tanto tiempo que estaban encerradas.

Para más información de cómo aplicar los tres dan tiens y el polo taiji a tu práctica de qigong y cómo curar con ello, pincha en este enlace y podrás ver vídeos gratis y lecciones sobre ello

https://joaquinalmeria.clickfunnels.com/registro-webinar

CAPÍTULO 3

LOS DOCE ÓRGANOS Y CANALES PRINCIPALES

INTRODUCCIÓN

Según la MTC, existe un sistema de canales que integra todas las partes del cuerpo y lo hace funcionar como un organismo unificado. Entender estos canales y sus relaciones energéticas le proporciona al terapeuta de Qigong Médico las bases para entender las relaciones entre diferentes desórdenes fisiológicos, psicológicos, o patológicos de un receptor de la terapia.

El estudio de la Medicina China está basado en la circulación del Qi. Una patología en un órgano a veces se manifiesta en ciertos síntomas externos o sistémicos; así pues, entender la circulación del Qi permite al terapeuta de Qigong Médico controlar el flujo del mismo en cada órgano. Estimulando áreas externas específicas del cuerpo, se pueden tratar enfermedades internas y externas.

Un terapeuta de Qigong Médico médico usa varias técnicas que facilitan la apertura de los conectores energéticos que llevan a los órganos internos. Estos conectores, llamados canales y vasos, son los responsables de conectar el flujo de Qi dentro del cuerpo y de transferir el Qi tanto interna como externamente.

Los canales también son conocidos como "los meridianos". Por todos estos canales hay ramificaciones que conectan con los órganos y las partes del cuerpo. Las ramificaciones pequeñas se denominan colaterales. Las pequeñas áreas a lo largo de estos canales y colaterales donde están las piscinas de Qi se les llaman puntos. Estos puntos son los lugares por donde la energía del receptor de la terapia entra y sale del cuerpo. Cuando los puntos de los canales son estimulados, causan una respuesta energética que hace que el Qi interno fluya de órgano a canal, de canal a canal, o de punto a punto a lo largo del mismo canal.

Los canales unen los miembros del cuerpo, haciendo de él una unidad. La teoría de los canales está relacionada con la teoría de los órganos. Los órganos internos y sus sistemas se conocen a veces como "orbes" o "esferas de influencia". El Qi viaja a través del cuerpo físico por los canales y colaterales como el agua fluye por ríos. Los antiguos chinos consideraban los fluidos y las energías mucho más importantes que el cuerpo físico.

Los canales sirven de conexión entre las energías, como el Jing, el Qi y el Shen, y los ingredientes, como la sangre y los fluidos corporales, que alimentan los tejidos. Los ríos principales del cuerpo humano son los doce canales primarios y los vasos extraordinarios.

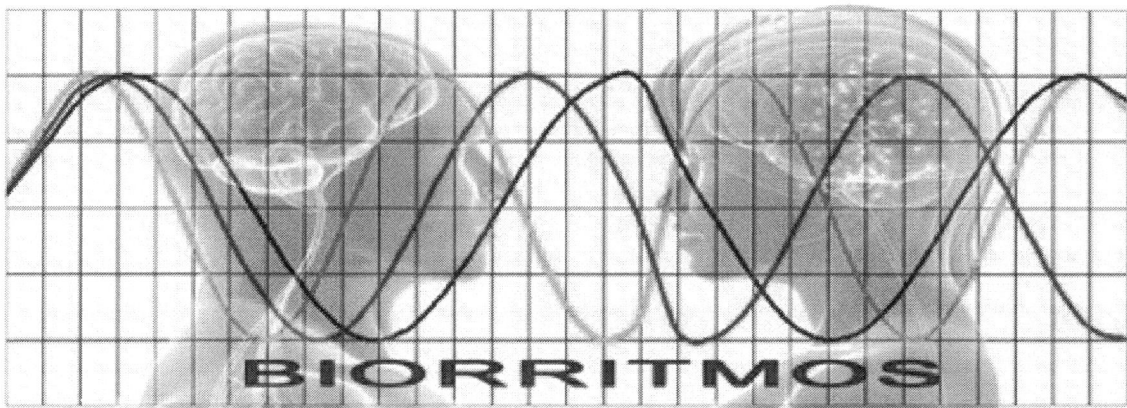

CLASIFICACIÓN DE LOS CANALES

Los canales se clasifican en cuatro categorías principales:

1. Los canales Jing son los canales primarios. Estos canales incluyen los ocho vasos extraordinarios, los doce canales primarios, y los doce canales divergentes.

2. Los canales Luo son los colaterales. Estos incluyen los quince colaterales mayores, los colaterales menores, y los superficiales.

3. Los canales de los músculos y tendones consisten en doce canales que sirven de conexión externa a los canales mayores, fluyendo por los tendones, músculos, y ligamentos.

4. Las regiones cutáneas son zonas de la piel donde los canales entran en contacto con los tejidos externos.

LA RELACIÓN DE LOS CANALES CON EL QI Y LA SANGRE

Los canales transportan el Qi y la sangre para nutrir, tonificar y vitalizar todo el cuerpo. Un cuerpo saludable depende de la circulación equilibrada de estos dos elementos. El Qi es Yang y da la fuerza necesaria para la actividad funcional del cuerpo. La sangre es Yin y es el origen de la lubricación, tonificación y alimentación del cuerpo.

La sangre, el Qi y el calor circulan a través de los doce canales primarios cada dos horas, reduciendo y aumentando la circulación de la energía. El pico máximo del Qi de un canal es la "marea alta" y ocurre en el momento del día en que ese canal está más lleno. El período mínimo de Qi es la "marea baja" y ocurre a las doce horas de haberse producido el pico.

El orden de ese flujo energético es el siguiente:

P—>IG—>E—>B—>C—>ID—>V—>R—>PC—>SJ—>VB—>H.

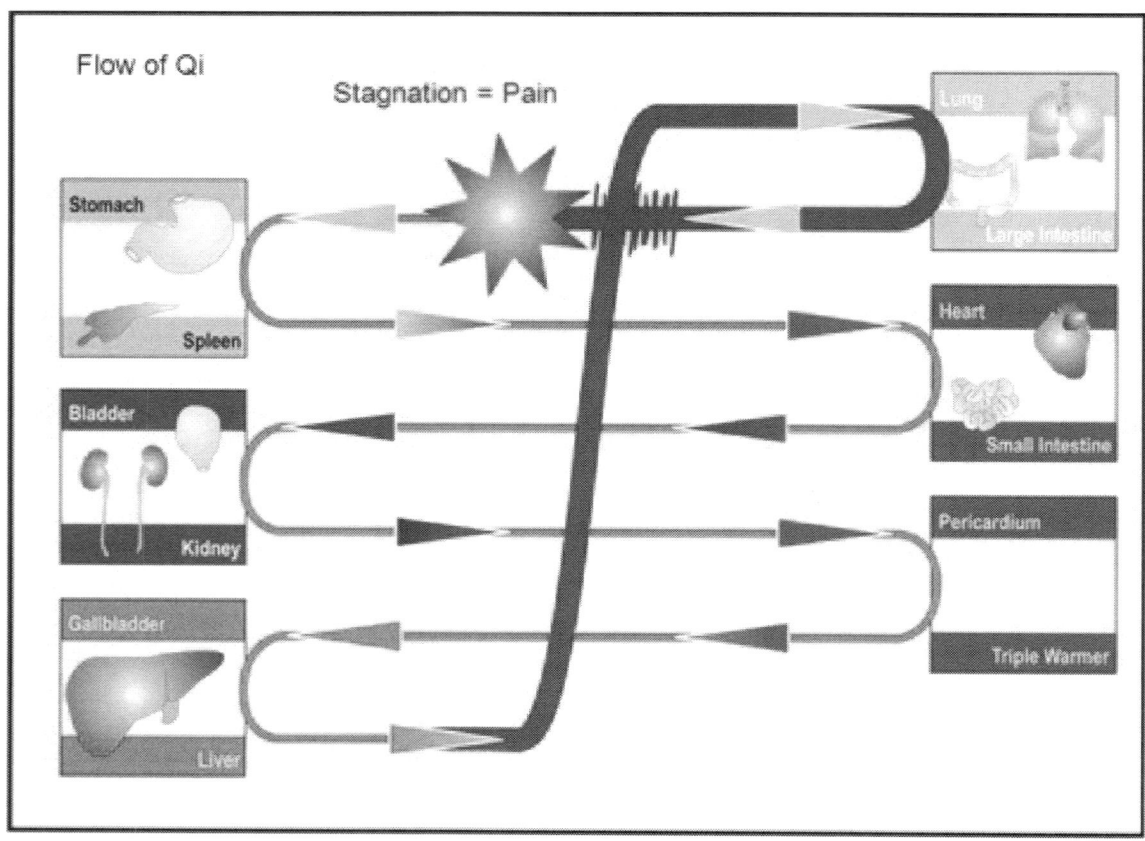

Las letras se corresponden con los siguientes órganos: VB- vesícula bilial; H-hígado; P-pulmón; IG-intestino grueso; E-estómago; B-bazo; C-corazón; ID-intestino delgado; V-vegiga; R-riñón; P-pericardio; SJ-San Jiao.

Dentro de los límites de la fascia superficial, los canales están entrelazados; esta red entrelazada conduce energía y se ve influenciada por la luz y el sonido. Según la MTC, cada canal de los doce primarios tiene sus recursos individuales de Qi y sangre; aun así, la calidad energética varía dependiendo de la cantidad de sangre que haya en los órganos relacionados con ese canal.

El bazo juega dos papeles muy importantes. Primero, convierte la comida en Gu Qi, que cuando es refinado por hígado y riñones, se vuelve Ying Qi; y segundo, administra la sangre manteniéndola en los canales. El Ying Qi segrega fluidos corporales que entran en los vasos sanguíneos y se transforman en sangre por el corazón. El corazón produce y gobierna la sangre; mientras que el hígado almacena y distribuye el Qi. La sangre se considera una forma más densa del Qi. El Qi y la sangre son interdependientes: el Qi mueve la sangre, pero la sangre nutre el Qi.

FUNCIÓN DE LOS CANALES

Los canales son los responsables de responder a cualquier función errónea del cuerpo. Pueden también, ser diseminadores de energía disfuncional y enfermedades. Los canales son afectados por las enfermedades de una manera muy predecible.

1. La enfermedad y sus síntomas se manifiestan a lo largo del camino del canal.

2. Los puntos de los canales se vuelven blandos, dolorosos, duros o flácidos.

3. Cuando están en un estado deficiente, la resistencia eléctrica y la tolerancia al calor disminuye en la piel y los puntos afectados.

4. Los sentidos del cuerpo se ven afectados por la relación de los canales.

Desde la perspectiva de la MTC las funciones y el flujo de los canales y colaterales, así como la salud de los órganos internos se pueden ver afectados por el Qigong Médico, la acupuntura, el masaje y la medicina a base de hierbas. Cada sistema lo hace a su manera.

FLUJO INTERNO Y EXTERNO

Mientras el Qi de un canal interno fluye hacia dentro o hacia afuera de su "órgano primario", genera una corriente parecida a la de un río que va al mar. En el momento en que la energía fluye a través del canal interno y baña el órgano primario, se produce una conexión y una reacción energética en los tejidos de los órganos. Cuando el Qi de un órgano fluye a su "órgano asociado", la reacción energética es bastante diferente. En lugar de bañar de forma inmediata el órgano, la energía "envuelve en espiral" los tejidos del órgano y la fascia interna que envuelve el órgano. Después los tejidos del órgano asociado absorben la energía de la fascia de los alrededores. Esta diferencia en penetración energética y su tasa de absorción es un factor importante cuando se trabaja con los canales internos del cuerpo.

Cuando los terapeutas de Qigong Médico de Qigong extienden su energía a uno de los canales del receptor de la terapia, deben ser muy conscientes que la tasa de absorción la sentirá de forma inmediata en los canales pertenecientes al órgano correspondiente, y tendrán un efecto gradual en el órgano asociado a ese canal.

FUNDAMENTOS DE LOS ÓRGANOS Y CANALES

El propósito de la anatomía y la fisiología energética es entender las acciones fundamentales de cada órgano y canal. Este entendimiento incluye aprender la diagnosis diferencial para dividir los síntomas en patrones de desequilibro comprensibles. Esta habilidad permitirá al terapeuta de Qigong Médico analizar y reconocer patologías específicas de cada órgano y canal.

En la ciencia médica china, el estudio de la fisiología energética se llama Zhang Xiang Xue Shou, que se traduce literalmente por "teoría de los fenómenos de los órganos internos". Aquí, la palabra "fenómeno" significa toda manifestación externa visible. La estructura física es de muy poca importancia; lo importante es su función en el cuerpo es lo importante. Mientras que la medicina occidental está más interesada en el cuerpo físico, la anatomía y fisiología energética se centra en la energía subyacente que sostiene la forma física.

En la ciencia médica china, los órganos internos son los responsables de crear y distribuir el Qi, la sangre y los fluidos corporales. La MTC divide el cuerpo en dos categorías:

1. Los fluidos Jin son los fluidos Yang del calentador superior que se mueven con el Wei Qi. Son rápidos, ligeros, y claros. Por ejemplo: el sudor, lágrimas, saliva, y mucosidad. Los pulmones controlan el Jin.

2. Los fluidos Ye son los líquidos Yin de los calentadores medio e inferior que se mueven con el Ying Qi. Son lentos, pesados y espesos. Incluyen los líquidos articulares, la columna, el cerebro, el tuétano y lo que lubrica los ojos, las orejas, la nariz y la boca. El bazo y los riñones controlan el Ye.

Esta acción interna de crear y distribuir el Qi, la sangre y los fluidos se manifiesta por los tejidos a través del ciclo de calor de la sangre, en el que hay una marea alta y una baja en un momento determinado.

EL CANAL DE LA VESÍCULA BILIAR

Se trata de un canal Yang. Los ramales externos fluyen desde la cabeza hasta los pies de forma bilateral. Los ramales internos fluyen desde la cabeza a la vesícula biliar. Los dos ramales salen de la parte exterior lateral de los ojos. Las ramas externas zigzaguean por el lado de la cabeza bajando por el lado del cuerpo. Las ramas internas dejan el lateral del ojo y descienden por el cuello, entrando en la fosa supraclavicular, donde se encuentran con los canales principales, y pasan a través del diafragma, envolviendo en espiral el hígado, y bañando la vesícula biliar. Desde ahí

rodean los genitales y entran en el cuerpo profundamente para emerger en el sacro.

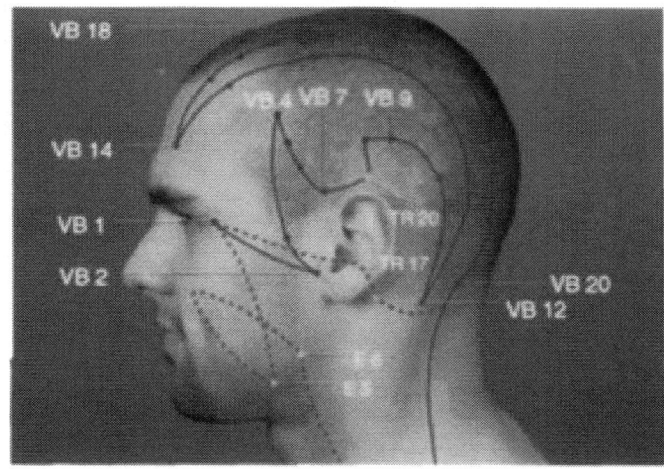

Los ríos externos continúan descendiendo los laterales del cuerpo y las piernas, acabando en las puntas laterales de los dedos meñiques de los pies.

El órgano asociado a este canal es el hígado, su elemento es la madera. La función de la vesícula de almacenar y segregar bilis depende de la función del hígado de mantener un flujo de Qi estable por el cuerpo. Además ayuda al hígado a controlar los tendones, y ligamentos.

Aspectos psico-emocionales

La vesícula biliar es la responsable de tomar decisiones y proveernos de coraje e iniciativa. A veces se le llama "el tribunal de justicia" o "el consejero del general". La vesícula influye en la calidad y duración del sueño. Se dice que los receptores de la terapia que son tímidos, indecisos, y se descorazonan fácilmente tienen una vesícula débil.

Flujo energético de la vesícula biliar

Los canales de la vesícula biliar son usados a veces para drenar la energía de las condiciones de exceso de hígado. Energéticamente, los canales de la vesícula almacenan más Qi que sangre, actuando más en el aspecto energético que físico. A la hora de la marea alta (11 PM – 1AM) el Qi y la sangre abundan en la vesícula, y el órgano de la vesícula puede ser purgado y dispersado con mayor facilidad. Durante la marea baja (11AM – 1PM) pueden ser reforzados de forma fácil. Los canales de la vesícula afectan a la piel, músculos y nervios que se encuentran en su camino.

Perspectiva occidental

La vesícula almacena y después libera bilis a través del conducto cístico que fluye hacia el intestino delgado para ayudar a la digestión de los lípidos.

Manifestaciones patológicas

Los síntomas principales de enfermedades de la vesícula son:
• dolor en las regiones superiores derecha e izquierda del

abdomen;
• desórdenes de la cabeza, que incluyen los ojos, oídos, y la

cara;
• desórdenes en las partes externas de las piernas por el recorrido del canal.

MERIDIANO DE LA VESICULA BILIAR

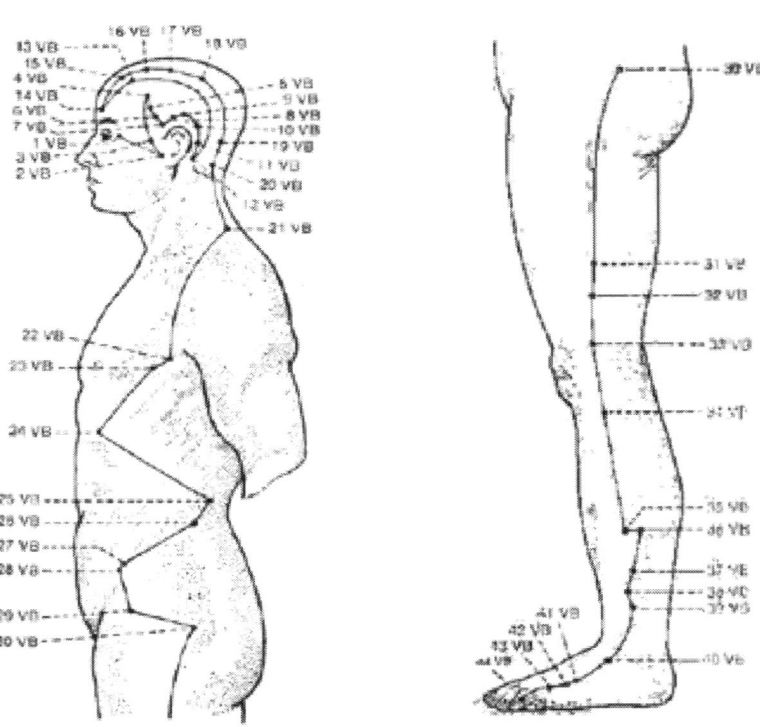

LOS CANALES DEL HÍGADO

Los canales del hígado son Yin y fluyen de forma externa desde los dedos de los pies al torso. Estos dos ríos se originan desde la parte interior de los dedos gordos de los pies y fluyen hacia arriba por la parte interior de las piernas, para rodear la ingle. Desde ahí continúan ascendiendo de forma externa por el lateral del tórax, donde entran y permean el hígado. Después conectan y envuelven de forma espiral la vesícula biliar. Desde ahí, fluyen a los pulmones, ascienden por el interior del tórax, y conectan con los ojos, mejillas y la parte interior de los labios. Emergen por la frente y conectan con el canal gobernador en el punto Baihui.

El órgano del hígado

El hígado es el responsable de la libre circulación del Qi en el cuerpo. El hígado gobierna el cinturón y los vasos de empuje, así como la circulación de Qi y el flujo del mismo. El impedimento de esta función lleva a "una depresión del Qi del hígado", asociada a la impaciencia, malas decisiones, y mal humor.

El órgano asociado al hígado es la vesícula biliar; su elemento es madera. La energía del hígado se abre externamente a los ojos y se manifiesta a través de las puntas de los dedos de manos y pies. El hígado almacena la sangre, y sirve de reserva para regular el volumen de esta. En las mujeres asiste al útero y regula los períodos. El hígado regula la función y control de los músculos, tendones y ligamentos y es el origen de la fuerza física del cuerpo. También almacena la ira.

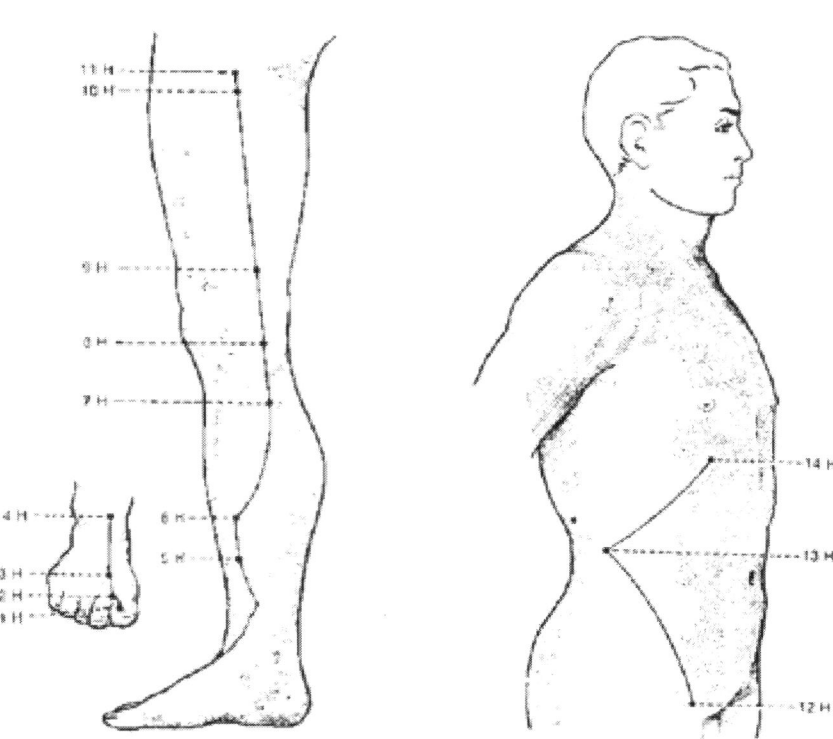

Aspectos psico-emocionales

El hígado es responsable de la planificación y la creatividad, así como de las soluciones instantáneas y las introspecciones súbitas; por eso se le considera el general a cargo de la estrategia. El hígado almacena el Hun del cuerpo y gobierna el miedo escénico.

Sus atributos positivos son simpatía, benevolencia, compasión, y generosidad; sus atributos negativos, ira, irritabilidad, frustración, resentimiento, celos y depresión.

El hígado también es "la raíz de la resistencia a la fatiga". Cuando el hígado no está funcionando como debería el receptor de la terapia puede experimentar fatiga así como debilitamiento físico.

El flujo energético del hígado

Los canales del hígado mueven el Qi por todo el cuerpo, almacenando y distribuyendo la sangre. Los canales del hígado contienen más sangre que Qi, así que afecta más a las funciones físicas. En la marea alta (1AM -3PM) el Qi y la sangre abundan en el hígado, y el órgano del hígado puede ser purgado y dispersado con mayor facilidad. Durante la marea baja (1PM – 3PM) pueden ser reforzados de forma fácil. Los canales del hígado afectan a la piel, músculos y nervios que se encuentran en su camino.

Perspectiva occidental

El hígado almacena las vitaminas A, B-12, D, E y K, y regula el volumen de sangre. Es uno de los orígenes del calor del cuerpo. El hígado produce el colesterol y trabaja el metabolismo de los lípidos. También controla la secreción de bilis.

Manifestaciones patológicas

Las enfermedades del hígado causan inflamación y una sensación distendida del hipocondrio. También le corresponden las enfermedades de la parte baja del abdomen y la zona genital.

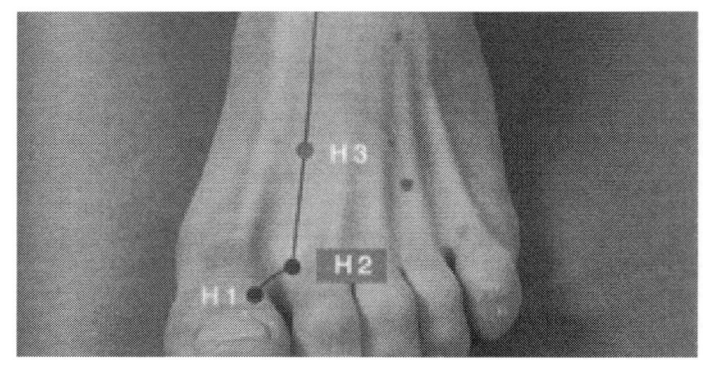

El mal funcionamiento del hígado también causa adormecimiento, temblores o espasmos musculares, e incomodidad a nivel articular. Los riñones y el hígado son interdependientes. El hígado almacena la sangre que nutre el Jing del riñón; y los riñones almacenan el Jing que ayuda a producir la sangre. La deficiencia de los riñones puede llevar a deficiencias sanguíneas, y esa deficiencia puede llevar a una deficiencia del riñón y su Jing. El pelo de la cabeza también se nutre de la sangre. Cuando el pelo se vuelve gris, normalmente se relaciona con una cantidad insuficiente de sangre en el hígado, así como a una debilidad del Jing del riñón.

LOS CANALES DEL PULMÓN

Los canales del pulmón son canales Yin y fluyen externamente desde el torso a las manos. El río principal se origina internamente desde el calentador medio, en el centro del pecho, y desciende conectando y envolviendo en espiral el intestino grueso. Desde ahí, asciende por la superficie superior del estómago y a través del diafragma, donde se bifurca y baña a los dos pulmones.

Desde los pulmones, los ríos de Qi se unen y ascienden hasta la nuez, donde se separan de nuevo y van por la clavícula. Estos canales bajan externamente por los brazos, y acaban en la parte exterior de los pulgares. Un pequeño hilo de energía sale de la muñeca y va directamente a la parte radial del dedo índice, donde conecta con un ramal del canal del intestino grueso.

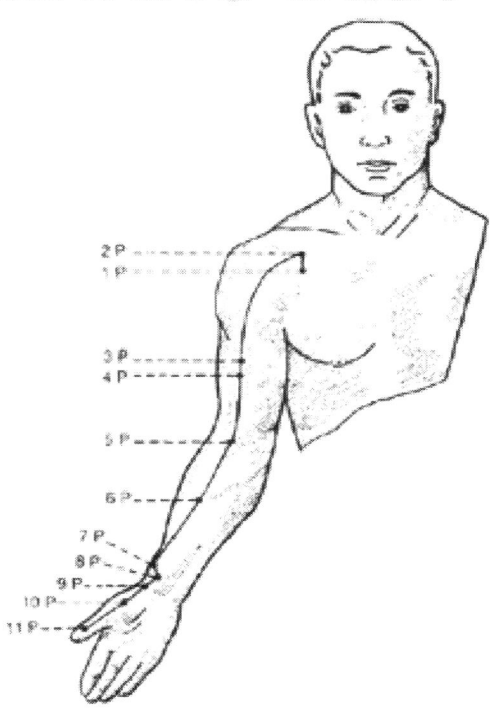

El órgano del pulmón

Como los pulmones son los órganos más elevados, son comparados con vasijas que cobijan y protegen todos los órganos internos. El órgano asociado a los pulmones es el intestino grueso y su elemento es el metal. El Qi del pulmón se abre externamente en la nariz y se manifiesta a través de la voz (cuando hay exceso, la voz es muy ruidosa; cuando falta, la voz es muy baja). El pulmón gobierna el Qi del cuerpo y la respiración. Regula el metabolismo de los pasajes de agua (sudor y fluidos corporales), el abrir y cerrar de los poros, la textura de la piel y el pelo.

También controlan la circulación de Qi en ambos vasos y canales, así como la dispersión o la extensión del Wei Qi del cuerpo. Controlan las funciones de descenso y preservación del Qi del cuerpo y los fluidos. Todos los vasos sanguíneos llegan a los pulmones y por ende toda la sangre del cuerpo pasa por los pulmones.

Aspectos psico-emocionales

Se dice que los pulmones son "el sacerdote" o "el Ministro del cielo" y son los responsables de establecer los fundamentos del Qi para todo el cuerpo. Los pulmones alojan las siete almas corpóreas (Po) y son responsables de la autoprotección.

Las emociones positivas asociadas a los pulmones son la justicia, la dignidad, la integridad y la autoestima; sus atributos negativos son desilusión, tristeza, desesperación, ansiedad, vergüenza y pesar.

El flujo energético de los pulmones

Funcionalmente, la energía de los pulmones actúa en los pulmones, bronquios, garganta y laringe. Si el Qi del pulmón se combina con el Qi del hígado y se queda estancado en el área de la garganta, se produce lo que se llama un nudo de garganta. Los canales del pulmón almacenan más Qi que sangre así que afectan más a la parte energética del cuerpo que a la física. En la marea alta (3AM -5AM) el Qi y la sangre abundan en el pulmón y el órgano del pulmón puede ser purgado y dispersado con mayor facilidad. Durante la marea baja (3PM – 5PM) pueden ser reforzados de forma fácil. Los canales del pulmón afectan a la piel, músculos y nervios que se encuentran en su camino.

Perspectiva occidental

La acción de inhalar introduce oxígeno en los pulmones; exhalar expide dióxido de carbono de su interior. El corazón bombea sangre a los pulmones. La sangre que pasa por el pulmón recibe oxígeno y después es distribuida por todo el cuerpo a través del sistema circulatorio.

Manifestaciones patológicas

Las disfunciones del pulmón pueden ocasionar un mal funcionamiento del pecho, así como de la parte radial del brazo y el área palmar de la mano.

Los pulmones mantienen el camino del aire sin obstrucciones y diseminan el Qi vital por todo el cuerpo. Si estas funciones se impiden, pueden producirse obstrucciones nasales, tos, disnea, y pesadez en el pecho.

Como los pulmones tienen su orificio externo en la nariz, hay síntomas comunes de nariz tapada, rinorrea y pérdida del olfato cuando los pulmones son atacados por el viento y el frío.

LOS CANALES DEL INTESTINO GRUESO

Los canales del intestino grueso son canales Yang y fluyen externamente desde las manos a la cabeza. Estos dos ríos

se originan externamente desde la punta de los dedos índices, ascienden por los brazos, y cruzan los hombros, donde conectan con la séptima vértebra cervical y después se dividen en dos ramas. Un grupo de ramas desciende internamente y envuelve en espiral los pulmones antes de moverse para bañar al intestino grueso. El otro grupo sigue su ascensión externamente a través del cuello y las mejillas, hasta la parte carnosa de los dientes inferiores, se curva sobre el labio superior y fluye hacia la dirección opuesta de la nariz donde conecta con el canal del estómago.

El órgano del intestino grueso

Los órganos asociados con el intestino grueso son los pulmones; su elemento es el metal. La función principal del intestino grueso es recibir la esencia de la comida del intestino delgado. Se dice que el intestino grueso gobierna los humores (fluidos). También controla la garganta, los dientes, y el drenaje de la nariz.

Aspectos psico-emocionales

Debido a su relación con los pulmones, el intestino grueso también se ve afectado por las emociones de tristeza, pesar y preocupación. Un desequilibrio en el intestino puede desembocar en debilidad física y provocar introversión emocional, acompañada de sentimientos depresivos, irritabilidad, desánimo, y apatía.

Las sensaciones fuertes de miedo o pánico pueden producir un acto reflejo en el intestino grueso provocando una defecación espontánea.

El flujo energético del intestino grueso

Los canales del intestino grueso tienen la misma cantidad de Qi que de sangre y actúan de forma igual tanto en la parte física como energética del cuerpo. En la marea alta (5AM -7AM) el Qi y la sangre abundan en el intestino grueso y el órgano del intestino grueso puede ser purgado y dispersado con mayor facilidad. Durante la marea baja (5PM – 7PM) pueden ser reforzados de forma fácil. Los canales del

intestino grueso afectan a la piel, músculos y nervios que se encuentran en su camino.

Perspectiva occidental

El intestino grueso a veces llamado "colon" se divide en cuatro sectores; el ascendente, el transverso, el descendente y el sigmoideo o colon pélvico. Su función es reabsorber el fluido de los contenidos indigeribles que se mueven a través de los intestinos y eliminarlos a través de las heces.

Manifestaciones patológicas

Las disfunciones en los canales del intestino grueso pueden dar lugar a enfermedades en la parte inferior de la cara, garganta, y la parte frontal del cuello, así como enfermedades en la espalda y los lados radiales de las extremidades superiores.

La tonificación del intestino grueso se puede usar para aliviar dolor en los ojos, dolor de muelas, oídos y para prevenir hemorragias, así como para prevenir el sangrado excesivo durante el período menstrual. Debido a su relación con los pulmones, se puede purgar este canal para tratar la tos y el asma.

También se relaciona con enfermedades que conciernen al movimiento de las tripas. Normalmente llevan a estas complicaciones:

1. El exceso puede provocar síntomas tales como calor, obstrucción de calor, calor seco, o frío invadiendo el intestino grueso.

2. La deficiencia puede llevar a una invasión de frío o sequedad, y en casos muy serios al colapso del intestino grueso.

LOS CANALES DEL ESTÓMAGO

Los canales del estómago son canales Yang, y fluyen externamente desde la cabeza a los pies. Estos dos ríos se originan externamente desde los laterales de la nariz, ascendiendo a la base

del ojo y el puente de la nariz, donde se encuentran con los canales de la vejiga. Después descienden por debajo de los ojos, la cara, y girando por el ángulo de la mandíbula, para después ascender por delante de las orejas, siguiendo la línea del pelo hasta llegar a la frente. Desde ahí las ramas primarias descienden por el cuello, el torso y las piernas acabando en la parte lateral del segundo dedo de los pies. Un segundo grupo de ramas se separa a la altura de la clavícula y baña internamente el estómago antes de envolver en espiral el bazo y volver a unirse a las ramas principales en la zona pélvica.

El órgano del estómago

El órgano asociado al estómago es el bazo y su elemento es la Tierra. Se considera al estómago el origen de los fluidos corporales. Su función principal es aceptar y descomponer la comida. Separa lo limpio de lo turbio de todo lo ingerido y transfiere la parte buena hacia el bazo, mientras envía la mala al intestino delgado para su procesamiento. Tanto el estómago como el bazo se consideran la raíz del Qi postnatal y se les llama "los ministros del almacenamiento de la comida".

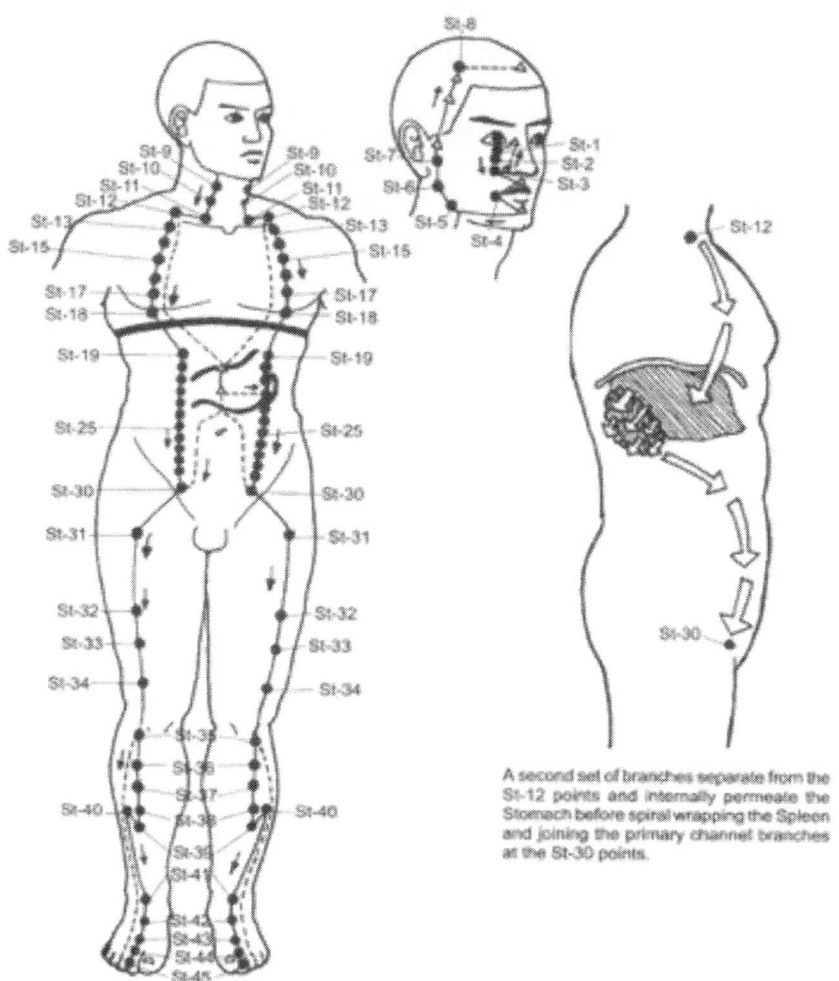

The Internal and External Qi Flow of the Stomach (St) Channels

Aspectos psico-emocionales

El estómago influye en el estado mental; un exceso puede agitar la mente y causar síntomas de manía o hipomanía, confusión, ansiedad severa, e hiperactividad.

El flujo energético del estómago

Los canales del estómago tienen la misma cantidad de Qi que de sangre y actúan de la misma forma tanto en la parte física como energética del cuerpo. En la marea alta (7AM -9AM) el Qi y la sangre abundan en el estómago, y el órgano del estómago puede ser purgado y dispersado con mayor facilidad. Durante la marea baja (7PM – 9PM) pueden ser reforzados de forma fácil. Los canales del estómago afectan a la piel, músculos y nervios que se encuentran en su camino.

Perspectiva occidental

El estómago segrega jugos gástricos para la digestión de la comida. Las proteínas se convierten y después el estómago regula el paso de la comida a los otros órganos digestivos.

Manifestaciones patológicas

Las enfermedades del canal del estómago incluyen enfermedades faciales, garganta, parte frontal del cuello, el abdomen, la parte frontal de las piernas y el área gastrointestinal. También puede inducir algunos trastornos psiquiátricos.

Estas enfermedades suelen estar causadas por una dieta incorrecta. Para determinar la raíz de la enfermedad se deben examinar cinco áreas:

1. la constitución de los cinco elementos y el estado de salud actual del receptor de la terapia;

2. el tipo y la calidad energética de la comida ingerida, y si es de época o no;

3. la periodización de las comidas;

4. el equilibrio Yin/Yang de los tipos de comida;

5. los factores emocionales que se dan a la hora de comer.

El estómago sufre fácilmente de condiciones de exceso, que agitan el Shen. Lo que puede causar ataques de risa, que se hable de forma inconsciente, comportamientos inapropiados o violentos. En casos medios, los síntomas pueden incluir confusión mental, ansiedad severa, hipomanía e hiperactividad.

Ya que el estómago tiene la función de enviar la comida digerida hacia abajo, un impedimento de esta función puede causar vómitos.

LOS CANALES DEL BAZO

Los canales del bazo son canales Yin y fluyen externamente de los pies al torso. Estos dos ríos se originan en la parte externa de las puntas de los dedos gordos del pie, ascienden hacia arriba por la cara interna de los muslos, entran en el abdomen y siguen más arriba hacia la parte superior del tórax. Los canales externos del bazo se encuentran un poco por encima del ombligo, entran en el cuerpo y el canal izquierdo fluye hacia el bazo y envuelve en espiral el estómago. Una rama interna asciende desde el punto de unión hacia el corazón. En el punto de unión también los dos canales principales se encuentran y se vuelven a separar para ascender por

el diafragma, hasta la garganta, para reconectarse en la lengua. A la altura de los hombros las ramas externas descienden por la parte lateral del torso y acaban en la línea del séptimo espacio intercostal.

El órgano del bazo

El órgano asociado al bazo es el estómago y su elemento es la Tierra. En la MTC, el páncreas se considera parte de las funciones del estómago/bazo. El bazo es el responsable de transformar la comida recibida del estómago en Gu Qi. La función principal del bazo es supervisar el transporte y la transformación del Gu Qi que tiene lugar en los riñones y el hígado. También controla la sangre manteniéndola en los vasos sanguíneos, y gobierna los músculos, la carne y los miembros. La energía del bazo se abre externamente en la boca, controlando los sabores, y conecta externamente mediante los labios. Al bazo a veces se le llama "el Ministro del grano", porqué es el responsable de distribuir lo que ha almacenado el estómago. Energéticamente, el bazo controla la cavidad central del cuerpo, y mantiene a los órganos en su sitio.

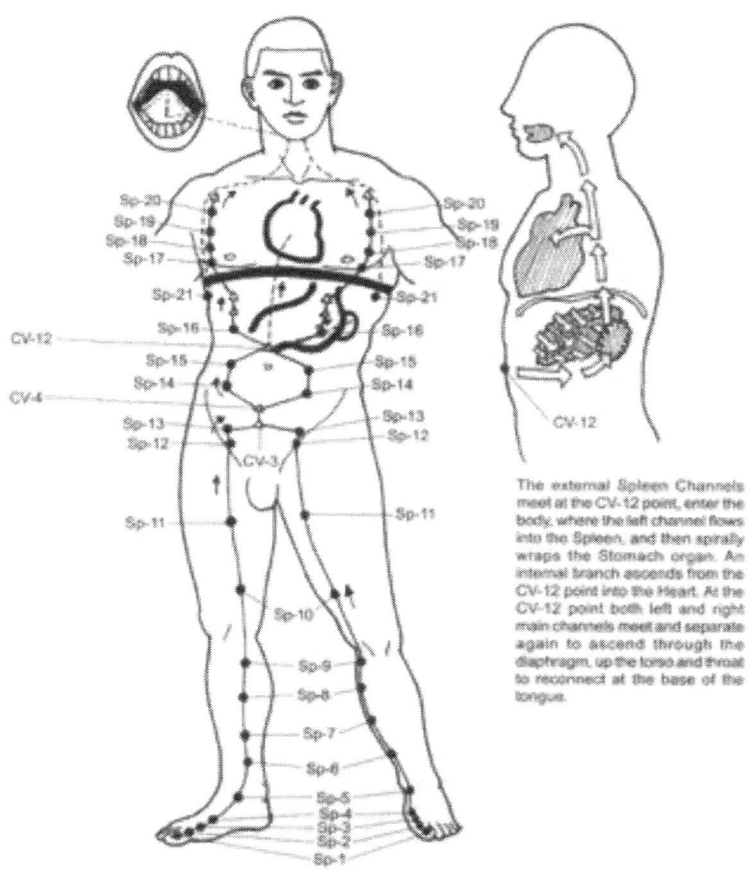

The Internal and External Qi Flow of the Spleen (Sp) Channels

Aspectos psico-emocionales

El bazo alberga los pensamientos del cuerpo y las intenciones (Yi), y es el responsable del pensamiento analítico, la memoria, la cognición, la inteligencia, y las ideas. El bazo es el responsable de dirigir los recuerdos para su almacenamiento a corto plazo.

Los atributos positivos del bazo son confianza, honestidad, apertura, aceptación, ecuanimidad, equilibrio e imparcialidad; sus atributos negativos son la preocupación, el pensar demasiado, el rechazo, el rencor, la obsesión y el dudar de uno mismo.

El flujo energético del bazo

Los canales del bazo almacenan más Qi que sangre así que afectan más a la parte energética del cuerpo que a la física. En la marea alta (9AM -11AM) el Qi y la sangre abundan en el bazo, y el órgano del bazo puede ser purgado y dispersado con mayor facilidad. Durante la marea baja (9PM – 11PM) pueden ser reforzados de forma fácil. Los canales del bazo afectan a la piel, músculos y nervios que se encuentran en su camino.

Perspectiva occidental

El bazo es el responsable de la formación de la sangre, su filtración, y almacenamiento. En el embrión, todos los tipos de células sanguíneas son formadas por el bazo, pero en los adultos el bazo sólo crea los linfocitos y los monocitos.

Manifestaciones patológicas

Las enfermedades principales de los canales del bazo incluyen las disfunciones gastrointestinales y las enfermedades de la lengua y la garganta. Los desórdenes del bazo también afectan a la parte interior de las extremidades inferiores por donde pasa el canal.

Como el bazo tiene la función de enviar la esencia de la comida hacia arriba, si esta función se ve impedida pueden producirse diarreas y prolapsos.

También tiene la función de mantener el flujo de sangre; su impedimento normalmente lleva a hemorragias crónicas.

El bazo tiene la función de nutrir la carne (músculos). Una persona con el bazo sano tendrá normalmente una figura sana y bien proporcionada; un bazo enfermo hace que el receptor de la terapia pierda definición muscular.

El bazo nutre las extremidades. La fuerza de las mismas depende de la nutrición que les proporciona el bazo. Un bazo enfermo normalmente causa debilidad en las extremidades.

LOS CANALES DEL CORAZÓN

Los canales del corazón son canales Yin y fluyen externamente del torso a las manos. Del corazón se originan tres ríos a cada lado del cuerpo. El primer grupo sube hacia arriba para conectar con el globo ocular. El segundo grupo desciende, primero para bañar el pericardio y luego para envolver en espiral el intestino delgado. El tercer grupo asciende a los pulmones, sale por las axilas, desciende por la parte meridional del brazo y acaba en la parte interior del meñique.

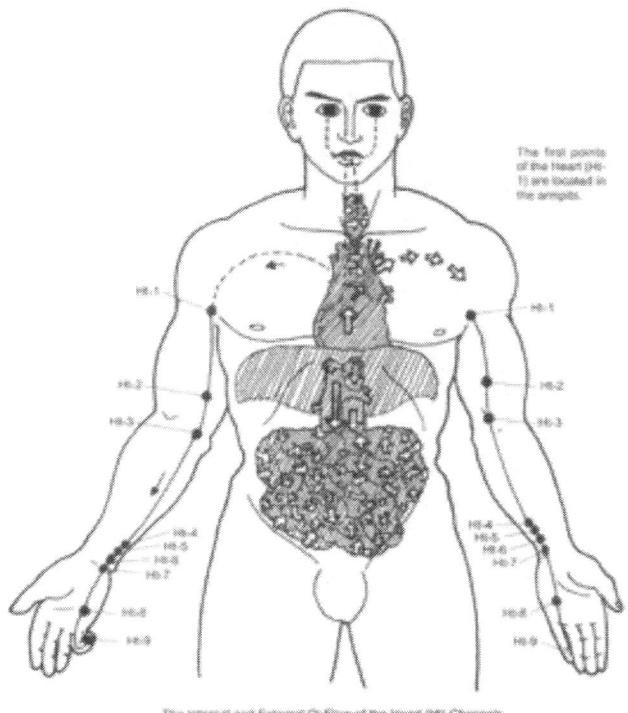

The Internal and External Qi Flow of the Heart (Ht) Channels

El órgano del corazón

La función principal del corazón consiste en controlar la sangre y los vasos para regular el flujo sanguíneo y alojar el Shen. La energía del órgano del corazón se abre externamente en la lengua y se expresa a través de la complexión.

Aspectos psico-emocionales

El órgano asociado al corazón es el intestino delgado; su elemento es el fuego. La memoria a largo plazo, el pensamiento, las emociones, la cognición, la inteligencia y las ideas están dominadas por el corazón. Al corazón a veces nos referimos como "el Emperador" o "el comandante supremo de los órganos Yin y Yang". El corazón alberga el espíritu (Shen). El corazón domina el sueño; si el corazón es fuerte el receptor de la terapia se dormirá rápidamente y bien. Por el contrario, si el corazón es débil la mente del receptor de la terapia divagará y pensará demasiado, resultando en un sueño muy ligero o con excesivos sueños.

Los atributos positivos asociados al corazón son amor, alegría, paz, consentimiento, comprensión, propiedad, sabiduría, perdón, y cortesía. Sus atributos negativos son el odio, la culpa, el estado de shock, el nerviosismo, la excitación y la inquietud.

El flujo energético del corazón

Los canales del corazón almacenan más Qi que sangre así que afectan más a la parte energética del cuerpo que a la física. Esta acción energética controla la moral, el

espíritu emprendedor y proporciona la energía necesaria para la respiración. En la marea alta (11AM - 1PM) el Qi y la sangre abundan en el corazón y el órgano del corazón puede ser purgado y dispersado con mayor facilidad. Durante la marea baja (11PM – 1AM) pueden ser reforzados de forma fácil. Los canales del corazón afectan a la piel, músculos y nervios que se encuentran en su camino.

Perspectiva occidental

El corazón proporciona la fuerza de propulsión para que la sangre circule por el sistema vascular. Esta circulación distribuye los nutrientes y el oxígeno necesario para la supervivencia de las células y los tejidos. La fuerza del corazón también ayuda en la eliminación de residuos que quedan en los vasos sanguíneos.

Manifestaciones patológicas

Las enfermedades principales del canal del corazón son las que afectan al cerebro, ojos, o la pared de la faringe. Así como a las enfermedades del corazón propiamente dichas; también se relaciona con enfermedades de la región palmar del brazo.

El corazón está al cargo de las actividades mentales, incluyendo la consciencia y el pensamiento. Las disfunciones del corazón pueden llevar al insomnio, impedimento de consciencia, amnesia y psicosis.

El corazón y los riñones tienen un entendimiento mutuo ayudándose y comprobándose el uno con el otro. El corazón controla el fuego del cuerpo, mientras que los riñones controlan el agua. Normalmente el fuego del corazón se envía abajo para calentar a los riñones, y el agua de estos se envía arriba para irrigar el corazón. Si esta relación se rompe se pueden experimentar una serie de síntomas de fuego en el corazón como hipertensión, hiperactividad, palpitaciones, e insomnio.

Como el corazón tiene una parte externa en la lengua, su condición se refleja en esta:

1. una lengua oscura y morada indica un estancamiento de sangre en el corazón; 2. una lengua pálida indica deficiencia de sangre en el corazón;
3. una úlcera en la lengua revela un exceso de fuego en el corazón.

LOS CANALES DEL INTESTINO DELGADO

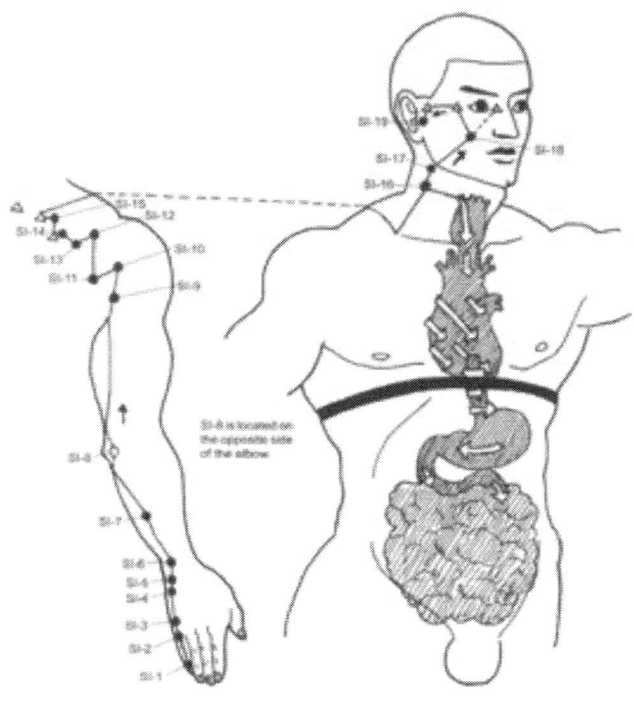

The Internal and External Qi Flow of the Small Intestine (SI) Channels

El órgano del intestino delgado

El intestino delgado almacena temporalmente la comida parcialmente digerida, absorbiendo los nutrientes esenciales y una parte del contenido líquido. Después traspasa el residuo al intestino grueso, por eso se dice que el intestino delgado "gobierna los líquidos".

Al intestino delgado a veces se le llama "el oficial a cargo de separar lo puro de lo impuro". El Gu Qi limpio se transporta por el cuerpo para nutrir a los tejidos. El turbio se transporta al intestino grueso y a la vejiga para su procesamiento.

El órgano asociado al intestino delgado es el corazón; su elemento es el fuego.

Aspectos psico-emocionales

El intestino delgado influye en la claridad mental del receptor de la terapia, el juicio y la capacidad de discernir. La habilidad para distinguir problemas complicados con claridad antes de tomar una decisión se atribuye al intestino delgado.

El flujo energético del intestino delgado

Los canales del intestino delgado contienen más sangre que Qi, así que afecta más a las funciones físicas. En la marea alta (1PM -3PM) el Qi y la sangre abundan en el intestino delgado, y el órgano del intestino delgado puede ser purgado y dispersado con mayor facilidad. Durante la marea baja (1AM – 3AM) pueden ser

Los canales del intestino delgado son canales Yang y fluyen externamente de las manos a la cabeza. Estos dos ríos se originan desde la parte lateral de los dedos meñiques de la mano, después ascienden por los brazos y los hombros, donde se dividen en dos grupos de ramas. Un grupo de ramas desciende por la fosa supraclavicular envolviendo en espiral el corazón, después continúa por el esófago, el diafragma, y el estómago, antes de bañar el intestino delgado.

El otro grupo de ramas ascienden por el lado del cuello y después se divide de nuevo en dos grupos de ramas a la altura de las mejillas; un grupo acabará en las orejas, el otro en las partes laterales de la nariz y en el lado interior de los ojos.

reforzados de forma fácil. Los canales del intestino delgado afectan a la piel, músculos y nervios que se encuentran en su camino.

Perspectiva occidental

La función del intestino delgado es recibir la comida del estómago a través del píloro, la bilis del hígado y la vesícula, y los jugos pancreáticos para la digestión y la absorción. El intestino delgado después pasa lo que no ha absorbido al intestino grueso.

Manifestaciones patológicas

Las enfermedades de los canales del intestino delgado incluyen enfermedades de la cara, oreja, mejilla, parte baja de la mandíbula, el cuello, y la garganta, así como el dorsal de las extremidades superiores.

En la MTC, la comida y las hierbas se dividen en Yin (frías) o Yang (calientes). El intestino se ve fácilmente afectado por las temperaturas y el tipo de comida ingerida. Un exceso de consumo de comida "fría", puede crear una condición de frío en el intestino por ejemplo.

Los disturbios de la función energética del intestino delgado normalmente dan pie a una de las siguientes complicaciones:

1. las condiciones de exceso pueden provocar calenturas, dolor de Qi, Qi nudoso, e infestación de lombrices;

2. las condiciones de deficiencia se manifiestan en un intestino delgado frío y deficiente.

El calor patológico se puede transmitir al intestino delgado, dando como resultado dolores al orinar y sangre en la orina. Para tratar esto son muy recomendables las recetas de medicina herbal.

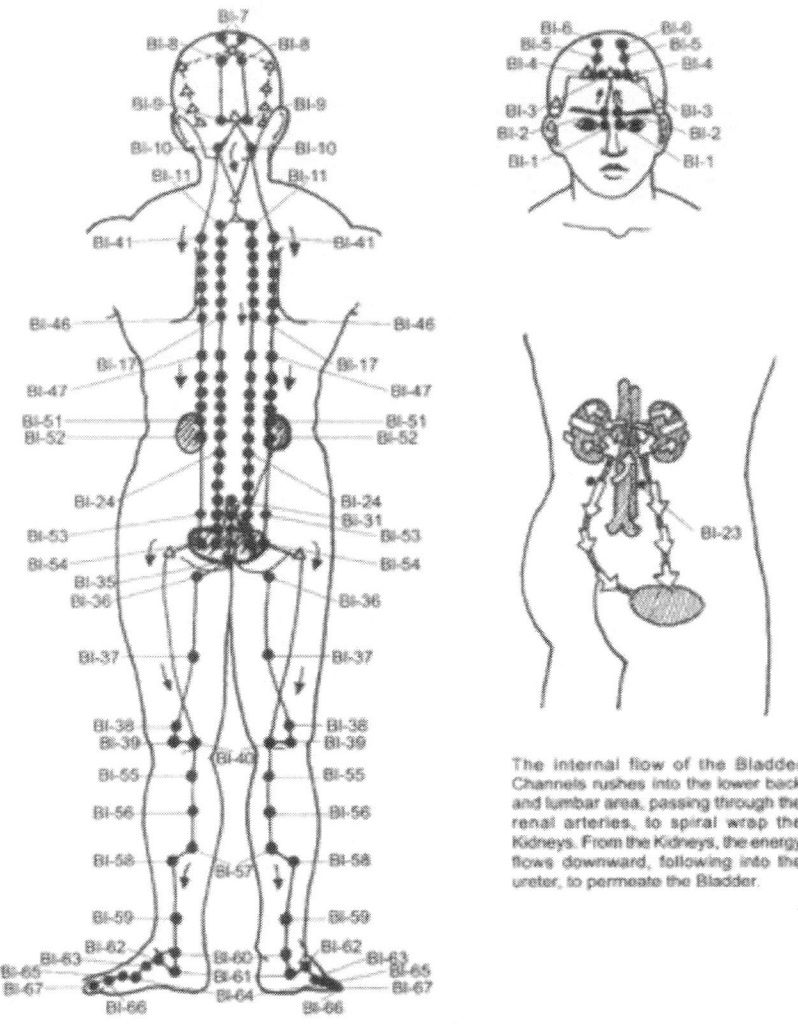

Figure 6.15. The Internal and External Qi Flow of the Bladder (Bl) Channels

The internal flow of the Bladder Channels rushes into the lower back and lumbar area, passing through the renal arteries, to spiral wrap the Kidneys. From the Kidneys, the energy flows downward, following into the ureter, to permeate the Bladder.

LOS CANALES DE LA VEJIGA

Los canales de la vejiga son canales Yang y fluyen externamente de la cabeza a los pies. Dos ríos se originan desde la parte interior de los ojos, ascienden arriba por encima de la cabeza para unirse con el vaso gobernador, donde se dividen en dos ramas adicionales que fluyen en cada sien, y al cerebro. Desde ahí, después se dividen en dos grupos de ramas que descienden por la espalda y se conectan internamente para envolver en espiral los riñones, antes de descender y bañar la vejiga. Continúan de forma

externa por el muslo, la fosa poplítea y la parte de atrás de la rodilla, gemelo y pie, y acaban en los laterales de los dedos pequeños de los pies.

El órgano de la vejiga

La función de la vejiga es eliminar el agua por transformación de Qi. La vejiga recibe las partes impuras de los fluidos y almacena de forma temporal estos fluidos y los convierte en orina, para descargarla cuando la vejiga se llena. La vejiga y el intestino delgado trabajan juntos para eliminar los fluidos corporales del triple caldero. Los canales de la vejiga activan el aspecto Yang de los riñones y se les llama a veces "los oficiales del distrito de las aguas" o "los vigilantes del almacenamiento de aguas residuales". El órgano asociado a la vejiga son los riñones; su elemento es el agua.

Aspectos psico-emocionales

Un desequilibrio en la vejiga puede causar síntomas psicológicos como miedo, pérdida de capacidad de decisión y carácter moral disminuido. Si el desequilibro se vuelve crónico, provoca respuestas emocionales tales como celos, sospecha, y resentimiento por ofensas pasadas.

El flujo energético de la vejiga

Los canales de la vejiga regulan las funciones de los riñones. Los canales de la vejiga contienen más sangre que Qi, así que afecta más a las funciones físicas. En la marea alta (3PM -5PM) el Qi y la sangre abundan en la vejiga, y el órgano de la vejiga puede ser purgado y dispersado con mayor facilidad. Durante la marea baja (3AM – 5AM) pueden ser reforzados de forma fácil. Los canales de la vejiga afectan a la piel, músculos y nervios que se encuentran en su camino.

Perspectiva occidental

La vejiga es una reserva para la orina recibida de los riñones; descarga la orina del cuerpo a través de la uretra.

Manifestaciones patológicas

Las enfermedades principales de la vejiga incluyen:

• enfermedades de la parte superior de la cabeza;

• desórdenes cerebrales;

• desórdenes de cuello y espalda, especialmente de la región lumbar y sacra;

• desórdenes de la parte posterior de los muslos y piernas;

• desórdenes en los laterales del pie.

Las enfermedades en la vejiga se manifiestan en los cambios en la orina y el acto de orinar; estos cambios reflejaran una condición de exceso o deficiencia en la vejiga.

1. Las condiciones de deficiencia se atribuyen a un Qi de riñón deficiente que afecta a la habilidad de la vejiga de transformar el Qi. Esta disfunción causa idas al baño frecuentes, o descargos involuntarios de orina.

2. Las condiciones de exceso se atribuyen al calor húmedo en la vejiga resultando en síntomas como por ejemplo:

•liberación de orina turbia o rojiza;

* quemazón y dolor al orinar;

* dificultades frecuentes al orinar;

* pus o sangre en la orina;

* piedras en la vejiga que causará un bloqueo doloroso y distensiones en el bajo abdomen. El factor patógeno más frecuente en las enfermedades de la vejiga se deben a la acumulación de humedad.

Otras condiciones patológicas incluyen: miedos emocionales, ansiedades e inseguridades, sexo excesivo, y una vejiga deficiente y fría.

LOS CANALES DEL RIÑÓN

Los canales del riñón son canales Yin y fluyen de forma externa desde los pies al torso. Estos dos ríos se originan debajo de los dedos meñiques de los pies, haciendo un círculo por la parte interna de los talones, ascendiendo por la parte media de las piernas, donde se unen y entran en el coxis y la región lumbar. Dividiéndose de nuevo, una rama baña el riñón, mientras que la otra sigue subiendo hasta el córtex cerebral. Desde los riñones, emergen dos grupos de canales internamente. Un grupo desciende y envuelve en espiral la vejiga. El otro grupo asciende hasta el hígado, el diafragma, los pulmones y envuelve el corazón yendo hacia la garganta, deteniéndose en la raíz de la lengua.

El órgano del riñón

El riñón almacena sustancias Jing, y controla el desarrollo de los huesos. También controla la respiración, la reproducción, el crecimiento y gobierna los fluidos del cuerpo. El Jing del riñón es la base biológica para la sangre menstrual de la mujer. Los riñones son la raíz del Qi Yang y Yin de todos los órganos del cuerpo. Los riñones se abren externamente a través de las orejas y se les llama a veces "los ministros de la ingenuidad y la vitalidad" o "los controladores del agua".

El órgano asociado al riñón es la vejiga y su elemento es el agua. El Qi Yin del riñón fluye al hígado, corazón y pulmones. Es el responsable de los fluidos del cuerpo y gobierna el parto, el crecimiento y la maduración, así como el ciclo reproductivo. El Yang Qi del riñón fluye al bazo, hígado, corazón y pulmón y ayuda al Yang de los órganos por vía del Mingmen.

Aspectos psico-emocionales

La médula producida por el riñón fluye al cerebro. La habilidad de pensar se refuerza cuando el Qi y la sangre en el córtex cerebral son abundantes. La zona de la memoria así como el centro del pensamiento también se incluyen en el córtex cerebral y no se desarrollan hasta que el canal del riñón viaja por la columna junto al canal del hígado. Cuando el Qi de estos dos canales es abundante la función de la memoria funciona bien.

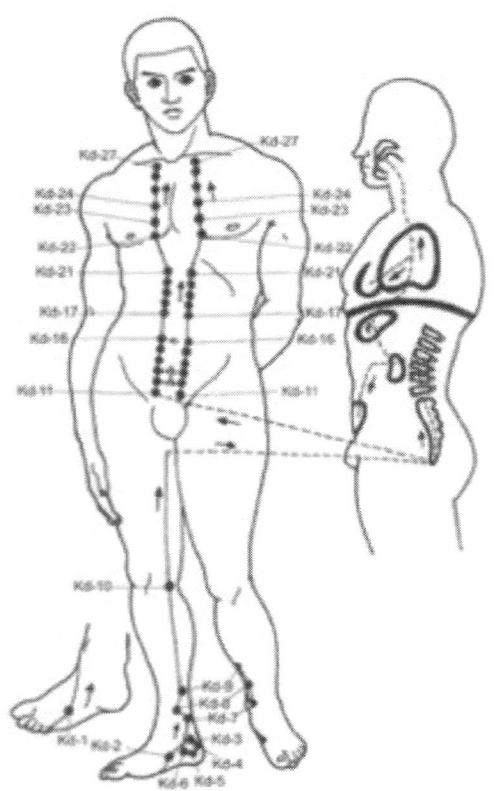

The Internal and External Qi Flow of the Kidney (Kd) Channels

Los riñones también almacenan la fuerza de voluntad. Controlan la memoria a corto plazo y acumulan datos. Un receptor de la terapia con los riñones fuertes puede trabajar duro por mucho tiempo. En cambio, un receptor de la terapia con los riñones débiles puede desarrollar un estado de trabajo compulsivo. También le faltará fuerza y aguante.

Los aspectos positivos del riñón son sabiduría, racionalidad, clara percepción, amabilidad y auto comprensión. Los atributos negativos son miedo, soledad, inseguridad, y estados de shock.

El flujo energético del riñón

Los canales del riñón almacenan más Qi que sangre así que afectan más a la parte energética del cuerpo que a la física. En la marea alta (5PM -7PM) el Qi y la sangre abundan en el riñón, y el órgano del riñón puede ser purgado y dispersado con mayor facilidad. Durante la marea baja (5AM – 7AM) pueden ser reforzados. La energía del riñón actúa en la piel, músculos, y nervios que se encuentran en su camino.

Perspectiva occidental

La función de los riñones es regular el agua y los electrolitos y procesar la orina.

Manifestaciones patológicas

Las enfermedades del riñón causan por norma general un deterioro de todo el cuerpo, debilidad en la parte baja, dolores lumbares, y sensación de ardor en los pies.

Los riñones se abren por el orificio urogenital y el ano. La condición energética de los riñones se puede ver reflejada por la orina del receptor de la terapia y las heces; en los hombres se incluye la eyaculación.

Ya que los riñones son los responsables de la concentración y la retención memorística, poca concentración y pérdida de memoria son síntomas comunes de un mal funcionamiento del riñón.

LOS CANALES DEL PERICARDIO

Los canales del pericardio son canales Yin y fluyen externamente del torso a las manos. Estos dos ríos se originan internamente desde el centro del pecho, fluyendo hacia fuera por el pericardio. Descienden por el centro del cuerpo, envolviendo en espiral los tres calentadores, dos ríos salen a la superficie y se ramifican por los pezones para bajar por el centro de cada brazo. Una segunda rama sale del centro de cada palma y fluye a los anulares para conectar con el canal del triple caldero.

El órgano del pericardio

El pericardio se asocia con el triple caldero; su elemento es el fuego. El pericardio no se considera un órgano independiente, sino una cubierta protectora del corazón. Activa y controla cómo los canales Yin distribuyen el Yang Qi del riñón a los órganos. Junto al corazón gobierna la sangre y aloja el Shen. El pericardio se considera "el primer ministro", o "el oficial que protege al corazón".

Aspectos psico-emocionales

El pericardio tiene una fuerte influencia en los estados mentales y emocionales del receptor de la terapia. Su cometido es crear sentimientos de alegría o placer para el emperador (corazón).

El flujo energético del pericardio

El pericardio tiene efecto en la circulación de la sangre por el cuerpo. Es considerado "la madre del Yin" y está conectado con el Mingmen.

Los canales del pericardio contienen más sangre que Qi, así que afecta más a las funciones físicas. En la marea alta (7PM -9PM) el Qi y la sangre abundan en el pericardio, y el órgano del pericardio puede ser purgado y dispersado con mayor facilidad. Durante la marea baja (7AM – 9AM) pueden ser reforzados de forma fácil. Los canales del pericardio afectan a la piel, músculos y nervios que se encuentran en su camino.

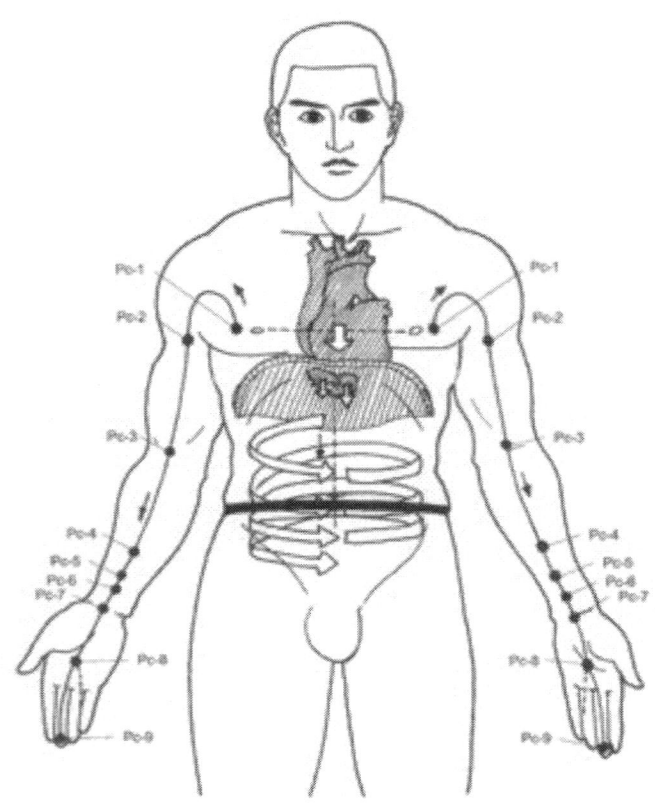

The Internal and External Qi Flow of the Pericardium (Pc) Channels

Perspectiva occidental

La función del pericardio es proporcionar una cubierta protectora al corazón. Contiene un fluido que permite al corazón trabajar en un entorno sin fricción significativa.

Manifestaciones patológicas

Las enfermedades principales del pericardio incluyen enfermedades del corazón, en la parte frontal del pecho, en los vasos sanguíneos, y enfermedades de la parte superior palmar en las extremidades superiores. También se pueden manifestar anormalidades mentales.

LOS CANALES DEL SAN JIAO (TRIPLE CALDERO)

Los canales del San Jiao son Yang y fluyen externamente desde las manos a la cabeza. Estos dos ríos se originan de forma externa desde las puntas de los anulares y ascienden por la parte lateral de los brazos, por los hombros y las clavículas, después se dividen internamente y envuelven en espiral el pericardio. Rodean el diafragma y bañan los tres calderos. Un grupo de ramas se originan de forma interna en el pecho y fluyen hacia arriba emergiendo por la clavícula para ascender por el cuello a la cabeza y rodear las orejas. Otro grupo de ramas fluye hacia abajo por las mejillas, acabando en la región infra orbital; el otro grupo acaba encima de las orejas, por el lado exterior de los ojos.

El órgano del San Jiao

El órgano asociado al San Jiao es el pericardio; su elemento es el fuego. Los tres calderos son considerados un solo órgano independiente, pero se le asignan áreas energéticas específicas y son parte de la función de los órganos. Su función es producir calor y regular la temperatura del cuerpo. Este calor se incrementa con rutinas de meditación como la órbita micro cósmica y la macro cósmica. Su función principal es regular la ingestión y la digestión de la comida y los fluidos.

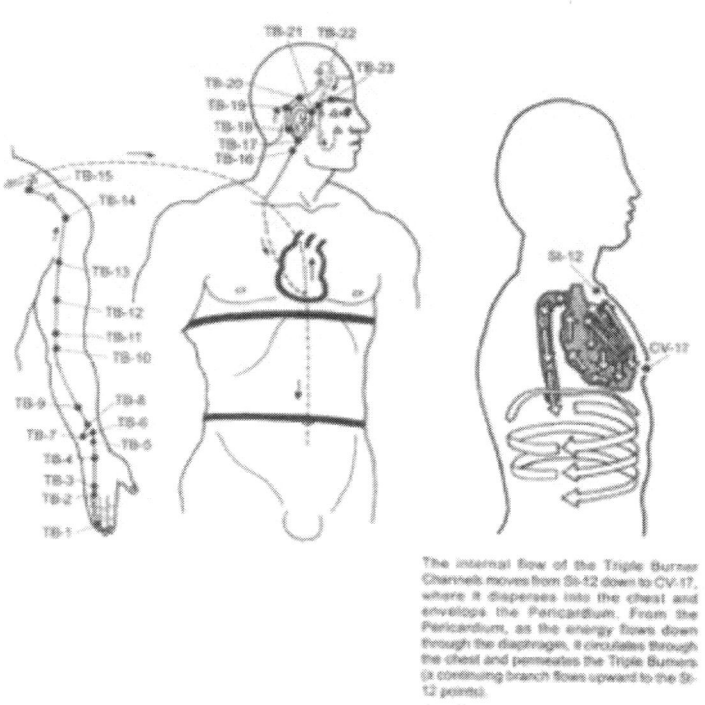

The Internal and External Qi Flow of the Triple Burners (TB) Channel

Los tres calderos se conocen como "el oficial del equilibrio y la armonía", porque controlan el metabolismo del agua y la producción del Wei Qi de los riñones para todo el cuerpo.

La energía del San Jiao (triple caldero) se compone de Zong Qi (Qi esencial). El Zong Qi asiste al corazón en el proceso de hacer circular la sangre y la respiración. También ayuda en compensar el Qi Ying para nutrir la sangre, órganos y tejidos del cuerpo; así como reforzar el Wei Qi que protege el cuerpo exteriormente.

1. El caldero superior

Se forma del fuego creado por la combinación de las energías del corazón, el pericardio y los pulmones. La energía del caldero superior se aloja en la parte superior del cuerpo. Se ocupa de las funciones respiratorias y cardiacas. Mueve la energía más fina del cuerpo y distribuye los nutrientes y el Qi por el cuerpo como una "niebla".

2. El caldero medio

El caldero medio se forma por el fuego de las energías combinadas del estómago, bazo, páncreas y vesícula biliar. Su energía se aloja en la parte superior del abdomen y el ombligo.

Es el responsable de la digestión y la transformación de la comida y la bebida en nutrientes. En su área, se conectan el intestino delgado y la vejiga. El Ying Qi del caldero medio recibe sus nutrientes del estómago y el bazo. Los pulmones circulan el Gu Qi refinado en forma de vapor que se aloja en el caldero superior. El corazón después produce la sangre de ese vapor.

3. El caldero inferior

El caldero inferior se forma por el fuego de las energías combinadas del hígado, riñones, vejiga, intestinos y los genitales. Su energía se aloja en la parte inferior del abdomen y se extiende hasta el perineo.

Se encarga de las funciones de la reproducción y de filtrar y eliminar productos inútiles. Mueve la energía más gruesa del cuerpo, actuando como "una tubería de agua".

Los tres calderos contribuyen al proceso de transformación y ayudan a la distribución del Ying y el Wei Qi por el cuerpo como sigue:

- Después de que el Gu Qi se separa en Qi limpio y turbio, el caldero superior libera el Wei QI limpio a los pulmones;

- El caldero medio libera el Ying Qi limpio dirigiéndolo a todos los órganos y tejidos del cuerpo;

- El caldero inferior libera los fluidos del cuerpo, dirigiendo la parte turbia a la vejiga.

Aspectos psico-emocionales

Los tres calderos se consideran los embajadores o los intermediarios para el Yuan Qi del cuerpo. A nivel psicológico, se pueden usar para mover el Qi y aliviar la depresión originada por el estancamiento del Qi del hígado.

Cuando están llenos, las consciencia se vuelve estable y la intención mental es benevolente y estable. También se relaciona los tres calderos con el corazón y el pericardio pues se ven afectados por la alegría.

Cuando la energía del corazón es fuerte la energía de la esencia sexual se distribuirá por los tres calderos, por el contrario si el fuego del deseo se deja calentar demasiado se producirá un sobre flujo de "deseo" y este saldrá del cuerpo. Esto puede llevar al agotamiento de Jing y de Qi.

El flujo energético del triple caldero

Los canales del triple caldero almacenan más Qi que sangre así que afectan más a la parte energética del cuerpo que a la física. En la marea alta (9PM -11PM) el Qi y la sangre abundan en el triple caldero, y el órgano del triple caldero puede ser purgado y dispersado con mayor facilidad. Durante la marea baja (9AM – 11AM) pueden ser reforzados de forma fácil. Los canales del triple caldero afectan a la piel, músculos y nervios que se encuentran en su camino.

Perspectiva occidental

La medicina occidental no reconoce o tiene referencia alguna de los tres calderos.

Manifestaciones patológicas

Las enfermedades principales involucran la cara, la oreja, mejilla, laringe, y el cuello. También incluyen desórdenes de la parte trasera de las extremidades superiores desde la parte media superior del brazo y antebrazo.

Cuando el terapeuta de Qigong Médico diagnostica problemas de triple caldero tiene en consideración lo siguiente:

1. Un bloqueo de Wei Qi localizado en el caldero superior causa un impedimento de la función de dispersión de los pulmones. Esto puede dar lugar a una invasión de los pulmones por factores patógenos externos, que penetran en el pericardio.

2. Un bloqueo de Ying Qi en el caldero medio causa impedimento de la función de transporte del bazo. Esto puede causar estancamiento del calor gastrointestinal, y causa calor húmedo en el bazo y el estómago.

3. Un bloqueo en los fluidos corporales localizados en el caldero inferior causa un impedimento en la función de transformación de la vejiga. Esto resulta en la penetración profunda de factores patógenos tóxicos, debilitando el Yin del riñón. Esto a su vez puede causar sangre del hígado deficiente, y agitación de viento debido a un Yin agotado.

PARA ENTENDER LAS PATOLOGIAS DE LOS CANALES

La patología según los canales es la forma más antigua de clasificación de enfermedades. Para entender dichas patólogas el terapeuta de Qigong Médico tiene que tener en cuenta muchos aspectos del flujo energético del receptor de la terapia. Normalmente estos disturbios se relacionan con disturbios en los órganos, pero también pueden ser independientes de esos órganos.

La enfermedad de un canal puede causar enfermedades en los demás canales y los órganos. Igualmente, tonificar un canal puede causar la tonificación de otros canales y órganos.

Las cuatro causas de patologías de los canales son:

1. Invasión de patógenos externos como frío, viento, calor y humedad. Estos patógenos exógenos normalmente se alojan en las articulaciones causando obstrucciones. Estas influencias desequilibran el Yin y el Yang y bloquean el flujo de sangre y Qi causando dolor e hinchazón. Las articulaciones también se ven afectadas por la sangre y el Qi deficiente causando debilidad y dolor por falta de movimiento.

2. El uso prolongado de una articulación puede provocar estancamientos que crean dolor y debilidad.

3. Las lesiones, traumatismos, y esguinces pueden causar estancamientos locales que resultan en rigidez, dolor y entumecimiento.

4. Las desarmonías de los órganos internos también pueden afectar a los canales.

Diferenciación de patrones por canal específico

La observación clínica de los canales del cuerpo se expresó originalmente a través del conocimiento encontrado en el Eje espiritual.

1. Las enfermedades de la vesícula biliar pueden causar: escalofríos, fiebre, dolor de cabeza, sordera, dolor en la cadera y los lados del cuerpo; dolor en los laterales de las piernas y distensión de los pechos (en las mujeres).

2. Las enfermedades del hígado pueden causar: dolor de cabeza, dolor e hinchazón de los ojos, y tirones en las piernas o rampas.

3. Las enfermedades de los pulmones pueden causar: fiebre, aversión al frío, tirantez en el pecho, dolor en los hombros, clavícula y brazos.

4. Las enfermedades del intestino grueso pueden causar: irritación de la garganta, dolor de muelas, hemorragias nasales, rinorrea, hinchazón y dolor de encías, ojos hinchados y dolor en los canales.

5. Las enfermedades del estómago pueden causar: dolor en los ojos, hemorragias nasales, hinchazón en el cuello, parálisis facial, pies y piernas fríos y dolor en los canales.

6. Las enfermedades del bazo pueden causar: descargas vaginales, debilidad en los músculos de las piernas, y sensación de frío en los canales.

7. Las enfermedades del corazón pueden producir: dolor en los ojos, dolor en los omoplatos, y dolor en la parte interna de los brazos.

8. Las enfermedades del intestino delgado pueden causar: dolor y rigidez en el cuello, y dolor en la parte lateral de los omoplatos, codos y brazos.

9. Las enfermedades de la vejiga pueden causar: fiebre y aversión al frío, dolor de cabeza, rigidez en el cuello, dolor en la región lumbar, dolor en los ojos, y dolor en la parte de atrás de las piernas coincidiendo con el recorrido de los canales.

10. Las enfermedades del riñón pueden causar: dolor en la región lumbar y dolor en las plantas de los pies

11. Las enfermedades del pericardio pueden causar: rigidez en el cuello, contracción del codo y la mano, y dolor por el recorrido de los canales.

12. Las enfermedades del triple caldero pueden causar: escalofríos con fiebre, sordera, dolor y hemorragias de la oreja, dolor en la parte superior de los hombros, dolor en el codo, y dolor por el recorrido de los canales.

Sumario de las patologías de los doce canales principales

La importancia clínica de estudiar los canales es evidente a través de la observación de patrones específicos en las patologías que indican características específicas de un canal particular. La calidad y las proporciones de Qi y sangre que circulan a través de ellos tiene una importancia capital.

Estos flujos definen las relaciones recíprocas que existen entre los órganos internos del cuerpo, los canales y los puntos energéticos.

Los términos "raíz y rama", se usan para describir la diferencia entre las orientaciones de los canales y sus puntos de origen. También se usan para describir la progresión de una enfermedad, así como la secuencia prioritaria de tratamiento para el terapeuta de Qigong Médico.

Específicamente, la palabra "rama" se usa para describir el flujo de QI y sangre de un canal y la progresión y dirección de una enfermedad. La palabra "raíz" se usa para describir los orígenes internos de un canal, o el origen de la enfermedad.

ASPECTOS PRÁCTICOS

PREPARACIÓN DEL TERAPEUTA PARA LA SESIÓN

Esta sección prepara al terapeuta de Qigong Médico para tratar a los receptores de la terapia. La "preparación" establece el ambiente energético para el tratamiento y asegura las bases para dispersar patógenos. La preparación incluye:

LA MEDITACIÓN DEL UNO AL DIEZ

Se usa para preparar al terapeuta para la sesión. Permite al terapeuta de Qigong Médico relajarse, hundir, y enraizar la mente. Esta meditación permite al terapeuta de Qigong Médico extender su campo energético antes de conectarse con lo divino. Esta meditación se usa para crear un espacio sagrado.

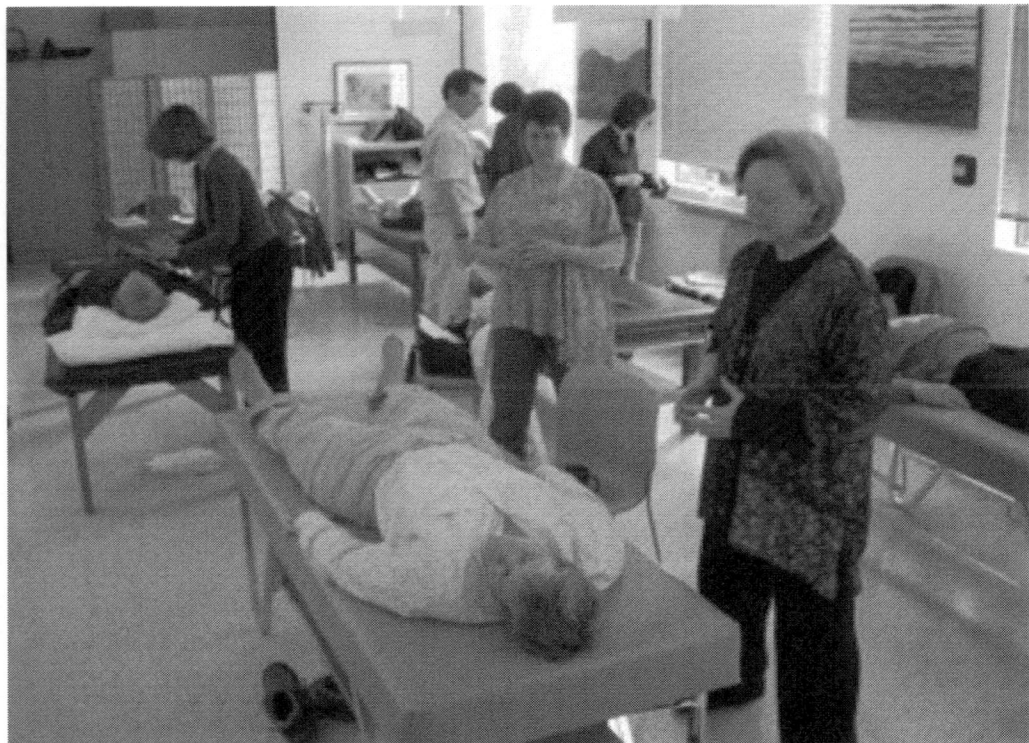

1.

Lo principal es la diversión, pasarlo bien en el trabajo. Imaginemos una sonrisa deshaciéndose por todo el cuerpo y llevándose el stress y la tensión a la Tierra. Una segunda sonrisa baja por detrás del cuerpo, haciendo lo propio. Una tercera baja por el centro del cuerpo, relajando todos los pensamientos, juicios y sentimientos, y fluye por los hombros hasta las manos. La sonrisa sigue bajando por el cuerpo, llevándose todos los bloqueos emocionales y las tensiones, para bajar por las piernas hasta el suelo. En este punto mente y cuerpo deberían sentirse alegres, relajados y en paz.

2. El dos es el zapato. Imaginemos que los pies se deshacen en la Tierra. La energía de los pies se fusiona con la de la Tierra, deshaciéndose en cinco direcciones (adelante, atrás, derecha, izquierda, y abajo). Esto conecta la mente y el cuerpo con la energía de la Tierra.

3.   El tres es el árbol. Sentiremos que echamos en la Tierra raíces dos veces más grandes que el cuerpo. Las raíces se expanden en cinco direcciones, asegurando el enraizamiento y la conexión con la energía de la Tierra.

4.   El cuatro es el núcleo. Imaginaremos las raíces extendiéndose al centro del planeta. La energía terrestre fluye por las raíces y asciende por las piernas, la columna, la cabeza; baja por el pecho y se aloja en el Dan Tien inferior. Esto permite sacar energía de la Tierra para el cuerpo y hacerla circular por la órbita micro

cósmica. Además llena el Dan Tien inferior de energía.

5. El cinco es la vida. Sentiremos cómo la energía de la Tierra crece en el Dan Tien inferior. La energía crece tanto que el Dan Tien ya no puede contenerla. Sube por el pecho, y se divide en dos corrientes que salen de cada palma a la Tierra. Esta acción libera y emite la energía del Dan Tien inferior.

6. El seis es el espesor. Imaginemos la habitación llena de energía. La energía se hace tan espesa que es como si nos sumergiéramos en el agua. Esto funde la energía ambiental con nuestra energía y la energía terrestre, en un único campo de energía dinámico.

7. El siete es el cielo. Permitiremos al Bai hui abrirse para atraer la luz sanadora divina al Dan Tien superior. Dejemos que la luz llene la cabeza y el Dan Tien hasta que caiga al Dan Tien medio. Finalmente la dejaremos caer para que llene el Dan Tien inferior. Esta luz conecta con la luz sanadora celestial, llenando los Dan Tien y el polo Taiji. Además la energía terrestre y divina se unen en el cuerpo.

8. El ocho es abrir las puertas. Imaginemos que se abre cada poro de nuestro cuerpo y que se empieza a atraer la energía ambiental al polo Taiji con cada inhalación. Al exhalar imaginaremos el núcleo vibrando y brillando como si fuera una luz de neón. Esto energiza el núcleo, armoniza la energía y la respiración, y prepara para la proyección de Qi y Shen.

9. El nueve es brillar. Imaginemos que el centro se llena de energía y empieza a sacarla como un brillo por los poros hasta que llena la habitación. Esto funde los Qi del cielo, la Tierra y el hombre con el ambiente externo de la clínica.

10. El diez es bajar los cielos tres veces o las tres invocaciones del Qi, una para mí, la otra para el receptor de la terapia y la ultima para la sala.

Con todo en orden, ahora estamos preparado para empezar a tratar a los receptores de la terapia.

CREACIÓN DE UN ESPACIO SAGRADO

Después de completar la preparación, el terapeuta de Qigong Médico crea un espacio de sanación sagrado en el cual tratará a los receptores de la terapia. Este espacio permite al receptor de la terapia y al terapeuta de Qigong Médico interactuar a salvo de interferencias exteriores.

La clínica debería ser como un santuario, un lugar de refugio donde el receptor de la terapia se sienta a salvo y a gusto. El receptor de la terapia debería experimentar un ambiente de paz en la sala de tratamiento.

Para crear este espacio, el terapeuta de Qigong Médico hace la conexión con lo divino. Sólo después de hacer esto puede empezar a tratar a los receptores de la terapia.

CONEXIÓN CON LO DIVINO

Una vez el terapeuta de Qigong Médico ha establecido una toma de Tierra energética el siguiente paso es establecer la conexión con lo divino y su centro espiritual. Desde este centro el terapeuta de Qigong Médico observa al receptor de la terapia, sin sentimientos personales, pensamientos, y juicios. El estado espiritual de apertura permite al receptor de la terapia sentirse seguro y dejar ir sus emociones reprimidas. No tener un ambiente

seguro puede hacer que los receptores de la terapia repriman las emociones o se distraigan.

Una vez que la sanación ha empezado, el terapeuta de Qigong Médico entra en un estado de "unidad" con el receptor de la terapia y lo divino, en el cual la voluntad del terapeuta de Qigong Médico y su intención envuelve y se funde con la voluntad y sabiduría divina. Tanto el terapeuta de Qigong Médico como el receptor de la terapia empiezan a comunicarse con interacciones subconscientes profundas. El éxito del terapeuta de Qigong Médico como sanador depende de su habilidad para conectar con el receptor de la terapia y la luz sanadora divina. Es a través de esta comunicación interpersonal que el terapeuta de Qigong Médico empieza el tratamiento.

Antes de contactar con el receptor de la terapia el terapeuta de Qigong Médico ha de conectar con lo divino para purificarse, estabilizarse a sí mismo y la sala de consulta.

ENRAIZAMIENTO DE LA LUZ DIVINA SANADORA

Para enraizar la luz divina se visualiza un rayo de luz sanadora que entra en el cuerpo por vía del Baihui y el Sishencong, y también al polo Taiji. El terapeuta de Qigong Médico aguanta su frecuencia hasta que la luz se enraíza o se "ancla" al Dan Tien inferior.

Después, el terapeuta de Qigong Médico lleva la vibración al polo Taiji para energizar cada Dan Tien hasta que la luz penetra en todos los tejidos del cuerpo. Cuando el terapeuta de Qigong Médico siente que la luz llega al Dan Tien miedo, visualiza la luz atándose alrededor del "puente de luz", que conecta el corazón del terapeuta de Qigong Médico, la garganta y el Yintang. Esta conexión energética se funde con el Dan Tien superior, convirtiéndose en un lazo único. La luz divina se almacena después dentro del cuerpo del terapeuta de Qigong Médico y se libera durante la emisión de Qi.

USO DE LAS TRES INVOCACIONES DIVINAS

Para ayudar al terapeuta de Qigong Médico a enraizar la luz divina, se recomienda empezar el tratamiento con una pequeña plegaria y tres invocaciones, por ejemplo:

1- «Dios, lléname con tu espíritu santo y tu poder de sanación divino. Aumenta mi habilidad, poder, conocimiento, y sabiduría y úsame para tu gloria». La primera invocación conecta al terapeuta de Qigong Médico con la energía sanadora de lo divino y enraíza al terapeuta de Qigong Médico a la Tierra. Esto previene que el Qi nocivo del receptor de la terapia entre y contamine el cuerpo del terapeuta de Qigong Médico.

2- «Llena esta habitación con tu presencia santa y tu virtud sanadora, y deja que tu gloria brille a través de mí en esta habitación». La segunda invocación conecta al terapeuta de Qigong Médico y la sala de tratamiento a lo divino y asegura un espacio de sanación sagrado. También establece un campo energético expansivo, causando que el campo Wei Qi del terapeuta de Qigong Médico se sature de energía divina, llenando la habitación. Este campo produce un campo dinámico de energía sanadora.

3- «Llevo a (nombre del receptor de la terapia) a tu presencia, y te pido que cures sus heridas y le liberes de estas cadenas de desesperación, agonía y enfermedad. Gracias, Dios. Amén». Después de esta última invocación el terapeuta de Qigong Médico envuelve al receptor de la terapia con una burbuja energética de luz y amor.

4- Después, el terapeuta de Qigong Médico enraíza la burbuja del receptor de la terapia en la Tierra, y crea un vórtice energético debajo del receptor de la terapia. El vórtice girará en el sentido horario, y se internará en lo profundo de la Tierra. Esta técnica se hace para purgar al receptor de la terapia del Qi tóxico y llevarlo a la Tierra, donde se recicla y vuelve al cuerpo del receptor de la terapia.

ENRAIZARSE PARA PREVENIR EL SHOCK ENERGETICO

Enraizarse es una técnica importante usada por los terapeutas de Qigong Médico para establecer y mantener una conexión espiritual, emocional, mental, energética y física firme con la Tierra. Conectarse a ella es esencial para prevenir el shock energético que puede sufrir el terapeuta de Qigong Médico absorbiendo el Qi nocivo del receptor de la terapia.

Para prevenir que esto pase, los terapeutas de Qigong Médico pasan por muchas fases de preparación antes de tratar a receptor de la terapia. El enraizamiento energético se utiliza en todas las fases de meditación y permite al terapeuta de Qigong Médico mantener una conexión física muy fuerte con la Tierra. Se usa especialmente cuando el terapeuta de Qigong Médico está absorbiendo y emitiendo Qi ambiental y universal.

- Desde una postura Wuji, imaginaremos un cordón energético extendiéndose desde el Dan Tien inferior, hasta el polo Taiji y saliendo por el Huiyin hasta el centro de la Tierra. Este cordón energético nos enraizará a la energía de la Tierra. También se mantiene y se ve afectado por la voluntad y la intención. El cordón sigue los movimientos del terapeuta de Qigong Médico de forma fácil.

- Si el receptor de la terapia está tumbado, sentado, o de pie frente al terapeuta de Qigong Médico, este extiende su energía para envolver al

receptor de la terapia dentro de un caparazón energético, acción que se

conoce como "dibujar el círculo energético".
- Imaginemos que extendemos un cordón energético desde el Dan Tien inferior

del receptor de la terapia a través de este caparazón, para enraizar el cuerpo del receptor de la terapia en lo profundo de la Tierra. Este proceso fija energéticamente el cuerpo, la mente, la emoción y el espíritu del receptor de la terapia.

DIAGNÓSTICO ENERGÉTICO

Después de hacer la purgación energética, el terapeuta de Qigong Médico empieza el diagnóstico energético. Estos son algunos ejemplos:

El terapeuta de Qigong Médico puede comenzar conectándose con los talones del receptor de la terapia. Este método permite al terapeuta de Qigong Médico conectarse con la fascia interna del receptor de la terapia. A través de esta conexión, el terapeuta de Qigong Médico siente la corriente de Qi moviéndose por el interior de los órganos del receptor de la terapia. Extendiendo energía de los talones del receptor de la terapia a la cabeza, el terapeuta de Qigong Médico puede buscar obstrucciones o desviaciones del flujo de Qi.

Después, el terapeuta de Qigong Médico puede usar el diagnóstico de la mano plana para escanear el cuerpo del receptor de la terapia buscando condiciones de exceso o deficiencia en los campos Wei Qi del receptor de la terapia. Este segundo tipo de diagnóstico sirve para verificar las obstrucciones y las desviaciones que el terapeuta de Qigong Médico ha descubierto antes.

PURGAR, TONIFICAR Y REGULAR EL CUERPO DEL RECEPTOR DE LA TERAPIA

Después de diagnosticar, el terapeuta de Qigong Médico purga, tonifica, o regula al receptor de la terapia de acuerdo a su cuadro.

Mientras drena y purga al receptor de la terapia, el terapeuta de Qigong Médico puede descubrir varios cordones energéticos enganchados al receptor de la terapia o sus órganos internos. Estos pueden contribuir a veces a la causa de la enfermedad.

ENCONTRAR, DESENGANCHAR Y ELIMINAR LOS CORDONES ENERGÉTICOS

Los cordones energéticos se manifiestan a través de los efectos en el comportamiento y las emociones del receptor de la terapia. Son patrones basados en las relaciones, dentro de los tejidos internos del receptor de la terapia. Estos patrones pueden evocar ciertas respuestas emocionales recurrentes, como atracciones, adicciones, etc.

1. Para ayudar al receptor de la terapia a eliminar los cordones tóxicos, el terapeuta de Qigong Médico primero ha de localizarlos.

a) A través de la emisión de Qi, el terapeuta de Qigong Médico puede sentir atracción o repulsión. Estas respuestas ocurren cuando ciertos recuerdos del receptor de la terapia son estimulados, e indican que hay un cordón atado a esos tejidos.

La respuesta repulsiva causa un malestar físico en los músculos del receptor de la terapia. A menudo el receptor de la terapia sufrirá un "desmayo de Shen" para evitar sentir el dolor de esas emociones que afloran.

b) El terapeuta de Qigong Médico localiza el origen y el punto de entrada del cordón a través de una detección con la mano plana. La raíz del cordón actúa como un receptor para el problema psicofísico que el receptor de la terapia experimenta. Cuando se estimula, el receptor de la terapia puede sufrir síntomas físicos y emocionales.

2. Antes de disponer del cordón, el terapeuta de Qigong Médico le pedirá permiso al receptor de la terapia para hacerlo, de forma verbal o con comunicación mente a mente.

3. Para eliminar el cordón, el terapeuta de Qigong Médico drena y purga el cuerpo del receptor de la terapia mientras se comunican por la mente subconsciente creativa. El terapeuta de Qigong Médico insta al receptor de la terapia a dejarlo ir. Para impedir que vuelva a formarse, el terapeuta de Qigong Médico discutirá con el receptor de la terapia cualquier emoción que haya salido a la superficie, igualmente servirá al receptor de la terapia para identificar sus traumas y ayudar a reprogramar su organismo,

La respuesta de atracción causa a los receptores de la terapia que experimenten liberaciones emocionales profundas a través de la risa, el llanto, gritando, etc.

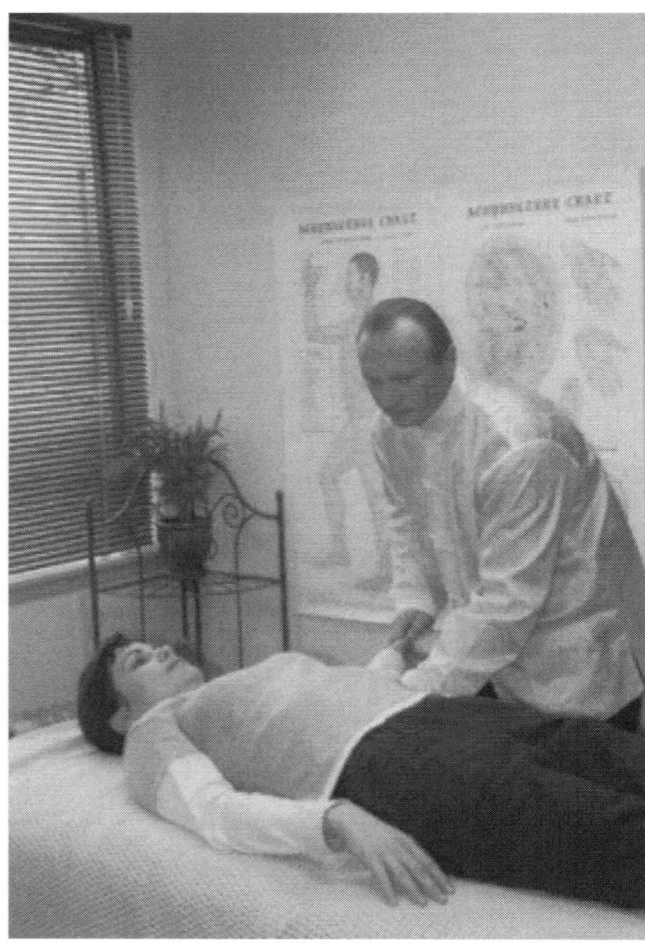

para que no vuelva a ocurrir. Si el receptor de la terapia no está listo para desprenderse del cordón, su mente subconsciente saboteará cualquier esfuerzo y

se reforzará el cordón. Es importante que el terapeuta de Qigong Médico refiera al receptor de la terapia a un psicoterapeuta como ayuda adicional.

PURIFICACIÓN DE PATÓGENOS TOXICOS

Un problema que el terapeuta de Qigong Médico puede encontrarse es el qué hacer con el Qi nocivo del receptor de la terapia. Para mantener limpia la sala de tratamiento es esencial disponer de esa energía de forma apropiada. Si el Qi del terapeuta de Qigong Médico se contamina entre los tratamientos, esto puede transmitirse a otros receptores de la terapia.

Debido a que el receptor de la terapia está en un estado de shock energético (después de la terapia), se debe intentar que el receptor de la terapia no esté en contacto con el Qi contaminado. De otra manera, hay posibilidades de que el Qi nocivo vuelva al receptor de la terapia a través de los cordones energéticos.

La imaginación y la visualización son dos de las herramientas más poderosas y más usadas para tal efecto. Hay muchos métodos de disponer de esta energía. Estos métodos incluyen la purificación a través del sonido, la luz, o los cinco elementos, en conjunción con disponer la energía tóxica a través del vórtice energético.

PURIFICACIÓN POR SONIDO Y LUZ

El sonido penetra cualquier sustancia y causa cambios en la energía, rompiendo rápidamente las agrupaciones de energía estancada. Algunos ejemplos de sonidos usados son: música, canto, gongs, campanas, tambores, palmadas, etc.

• La luz se puede usar para limpiar y purificar la habitación de energía toxica, gracias al calor que esta emana. Algunos ejemplos de luz incluyen exposición al sol, velas, imaginar la luz divina incinerando cualquier residuo nocivo.

PURIFICACIÓN POR LOS 5 ELEMENTOS

Algunos terapeutas de Qigong Médico utilizan la energía de los 5 elementos para limpiar la habitación. Esto funciona mejor en conjunción con los métodos arriba descritos. Cuando se usa uno o más de estos elementos es mejor considerar cuánta suciedad se ha acumulado del tratamiento anterior y escoger adecuadamente.

1. Purificación del Qi nocivo mediante el fuego. Quemando agua de fuego (alcohol con sal), encendiendo una vela o liberando el Qi nocivo al centro de la Tierra, el Qi se puede transformar y purificar.

2. Purificación del Qi nocivo mediante el agua, por ejemplo, mediante el agua bendita o el agua con sal.

3. Purificación del Qi nocivo mediante el viento y el aire. Algunos ejemplos: ventilar y poner plantas en la consulta.

4. Purificación del Qi nocivo mediante la luz divina. Algunos terapeutas de Qigong Médico disponen los patógenos en el aire, donde son incinerados inmediatamente por la luz divina.

5. Purificación del Qi nocivo mediante la madera. Para purificar o limpiar la habitación mediante la madera, puede quemarse incienso o hierbas como la mirra, cedro, sauce, sándalo o alcanfor.

6. Purificación del Qi nocivo mediante la Tierra. Ciertas piedras se pueden utilizar en la clínica debido a su capacidad de absorción del Qi nocivo. Colocarlas estratégicamente en la clínica, puede servir como un filtro natural. Algunos ejemplos de esto incluyen: amatista, sal, cuarzo blanco o de colores, así como otros minerales o gemas. Estos cristales necesitan limpiarse después de cada tratamiento, se han de poner en agua con sal hasta que estén limpios, o enterrarlos durante 3 días.

Para más información sobre los órganos y canales principales y cómo curar con ello, pincha en este enlace y podrás ver vídeos gratis y lecciones sobre ello

https://joaquinalmeria.clickfunnels.com/registro-webinar

CAPÍTULO 4

TRATAMIENTO DE RECEPTOR DE LA TERAPIA CON QIGONG CLÍNICO WU ZANG (CINCO ORGANOS) MEDITACION PARA LA PROTECCIÓN ENERGÉTICA

Incluso después del tratamiento de enfermedades, el terapeuta de Qigong Médico debe hacer ciertos ejercicios de Qigong

Médico para prevenir y repeler cualquier Qi patógeno. De otra forma el terapeuta de Qigong Médico puede desarrollar síntomas de la enfermedad del receptor de la terapia en los lugares correspondientes. Por ejemplo, si el receptor de la terapia tiene dolor de cabeza o dolor en el área hepática, el terapeuta de Qigong Médico también puede adquirir molestias, dolencias, picores, o dolor en la cabeza o la región hepática. Así pues, en la práctica clínica, es obligatorio un entendimiento profundo y un correcto juicio de los agentes patógenos.

Hoy en China, la meditación Wu Zang aún se enseña a los terapeuta de Qigong Médico de Qigong para uso clínico y para la prevención de invasiones del Qi nocivo del receptor de la terapia. Esta meditación requiere que el Shen del terapeuta de Qigong Médico guíe el Qi de los cinco órganos, para hacer el Qi del cuerpo substancial. El fin de la meditación, que provoca que el Qi del terapeuta de Qigong Médico sea reabsorbido por el polo Taiji, permite al Qi transformado fluir a los órganos apropiados, reforzando los campos energéticos del terapeuta de Qigong Médico.

Cuando un terapeuta de Qigong Médico entra en el espacio de un receptor de la terapia enfermo, las posibilidades de que absorba Qi nocivo son altas. Conociendo esta amenaza potencial, los antiguos maestros chinos desarrollaron ciertas meditaciones para protegerse de la energía turbia y la enfermedad del receptor de la terapia.

Los clásicos del emperador amarillo sobre medicina interna afirman que antes de tratar a cualquier receptor de la terapia, el terapeuta de Qigong Médico debería hacer la meditación Wu Zang. La obra insta a los terapeutas de Qigong Médico a hacer esta meditación antes de tratar a los receptores de la terapia en un ambiente clínico y antes de entrar a la sala donde se encuentra el receptor de la terapia, porque esta meditación les hace envolverse en un campo muy fuerte de energía protectora (Wei Qi).

La meditación Wu Zang se centra en las seis direcciones (norte, sur, este, oeste, cielo y Tierra). Es muy poderosa y puede ser usada para reunir Qi ambiental al principio de cada estación. El objetivo de la meditación es extender el Qi de cada uno de los cinco órganos más allá del horizonte para reunir el Qi. Cuando se practica la meditación Wu Zang el terapeuta de Qigong Médico debería:

- mirar al este durante el equinoccio de primavera;
- mirar al sur el día de solsticio de verano;
- concentrarse en el centro de la Tierra durante el final del verano, antes del equinoccio de otoño;
- mirar al oeste el día del equinoccio de otoño;
- mirar al norte en el solsticio de invierno.

Se comienza concentrándose en el centro del cuerpo, imaginando que se abre el punto Baihui (en la parte de arriba de la cabeza) y se empieza a meter dentro el Qi de los cielos. Hay que visualizar la luz divina como una luz brillante y blanca, iluminando y llenando el cuerpo a través del Baihui. Se sentirá cómo el cuerpo irradia esta energía divina blanca y brillante. Después, esta luz blanca se conden-

sa en el núcleo del cuerpo, formando un tubo energético desde el punto Baihui al Huiyin. El núcleo central vibra y resuena con la energía blanca y brillante de lo divino.

Imaginemos una neblina de Qi de un amarillo dorado que se levanta desde la profundidad de la Tierra y, conectando con el bazo, va llenando el cuerpo. Después, sentiremos que esta energía dorada envuelve el núcleo central de energía blanca divina, fusionándose ambas. Esto representa la energía de tu Yi (intención), que enraíza y estabiliza el poder.

Nos concentraremos después en el corazón e imaginaremos un portal abriéndose y el Qi fluyendo fuera del corazón como un remolino de viento rojo, lleno de poder, que nos protege con el Shen y el fuego del fénix rojo. Esto representa nuestro espíritu innato, vivo, grácil pero poderoso.

Centraremos la atención en la espalda, en el área de los riñones y el Mingmen. Imaginamos que se abre un portal por el que el Qi fluye del Mingmen por detrás de nosotros, como si fuera agua. De este agua nace una enorme tortuga azul marino, cuyo caparazón nos protege a modo de escudo. Esto representa la energía de nuestro Zhi (fuerza de voluntad), y el Jing y el Zhi de nuestros ancestros, respaldándonos y apoyándonos.

Pondremos después la atención en los pulmones y visualizaremos un portal abriéndose en la parte derecha del cuerpo, bajo las costillas derechas. Imaginaremos el Qi del pulmón que fluye fuera de la parte derecha del cuerpo como un vapor, formando un tigre blanco, duro como el acero. Esto representa el Po y la naturaleza animal del cuerpo, que nos guarda y protege con la pasión animal por la supervivencia.

Después, centraremos la atención en el hígado y visualizaremos un portal que se abre en la parte izquierda del cuerpo, bajo las costillas izquierdas. Imaginaremos el Qi del hígado fluyendo de la parte izquierda del cuerpo como un vapor, que forma un dragón verde, nervudo y resistente como el bambú. Esto representa el Hun y la naturaleza divina del cuerpo, que nos guarda y protege con la pasión espiritual por la victoria.

Cada animal empieza a rotar hacia la izquierda, protegiendo, acechando, y defendiendo la posición del animal anterior. Lentamente empezaremos a hacer circular esas energías, mientras vamos aumentando su velocidad (como un viento muy fuerte) en sentido anti horario alrededor del cuerpo, mezclando esos colores, para hacer una burbuja de energía.

Después de formar un arcoíris protector alrededor del cuerpo, volveremos a meter dentro las energías a través del Baihui devolviendo así la energía de cada órgano a su origen (el rojo al corazón, el azul oscuro a los riñones, el blanco a los pulmones, y el verde al hígado). Mientras los colores vuelven a su origen, imaginaremos un vapor (luz blanca) que fluye de los poros y llena la burbuja de energía creada por la rotación de los animales. Esto forma una conexión muy fuerte entre los órganos internos del cuerpo y el campo energético externo del cuerpo.

Cuando la protección del cuerpo mediante los cinco elementos se haya llevado a cabo, imaginaremos que hay muchas luces brillantes encima de nosotros, como una representación de la osa mayor. Después podremos entrar a la habitación del receptor de la terapia, a salvo y protegidos.

Se puede mandar la energía de los cinco órganos fuera del cuerpo de forma instantánea, cada vez que sea necesaria la protección. Algunas escuelas enseñan al terapeuta de Qigong Médico a extender la energía por los ojos como una niebla, envolviendo el cuerpo con los colores de los cinco órganos (verde, rojo, amarillo, blanco, y azul oscuro/índigo).

CREACIÓN DE UN CAMPO PROTECTOR DE ENERGÍA

Esta segunda meditación también establece un campo energético poderoso, necesario para proteger al terapeuta de Qigong Médico de cualquier ataque o invasión de Qi nocivo externo. Consiste en envolver los campos externos de Wei Qi del terapeuta de Qigong Médico para incrementar el poder del campo energético.

Es similar a envolver un imán con cables de cobre para aumentar su campo magnético.

Empezaremos desde la postura Wuji de pie. Debemos concerntrarnos en reunir toda la energía del cuerpo en el Dan Tien bajo. Concentraremos el Qi en el Dan Tien bajo, condensándolo en una bola densa de energía blanca brillante. Imaginamos que esta pelota sale del cuerpo a través del ombligo y da la vuelta al cuerpo, en sentido anti horario nueve veces, envolviendo el canal del cinturón, Mingmen y los puntos del canal del gobernador-4 y Shenque (canal de la concepción-8)

Movemos la bola hacia abajo, hacia el perineo y continuamos dando vueltas al cuerpo en sentido anti horario, nueve veces, envolviendo los puntos Huiyin (concepción-1) y Changqiang (canal del gobernador-1).

Después, moveremos la energía hacia las rodillas, mientras la hacemos girar, envolviendo los canales ascendentes Yin y los descendentes Yang de las piernas.

Movemos la energía hacia los tobillos y haciéndola girar para que envuelva los canales ascendentes Yin y los descendientes Yang de las piernas.

Movemos la energía hacia la planta de los pies, rodeando y envolviendo el punto Yongquan (riñón-1).

Después, moveremos la energía bastante adentro del suelo y seguimos haciendo que dé vueltas, envolviendo el punto del cuerpo trans-personal de la Tierra. Este punto energético (bajo la Tierra) es el responsable de establecer la conexión del cuerpo con la Tierra y de absorber el Qi de la Tierra al cuerpo.

Imaginaremos la energía ralentizándose parándose unos segundos, después cambiamos el sentido de rotación y empezamos a girar en sentido horario nueve veces. La dirección y el flujo de la bola energética se revertirá, ascendiendo y rotando las mismas áreas y puntos nueve veces, hasta que vuelva a subir al ombligo.

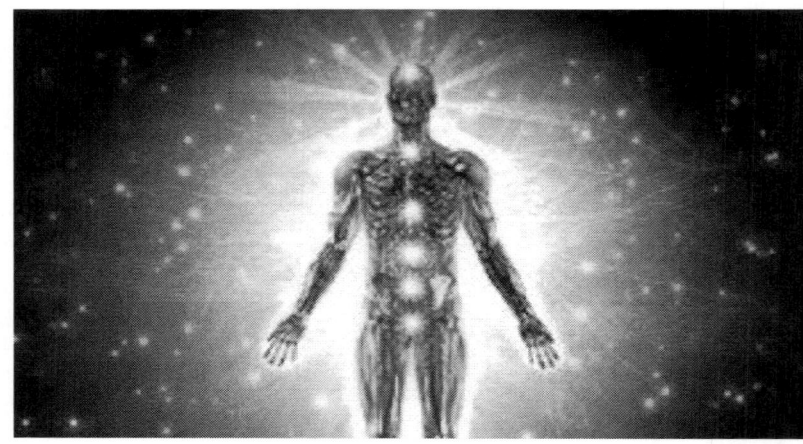

Desde el ombligo, movemos la pelota de energía hasta el área del plexo solar y continuamos haciéndola girar en sentido horario nueve veces, rodeando y envolviendo los puntos Jiuwei (concepción-15) y Zhiyang (gobernador-9).

Movemos la energía hacia el Dan Tien Medio en el centro del pecho, mientras mantenemos su movimiento rotatorio envolviendo el corazón y los puntos ShanZhong (concepción-17) y Shendao (gobernador-11).

A continuación, desplazamos la energía hacia la garganta y continuamos haciéndola girar para que rodee y envuelva los puntos Tiantu (concepción-22) y Dazhui (gobernador-14).

Movemos la energía hacia arriba, al Dan Tien Superior en el área del tercer ojo, sin dejar de hacerla girar, envolviendo los puntos Yintang y Naohu (gobernador-17).

Movemos la energía hacia la parte superior de la cabeza envolviendo el punto Baihui (gobernador-20).

Moveremos después la bola de energía varios metros por encima de la cabeza para envolver el punto trans-personal del cielo. Este punto energético (encima de la cabeza) es responsable de establecer la conexión del cuerpo con los cielos y absorber la energía divina dentro de los órganos del cuerpo.

Después, veremos cómo la bola de energía se ralentiza y deja de rotar, palpitando unos segundos, y después revirtiendo su rotación energética, y empieza a rodar en sentido anti horario nueve veces. La dirección y flujo de la bola de energía ahora revierte la órbita, bajando y rodeando los mismos puntos y áreas nueve veces, hasta que vuelve al ombligo. El cuerpo ahora debería estar rodeado de varios halos de luz blanca, por encima y por debajo.

Finalmente, imaginamos que la bola de energía es absorbida de nuevo por el ombligo. Mientras la bola de energía desciende al Dan Tien inferior, imaginaremos un vapor energético llenando nuestro cuerpo.

Una vez el cuerpo esté completamente lleno, el vapor empieza a salir a través de los poros y empieza a conectar y llenar el espacio de fuera del cuerpo con la energía de luz blanca, formando un caparazón energético. Este caparazón crea un campo de energía que protege al terapeuta de Qigong Médico de invasiones patógenas

Para más información de cómo crear un escudo protector, pincha en este enlace y podrás ver vídeos gratis y lecciones sobre ello

https://joaquinalmeria.clickfunnels.com/registro-webinar

CAPÍTULO 5
LOS TRES TESOROS DEL HOMBRE: JING, QI Y SHEN

La fuerza exterior (poder) de los tres tesoros del hombre se expresa a través del Jing (esencia), Qi (energía), y Shen (espíritu). El cuerpo humano está hecho de frecuencias vibratorias que interactúan para crear campos energéticos y substancias o materiales energéticos que pueden ser más o menos densos. En orden de densidad descendente, estos materiales energéticos son el espíritu (Shen), energía (Qi), esencia (Jing), sangre (Xue), fluidos corporales (Ye/Jin), tuétano (Sui), y hueso (Gu). De estas substancias las tres primeras son las más importantes ya que hacen las funciones más importantes del cuerpo, se conocen como los tres tesoros del cuerpo humano o San Bao.

La energía del cuerpo humano se crea a través de las diferentes interacciones y vibraciones de los campos de energía que se combinan para formar las células del cuerpo, tejidos, y órganos. En la Filosofía China, los tres tesoros del hombre también representan la interacción del cielo y la Tierra con el ser humano.

精 Jing
氣 Qi
神 Shen

El hombre se compone de estas energías del cielo y la Tierra combinadas:

1. El Jing es la esencia tangible del cuerpo, compuesto de un campo de energía morfológico que crea y sostiene el cuerpo físico. Es la frecuencia de vibración más baja del espectro energético humano. Durante el proceso de curación, el Jing conduce a las células para que se multipliquen y aceleren el proceso.

2. El Qi es la fuerza vital que mantiene el Jing. Es el cuerpo electromagnético del sistema de canales y distribuye la vitalidad al cuerpo a través de la transferencia energética. Es la frecuencia vibratoria media. El campo vibratorio del Qi sostiene y contiene los pensamientos y las emociones e interactúa entre los campos del Jing y el Shen.

3. El Shen es el espíritu y la psique que mantiene el Qi del cuerpo. Es la frecuencia vibratoria más alta del espectro energético humano. Es, además, el campo energético que sostiene la vibración de la mente (consciencia y atención de todo el cuerpo), interactuando con la mente y el Qi.

Estas tres substancias resuenan a diferente nivel y son interdependientes entre ellas. Las frecuencias bajas se asocian al Jing, las medias al Qi y las altas al Shen. Metafóricamente hablando, el Jing, al ser tan denso, sería como un bloque de hielo, el Qi sería el agua y el Shen el vapor.

En la Medicina China el terapeuta de Qigong Médico utiliza los tres tesoros del hombre para ayudar y diagnosticar al receptor de la terapia. Observar estos tres elementos ayuda al terapeuta de Qigong Médico a determinar la capacidad de mejoría del receptor de la terapia y las posibilidades de que el tratamiento sea exitoso. El terapeuta de Qigong Médico observa estos tres elementos de esta forma:

1. a través de la toma del pulso y el diagnóstico de la lengua, observa la vitalidad del Jing del receptor de la terapia;

2. a través de su campo de Wei Qi, nota la vitalidad del Qi del receptor de la terapia;

3. a través del brillo de los ojos, observa la vitalidad del Shen del receptor de la terapia.

Dentro de este modelo los tres elementos se ven como capas de campos energéticos entre el cuerpo y la mente.

TRANSFORMACIONES DE JING, QI Y SHEN PRE Y POSTNATAL

El Jing es la substancia fundacional del cuerpo, responsable de nutrir los tejidos. El Qi emerge del Jing y circula por los tejidos. Promueve el metabolismo del cuerpo. El Shen gobierna el cuerpo. El cuerpo contiene tanto versiones prenatales como postnatales de estos elementos.

1. El Jing prenatal (Yuan Jing) es la esencia original e innata del cuerpo, que determina la forma del cuerpo, la fuerza, y la vitalidad. No es la esencia reproductiva, que se considera Jing postnatal.

2. El Qi prenatal (Yuan Qi) es la energía original del cuerpo, que se extiende hasta el Wuji. Es la fuerza que conecta el Jing prenatal con el Shen prenatal. No es el aire inhalado que se considera Qi postnatal.

3. El Shen prenatal (Yuan Shen) es el espíritu original, que es capaz de percibir e intuir el verdadero conocimiento. No es el pensamiento cognitivo o la consciencia, que se considera Shen postnatal.

A través de la meditación, estas energías se pueden cultivar. El Jing se puede usar para crear o aumentar el Qi; igualmente, el Qi se puede usar para expandir o aumentar el Shen. Este círculo de creación también funciona a la inversa.

TRANSFORMACIONES PRENATALES

Las siguientes transformaciones describen el origen y la creación de los tres tesoros dentro del feto humano. A través del entendimiento de estas transformaciones el terapeuta

de Qigong Médico puede enseñar a un individuo cómo cultivar su Jing. Las energías prenatales del cuerpo se mantienen a través del rezo, la meditación y el sueño. Esta quietud es necesaria para que el cuerpo reponga las energías del Qi prenatal del cuerpo.

1. La energía divina (Dao) se transforma en espacio infinito (Wuji). En el estadio inicial, el espíritu de Dios envuelve el Wuji, incluyendo los campos energéticos del Universo celestial y de los campos ambientales de la Tierra.

2. El espacio infinito se transforma en espíritu (Yuan Shen). En esta transición, el espíritu de Dios desciende para bañar, unir y mezclarse con el espíritu original (Yuan Shen) del feto que se está formando.

3. El espíritu se transforma en energía (Yuan Qi). En este estadio, el espíritu original del feto se transforma en energía original (Yuan Qi).

4. La energía se transforma en esencia (Yuan Jing). En este estadio final, la energía original del feto se transforma en esencia original.

TRANSFORMACIONES POSTNATALES

Las siguientes transformaciones describen el origen y la creación de los tres tesoros dentro del cuerpo después de nacer. A través de la comprensión de estos procesos el terapeuta de Qigong Médico consigue un equilibrio de las tres energías a través del cultivo del Jing postnatal. Las energías postnatales del cuerpo se mantienen comiendo, bebiendo, y respirando.

1. La esencia se transforma en energía. En este estadio primario, el Jing del cuerpo es calentado por el Dan Tien inferior para crear Qi. Esta acción es similar la acción de fundir hielo para convertirlo en agua.

2. La energía se transforma en espíritu. En esta fase el Qi es vaporizado por el Dan Tien medio, para transformarlo en Shen. Esta transición es como pasar del agua al vapor.

3. El espíritu se transforma en espacio infinito. En este proceso, el Shen del cuerpo se fusiona con la luz resonante del Dan Tien superior y se transforma y libera a los campos energéticos celestiales y de la Tierra. Esta transición es como dejar que el vapor se disperse por el espacio.

4. El espacio infinito se reúne con lo divino. En este estadio final, el Shen se reúne con lo divino.

El Shen dirige la cantidad y el flujo de Qi durante el proceso de transformación del Jing al Qi y el Qi al Shen a través de la intención consciente. A través de esta intención blanda concentrada se crea un ciclo de transformación alquímica donde se pueden reunir, refinar y entrenar los tres tesoros.

MODALIDADES PARA ALCANZAR LA TRANSFORMACIÓN

Cada una de estas transformaciones tiene métodos de entrenamiento asociados que incluyen meditaciones y ejercicios que se realizan en diferentes perfiles. El perfil bajo se conoce como la aproximación física; el medio como la aproximación mental; y el alto como la aproximación espiritual. La regulación por Qigong cubre los tres perfiles ya que permiten alcanzar el máximo de la potencia y la capacidad de energía en el cuerpo.

1. La aproximación física se concentra en el desarrollo de la energía del cuerpo a través de meditaciones dinámicas y quietas para alcanzar el máximo potencial de uno mismo.

2. La aproximación mental se concentra en aumentar el poder mental mediante dibujos simbólicos, plegarias o mantras.

3. La aproximación espiritual se concentra en desarrollar el cultivo del espíritu original del cuerpo sirviéndose de meditaciones de Shengong para recolectar el potencial espiritual de un individuo.

JING: LA ESENCIA DE LA VIDA

Jing se refiere a la substancia bioenergética indispensable para todas las cosas vivas. En el Qigong clínico se considera al Jing como la forma más Yin del Qi. El Jing es más denso que el Qi pero más refinado que la sangre y los fluidos. Cuando el Jing se cultiva y se deja crecer, el exterior del cuerpo se armoniza y brilla. Cuanto más armonioso sea el físico, la mente, las emociones y el espíritu del individuo, más Jing se transforma en Qi.

LOS ASPECTOS YIN Y YANG DEL JING

El Jing se puede dividir también en aspectos Yin y Yang. El aspecto Yin del Jing procura el material básico para el crecimiento, el desarrollo y la reproducción, y es el sustrato para la formación de materiales asociados al tuétano y la sangre. El aspecto Yang del

Jing activa las transformaciones, el crecimiento, desarrollo y la reproducción, se asocia con el Yuan Qi, la sangre y los fluidos del cuerpo.

Como es una energía sutil, el Jing tiene tendencia a fluir hacia abajo como el agua, y llena los riñones, el Dan Tien bajo, las glándulas renales y los órganos urogenitales. La esencia se origina en dos puntos y se puede dividir entre Jing prenatal y postnatal.

JING PRENATAL

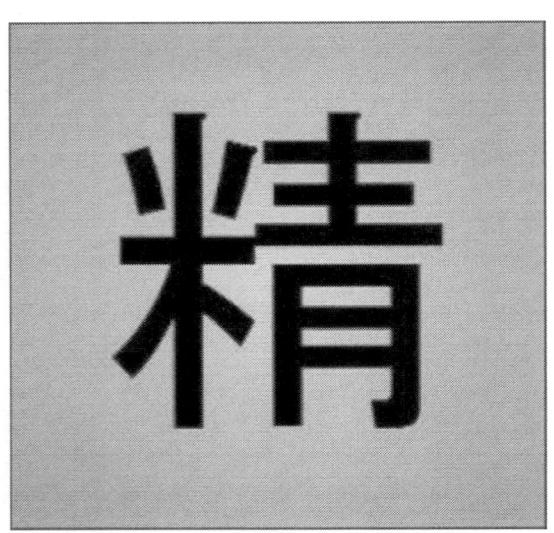

También es llamado la "esencia original". Se hereda del Jing de los padres y es considerado como la semilla de la vida. Se crea en el momento de la concepción de la mezcla de las energías de los padres. Constituye la substancia original del cuerpo, y sirve como material de base para el crecimiento, el desarrollo y la reproducción. Con ayuda del Qi y de la sangre adquirida de la madre, el Jing es responsable de la nutrición y desarrollo del cerebro del embrión y el feto, además de los huesos, tendones, músculos, piel y cabello. El Jing prenatal define la constitución, la fuerza y la vitalidad básica de cada persona.

JING POSTNATAL

También se le llama la esencia adquirida. Es la esencia de los órganos principales del cuerpo derivado del aire y el Gu Qi que se transporta por el cuerpo para nutrir los órganos Yin e irrigar los Yang. Es la materia básica para las actividades funcionales de los órganos y el metabolismo. Se transporta a todos los órganos Yin y Yang donde se convierte en Jing reproductivo Yin y Yang. Los riñones son los responsables de almacenar cualquier Jing sobrante para distribuirlo cuando sea necesario.

LA INTERACCIÓN ENTRE JING PRENATAL Y POSTNATAL

El Jing prenatal y postnatal son interdependientes y se ayudan mutuamente en sus respectivos crecimientos y desarrollos. El Jing postnatal se usa continuamente por el cuerpo y se rellena con la comida y la bebida. Sólo con la nutrición del Jing postnatal el Jing prenatal se puede enriquecer y funcionar de forma óptima. Sin la función del Jing prenatal, el postnatal no puede ser transformado en Qi.

El Jing postnatal es usado continuamente por el cuerpo y se restablece a través de la producción de Gu Qi por parte del bazo. Por eso se pone tanto énfasis en la primera transición del Jing a Qi. A través de ejercicios de Qigong el cuerpo es capaz de estimular, nutrir y preservar su Jing.

Tanto el Jing prenatal como el postnatal se relacionan con los riñones, que generan el crecimiento óseo, así como la memoria y nutren al cerebro. Los problemas con el Jing del cuerpo desembocan en problemas de desarrollo (maduración incorrecta, disfunciones sexuales, infertilidad y vejez prematura).

El Jing del riñón es el responsable de extender la energía de la fuerza vital hasta el cerebro. También se transforma en tuétano y es el responsable de producirlo para los huesos y la médula espinal. Cuando se agota el Jing, empieza a fallar la memoria y el espíritu se vuelve fatigado. Es importante acordarse de que todos los tipos de Jing no son substancias separadas sino que se ayudan, interactúan y se transforman unas en otras.

El Jing del riñón trabaja conjuntamente con el Qi para establecer la salud emocional y mental del cuerpo y juntos determinan el desarrollo de las cinco constituciones elementales.

EL QI: LA ENERGÍA DE LA FUERZA VITAL

El Qi es la substancia energética a partir de la cual el Universo fue creado. A través de la interacción y la transformación del Qi Yin y Yang, se producen substancias de diferente forma y materia. Esta energía comprende tanto aspectos materiales como funcionales del cuerpo.

El Qi está entre el Jing y el Shen. La Medicina China describe varias clases de Qi. El Qi puede tomar diversas formas según su estado de condensación o dispersión. Cuando se condesa se crea materia y cuando se dispersa se crea energía. Aunque en el cuerpo puede tomar varias formas con funciones muy diferenciadas, se trata de una sola energía.

Se puede dividir en dos formas primarias: el Qi prenatal y el postnatal.

QI PRENATAL

El Qi prenatal (o Xian Tian Zhi Qi) también es llamado Yuan Qi o el Qi original. Es la energía que el bebé hereda de sus padres durante la concepción. Se almacena en las glándulas sexuales y el córtex adrenal y es esencial para el crecimiento y desarrollo del feto.

El Yuan Qi es la energía innata, la fuerza original que mantiene el crecimiento y desarrollo normal y promueve las actividades funcionales de los órganos internos. Su rol es traer al plano existencial los mecanismos del cuerpo humano según el patrón energético, amoldándolos al legado de cada persona.

El Qi prenatal contiene elementos de cada uno de los progenitores del individuo y es visto como una forma de transmitir el ADN. El Qi prenatal confía su nutrición al Jing postnatal. A través del Qi prenatal, cada individuo está conectado con todo lo que existe.

Los métodos de entrenar el Qi y regularlo incluyen contar respiraciones mientras la mente se concentra en enraizar el Qi en el Dan Tien inferior, el Mingmen o el área de los riñones.

Hay tres tipos de regulación de Qi prenatal usadas para hacer circular y armonizar la energía interna del cuerpo o el Qi Dan Tien:

1. El primer tipo de regulación se centra en mover la energía a través del cuerpo (torso) y sus canales. Es la más común, y dirige la energía a través de los canales concepción y gobernador mediante los "pequeños" círculos celestiales. Se conoce como "cultivo interno de regulación".

2. El segundo tipo consiste en mover la energía por las extremidades del cuerpo y los canales. En este tipo de circulación del Qi, el Qi prenatal sólo se dirige para que fluya a canales específicos. Este tipo de equilibrio energético se ve de forma común en los "grandes" ciclos celestiales y las regulaciones del tuétano óseo.

3. El tercer tipo de regulación mueve la energía del cielo, la Tierra y el hombre a través de los canales. En esta circulación los tres tipos de energía se integran o mezclan en una energía y después se regulan. Mientras inhala, el individuo imagina el Qi prenatal circulando a través de los canales de la Tierra, a través de sus propios canales y de vuelta al cielo.

QI POSTNATAL

El Qi postnatal (o Hou Tian Zhi Qi) también es conocido como Qi adquirido. Se trata de la energía que el bebé deriva del aire, la comida, y la bebida después de nacer. El Qi postnatal se apoya en el prenatal para su desarrollo.

El Qi prenatal y postnatal forman los cimientos de la energía vital del cuerpo. En la medicina tradicional China se cree que la salud, el Shen y el Jing de los padres a la hora de la concepción determina el estado general de salud del bebé.

Los métodos para entrenar el Qi postnatal incluyen respiraciones pausadas, profundas y abdominales. Este método entrena al sistema respiratorio para mejorar tanto el sistema respiratorio como el digestivo, mejorando el Qi del pulmón y el del bazo.

LAS DIECIOCHO CLASFICACIONES DEL QI

La distribución y la función de esta energía vital se pueden dividir y clasificar de acuerdo con el origen y la función del Qi. Aquí se muestran dieciocho puntos de las transiciones y efectos del Qi en el cuerpo.

1. Qi prenatal (Yuan Qi): (元 气) conocido normalmente como el Qi original, incluye las energías originales Yin y Yang del cuerpo. Tiene sus raíces entre el Mingmen y los riñones, y lo distribuye el triple caldero por todo el cuerpo.

2. Qi postnatal: energía externa derivada de la consumición de la comida, la bebida y el aire, y es un término usado para referirse al Qi cultivado después de nacer.

3. Qi celestial (Tian Qi): (天气) energía derivada de la fuerza energética del sol, la una y las estrellas. El Tian Qi lo absorben los pulmones como Qi del aire a través de la respiración.

4. Qi terrestre(Di Qi), (地气) es energía que se ha desarrollado de la fuerza energética del suelo, el agua y el viento. Es absorbido por el estómago y el bazo, donde se convierte en Gu Qi; también se absorbe de forma directa de nuestro alrededor por los poros de la piel.

5. Qi de la comida (Gu Qi): (顾气)primer estado de la energía derivada de la ingestión de comida y bebida. Después de que la comida se haya cocinado en el estómago, el bazo la transforma en Gu Qi. El bazo separa la energía derivada de la comida en Yang Qi puro y Yin Qi impuro. El puro se transporta por el cuerpo dando lugar a otras formas de energía y el impuro se lleva hacia el tracto gastrointestinal para ser expulsado del cuerpo.

6. Yang Qi claro (Qing Qi): (清气)esencia pura y clara del Gu Qi, transportado por el bazo, a través del caldero medio, hacia los calderos superiores y el área del pecho. Mientras está en el pecho se combina con el Qi de reunión (Zong) y el Yuan Qi para formar el Qi verdadero.

7. Yin Qi turbio (Zhuo Qi): (浊气) energía impura del Gu Qi, transportada por el bazo, a través del caldero medio, hacia abajo por el caldero bajo; el intestino delgado, y la vejiga para ser refinado.

8. Qi central (Zhong Qi): (中气) energía generada por el caldero medio, derivada del bazo y el estómago. Su función primaria es transportar el Gu Qi al pecho para que se mezcle con el Qi del pulmón y el corazón.

9. Qi de reunión(Zong Qi):(胸 气) también se le llama Qi de la respiración. Este tipo de energía es considerada la esencia de la vida y se manifiesta a través de la conversión de las formas más potentes y puras del Jing del cuerpo. Es esencial para la formación del feto y es el poder inicial motivacional de la vida. Promueve la vitalidad y la resistencia, así como la claridad mental y la longevidad. Este Qi combina el Qi celestial y el Gu Qi para ayudar al corazón en la circulación de la sangre y a los pulmones en las tareas respiratorias. Es controlado por el Dan Tien medio.

10. Qi verdadero (Zhen Qi): (真气) también se le llama Qi anti-patógenos. Se origina en los pulmones y es el último estado en el refinamiento y la transformación

del Qi. El Qi verdadero es una combinación del Qi de reunión y el Yuan Qi en el área del pecho. Se puede dividir entre Qi nutritivo y Qi protector. Es la forma más pura y clara de Qi y es la que fluye por los canales del cuerpo y por el exterior. Se le opone el Qi malvado o tóxico que es el más impuro que hay.

11. Qi nutritivo (Ying Qi): (映气) otra forma asumida por el Qi verdadero y el aspecto Yin del Qi de los canales. El Ying Qi tiene dos funciones principales: nutrir la sangre, los órganos y los tejidos, y conectar la mente y la intención al cuerpo. Es el combustible para el metabolismo del cuerpo. Su potencia depende de la comida y el agua consumida, la pureza del aire, y la eficiencia del aparato digestivo, respiratorio y circulatorio del cuerpo. Se le considera la forma más refinada del Qi verdadero. Dirigido por el pensamiento, está muy ligado a las emociones.

12. Qi protector (Wei Qi): (卫 气) segunda forma del Qi verdadero y el aspecto Yang del Qi de los canales. Protege la sangre, los órganos, y los tejidos de la invasión de agentes externos y fuerzas espirituales malvadas. Circula por debajo de la piel y entre los músculos. El Wei Qi se vaporiza entre las membranas y forma una especie de membrana protectora, también calienta y contribuye a la nutrición de la piel y los músculos. Ayuda a la transpiración, abriendo y cerrando los poros. Tiene su raíz en el caldero inferior, se nutre del caldero medio y se extiende a través del caldero superior hacia fuera del cuerpo. Se dice que durante el día, el Wei Qi se encuentra a un nivel superficial y durante la noche se hunde a niveles más profundos para circular por las vísceras. Si se obstruye el Wei Qi que circula

por la noche aparece el insomnio. Durante el entrenamiento de Qigong el Wei Qi se espesa y se extiende empleando más tiempo para llegar a las vísceras, por eso podemos tener dificultad en conciliar el sueño tras una tarde de práctica de Qigong.

13. Qi del canal (Jing-Luo Qi): (经气)también es llamado Qi de los meridianos. Esta energía fluye a través de los canales superficiales e internos, así como a través de los colaterales y vasos sanguíneos como si fuera una corriente.

14. Qi de los órganos (Zang y Fu Qi): (脏气) energía de la actividad fisiológica de los órganos internos y una parte muy importante de las funciones fisiológicas. Se forman piscinas individuales dentro de las parejas de las vísceras Yang-Fu y los órganos Yin-Zang. Cada órgano del cuerpo tiene su propia energía que es gobernada y corresponde a una de las cinco energías elementales. Los procesos de pensar y de sentir, así como el metabolismo y la producción de hormonas, influyen en el Qi de los órganos.

15. Qi malvado (Xie Qi): (邪气) también es llamado Qi tóxico. Normalmente se refiere a cualquier agente nocivo exterior. Sin embargo, también se refiere a los espíritus malignos y las emociones tóxicas estancadas, que afectan al individuo.

16. Qi benigno (Zheng Qi): (整气) aspecto defensivo del Qi verdadero, que protege al cuerpo del Qi malvado. No es otro tipo de energía, sino un término usado para indicar su función protectora frente a las invasiones externas. El desarrollo de las enfermedades está estrechamente relacionado con la hiperactividad o la hipo actividad del Qi benigno.

17.Qi espiritual (Ling Qi): (灵气) energía sobrenatural asociada con la energía más refinada del cuerpo humano, que se manifiesta a través del alma eterna. Este tipo de energía mejora la atención espiritual y constituye la base para formas avanzadas de condicionamiento espiritual y estados iluminados de la mente y el espíritu.

18.Qi divino (Shangdi Qi): (上帝气) también se le llama la "energía sagrada" o la "luz sanadora de Dios". Es la energía asociada con lo divino. La energía divina es la verdadera fuente del saber espiritual y constituye la base para niveles avanzados de sanación espiritual e iluminación.

LAS SEIS FUNCIONES DEL QI

Un terapeuta de Qigong Médico se centrará en primer lugar en la combinación de Yuan Qi (original), Zong Qi (de reunión), Ying Qi (nutritivo) y Wei Qi (protector) del receptor de la terapia cuando le está tratando o le prescribe deberes. Inicialmente, el Qi tiene seis funciones principales de regulación del cuerpo. Aunque

parezca que estas funciones se sobreponen, sus responsabilidades individuales son distintas.

1. El Qi transforma las substancias en energía.

2. El Qi transporta las substancias que él mismo ha creado.

3. El Qi contiene y sostiene energía, sangre y órganos, etc., dentro de las estructuras energéticas y viscerales.

4. El Qi protege de agentes tanto internos como externos.

5. El Qi y eleva elementos como la sangre o la temperatura del cuerpo.

6. El Qi mantiene al cuerpo temperado.

La actividad fisiológica normal del Qi en el cuerpo es un constante movimiento armonioso. Cuando el Qi del cuerpo se mueve, lo hace en ocho direcciones Yin y Yang principales: ascendiendo y descendiendo, reuniendo y dispersando, expandiendo y contrayendo, y entrando y saliendo. Si el Qi encuentra una obstrucción se desviará de su curso natural y quizás cause enfermedades o desarmonías.

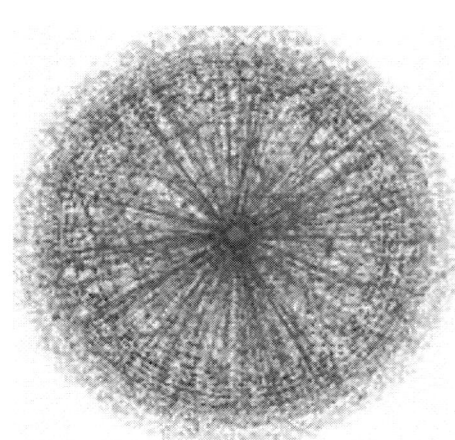

Mientras el cuerpo humano absorbe, almacena, utiliza, y libera energía, su función natural de transformar energía promueve la salud y nos permite vivir en armonía con el medio ambiente. Sin embargo, una vez que un órgano interno o un sistema de órganos desarrollan una condición de deficiencia, exceso, estancamiento o rebeldía dentro del flujo energético del cuerpo, se desarrolla la enfermedad. Entendiendo el patrón energético y la función de cada órgano energético y sistema de órganos, el terapeuta de Qigong Médico puede diagnosticar la enfermedad retrocediendo hasta la raíz.

EL QI Y LA MEDICINA ENERGÉTICA

La utilización de las tres regulaciones permite a los terapeutas de Qigong Médico de Qigong no sólo dispersar el Qi tóxico adquirido de los receptores de la terapia, sino también regular sus propios canales, reuniendo la energía e incrementando sus campos energéticos. A través del uso apropiado de la mente, el terapeuta de Qigong Médico puede influir tanto en el campo del receptor de la terapia como en el suyo propio.

Mientras el terapeuta de Qigong Médico se concentra en un objetivo concreto, el receptor de la terapia puede experimentar una liberación muy fuerte de emociones y recuerdos que se encuentren almacenados en el área que se está tratando. Mientras la mente del receptor de la terapia libera esos recuerdos, su campo de energía cambia y se mueve por el cuerpo según las emociones liberadas. Durante el tratamiento, este campo puede ser percibido por el terapeuta de Qigong Médico debido a su "visión interior".

Entrenando las tres regulaciones Dao Yin, la energía interna puede ser guiada para que fluya por donde nosotros queramos, incluso en varios canales a la vez. Dirigiendo el Qi en el sentido contrario a su fluido normal, el terapeuta de Qigong Médico puede llegar a la raíz del río. Esta técnica se usa a veces para recolectar Qi del receptor de la terapia o almacenarlo, y se conoce como "seguir al río para llegar al mar ".

EL QI Y LA ESTRUCTURA ENERGÉTICA DEL CUERPO

De forma similar a las biomecánicas del sistema respiratorio o circulatorio, el sistema energético del cuerpo tiene su propia organización y sus reglas para regular las funciones de los órganos y tejidos.

Cuando un terapeuta de Qigong Médico empieza a tratar a un receptor de la terapia estimula o activa el Qi del receptor de la terapia, lo que puede provocar movimiento muscular y sensaciones que pueden durar un tiempo. Si la frecuencia y la naturaleza del Qi del terapeuta de Qigong Médico es similar a la del receptor de la terapia, se sonorizarán rápido y el receptor de la terapia podrá ser regulado y equilibrado velozmente.

Debido a que la sensibilidad a la energía varía de una persona a otra, se debe tratar a la gente en consonancia. A los que son sensibles, se les da ejercicios para que ingieran energía de plantas, árboles y otras cosas del mundo natural. Los receptores de la terapia con una sensibilidad más baja pueden tener dificultades para percibirla y se suelen desasociar de su cuerpo durante el tratamiento. A estos receptores de la terapia se les da ejercicios de meditación Shengong para que restablezcan una relación armoniosa con su espíritu. La insensibilidad de un receptor de la terapia a la expansión de las energías del terapeuta de Qigong Médico es una indicación de que su espíritu ha abandonado el cuerpo para evitar sufrir los sentimientos derivados del tratamiento.

Un receptor de la terapia insensible a la proyección de energía puede estar en contacto con los sentimientos básicos (calor, frío, etc.), sin embargo, sus emociones más profundas están escondidas, o tapiadas energéticamente. Cuanto mejor sea la relación entre receptor de la terapia y terapeuta de Qigong Médico, mejor será la acción de la energía sobre el receptor de la terapia.

Cuando el terapeuta de Qigong Médico observa la estructura del Qi del receptor de la terapia, es capaz de percibir y entrar en sus cinco campos. Estos cinco campos son la matriz de la estructura energética del receptor de la terapia, una especie de huella dactilar.

Estos cinco campos constituyen el mar de energía del cuerpo. Son los siguientes:

1. Los campos externos de Wei Qi (energía protectora)
   2. La corriente interna de Ying Qi (energía de nutrición)
   3. El mar de sangre interno (Xue Hai)

4. El mar del tuétano interno (Sui Hai)

5. El núcleo central de luz (Polo Taiji)

Dentro de estos cinco campos los campos protectores del Wei Qi y del Ying Qi se expanden y contraen, se mueve y ajustan al cuerpo. El mar de sangre resuena con el pulso. El mar del tuétano ondula con el micro pulso del sacro y los huesos craneales al extenderse y flexionarse. El patrón energético del polo Taiji vibra a la misma frecuencia que la luz divina.

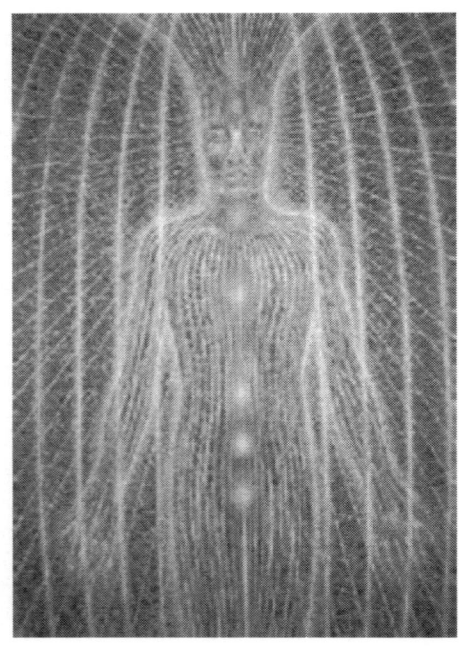

El polo taiji y los campos protectores de wei qi

LOS TRES CAMPOS EXTERNOS DE ENERGÍA PROTECTORA (WEI QI)

Hay tres campos energéticos externos que crean el campo Wei Qi. Este campo fluye alrededor de las regiones externas del cuerpo y sale varios metros del cuerpo. Todas las formas energéticas del cuerpo pueden ser alcanzadas y tratadas a través de estos tres campos.

Estos tres campos se distinguen entre sí por su densidad, tasa de vibración, luz y temperatura. Los tres se comunican entre sí e interactúan.

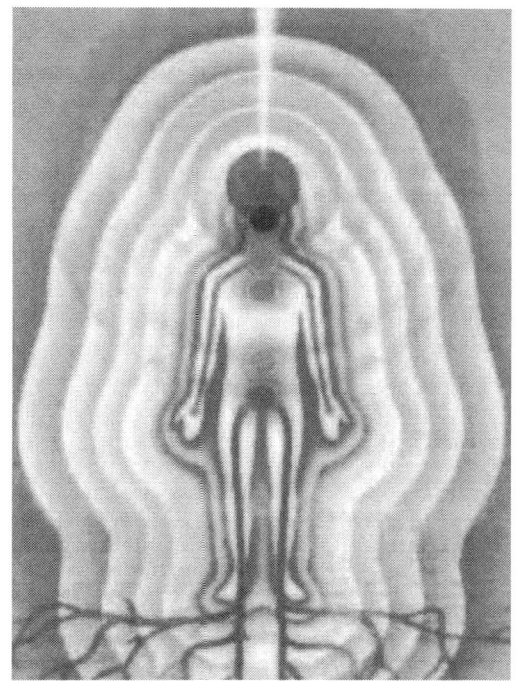

Envueltas en estos campos están las cuadrículas energéticas del cuerpo. Éstas constituyen los patrones energéticos exteriores del cuerpo, cosidos mediante los tres campos Wei Qi como si se tratara de una telaraña virtual.

Es importante notar que cualquier enfermedad dentro de la estructura interna también queda grabada en la estructura externa. La desarmonía de los tejidos a veces aparece antes en los campos de Wei Qi que en el resto del cuerpo. Si el patrón externo no se transforma a través de la emisión de luz, sonido, o vibración, la enfermedad no puede alterar su curso destructivo ya que sigue la red y sus caminos.

La red energética externa protege el cuerpo de agentes externos o energías externas nocivas, igualmente recibe y transmite energía ambiental.

Reconectando el espíritu y las emociones con la mente y el cuerpo, el terapeuta de Qigong Médico es capaz de percibir los mensajes más sutiles que el receptor de la terapia está revelando inconscientemente.

Las tres barreras energéticas

Los campos Wei Qi se experimentan a tres niveles. Estos niveles se diferencian por las barreras energéticas, que protegen al cuerpo. Estas no ayudan sólo a proteger el cuerpo sino que establecen el sentido de la realidad individual y de uno mismo.

Las tres barreras siempre son interesantes para el terapeuta de Qigong Médico, porque cambian mucho de receptor de la terapia a receptor de la terapia, y a veces de momento a momento. Las emociones las afectan enormemente. Además sentir estos campos puede ayudar al terapeuta de Qigong Médico a saber cómo afrontar el tratamiento y ayudar al receptor de la terapia.

Los límites energéticos actúan como puertas para el siguiente nivel del campo energético. Para percibir los tres campos de Wei Qi del receptor de la terapia, los límites del receptor de la terapia se han de tocar muy sutilmente. Una vez se siente una liberación en un campo, el terapeuta de Qigong Médico pasa al siguiente con la exhalación del receptor de la terapia.

El primer campo externo de Wei Qi

El primer campo externo de energía está situado a uno o dos cm. del cuerpo físico, y compuesto de materia etérea baja. Se relaciona con el Dan Tien inferior y se manifiesta como una energía holográfica templada para el cuerpo físico. Proporciona la guía espacial para la formación morfológica del embrión, así como de los patrones que ayudan a reparar los tejidos dañados. Es la responsable de armar al cuerpo contra invasiones externas. Esta energía física está conectada a los tejidos somáticos y las células, así que cualquier interacción físico-energética estimula los canales y puntos externos del cuerpo. Esta primera capa es muy densa y muchos de los terapeutas de Qigong Médico sienten como si tocaran al receptor de la terapia centímetros antes de hacerlo realmente. Su patrón de vibración es mucho más amplio y lento que los otros campos de Wei Qi.

El segundo campo externo de Wei Qi

Esta energía fluye a través de las regiones de los órganos internos y los tejidos. Se extiende sobre un metro o más fuera del cuerpo, y se compone de materia astral. Se relaciona con el Dan Tien medio y el cuerpo emocional. Contiene una forma de consciencia incorpórea que puede viajar astralmente, y a veces dejar el cuerpo en un estado similar al producido por experiencias cercanas a la muerte. Esta segunda capa está conectada al sistema nervioso y simpático. Es el responsable de proteger al cuerpo de emociones negativas, sentimientos destructivos y las críticas de los demás. Se activa automáticamente cuando el receptor de la terapia se encuentra en una posición de falta de confianza, o si hay contacto físico no deseado. El cuerpo emocional está conectado a los órganos viscerales. Su función principal es recibir, interpretar y verificar las emociones, los impulsos y los deseos del individuo. A través de este campo se puede percibir el aura del receptor de la terapia y su color. Esta segunda capa es más sutil que la anterior. Cuando se palpa físicamente la sensación es similar a la atracción o repulsión magnética. Su resonancia y vibración es más rápida que la anterior.

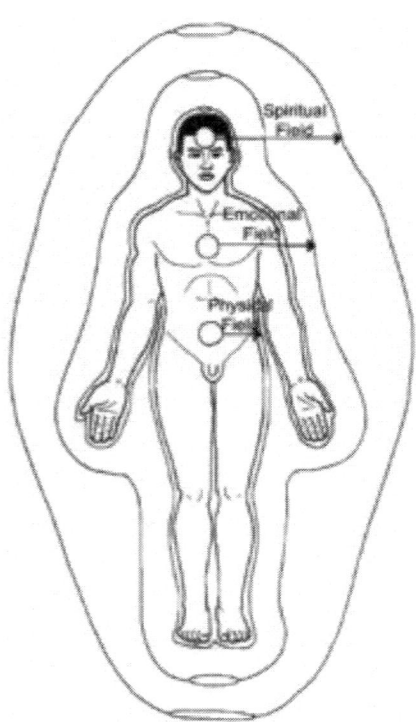

Figure 5.6. The Three Dantians and Their Relationship to the Three External Wei Qi Fields

El tercer campo externo de Wei Qi

El campo se extiende desde pocos centímetros a varios metros del individuo dependiendo de la evolución individual de cada uno y se compone de material etéreo. Se relaciona con el Dan Tien superior y el cuerpo espiritual. Se asocia con la

intuición, la creatividad y los momentos visionarios. Sus límites energéticos son los responsables de establecer la seguridad, informando al cuerpo de encuentros, conflictos o atmósferas cambiantes. Esta energía está conectada al polo Taiji, y es el contenedor de las enfermedades kármicas del cuerpo. El polo Taiji se conoce como "la raíz con muchas ramas "ya que es un repositorio de experiencias y recuerdos del alma ancestral. Su función es recibir la energía sutil de las formas y vibraciones más finas. Interpreta las señales divinas y del alrededor. La tercera capa es la más sutil en

lo referente a las sensaciones físicas y requiere un contacto intuitivo y delicado. Normalmente la primera impresión cuando se palpa este campo, es el contacto con un material sin componer (como el viento). A veces es frío, a veces caliente, pero siempre es como una brisa. Sus patrones de vibración y resonancia son los más altos y los más rápidos de todas las capas del Wei Qi.

La corriente interna de energía nutritiva (Ying Qi)

El nivel de Ying Qi de energía interna fluye bajo los tejidos del cuerpo y viaja por el cuerpo como un viento rápido, expandiéndose y encogiéndose con cada respiración. El pulmón hace como un gran pistón. La función del Ying Qi es nutrir la sangre, los órganos y los tejidos. Fluye dentro de los vasos sanguíneos, así como los canales y une la mente y la intención con el cuerpo. Es responsable de la organización y la construcción de la vitalidad del individuo. Está integrado en la respiración.

Esta corriente interna se siente mejor cuando el terapeuta de Qigong Médico palpa gentilmente al receptor de la terapia con las yemas de los dedos, y siente como una corriente electromagnética. Para acceder a la corriente de Ying Qi, el terapeuta de Qigong Médico empieza suspendiendo las manos por encima del primer nivel de Wei Qi. Imaginan hundir las manos en agua mientras hacen contacto suavemente con el cuerpo del receptor de la terapia. Una vez hecho el contacto, el terapeuta de Qigong Médico extiende su intención por debajo de la piel del receptor de la terapia. El terapeuta de Qigong Médico debería sincronizar la respiración del receptor de la terapia con la suya hasta que el receptor de la terapia se relaje. En este punto a veces, se puede sentir regresión de edad ya que estamos activando la memoria corporal del receptor de la terapia.

Mar de sangre (Xue Hai)

El mar de sangre y sus caminos constituyen la infraestructura para que se pueda mantener la fuerza vital del individuo, y está bajo la dirección del Wu Jing Shen. Su energía fluye a través de los vasos sanguíneos, venas, capilares, y los tejidos de los órganos. Extendiéndose más profundamente en el cuerpo del receptor de la terapia el terapeuta de Qigong Médico puede sentir el mar de sangre como una piscina de agua caliente en el corazón que fluye por todo el cuerpo. La transición de Ying Qi a Xue Qi es muy fácil de detectar.

La sensación del mar de sangre es más substancial que el Wei o el Ying Qi. La sangre al ser un líquido es una forma más densa de Qi. La energía del corazón se siente caliente, substancial y muy viva.

Mientras toca gentilmente al receptor de la terapia con sus yemas, el terapeuta de Qigong Médico extiende su intención a lo profundo del corazón del receptor de la terapia. Cuando conecta con el Xue Qi se conecta automáticamente al latido del receptor de la terapia. Una vez el terapeuta de Qigong Médico encapsula el latido del receptor de la terapia, las fuertes emociones que emanan de él remitirán. Estos sentimientos se verán reemplazados por chispas de otros sentimientos y harán que la mano del terapeuta de Qigong Médico "rebote".

Si la energía del terapeuta de Qigong Médico "rebota" se debe dispersar inmediatamente la carga energética a la Tierra. Después debe moverse a una capa más superficial de Qi o extender el Qi a las extremidades del receptor de la terapia para que se relaje después de sufrir la descarga del corazón.

El mar del tuétano (Sui Hai)

Esta energía fluye a través del núcleo central de la columna al cerebro y entra en los núcleos de los huesos. En la MTC, el Tuétano (Sui) no es lo mismo que el tuétano del hueso sino el estado anterior. El tuétano es Jing pre substancial que forma la matriz del hueso, la médula espinal, y el cerebro. El flujo del mar de Sui es mucho más lento que el de sangre. Fluye desde el Jing del riñón, al centro de la columna, cerebro, y tuétano del hueso.

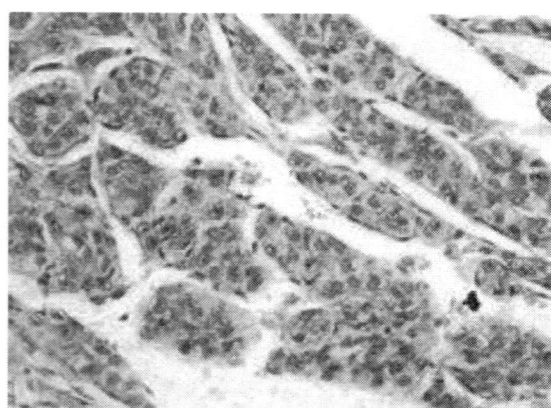

Se puede acceder a él desde cualquier parte del cuerpo. El Sui se siente frío y resbaladizo, con la textura del gel de silicona. Una vez que contacta con el mar de Sui es muy fácil utilizar ese camino para viajar por el cuerpo del receptor de la terapia. Su ritmo es lento aunque tiene un pulso energético fuerte.

Mientras el terapeuta de Qigong Médico toca al receptor de la terapia hundiendo la punta de los dedos, en el mar de Sui, él puede proyectar la intención en el centro de la columna del receptor de la terapia. Esto conecta al terapeuta de Qigong Médico con el pulso rítmico del mar de Sui. Es desde este pulso que el terapeuta de Qigong Médico puede determinar la fuerza del Yuan Jing, el Qi y el espíritu del receptor de la terapia.

El núcleo central de luz (El polo Taiji)

Esta energía fluye a través del núcleo central del cuerpo, uniendo los tres Dan Tien. El quinto y último nivel de energía se siente como un lugar tranquilo y silencioso dentro del cuerpo. Se observa una columna o poste vertical, de luz brillante, lleno de vibraciones palpitantes. Este poste energético está rodeado de un halo de luz dorada en forma de espiral que viaja del perineo hasta la cabeza.

Cuando las ondas energéticas del interior y exterior del cuerpo se sincronizan, se produce una pulsación en el polo Taiji. Esta pulsación empieza en lo profundo del

cuerpo y resuena hacia fuera. El terapeuta de Qigong Médico también puede sentir un rayo de energía dejando el cuerpo desde la parte superior de la cabeza, conectando el polo Taiji con lo divino. El núcleo central es un sitio muy especial y reverenciado, y contiene la esencia del alma eterna del receptor de la terapia.

Si el terapeuta de Qigong Médico penetra el velo exterior del polo Taiji del receptor de la terapia, y extiende su intención al centro de luz, experimenta la sensación de caer por el espacio hasta la eternidad. A veces esta sensación es seguida de flashes de luz o formas, mientras el núcleo que lo rodea se disuelve en el espacio. Se puede llegar a la misma sensación personal a través del rezo profundo y la meditación, y es un fenómeno bastante natural en las prácticas espirituales profundas.

SHEN: EL ESPÍRITU DE LA VIDA

En la terapia de Qigong Médico, el Shen es considerado la energía sutil del espíritu, ligada al corazón. Está asociada con la energía espiritual y tiene una naturaleza radiante.

Cuando está energizado, el Shen fluye hacia arriba como el fuego, extendiéndose a través de los ocho canales extraordinarios del cuerpo y produciendo un sistema nervioso saludable. Cuando el Shen se concentra en el Dan Tien superior, se puede proyectar como una luz a través de los ojos y el Yin Tang (tercer ojo). Según la MTC una enfermedad tiene sus raíces en el espíritu. El Shen forma una parte integral del diagnóstico y el tratamiento.

El Shen se desarrolla a partir del Jing y el Qi. Según la teoría médica del Qigong, cuando el Shen del receptor de la terapia es fuerte el individuo puede hacer llegar energía a la parte dañada y acelerar el proceso de curación. Cuando el Shen está frágil las funciones del cuerpo son débiles debido a la fatiga. Cuando el Qi y el Shen se combinan, forman una conexión de luz vibratoria. Esta unión se usa para infundir energía a través de la intención. Esto puede hacerlo el terapeuta de Qigong Médico consciente o inconscientemente.

Escuelas Shengong de meditación y entrenamiento

Las meditaciones Shengong se concentran en las transformaciones de la consciencia, así como el desarrollo de la visión interior y el nacimiento de la sabiduría. Según la cultura ancestral china, las tres cualidades primordiales de verdadera sabiduría, o consciencia divina universal son:

1. La experiencia de vacío dentro del Wuji (el espacio), corresponde a la manifestación de la principal virtud de la sabiduría.

2. La luz manifestada de la luminosidad del Shen, corresponde a la virtud primaria del amor.

3. La energía de la fuerza vital inherente en todas las cosas, corresponde a la virtud primordial del poder.

En China, hay tres grandes escuelas de Shengong. Son las que siguen:

La escuela Daoísta se centra en fortalecer el cuerpo y la mente de forma equitativa, poniendo el énfasis en la contemplación de la naturaleza. El Daoísmo religioso tiene sus raíces en el chamanismo siberiano.

La escuela budista se centra en templar la mente, mientras que se preocupa poco del cuerpo.

La escuela confucionista se centra en regular la mente para alcanzar un estado de quietud y paz a través de la sinceridad y el cultivo del carácter moral.

Shen prenatal y postnatal

El Shen del cuerpo es el aspecto Yang supremo de los componentes psico-emocionales. Se puede dividir en dos formas primarias a través de las cuales se manifiesta el espíritu. A saber:

1. El Yuan Shen es el elemento espiritual derivado del Jing prenatal y el Qi prenatal. Este aspecto del Shen del cuerpo se considera la mente intuitiva del Dao. Es inmortal. El Yuan Shen trasciende el pensamiento conceptual.

El Yuan Shen se produce a través de la mezcla de los elementos masculinos y femeninos de la concepción y se va desarrollando con la comida y el agua. El Yuan Shen domina toda la actividad vital del cuerpo y también es responsable de todas las visiones intuitivas y la introspección. El Shen prenatal constituye el verdadero aspecto espiritual de la mente.

Volviendo a un estado de quietud interior y paz, a través de la plegaria y la meditación, el Yuan Shen y la salud del cuerpo se restablecen y se mantienen.

2. El espíritu postnatal (Zhi Shen) es el elemento espiritual derivado del Jing y el Qi postnatal. Este aspecto del Shen se considera la mente condicionada o la "voluntad" y constituye la naturaleza Yin de la mente.

El Shen postnatal se produce y desarrolla mediante la estimulación mental a través del contacto con el ambiente después de nacer. El Shen postnatal domina toda la actividad mental y es responsable del comportamiento pensado y adquirido. El Shen postnatal es el aspecto analítico verdadero de la mente.

El Shen pre y postnatal a veces se alternan en su actuación, manteniendo así la salud del cuerpo. Un cansancio prolongado del Shen postnatal impide el Shen prenatal. El estudio excesivo o los desórdenes del sueño, pueden llevar a un individuo a equivocarse al tomar las proyecciones de sus deseos y sus miedos ocultos como percepciones intuitivas.

Los cinco aspectos espirituales del Shen

El Shen prenatal afecta a la disposición espiritual que domina en el hombre en el momento de su concepción. Estrechamente relacionados con el Yuan Shen están los cinco agentes, energías o "entidades espirituales". La función de los cinco agentes establece los criterios para el aspecto psicológico de la teoría de los cinco elementos, usada en el diagnóstico clínico hoy en día a lo largo y ancho de China.

Cada uno de estos cinco agentes se conecta o "reside "en un órgano Yin. Los tres Hun residen en el hígado y son la virtud de la simpatía, el Shen en el corazón y es la virtud del orden, el Yi en el bazo y es la virtud de la confianza, los siete Po residen en los pulmones y son la integridad, y el Zhi reside en los riñones y es la virtud de la sabiduría. Donde cada agente personifica una virtud, cada órgano personifica las cualidades energéticas de uno de los elementos. El hígado la madera, el corazón el fuego, el bazo la Tierra, los pulmones el metal y los riñones el agua.

Cada uno de estos cinco agentes se conecta a sus órganos respectivos, separados pero que interactúan entre sí creando complejos patrones multidimensionales de energía. Las fluctuaciones dependen del agente que domine en ese momento. A los atributos psico – espirituales engendrados, a veces se les conoce como Wu Jing Shen (cinco espíritus de la esencia). La cultivación de las virtudes de estos cinco agentes nutre el alma eterna.

El terapeuta de Qigong Médico debe comprender estas interacciones multidimensionales para trazar el camino de las condiciones de exceso o deficiencia hasta la raíz. Aunque el Jing y el Qi forman la base del Shen, los cinco órganos forman los componentes del Shen y los cinco espíritus de la esencia. La energía de los agentes circula de forma continua por el cuerpo, y se describen abajo.

El hígado contiene el espíritu de la esencia "Hun"

El hígado almacena las tres almas etéreas, llamadas Hun. Están enraizadas en el Yin del hígado. El hígado es el responsable de la circulación libre del Qi por el cuerpo.

Los Hun son caracterizados normalmente como el Yang, brillantes almas divinas. Es a través de la influencia del Hun que las virtudes de los cinco agentes se manifiestan. El Hun deja el cuerpo y va al cielo al morir.

El ideograma de los tres Hun tiene dos partes. Una parte es el carácter para el espíritu o fantasma, representado por una cabeza suspendida sobre una forma vaporosa de cuerpo, con un apéndice o cola que se asemeja a la cola de vapor que deja un fantasma. La otra parte es la imagen de las nubes que se ven como vapor ascendiendo de la Tierra y reuniéndose en el cielo. El Hun

se mueve libremente por el cuerpo como las nubes, siguiendo el Yi (voluntad) del "aliento divino dentro de la caja celestial "(siguiendo la voluntad del alma eterna dentro del corazón).

Desde el ideograma tenemos otra perspectiva distinta del espíritu elevándose al cielo. El alma eterna es diferente del espíritu en la Teología China, ya que el alma es más personal y el espíritu es visto como temperamento o arquetipo universal. Los clásicos dicen que existen tres almas etéreas (Hun) y siete almas corpóreas (Po) que simbolizan diferentes aspectos del ser humano. Se dice que el Hun puede entrar y salir del cuerpo cuando quiera, de lo cual se deduce una relación sin el cuerpo en el mundo espiritual.

El Hun y el Po son expresiones del verdadero espíritu del cuerpo. Cuando existen desórdenes, el Hun a veces puede huir, y los Po removerán los pensamientos durante la ausencia del control efectivo, o se volverán de naturaleza instintiva y atacarán de forma similar a los animales.

Funciones del Hun

1. El Hun controla el sueño y los sueños. Reside en los ojos durante el día y se aloja en el hígado por la noche. Cuando está en los ojos ve, cuando están en el hígado sueña. Está en la naturaleza del Hun vagar, y lo hace con frecuencia. Por la noche el Hun debe anclarse al hígado para que la sangre del hígado y el Yin se fortalezcan. Si no lo hace el Hun vagará y la persona tendrá pesadillas o sueños incómodos. Los receptores de la terapia con deficiencia de Yin pueden sentir como si flo-

taran justo antes de caer dormidos. Los sueños son un ejemplo de la información recogida por el Hun mientras viaja. Los antiguos chinos entendían que el Hun podía viajar por los nueve planos celestiales y los nueve planos terrenales a la vez. El Hun almacena todas las experiencias pasadas. Las expresiones de los tres espíritus etéreos se manifiestan a través de imágenes, símbolos e ideas de lo divino y el Wuji. Estas imágenes salen a la mente del receptor de la terapia y afectan su vida espiritual. Sin esta interacción la vida del receptor de la terapia sufriría una deficiencia de sueños, ideas, etc.

El Hun también controla el acto de soñar, tanto dormido como despierto, así como los ideales, las metas y la dirección de tu vida. La ausencia de estos objetivos produce síntomas de depresión. Si el Yin del hígado se agota, los Hun son privados de su residencia y pueden darse condiciones de miedo, exceso de fantasías, insomnio, y falta de sentido y rumbo de la vida.

Tradicionalmente, el sonambulismo se atribuye a los Hun. Al dormir, el Shen está inactivo y es el Hun quien controla al individuo. Esta es la razón por la cual, al tratar un receptor de la terapia con sonambulismo, el terapeuta de Qigong Médico emitirá Qi al Hunmen (punto V-47) del receptor de la terapia. Estudios modernos han empezado a teorizar que el Po tenga un rol activo en el sonambulismo, especialmente cuando el sueño viene dado por un trauma.

En referencia al sueño y la herbología, si el receptor de la terapia no duerme bien debido a que los Hun vagan, el terapeuta de Qigong Médico puede recetar hierbas astringentes y amargas (Ej. Bai Shao, Mu Li, Suanzao Ren) que harán que los Hun vuelvan al cuerpo.

2. El Hun asiste al Shen en las actividades mentales. Esta relación es muy importante ya que la energía del Hun y el Shen deben estar coordinadas de forma continuada. El Shen se relaciona con el pensamiento racional y la inspiración. El Hun da al Shen el sentido de la dirección, proyectando hacia fuera y relacionándose con la gente. Por otra parte, el Hun debe estar restringido por el Shen. De otra forma si el Shen es débil, el Hun moverá muchas ideas pero no completará nunca nada y llevará al individuo a la frustración.

Se ha visto al Hun como un recolector de información, por eso, es importante que el Shen permita al Hun moverse dentro y fuera del cuerpo siempre que quiera, pero dándole un propósito y una dirección. Esto es debido a que el Hun no interpreta o analiza la información sino que se la pasa directamente al Shen, que es el responsable del pensamiento racional. El Shen ayuda a distinguir entre la información útil y la inútil.

3. El Hun mantiene el equilibrio emocional, bajo la dirección del Shen.

Todo el mundo experimenta emociones en la vida, eso es normal. El Hun es el responsable de mantener el equilibrio y de que las emociones no sean excesivas, lo que puede provocar una enfermedad. La función del Hun aquí es similar a la función del hígado de armonizar y regular emociones.

Debido a su naturaleza adquirida, el Shen postnatal discrimina, mientras que el Hun no. La relación entre Shen y Hun es muy similar a los conceptos de consciencia e inconsciencia en términos Jungianos. El Hun es una despensa de imágenes y constructos que están en la mente inconsciente del colectivo y del individuo. Si el Hun no está bajo control, el Shen se vuelve inquieto y confuso. El movimiento de ideas dentro del cuerpo debe ser controlado antes de que se vaya de las manos y desemboque en locura. Esta locura ocurre cuando el Shen ya no controla el Hun y el receptor de la terapia recibe un montón de información emocional, espiritual y mental descontrolada. Todas las energías y símbolos que vienen del Hun deben ser integrados y asimilados. En los niños el Hun es muy activo y el Shen no es tan restrictivo, de manera que hay un flujo continuo del mundo inconsciente sin que por ello se llegue a la locura.

4. El Hun es el responsable de los ojos. Cuando los Hun vagan por los ojos, los ojos pueden ver. El Hun nos da visión tanto espiritual como mental.

5. El Hun influye en el coraje de la persona. Si el Hun no es fuerte, la persona es tímida y temerosa. Si el Hun es fuerte, la persona no tiene miedo a nada y puede hacer frente a las dificultades. Un receptor de la terapia con el Hun débil tendrá dificultades para decidirse, para reunir información y se verá fácilmente descorazonado y apático.

6. El Hun controla la planificación con ayuda del Shen. La confusión de no saber qué hacer en la vida, dónde ir, etc. se debe a que los Hun vagan sin sentido. Es un síntoma de la depresión. Si el Hun es fuerte y el hígado es fuerte, la persona tiene un sentido claro de dirección vital.

7. El Hun controla el viaje del espíritu. Es posible para el terapeuta de Qigong Médico controlar directamente el viaje del Hun. Es diferente a un viaje astral, ya que la que viaja fuera del cuerpo es el alma eterna, conectada al

Dan Tien medio. Las tres almas etéreas, acompañadas por la consciencia del individuo, actúan como una unidad a la que se le llama normalmente espíritu- alma. El espíritu-alma permite al terapeuta de Qigong Médico saber los caminos exactos por donde han viajado los espíritus, y su dirección cuando dejan el cuerpo. De otra forma, cuando el Hun vaga, el terapeuta de Qigong Médico "agota el Shen" y no puede recolectar la información de los reinos espirituales en que ha estado.

El corazón contiene el espíritu de la esencia "Shen"

El corazón alberga el Shen y es el responsable de la actividad mental y emocional, consciencia inteligente, memoria a largo plazo. Es responsable de organizar conceptos mentales y de juzgar.

Como ya hemos dicho, el Shen se divide en dos tipos de energía, el Shen prenatal y el Shen postnatal.

El Yuan Shen prenatal se asocia con la energía congénita que desciende de los cielos. Es el espíritu divino universal que hay en cada persona y une al hombre con el mundo espiritual. Los terapeutas de Qigong Médico de Qigong intentan llenarse de esta energía cuando se sientan a practicar meditación y plegarias.

El Shen postnatal o adquirido se asocia con la sabiduría de los cinco sentidos y el conocimiento de la experiencia.

Hay dos maneras de "alimentar" el Shen. Una es a partir de los sueños y la información inconsciente que viene del Hun del hígado; la otra forma es a través de las ideas del Yi del bazo. Una persona con el Shen fuerte es capaz de comprender las cosas muy rápido y aplicarlas con igual celeridad.

El Hun le da al Shen la capacidad de moverse, permitiendo la introspección, así como la capacidad de proyectarse hacia fuera del cuerpo y envolverlo, y relacionarse con otras personas.

El bazo contiene el espíritu de la esencia "Yi"

El término chino "Yi" se suele traducir como "mente", pensamiento, opinión, idea, etc. Como el bazo almacena el Yi, es el responsable de la transformación y el transporte de los

pensamientos y las ideas a nivel intelectual, a través del estudio, la concentración, la memorización, etc. Es diferente a la creatividad del Hun. Es la interacción entre el Yi del bazo y el Shen del corazón

lo que permite a una persona trasladar lo que piensa, hace o dice a sonidos, pensamientos o acciones.

Referente a la memoria, hay bastante superposición entre las funciones del bazo (retener a través del estudio), los riñones (retención del día a día) y el corazón (recuerdos pasados).

El Qi postnatal y la sangre forman la base fisiológica para la inteligencia. Una persona con un Yi bueno tiene buena memoria. Un receptor de la terapia con exceso de Yi estará obsesionado con el pasado, mientras que un receptor de la terapia con deficiencia será de mente ausente. Aunque todo daño físico queda registrado por el Po y el psicológico por el Hun, el recuerdo del dolor lo registra el Yi. Así, una condición deficiente de Yi puede llevar al fenómeno de la transferencia y la contratransferencia. La transferencia involucra una incorrecta atribución de ciertas emociones e intenciones hacia otra persona (normalmente del receptor de la terapia al terapeuta de Qigong Médico). La contratransferencia es lo mismo pero añadiendo los anhelos de nuestras expectativas en la respuesta. En la contratransferencia es el terapeuta de Qigong Médico el que proyecta.

Yi también tiene significado de propósito divino cuando se aplica a la energía del Yuan Shen. Cuando la energía física es purificada por auto cultivo y a través de la conexión con lo divino, la intención del Shen y el propósito divino se unen. Se dice que cuando se conserva el Yi, ayuda a fortalecer el Zhi (voluntad). El Yi está lleno de información del pasado mezclada con sensaciones y conocimientos presentes.

Los pulmones contienen el espíritu de la esencia "Po"

Los pulmones almacenan las siete almas corpóreas (Po), que son de naturaleza física y están ligadas al Qi y al Jing del cuerpo. La palabra Po significa vigor, animación, o vida. Hay dos partes en el ideograma Po; uno es el carácter Gui, los espíritus de la Tierra, y el

otro representa el color blanco. Así, el Po está ligado con el movimiento descendiente de la energía y con el Jing. También se dice que

entran y salen; y vienen y van, en asociación con las esencias del cuerpo.

En la terapia por Qigong Médico, el alma eterna del cuerpo se ve como algo muy influenciado por las energías espirituales internas, los Hun y el Po. Así como los Hun son considerados aspectos positivos de esta alma, los Po son los considerados, físicos, negativos, Yin, pesados, y terrenales. Los Po son lo contrario a los Hun y se pueden describir a través de las siguientes seis manifestaciones.

1. Los Po son las expresiones somáticas del alma eterna, relacionados con el sistema nervioso reflexivo y el sistema límbico (el "cerebro reptiliano"). Se manifiestan a través de los sentidos del tacto, oído y vista. Tienen una tendencia impulsiva hacia la acción y los instintos animales. Los Po también son los que nos proporcionan la fuerza extra en los momentos de hacer grandes proezas físicas (el "animal interior"). Son las manifestaciones del Jing del cuerpo en la esfera de las sensaciones y los sentimientos. El Po da al individuo el movimiento energético del Jing del cuerpo.

2. Los Po son responsables de todos los procesos fisiológicos y la infancia. Al principio son los responsables del dolor y los picores. Sirven de intermediarios entre el Jing y las substancias vitales del cuerpo. En el momento de la

concepción la acción del Jing no sólo forma el embrión sino que establece al Po dentro del cuerpo. Aunque están en los pulmones, los Po residen en el cuerpo hasta la muerte de la persona y, transcurridos algunos días, vuelven a la Tierra.

3. Los Po están relacionados con los lamentos y el llanto. La conexión entre el Po y los pulmones es muy importante desde el punto de vista emocional. Cuando el movimiento del Po en los pulmones se constriñe, la tristeza y la culpa se eliminan del pecho con respiraciones profundas.

Por la mañana, si el receptor de la terapia se siente espeso y deprimido, es un signo de que su Shen se está resistiendo a la energía excesiva del Po.

4. Los Po están estrechamente relacionados con la respiración debido a que residen en los pulmones. Todas las meditaciones, ejercicios de respiración, etc. son métodos para regular el Po y calmar el Shen. La respiración es el pulso del Po. La calidad del Qi viene dada según el método, velocidad y calidad de la respiración. En aras de promover la máxima longevidad, es importante respirar con respiraciones largas, lentas y equilibradas. La respiración interactuando con el Po del pulmón, juega un rol principal en el concepto de Cielo-Hombre-Tierra para equilibrar las emociones.

Las virtudes del pulmón son la justicia y el coraje. Estas virtudes dan a la persona la capacidad de hacer lo correcto, cuando es necesario. Estas virtudes se manifiestan y promueven la buena salud cuando hay un buen alineamiento energético entre el Po y la respiración.

6. El Po está conectado a la sexualidad a nivel de las sensaciones. Todas las pasiones y conductas instintivas sexuales vienen dadas por el Po. Al estar conectados a los instintos básicos, a los Po les mueven los motivos más urgentes y conseguir la gratificación inmediata a nivel biológico. Muchos de los hábitos auto-destructivos, como la atracción por conductas peligrosas o no saludables, se deben al Po.

7. Debido a la relación de las almas corpóreas con los pulmones y el intestino grueso, el ano se considera el "Po Men" o "la puerta del Po". Ya que actúa como una puerta para eliminar los elementos impuros de los cinco órganos Yin.

Los riñones contienen el espíritu de la esencia "Zhi"

El término chino "Zhi" se traduce por "voluntad" y es la entidad espiritual prenatal asociada a los riñones, no es la voluntad del ego que se deja llevar por ambiciones personales. Zhi también significa "memoria". En conexión con

los cinco aspectos de la mente, los Hun, el Po, el Shen, el intelecto y la fuerza de voluntad a veces se les llama "Los cinco Zhi".

Memoria

La memoria es la habilidad para recordar cosas cuando se estudia o se aprende algo. Los riñones nos mantienen centrados en nuestros objetivos, y no nos dejan olvidarnos de nuestras metas y ambiciones. Los riñones gobiernan la memoria a corto plazo mientras que el corazón se ocupa de la memoria a largo plazo. Por esta razón los receptores de la terapia más ancianos, cuyos riñones empiezan a fallar no recuerdan el día o el año en el que viven pero pueden recordar eventos que hace mucho que ocurrieron.

Fuerza de voluntad

Es el aspecto más importante del Zhi, porqué es el responsable de darnos la determinación para perseguir sueños e ideales. Un Zhi poderoso crea el carisma necesario para materializar nuestros sueños.

Aunque una persona haya adquirido toda la información disponible vía Hun, Po y Yi, sin el Zhi no puede haber acción. Una persona con el Zhi desarrollado demuestra perseverancia y tenacidad. Los receptores de la terapia con el Zhi deficiente se vuelven indecisos y temerosos. Los receptores de la terapia con exceso de Zhi tienen una obediencia ciega a las autoridades o tienden a caer en el fanatismo.

La meta del terapeuta de Qigong Médico de Qigong es alcanzar un grado de conexión tal que su voluntad se mezcle con la voluntad del cielo (Tian Zhi) para acabar siendo uno. Si esto se consigue se puede hablar de una persona virtuosa.

El Tian Zhi es el indicador interno celestial que nos guía en nuestra búsqueda espiritual, si estamos abiertos a su mensaje nos puede dar una percepción ilimitada.

EL CULTIVO DEL SHEN EN LOS CINCO ORGANOS YIN

El Shen indica el nivel de vitalidad y el estado espiritual del individuo. Una vitalidad floreciente es una manifestación del Jing, el Qi, y la sangre dentro de los cinco órganos. Estos cinco componentes se expresan a través de manifestaciones psicológicas. Forman la base de las características emocionales del receptor de la terapia. Cada atributo de los cinco órganos quita o añade algo a la naturaleza espiritual del receptor de la terapia.

La actividad de pensar conscientemente, la inteligencia y la introspección son aspectos fundacionales
del Shen, activado por el corazón
del receptor de la terapia. Estas actividades hacen que si una perturbación afecta al corazón, puedan
producirse cambios en el cuerpo del
receptor de la terapia, influencian-
do la recuperación o la retracción
de su cuadro clínico al impedir el
funcionamiento de su cuerpo.
Igualmente ocurre con los demás órganos.

Cuando cultivamos Shen es importante para el terapeuta de Qigong Médico concentrarse
en que el espíritu es indivisible de la materia, y que el bienestar del individuo depende
tanto del espíritu como del buen funcionamiento de sus órganos. Cuando el Shen abandona el cuerpo a causa de un shock, un trauma, estrés, etc. el terapeuta de Qigong Médico puede observar una disminución en el brillo de los ojos, en la complexión del receptor de la terapia y cambios en la respiración o estado mental.

Una vez que el Shen del receptor de la terapia es perturbado, el Qi se ve afectado. Esto
a su vez hace que el Jing del cuerpo disminuya. A los receptores de la terapia con estas
condiciones se les enseña ejercicios de Qigong que les ayuden a fortalecer los órganos
internos y mejorar su condición emocional/espiritual. Incluso una condición de baja vitalidad puede causar una perturbación emocional que puede afectar o producir estancamiento de Qi.

Los métodos avanzados de cultivo utilizan la energía de los cinco órganos Yin, fluyendo
del polo Taiji. Desde los vasos de empuje la energía del Shen se dispersa por los órganos
Yin y Yang del cuerpo y luego por sus extremidades.

MÉTODOS DE CULTIVO SHENGONG

La clave para potenciar el desarrollo de la energía del terapeuta de Qigong Médico radica en cómo controlar la increíble cantidad de Qi del cuerpo, sin "agotar el
Shen" (permitir que el espíritu se marche debido a que se siente incómodo en el cuerpo)
compulsivamente. Para evitar desconectarse del cuerpo, el terapeuta de Qigong Médico
practica muchos ejercicios de cultivo de Shengong. Cuando hace esto, el terapeuta de
Qigong Médico debe adherirse a cuatro disciplinas tradicionales que son las que siguen:

Nutrir y reforzar el Shen

El Qi es capaz de nutrir y reforzar el Shen a través de una propia regulación de Qigong. Esto se consigue a través de una forma de meditación leve, que concentra el Shen del terapeuta de Qigong Médico en un pequeño círculo de luz (normalmente de la medida de una perla). La concentración del terapeuta de Qigong Médico se puede extender externamente a un punto preciso fuera del cuerpo o internamente a un punto del cuerpo. A través de este método es posible reforzar el Shen y refinar su poder. Centrándose en un área concreta el Qi y el Shen se condensan y crean una forma muy fuerte de proyección energética.

Alojar el Shen

Disciplinando y acallando las emociones y los pensamientos el Shen se relaja y se tranquiliza, quedándose en su residencia. No se debe permitir al Shen verse atraído por perturbaciones emocionales del exterior. La meta es un Shen enérgico, no excitado.

Combinar el Shen con la respiración

Una vez el Shen se ha nutrido, reforzado, y alojado, está conectado con la respiración del terapeuta de Qigong Médico. Cuando esto ocurre, se obtienen los máximos resultados en la sanación usando los sonidos sanadores y la proyección de Qi de forma simultánea.

Combinar el Shen con el Qi

El estadio final es dirigir el Shen de forma coordinada con la fuerza vital emitida por el receptor de la terapia. Esta combinación es poderosa sobre todo si se combina con los sonidos y la proyección de energía.

LOS SEIS TRANSPORTES DEL SHEN

Las habilidades psíquicas desarrolladas en el Qigong Médico son el resultado de una facultad intuitiva bien desarrollada, conseguida mediante meditaciones Shengong. A través de estas meditaciones el Yuan Shen puede trascender las fronteras del espacio tiempo ya que ambos son multidireccionales y están conectados.

Las meditaciones de Shengong causan un estado alterado de consciencia que difiere del estado normal del individuo. Mientras el terapeuta de Qigong Médico disuelve su Shen en el Wuji podrá ver cosas hacia delante y hacia atrás, sin importar la distancia.

La mente consciente actúa como un filtro, e intenta identificar cada percepción. Una vez la mente consciente se activa, el flujo de percepción se para debido a las percepciones que surgen del subconsciente, normalmente vagas. El terapeuta de Qigong Médico debe enraizar su mente adquirida, de forma que las percepciones le vengan puras y sin pasar por el filtro de juzgarlas o por las emociones.

Cuando la mente inquieta se enraíza en la Tierra, el corazón es capaz de escuchar el reino espiritual, o estar atento de su conexión con el continuo espacio-tiempo.

Entre las habilidades extraordinarias que se desarrollan están las premoniciones, telepatía, clarividencia, precognición, viaje al pasado, levitación y tele transportación.

El terapeuta de Qigong Médico experimenta diferentes ajustes psicológicos cuando se abre a transiciones espirituales profundas de las meditaciones de Shengong, que incluyen:

1. Distorsión temporal
2. Estados profundos de percepción e intuición mística
3. Niveles de sanación más profundos y más fuertes
4. Una reacción al movimiento y al sonido más espontanea

5. Dificultad para comunicarse verbalmente

Cultivar la consciencia espiritual para obtener los seis transportes del Shen

En las meditaciones de Shengong, se desarrollan los estados alterados del terapeuta de Qigong Médico a través del uso de la imaginación y la visualización creativa, y se forja una conexión entre el Yuan Shen y el alma eterna.

Después de que el terapeuta de Qigong Médico haya entrado en un estado quiescente, su consciencia puede ser alterada escogiendo una de las siguientes imágenes:

1.   Ir hacia atrás del centro del polo Taiji para conectar con su Yuan Shen o alma
        eterna.

2.   Ir a un templo o santuario en el plano astral para conectar con su Yuan Shen o
        alma eterna.

3. Flotar hacia los cielos para conectar con la fuente de su Yuan Shen o alma eterna.

4. Ascender fuera del cuerpo (después de revivir la muerte de una experiencia del pasado) y recibir el conocimiento de esa experiencia recogido por su Yuan Shen y alma eterna.

5. Permitir que el Yuan Shen se conecte directamente con el alma eterna y transmita información.

El yo elevado y el alma eterna se consideran normalmente lo mismo. En la psicología Jungiana, al inconsciente colectivo (Wuji) se accede a través de la mente subconsciente (Shen) en la forma de visiones o sueños. El subconsciente personal tiene varios elementos:

El ánima, que es el hombre sabio, influenciado por el Hun en los hombres. El animus, que es la mujer sabia, influenciada por el Hun en las mujeres

La sombra, que es la parte oscura de nosotros, influenciada por el Po.

Una vez que el terapeuta de Qigong Médico ha cultivado el Shen hacia un alto nivel de energía efectiva, el resultado es un desvelamiento gradual de seis poderes de diagnóstico sobrenaturales conocidos como los seis transportes del Shen. Estos poderes metafísicos no sólo permiten al terapeuta de Qigong Médico evaluar al receptor de la terapia de forma muy precisa sino también predecir su futuro próximo ya sea de su vida o su enfermedad. Los seis transportes del Shen son los siguientes:

Observar el presente

El terapeuta de Qigong Médico primero debe acallar el Zhi Shen alojando su energía en los cinco órganos. Cuando se enraíza la respiración del terapeuta de Qigong Médico se ralentiza y el Qi del pulmón se armoniza con el del corazón. Una vez los siete Po y el Zhi Shen están silenciados, los mensajes del Yuan Shen pueden llegar claramente. El Yuan Shen está siempre conectado con el Wuji de donde viene el conocimiento, también puede absorber las experiencias pasadas y presentes del receptor de la terapia, sus reacciones y patrones emocionales. El terapeuta de Qigong Médico, al estar en "el centro del tiempo", puede observar el "ahora".

Observar el pasado es la habilidad de analizar el estado presente de las cosas, manteniendo fuera la intervención consciente, el Yuan Shen es libre de escuchar y percibir. Esto permite al terapeuta de Qigong Médico comprender y analizar las situaciones sin ambigüedades y discernir los verdaderos problemas emocionales que han causado el desequilibrio en el receptor de la terapia.

Comprender el pasado y observar el futuro

Esta habilidad permite analizar y entender los patrones de pensamiento del receptor de la terapia, porqué ocurren y predecir los eventos futuros basados en esos patrones. Observando al receptor de la terapia desde un presente activo el terapeuta de Qigong Médico es libre de viajar al Wuji dentro de los tejidos del receptor de la terapia. La cone-

xión del terapeuta de Qigong Médico con el cuerpo del receptor de la terapia le da acceso directo a la información que necesite. Desde este espacio interior el terapeuta de Qigong Médico puede empezar a acceder a los recuerdos dentro del cuerpo del receptor de la terapia.

A un nivel subatómico el cuerpo y sus células contienen mucha más energía que la materia. Trazando el mapa del desarrollo emocional, mental y espiritual del receptor de la terapia se consi-

gue un mayor entendimiento de su condición. Después de recoger la información con el Yuan Shen, se puede examinar más profundamente con el Zhi Shen, para analizar con precisión las causas de la condición actual.

A partir de esos elementos el terapeuta de Qigong Médico puede predecir los patrones futuros de cambio y transición. Las predicciones son bastante fiables, ya que la gente es dada a repetir patrones prefijados, a no ser que suceda una transición espiritual que los libere de los patrones subconscientes.

Conocer los pensamientos de una persona

Es la habilidad de sentir los pensamientos, juicios, temores, y emociones de otra persona, conociendo sus pensamientos y miedos más profundos. La mente subconsciente del terapeuta de Qigong Médico comunica con la mente subconsciente del receptor de la terapia. Es una comunicación telepática no verbal. Es importante por esa razón que el terapeuta de Qigong Médico controle sus sentimientos ya que se proyectan en la mente subconsciente del receptor de la terapia. Después del tratamiento el terapeuta de Qigong Médico discute con el receptor de la terapia cualquier información recibida que pueda ser importante y que ayude al receptor de la terapia.

Percibir el destino de una persona

Esta es la habilidad para predecir eventos futuros y transiciones venideras en la vida de un individuo, basándose en el entendimiento de los patrones energéticos pasados del receptor de la terapia. A través de la habilidad del Yuan Shen de percibir el pasado y el presente, el terapeuta de Qigong Médico puede entender la mente, los pensamientos, las características adquiridas y la personalidad del receptor de la terapia. Por encima de todo el terapeuta de Qigong Médico es capaz de percibir la verdadera naturaleza del individuo que existe bajo las máscaras del receptor de la terapia. El Zhi Shen es entonces capaz de analizar y dividir los patrones individuales y a través del pensamiento deductivo percibir el posible desarrollo de estos patrones repetitivos. Esto permite al terapeuta de Qigong Médico identificar qué patrones necesitan reestructurarse y dar consejos y ayuda cuando se requiera.

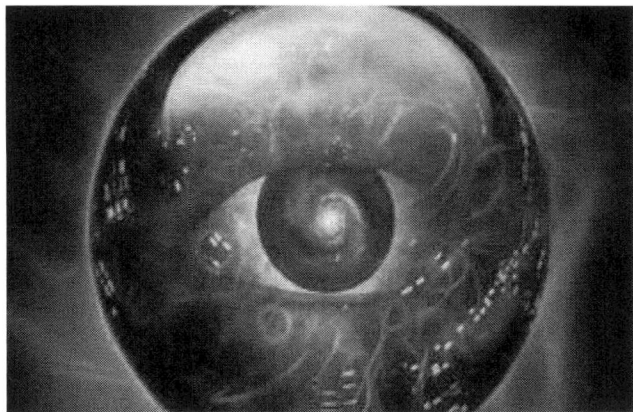

El consejo espiritual es muy importante en las transiciones de la sanación ya que los viejos patrones establecidos en las tres matrices energéticas deben ser cambiadas a la vez para una sanación permanente, si no, la enfermedad puede reaparecer. La matriz espiritual establece las bases de la matriz energética, la cual a su vez sienta las bases para la matriz física.

Escuchar los sonidos del Universo

Esta es la habilidad de escuchar sonidos, música o voces que no son audibles a un nivel normal. No se debe confundir con la esquizofrenia, ya que los que padecen esta enfermedad no tienen un pensamiento claro.

La habilidad de escuchar los sonidos del Universo conlleva también ser capaz de recibir la inspiración o mensajes divinos. Estas habilidades permiten al terapeuta de Qigong Médico afectar la vida de los que conoce o a los que pronto conocerá. La voz del interior del terapeuta de Qigong Médico será la que le instruirá y guiará a estados más altos de iluminación.

A través de la introspección, el terapeuta de Qigong Médico es capaz de entender los sonidos de la energía vital y de los espíritus. Esto ayuda a que tenga un gran conocimiento divino que le permite sacar lo mejor del receptor de la terapia.

Examinar el Universo

Esta es la habilidad para percibir objetos, eventos o gente que no se pueden discernir de forma común. Es la habilidad de percibir a la vez tiempo y espacio en la dimensión espiritual, entender y aceptar nuestro papel en la vida. A través de esta visión el terapeuta de Qigong Médico es capaz de entender cómo afecta esta llamada espiritual al cosmos y a la humanidad, también es capaz de tener visiones de iluminación, cambiar información con seres celestiales y encontrar sitios para establecer su santuario espiritual.

Estas habilidades metafísicas son manifestaciones espirituales del alma eterna. Una vez el terapeuta de Qigong Médico regula su vida espiritual, estas habilidades siguen su curso natural y desarrollan una serie de poderes sobrenaturales.

LOS OCHO PODERES SOBRENATURALES

Una vez el individuo ha obtenido los seis transportes del Shen, sus habilidades psíquicas se convierten en ocho poderes sobrenaturales. A través de estos poderes el Yuan Shen del terapeuta de Qigong Médico puede trascender todas las fronteras físicas e invocar ciertas manifestaciones espirituales. Los poderes son los siguientes.

1. La habilidad de reducir el peso de nuestro cuerpo.

2. La habilidad de aumentar el peso del cuerpo.

3. La habilidad de reducir el cuerpo energético propio al tamaño de una partícula. Esto permite los viajes astrales.

4. La habilidad de expandir el cuerpo energético propio de forma infinita. Esto permite al individuo envolver coas, ya sean objetos o personas y proteger sitios, personas o cosas de forma energética.

5. La habilidad de llamar al plano de la existencia a las necesidades específicas o deseos. Debido a la fuerte conexión con lo divino, a través de la fe se puede manifestar lo que se desea.

6. La habilidad para disfrutar de los deseos hechos realidad.

7. La habilidad de tener autoridad sobre las situaciones propias. Primero se conseguirá la autoridad espiritual. Después la seguirán la mental, la emocional y la física.

8. El poder de atraer y controlar cosas. Esto permite a un individuo la habilidad de transmitir ayuda y confianza en determinadas situaciones para ejercer el control.

PROYECCIÓN DE ALMA, ESPÍRITU Y ENERGÍA

Estos fenómenos son conocidos y aceptados como una parte natural de la existencia en casi todas las culturas. Los chamanes y brujos de las culturas primitivas demostraban su poder efectuando estas técnicas.

El Budismo tibetano contiene numerosas doctrinas sobre la proyección de alma, la proyección de energía y los viajes astrales. Algunas de estas doctrinas son parecidas a las del Daoísmo tradicional que se vuelven evidentes en el entrenamiento de Shengong Daoísta avanzado.

Todos los sistemas chinos usados para hacer proyecciones de Qi y de Shen usan visualización, concentración, fuerza de voluntad y la habilidad innata individual. Los tres tipos de proyección son:

La proyección de alma que ocurre cuando el alma eterna se proyecta fuera del cuerpo, mientras sigue atada al Dan Tien medio a través de un cordón plateado.

La proyección del espíritu que ocurre cuando el Shen del cuerpo se proyecta fuera del cuerpo como un vehículo de luz energética.

La proyección energética que ocurre cuando el Qi del cuerpo es proyectado externamente del cuerpo como un vapor

La percepción del tiempo varía en el plano astral ya que no tiene las mismas reglas que el mundo físico.

El mundo físico se considera la parte Yang de la existencia, mientras que el espiritual se considera el Yin. Cuando el Shen del terapeuta de Qigong Médico alcanza una gran sensibilidad, puede trascender los sentidos normales. Estas habilidades le permiten viajar por el mundo espiritual Yin.

Hay dos planos el "alto" y el "bajo", estos dos términos no se refieren a altura sino a niveles de vibración. Los dos niveles se solapan continuamente y existen en el mismo nivel. Hay nueve niveles de Cielo (alto) y nueve de la Tierra (bajos). Esta mezcla de planos crea dimensiones energéticas donde los límites entre los dos mundos son muy finos.

La frecuencia energética de cada ser espiritual determina en qué nivel existe.

Los sentimientos negativos (culpa, miedo, preocupación, etc.) producen un nivel de vibración más bajo que puede mantener al individuo incapaz de subir a niveles más altos, además de poder atraer a seres astrales de los niveles más bajos hacia el individuo.

Proyección de alma

Es la capacidad de mandar el alma eterna a otros sitios, tiempos y dimensiones para adquirir conocimiento y experiencias que ayuden al individuo en su evolución espiritual. Las dimensiones astrales forman un Universo paralelo que existe dentro y fuera de nosotros y donde tiempo y espacio no tienen significado.

El alma eterna es un fluido energético que se puede desligar del cuerpo y viajar sin forma llevando a la consciencia con ella. Al ser en estos espacios los seres astrales pueden alcanzar y atarse por entero al individuo y hacer que éste no se sitúe directamente dentro del plano

incorpórea puede atravesar todo tipo de materiales y en su viaje puede encontrar criaturas y maestros místicos de otros mundos. Muchos maestros de Qigong usan este método para adquirir conocimiento, explorar dimensiones, o ver el conocimiento infinito dentro del Wuji.

Cuando el alma empieza a marcharse, las ondas cerebrales se ralentizan y el pulso pasa a forma theta. El cuerpo puede sentirse paralizado y empezar a vibrar como si estuviera conectado a la corriente.

A veces también es posible oír como un rugido extraño en las orejas antes de que el alma se separe del cuerpo, incluso se pueden escuchar zumbidos, notas musicales o voces hablando. Cuando abandona el cuerpo a veces se siente una sensación balanceante. Mientras viajan es probable que los individuos observen luces detrás de él.

Mientras el alma viaja, un cordón plateado se engancha al área del Baihui o al Dan Tien bajo. Este es el medio por el cual el individuo mantiene las sensaciones de su yo físico mientras viaja. Se cree que al morir una parte de este cordón se corta.

Cuando el alma en su forma astral se acerca a alguien se nota una sensación de frío y electricidad. En la forma fantasma el alma eterna puede disponer de poderes telequinéticos (tumbar mesas o sillas, cerrar puertas, etc.).

Avisos y contraindicaciones

No debemos practicar la proyección de alma antes, durante o después de tormentas eléctricas ya que el magnetismo de la atmósfera puede mermar la habilidad para dejar o volver al cuerpo. También es importante evitar acercarse a cualquier fuente de electricidad durante la proyección, ya que hay riesgo de quedarse atrapado (como una mosca en una telaraña).

No se debe practicar justo después de recuperarse o mientras estamos recuperándonos de una enfermedad aguda (el drenaje de la reserva energética puede hacernos susceptibles a más enfermedades).

Proyección de espíritu

Es la capacidad de mandar el Shen del cuerpo (a voluntad) a otros sitios, tiempos y dimensiones para adquirir conocimiento y experiencias que ayuden al individuo en su evolución espiritual.

La proyección espiritual puede combinar la "genuina" observación con la habilidad de percepción extrasensorial para reunir información. Cuando se usa este poder el individuo puede mandar la consciencia a cualquier parte del mundo.

Se practica a través de la creación de un vehículo energético para el cuerpo espiritual. Una forma energética se crea a través de la imaginación y la intención. El individuo después transfiere su consciencia del cuerpo físico al energético. Esta forma puede alcanzar diversos aspectos para alcanzar el propósito del individuo:

Un cuerpo de luz: Se parece a un duplicado energético del individuo. Implica crear una copia energética casi exacta de uno mismo y a menudo mejorada (sin silla de ruedas o discapacidades).

Una forma animal: Es una antigua habilidad chamanística Daoísta, y se consigue la consciencia, comportamiento, habilidades, y energía del animal que el chamán desee.

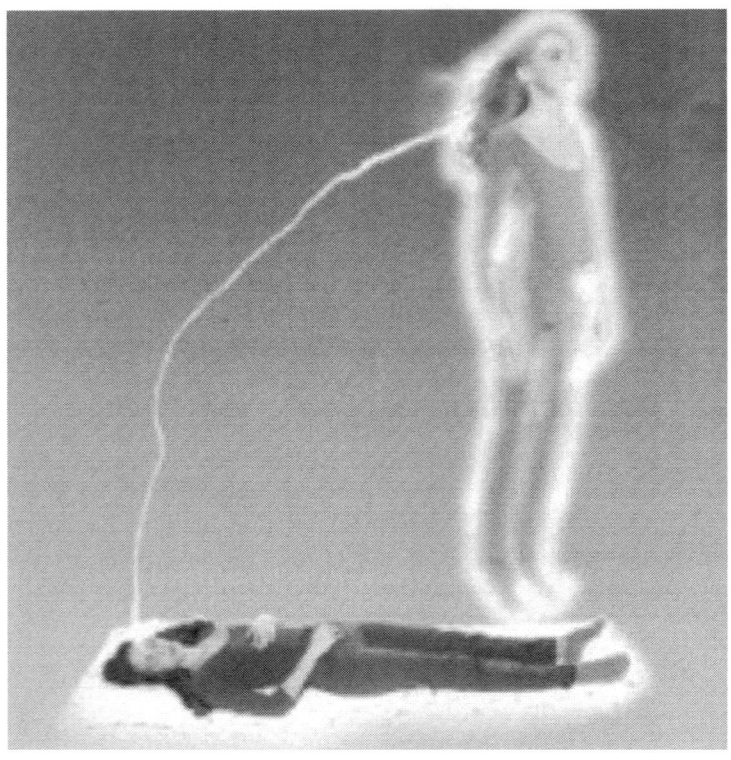

Un fantasma o santo: Implica tomar la imagen o forma energética de una persona fallecida o una deidad espiritual.

El observador inmortal: Esta forma se parece a un ojo que todo lo ve. Implica crear una bola de energía en el Dan Tien superior y en el tercer ojo. El gran ojo rodeado de una esfera de luz se libera de esta área para que reúna impresiones psíquicas a través de un cordón ligado al Dan Tien superior. Estas imágenes son analizadas y asimiladas antes de que la energía sea dispersada en el Dan Tien bajo del individuo (y después a las piernas y la Tierra).

El cuerpo elemental: se parece a uno de los elementos de la naturaleza, como el viento, agua, Tierra o fuego. Los antiguos Daoístas usarían estas formas como un disfraz para espiar u obtener información de intrusos o personas hostiles.

Mientras el individuo piensa sobre una persona o sitio, su cuerpo será atraído hacia el elemento como un imán, seguido de una inundación de imágenes. El cuerpo espiritual puede viajar sobre todos los terrenos. Una vez llega a su destino, el individuo es capaz de sentir y experimentar el Qi ambiental del área.

Después del viaje, el individuo debe reabsorber el cuerpo energético dentro de su cuerpo físico para retener una imagen más clara de lo que ha visto.

Avisos y contraindicaciones

No se deben hacer demasiadas proyecciones de este tipo en un espacio corto de tiempo, ya que la proyección de espíritu tiende a agotar los riñones y drena el Wu Jing Shen.

Mientras viajas, ten cuidado de tus intenciones ya que cualquier intención negativa o malvada va a rebotar cuando volvamos al plano físico, o puede atraer espíritus malvados que se alimenten de esas emociones repercutiendo en la salud y condición del individuo.

Proyección de energía

Otro tipo de fuerza vital que el cuerpo puede sacar fuera de sí mismo es el Qi. El Qi se proyecta fuera del cuerpo como una neblina de vapor, envolviendo y sintiendo todo lo que toca. Esta proyección, como las anteriores, se dirige con la

intención, imaginación, voluntad y fe del individuo. En la terapia a distancia, de la rama de la emisión de Qi, se puede observar como el Qi se marcha de la mano del terapeuta de Qigong Médico como ondas de calor hacia un objeto externo. Dentro de esta energía se contiene el Shen del terapeuta de Qigong Médico, así como mensajes codificados energéticos que el terapeuta de Qigong Médico manda a su receptor de la terapia. Esto constituye la base de la terapia energética del Qigong.

Para más información de cómo aplicar los tres tesoros humanos jing qi shen y cómo curar a otras personas con ello, pincha en este enlace y podrás ver vídeos gratis y lecciones sobre ello

https://joaquinalmeria.clickfunnels.com/registro-webinar

CAPÍTULO 6

INTRODUCCIÓN AL ENTRENAMIENTO DE DAO YIN

El Qigong se desarrolló como un arte sistemático de sanación durante el período del "estado de guerra" (476-221 a.C.). Documentos de la época recogen síntomas, tratamientos y recomendaciones a los terapeutas de Qigong Médico acerca de los puntos y la energía, así como detalles de los efectos de los ejercicios.

El Huang Di Nei Jing (el clásico del emperador amarillo sobre medicina interna) afirma: «Para tratar las enfermedades es importante usar tanto el Dao Yin como el An Qiao». Estos son dos nombres que se le daba antiguamente a la terapia por Qigong.

"Dao" se refiere a los movimientos físicos, que están guiados por la fuerza de la mente para estimular el Qi del cuerpo y llevarlo a un estado de relajación. "Yin" se refiere a que con la ayuda del movimiento, el Qi del cuerpo puede llegar a las extremidades. El Dao y el Yin juntos significan dirigir y guiar la energía a través del movimiento y la inactividad. Esta terapia incluye ejercicios posturales, de respiración y mentales.

"An" tiene dos significados: "masaje" y "movimiento arriba y abajo de las muñecas". "Qiao" significa "levantar". An Qiao se refiere a los métodos de los ejercicios del Dao Yin postural. Los métodos básicos de la mano y el cuerpo del entrenamiento Dao Yin son los siguientes:

Kai (abrir) Fen (separar) He (cerrar) Tui (empujar) Rou (frotar) Xuan (rotar)
An (presionar)

Estos son los movimientos fundacionales que un terapeuta de Qigong Médico usará para purgar, dispersar, reunir, tonificar, emitir y guiar el Qi. El entrenamiento

energético se consigue a través de una combinación de ejercicios estáticos y dinámicos, además de la meditación. Aunque las escuelas de Qigong Médico son diversas y complejas en su forma y contenido, todas se pueden dividir en dos grandes ramas que atañen al cultivo energético: Qigong estático y Qigong dinámico.

ENTRENAMIENTO DE QIGONG ESTÁTICO

Este entrenamiento implica mantener un estado de mente y respiración estático. En posturas inmóviles el practicante puede acumular Qi en el Dan Tien inferior, mientras lo hace circular por su cuerpo. Este entrenamiento puede ser, a su vez, subdividido en seis escuelas diferentes que son las que siguen:

1. Dispersión en el Wuji. Requiere que el practicante disuelva su energía en el espacio infinito, sin concentrarse o poner su atención en ningún objeto del ambiente externo.

2. Regulación de la respiración. Requiere mover el Qi internamente o externamente mientras se inhala, se exhala, o se traga la respiración.

3. Concentración mental. Requiere concentrar la mente en un punto fijo interno o externo.

4. Imaginación y observación. Requiere disciplinar la imaginación con visualizaciones vivas y llenas de color.

5. Relajación estática. Requiere la relajación de cuerpo y mente, y mantenerlos en un constante estado de quietud.

6. Qigong de nutrición y fortalecimiento interno. Requiere el uso de varias modalidades de Qigong estático.

ENTRENAMIENTO DE QIGONG DINÁMICO

Consiste en entrenar el cuerpo, la mente y el Qi de forma simultánea, para promover las actividades funcionales del Qi y mejorar su circulación por los canales del cuerpo. Estos ejercicios normalmente requieren andar o estar de pie, y afectan a la tensión muscular, la distribución del peso y la circulación de la sangre y el Qi, así como las actividades funcionales de los órganos mayores. Estos ejercicios se diferencian por diversos movimientos del cuerpo y se pueden dividir en las siguientes cinco métodos:

1. Guiar e inducir. Se basa en movimientos físicos como bailar, hacer movimientos de animales, y gimnasia.

2. Masaje. Se centra en la manipulación de puntos y canales además del conocimiento de los músculos, tendones, y huesos.

3. Golpear y palmear. Se centra en técnicas de golpeo y palmeo con los dedos, la palma de la mano, el puño, un palo de madera, o algún tipo de material en un saco de ropa.

4. Auto-inducido. Comprende movimientos de tensión física grande o pequeña.

5. Qigong duro. Se centra en el entrenamiento de artes marciales como la palma de hierro, el cuerpo de hierro, etc.

El empleo incorrecto de los principios estáticos o dinámicos de los ejercicios de Qigong puede causar desviaciones energéticas que pueden dañar la salud del individuo. Hay dos propósitos para el desarrollo del Qigong Médico.

1. Para proteger y reforzar la salud del cuerpo: se prescriben ejercicios de acuerdo a la condición física del individuo, su estado de salud, constitución emocional, clima, y las diferentes estaciones.

2. Para tratar enfermedades: se prescriben los ejercicios de acuerdo a los síntomas del individuo, la condición patológica, y el grado de gravedad, complicaciones, y la constitución del receptor de la terapia.

PRINCIPIOS DE YIN Y YANG EN EL ENTRENAMIENTO DE DAO YIN

Tanto el Qigong estático como el dinámico se complementan cuando se combinan de forma equilibrada. No importa el método que practiquemos ya que uno de los cuatro principios del Yin y el Yang siempre se aplicará.

1. La quietud en el movimiento. Se refiere al Yin dentro de una técnica Yang, y requiere estar calmado, callado, y firme en el interior mientras se está activo en el exterior.

2. Acción con movimiento. Se refiere al Yang dentro de una técnica Yang, y requiere estar activo tanto en el interior como el exterior.

3. Movimiento en la quietud. Se refiere al Yang dentro de una técnica Yin, y requiere estar calmado y quieto en el exterior mientras se está activo interiormente.

4. Inmovilidad dentro de la quietud. Se refiere al Yin dentro del Yin, y requiere estar calmado, quieto, e inmóvil tanto dentro como en el exterior.

LOS TRES MÉTODOS FUNDAMENTALES DEL ENTRENAMIENTO DAO YIN

Los diversos métodos de practicar el Qigong Médico se sitúan dentro de tres categorías de entrenamiento Dao Yin:

1. Dao Yin postural. Consiste en ejercicios posturales. Se divide en seis entrenamientos específicos: andando, de pie, sentado, arrodillado, estirado, y masaje.

2. Dao Yin respiratorio. Consiste en técnicas respiratorias, y también incluye varias técnicas de inhalación, exhalación, aspiración, soplo, y apnea.

3. Dao Yin mental. Se requiere que los pensamientos se concentren en un sólo objeto, poniendo el córtex cerebral en un estado de inhibición. Algunas veces es llamado también "la tutela interior del estado mental."

El Dao Yin se enseña en una progresión energética postnatal que va de Jing (postura) a Qi (respiración), al Shen (mente y emoción). De esta manera el cuerpo regula y ayuda a la producción de energía, que a su vez regula y ayuda a la producción del Espíritu. Aunque las posturas y movimientos varíen dependiendo de las escuelas, los beneficios principales de cada ejercicio serán:

mejorar y reforzar el metabolismo del receptor de la terapia;
conseguir una circulación de Qi más fluida;

internas;
• facilitar el incremento de Qi benigno (el que lucha contra las invasiones del Qi tóxico) dentro del cuerpo.

POSTURAS ESTÁTICAS Y DINÁMICAS

ENTRENAMIENTO DE DAO YIN ESTATICO

Este método incluye movimiento silencioso mientras estamos en posición tumbada, sentada, de pie, o caminando, y se usa para acumular y reforzar el Qi interno del practicante. Antes de hacer las posturas estáticas, es importante notar que el entrenamiento en posturas estáticas se dividen en tres modalidades: escoger la postura de inicio correcta, el método de inhalar y exhalar, y abrir y cerrar el Dan Tien inferior.

1- El propósito de escoger la postura de inicio correcta es calmar el corazón y relajar la mente, y enfocarnos en una meta específica para entrenar la energía de fuerza vital de nuestro cuerpo.

2- Cuando la energía empieza a fluir libremente, el practicante se concentra en cada inhalación y cada exhalación para la meta que se haya impuesto, ya sea regulación, fortalecimiento, purgación, etc.

3- El propósito de "abrir y cerrar "el Dan Tien inferior es llevar la energía del cuerpo de nuevo al Dan Tien inferior y enraizar el Qi. Enraizar el Qi en el Dan Tien inferior después de la práctica del Qigong evita crear cuadros de exceso dentro de los órganos internos del cuerpo, reforzar cuerpo y mente y desintoxicar emocionalmente las vísceras

ESCOGIENDO LA POSTURA CORRECTA

Las recetas y meditaciones de Qigong no son sólo para hacerse sentados. Cada una de las posturas, ya sea estirada, andando, sentado o de pie, tiene su meditación específica.

Estas posturas crean la base funcional para el entrenamiento del Dao Yin estático. Cada postura estática puede inducir a la energía a bajar al Dan Tien inferior. La selección de la técnica apropiada y la posición del cuerpo vienen determinadas por el tipo de cuerpo del practicante y la condición física del individuo. El tiempo que el practicante dedica a la receta médica también depende de la enfermedad o dolencia específica de cada individuo como se muestra en estos ejemplos.

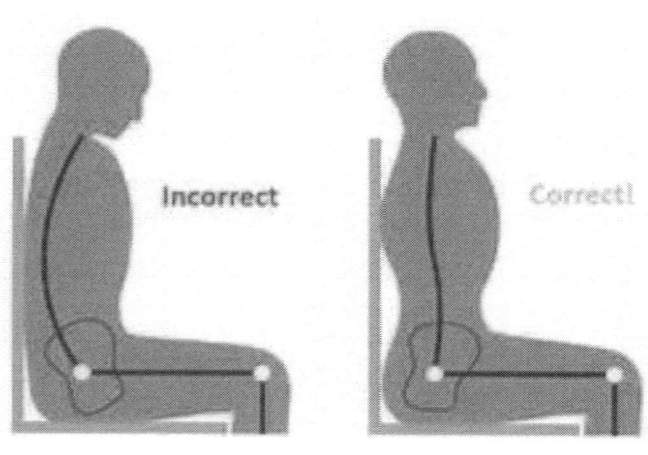

Los receptores de la terapia con problemas digestivos, deberían empezar su entrenamiento en una posición tumbada supina (boca arriba), con sus rodillas apuntando hacia arriba, sus nalgas elevadas 10 cm del suelo, y sus pies planos.

Los receptores de la terapia con problemas gastrointestinales deberían empezar tendidos de espaldas. Cuando vayan mejorando, deberían combinar mediaciones sentados tumbados para facilitar la digestión y promover la absorción de la comida.

Los receptores de la terapia con dolencias de corazón, hipertensión, o desórdenes nerviosos deberían empezar su entrenamiento sentados. Más tarde, deberían combinar meditaciones sentados y en pie para dirigir el Qi y la sangre hacia abajo.....

Los receptores de la terapia con enfermedades de pulmón, como asma, bronquitis crónica o disfunciones cardiopulmonares deberían empezar su entrenamiento desde una posición semi-reclinada (45 grados) para ayudar a que la respiración fluya y aliviar la presión de los pulmones.

Los receptores de la terapia con una debilidad física extrema (fatiga crónica, fibromialgia) deberían empezar su entrenamiento desde una posición sentada o tumbada. Más tarde, pueden combinar meditaciones sentados y de pie a medida que su condición mejora.

POSTURAS PRIMARIAS Y SECUNDARIAS

A los receptores de la terapia se les enseña una postura primaria y una secundaria para prevenir la fatiga, e incrementar el efecto sanador de la terapia o las recetas. Una posición primaria se hace, por ejemplo, por la mañana cuando el receptor de la terapia se siente más fuerte, y la energía es más limpia. La posición secundaria sentada se hace por la tarde, o noche cuando el receptor de la terapia está cansado, con la mente puesta en la regulación calmada.

Después de que el receptor de la terapia haya aprendido una meditación tumbado, sentado, o de pie particular, se le puede enseñar la postura secundaria sin riesgo de que se quede sin Qi.

POSTURAS TUMBADAS

El dicho chino "el cuerpo debería estar estirado como un arco", es la descripción perfecta de la posición curvada del cuerpo del receptor de la terapia, mientras está en la posición del perro dormido. Esta posición es beneficiosa para ayudar a la digestión y la absorción de comida.

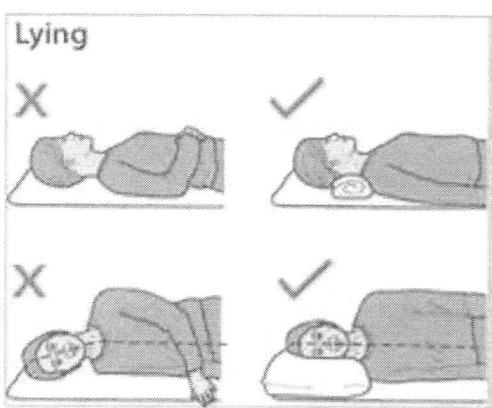

Cuando se receta la postura del perro dormido, el receptor de la terapia debería tumbarse sobre su lado derecho con la rodilla izquierda flexionada y la pierna derecha estirada completamente. Para evitar comprimir el corazón, no permitas al receptor de la terapia tumbarse sobre su lado izquierdo. Mantén la cabeza del receptor de la terapia ligeramente levantada para permitir que la sangre baje al torso. Haz que el receptor de la terapia doble el brazo y codo derecho.

Cuando el receptor de la terapia sufre una enfermedad crónica, se debe hacer una excepción. En este caso es importante que el receptor de la terapia se tumbe sobre su "lado bueno" y no sobre el lado con el órgano enfermo. Recuerdo ajustar siempre las posiciones del receptor de la terapia según sea necesario e instarles a practicar la "respiración natural".

Otra postura popular es la llamada postura de hibernación. Estando tendido supino en la posición de hibernación, el receptor de la terapia regulará las actividades funcionales del sistema nervioso central. Estar tendido supino también se recomienda a los receptores de la terapia con enfermedades serias que están débiles (también es un entrenamiento para la inducción al sueño).

POSTURAS SENTADAS

El dicho chino "el cuerpo debería sentarse como una campana ", describe la posición segura (enraizada) del receptor de la terapia, especialmente las piernas y el torso. Sentarse es la forma de meditación más usada para la terapia por Qigong Médico. Esta posición ayuda al receptor de la terapia a relajarse y enfocar la intención mental.

Hay muchas posturas sentadas que se usan en el Qigong Médico, y se recetan según la flexibilidad del receptor de la terapia: sentarse recto en una silla, la postura de piernas cruzadas llamada del loto, otra llamada del medio loto, o con las piernas cruzadas ligeramente. Asegúrate que el receptor de la terapia se siente en un cojín elevado para mantener sus nalgas un poco más altas que las rodillas.

Cuando estén sentados en una silla meditando, los pies deberían tocar el suelo firmemente, en lugar de estar suspendidos. Esto permite al Qi de la Tierra que fluya de los pies al cuerpo del receptor de la terapia. De otra forma los receptores de la terapia podrían desarrollar inflamaciones en los pies o lumbago debido al estancamiento de la sangre, o incluso alucinaciones.

Mantén la columna de los receptores de la terapia recta alineando la punta de la nariz en una línea vertical con el ombligo, para aliviar la presión y la tensión de los nervios cervicales.

POSTURAS DE PIE

El dicho chino "el cuerpo debería erguirse como un pino, describe la posición relajada de la estructura del cuerpo, irguiéndose con los huesos apilados uno encima de otros, desde el suelo. Las meditaciones de pie son particularmente buenas en la naturaleza, y son buenas para acumular el Qi. La ventaja de la posición erguida es que el flujo de energía puede ser fácilmente regulado y promovido. Esta postura ayuda a normalizar la presión sanguínea, y calma el corazón. Las meditaciones de pie también produce un cambio psicofisiológico único en los receptores de la terapia, permitiéndoles deshacerse de obstrucciones energéticas, y crear un cuerpo, una mente y un espíritu más sano. Las meditaciones de pie también son esenciales para los terapeutas de Qigong Médico, y que facilitan la acumulación de Qi que es necesaria para emitir energía.

De todas formas, las meditaciones de pie no son aconsejables para receptor de la terapia que estén muy enfermos o con la salud muy pobre. Así pues, los ejercicios de pie sólo deberían ser recetados por un tiempo mínimo durante la convalecencia, para fortalecer la constitución del receptor de la terapia, promover la salud y mejorar su fuerza.

El cuerpo debería erguirse en una posición recta, con tres puntos conectados en línea recta: Baihui (Canal gobernador 20) en lo alto de la cabeza, Huiyin (Canal de la concepción 1) en el perineo, y el Yongquan (riñón 1) en los pies. La postura del receptor de la terapia debería ser relajada, pero sólida, y enraizada como un árbol. El receptor de la terapia también debería imaginarse sus pies echando raíces en el suelo, para absorber la energía de la Tierra.

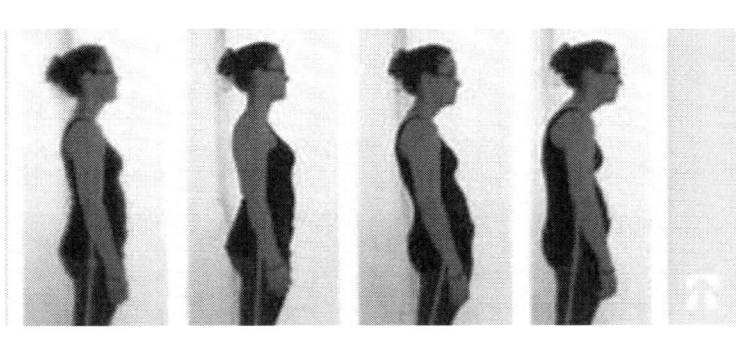

Los ejercicios de pie normalmente van acompañados de una variedad de posiciones de mano. Las más populares son (1) Wuji: las manos colgando a los lados, (2) Poste inmortal: las manos abrazan una pelota invisible, (3) Saludo budista: las dos manos juntas a la altura del plexo solar, (4) Extendiendo palmas: las dos manos extendidas con las palmas mirando abajo, (5) Abrazando el Dan Tien: cruzando las mandos y dejándolas descansar en el Dan Tien inferior, y (6) Cuadrado-redondo: el talón de la palma izquierda descansa dentro del centro de la palma derecha.

En cada postura, la función y flujo de energía cambia en relación de la estructura mental y fe del receptor de la terapia.

Si, por ejemplo, el receptor de la terapia, mientras está de pie, cambia el peso y su intención mental a las puntas de los pies, la energía fluirá naturalmente a través del frente del cuerpo a través de los Canales Yin frontales. Si el receptor de la terapia cambia el peso a los talones, la energía fluirá a través de su espalda por los canales posteriores Yang. El centro de los pies conecta con el polo Taiji y se usa tanta para transferir la energía delante como atrás.

Generalmente, antes de empezar las meditaciones de pie, los receptores de la terapia son instados a relajarse, y cambiar el peso adelante y atrás de los dedos de sus pies a los talones. Esta práctica masajea sus órganos internos y dispersa cualquier bloqueo estimulando las áreas correspondientes.

Los receptores de la terapia deben inhalar mientras cambian el peso hacia atrás y exhalar cambiando el peso adelante. Su atención debería ponerse en sus órganos internos y en el campo de energía que rodea el cuerpo. También en el movimiento del cuerpo adelante y atrás, como una ola.

A las mujeres normalmente se les recomienda que practiquen la meditación erguidas (especialmente cuando les ha de llegar la menstruación), ya que sentadas tiende a disminuir la circulación energética, y puede ocasionar bloqueos en la región baja abdominal.

LAS DIECIOCHO REGLAS PARA UNA ESTRUCTURA CORRECTA SEGÚN EL QIGONG MEDICO

Las técnicas básicas más importantes del entrenamiento en Qigong Médico se guían por las dieciocho reglas de la estructura y postura correctas. El objetivo del entrenamiento en Dao Yin postural es relajarse y buscar la calma en varias posturas. La tensión restringe todo el sistema estructural, ya que el cuerpo busca equilibrio de forma natural cambiando su energía y el peso. La función general de los músculos es guiar el flujo de energía a través de los canales.

Las reglas son las siguientes:
1- Erguirse con los pies planos

Los pies deben estar planos, paralelos hacia fuera de los hombros. El peso debe estar distribuido de forma equilibrada en ambos pies. Hay que concentrarse en dejar caer el peso hacia abajo, por detrás de las piernas, no hacia delante. Esto le quita presión a las rodillas.

Se estiran los pies y se deja que los dedos de estos se acojan al suelo suavemente para mantener el cuerpo enraizado mientras se baja el sacro. Relajarse es importante. La rigidez hace que la energía de la Tierra no fluya bien hacia el cuerpo. La energía de los riñones que fluye dentro de los huesos se puede activar cambiando el peso a los talones. El peso mantenido en el centro de los pies accede al polo Taiji.

Mientras se hace, los pies pueden vibrar o calentarse. Es una reacción normal para corregir la postura y es beneficiosa porque disuelve los depósitos de calcio de los pies. Si el calor es excesivo, hay que dar un golpe con los talones y masajea la columna, usando la intención para enviar más Yin del riñón a los pies y calmar el fuego.

2- Doblar las rodillas

Las rodillas deberían estar ligeramente dobladas y mirando en la misma dirección que los pies. Las rótulas deberían estar directamente alineadas y no más extendidas que las puntas de los dedos de los pies. Las rodillas no deben girarse hacia adentro.

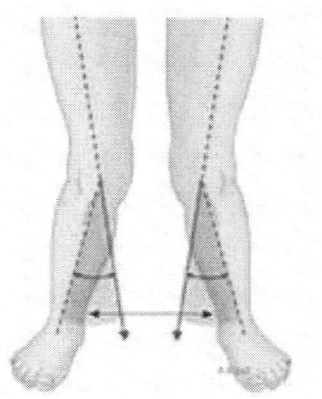

Para asegurar la estructura, podemos imaginar que agarramos una gran pelota entre las rodillas. Si se nota presión en los laterales de las rodillas se debe comprobar la postura. Las rodillas que son incapaces de apuntar en una dirección normalmente son el resultado de unas articulaciones tensas de la cadera. Una rodilla relajada incrementará el flujo de Qi y sangre de la pierna, siendo así más fácil relajar la cadera.

Relajar las rodillas también permite la libre circulación de energía a través de los canales Yang de la parte exterior de la pierna, y de los tres canales Yin de la parte interior. Las técnicas para relajar las rodillas variarán según los patrones estructurales y emocionales de cada individuo.

3- Relajar las caderas

Se deja caer las nalgas un poco mientras se lleva el Qi de la parte de arriba del torso al Dan Tien inferior, después se relajan las caderas y se mantienen mirando hacia delante. Las nalgas deberían estar un poco hacia dentro para facilitar que la columna esté recta y que el Qi se mantenga en el Dan Tien inferior.

Puede imaginarse una pesa de cien kilos colgando de coxis. Mientras la pesa empuja hacia abajo, lleva el sacro hacia delante. Cuando las articulaciones de la cadera estén relajadas, las articulaciones inferiores se podrán mover libremente.

4- Redondear el área del perineo

Hay tres partes para redondear la zona perineal. Primero, se separan las rodillas, poniéndolas hacia afuera. Esto permite que la ingle y las caderas estén un poco hacia delante. Después se vuelven a poner las rodillas juntas, y ponlas apuntando hacia dentro, mientras relajas las caderas. Esto permite a la ingle y las caderas cambiar a una inclinación trasera. En tercer lugar se suspende el área del perineo para levantar ligeramente el perineo y el ano. Hacer esto deja al perineo sin presión, pero sellado. Esto asegura mejores actividades funcionales del Qi, y permite a "la puerta de abajo" (el ano) mantenerse cerrada y no perder energía vital.

5- Cerrar el esfínter anal

El ano se llama el puente inferior y es donde el Yang y el Yin convergen y se combinan. El ano está considerado la puerta de las siete almas corporales (Po). Aunque el esfínter esté cerrado, es importante que el perineo esté relajado. Hay tres fases para controlar el esfínter:

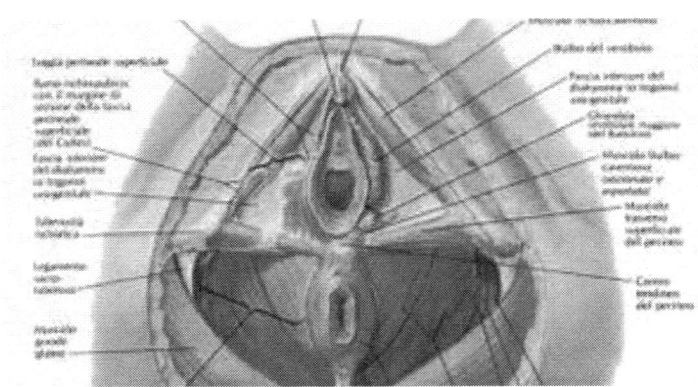

En la primera fase, el ano se contrae con poco control muscular, y la energía es dirigida hacia diferentes centros energéticos de la órbita micro cósmica. Para empezar, se inhala y expande el abdomen, imaginando que el ano está conectado con el ombligo y empuja hacia él. En la exhalación, se contrae el abdomen y se lleva la energía del ombligo hacia el ano otra vez. Después, se inhala y se crea una conexión entre el ano y el Mingmen (punto 4VG). En la exhalación, se dirige hacia el ano la energía del Mingmen. Es importante sincronizar las corrientes de energía con la respiración.

En la siguiente fase, la contracción del ano se usa para llevar la energía hacia arriba por el canal gobernador. En la inhalación, se lleva la intención mental del ombligo hacia el ano y hacia abajo hasta la punta de la columna, permitiendo al Qi fluir hacia arriba por la columna hacia el Mingmen, hasta la base del cráneo. En la exhalación, se hacen rodar los ojos hacia atrás de la cabeza y se usa la intención para encontrar la energía en la base del cráneo. Después, se lleva la energía hacia el Baihui en lo alto de la cabeza y hacia abajo por el canal de la Concepción y de vuelta al ombligo.

En la tercera fase, se debe visualizar la energía que retrocede del esfínter anal, haciendo una espiral de Qi hacia el centro del cuerpo, para conectar con el Baihui. Se cierra el músculo anal de forma suave, se inhala y se imagina la energía vibrando y haciendo una espiral en sentido anti horario hacia arriba por el polo Taiji. Esto conecta los Dan Tiens. En la exhalación, se lleva el Qi vibrante hacia abajo por el polo Taiji haciendo una espiral en sentido horario finalizando en el área del Dan Tien inferior. Esta meditación se continúa hasta que todo el cuerpo vaya al ritmo del Polo Taiji.

El ano se divide en cinco regiones: frontal, central, trasera, derecha e izquierda. Contrayendo el ano en partes diferentes, se puede enviar energía a diferentes órganos y glándulas.

I. La región frontal abre la puerta a los órganos sexuales, así como al canal de la concepción cuando está contraído.

II. Contrayendo la región central, se lleva más Qi al canal de empuje y el polo Tai-ji, así como a los genitales, la aorta, la vena cava, el estómago, el corazón, la tiroides, la glándula paratiroidea, la lengua, la glándula pituitaria, la glándula pineal, y el área del Baihui.

III. Contrayendo la parte izquierda del ano, el Qi conecta con la parte izquierda del cuerpo.

IV. Contrayendo la región trasera, el Qi se conecta con el vaso gobernador, así como el sacro, las vértebras lumbares, sacras, torácicas y cervicales, y el cerebelo.

V. Contrayendo la parte derecha del ano, se conecta el Qi con la parte derecha el cuerpo.

6- Meter el estómago hacia dentro

Se retrae el estómago por encima del hueso púbico evitando tensar los músculos abdominales. Esto ayuda a restringir el Yuan Qi, incrementando así la presión interna y promoviendo el flujo de Qi interno por todo el cuerpo.

7- Relajar la cintura

Si la cintura no está relajada el Qi no puede bajar hasta el Dan Tien inferior. Hay que relajar la cintura aflojando la cadera y flexionando las rodillas. Cuando la cintura esté relajada, la columna, aun estando recta, lo estará también.

La cintura y el abdomen son dos áreas importantes para entrenar y guiar el Qi. La cintura es considerada la residencia de los riñones y el fuego del Mingmen y es una juntura importante para el Qi y la circulación de la sangre.

La cintura es considerada la parte maestra del cuerpo y debe mantenerse baja y relajada. Mientras las nalgas se dejan caer y la cintura se hunde, se deberían formar pequeñas bolsas donde los huesos pélvicos se unen al fémur en las piernas.

Las acciones específicas para relajar la cadera son las siguientes: se levantan los hombros para estirar la espalda, después se los deja caer hacia abajo mientras se exhala, relajando la cintura. Para alcanzar una verdadera relajación, también hay que relajar y bajar el sacro, esta acción abre el sacro. Cuando el sacro se abre, el Dan Tien inferior se expandirá y el almacén de Yuan Qi se hará más grande. Esimportante asegurarse de que la cintura y las caderas apunten hacia delante en la misma dirección que las rodillas y los pies.

8- Poner el pecho hacia dentro

El pecho debería relajarse hacia dentro de manera que el aire fluya libremente y el Qi se hunda en el Dan Tien Inferior. Se llena el abdomen de aire mientras se relaja el pecho hacia dentro. La espalda debería estar abierta y expandida. Se relajan las escapulas permitiendo que se hundan hasta lo más bajo, lo que ayudará a los hombros a bajar. Llevar las escapulas hacia los lados y hacia delante ayudará a abrir y expandir la espalda.

No se deben llevar los hombros hacia dentro, ni cerrar de forma intencionada la cavidad torácica.

9- Estirar la espalda

El punto clave al estirar la espalda es dejar colgar los hombros y "abrir las escapulas ". Cuando los dos hombros caen al mismo nivel, las vértebras lumbares se estiran. La función de hundir el pecho y estirar la espalda es para calmar el corazón y los pulmones.

Si imaginamos un peso colganco del coxis y una cuerda estirando de la coronilla, sentiremos la elongación de la columna con cada inhalación y exhalación. Hay que mantenerse relajado y evitar una postura anormalmente erecta, así como evitar contraer el abdomen para estirar la parte baja de la espalda. Al bajar el peso del cuerpo, se intentará sentir la columna contra los talones.

10- Relajar los hombros

Si se relajan las articulaciones de los hombros y se deja que cuelguen de forma natural, los hombros y el cuello se relajarán. Si se eleva los hombros la energía no bajará lo que provocará una sensación de cansancio.

Cuando se hace correctamente esto facilita el ahuecamiento del pecho y la expansión y apertura de la espalda, permitiendo a la energía fluir a los brazos. Intentaremos sentir los brazos conectándose con las escápulas mientras la clavícula presiona hacia abajo. Los hombros deberían estar sueltos y libres.

11- Hundir los codos

Cuando se practica la postura del Poste Inmortal, y las manos están cerca del corazón, es importante doblar un poco los codos, llevándolos más abajo que las manos.

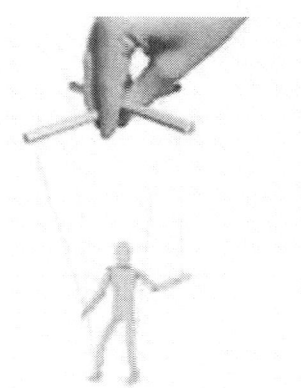

Mientras se está en postura de Wuji, hay que imaginar que una pesa cuelga de los codos, o de lo contrario se producirá una compresión a nivel del hombro y del codo. Esto ayudará a hacer rodar los hombros hacia delante y

abrir la espalda. Si los codos no están flexionados habrá un flujo de energía más débil.

12- Ahuecar las axilas

Se ahuecan las axilas como si cada una estuviera sujetando un huevo. Para relajar los hombros, movemos las puntas de los codos hacia fuera. Se debe evitar cuadrar los hombros.

Cuando se practica la postura del Poste Inmortal, los brazos deberían abrazar hacia dentro como si estuvieran cogiendo una pelota o un barril. No deben llevarse los codos tan lejos que se pierda la curva del brazo. Los brazos no deberían doblarse hacia dentro más de 45o, ya que esto cortaría el flujo de energía.

13- Relajar las muñecas

Esto incluye ahuecar las palmas y encoger los dedos de forma cómoda. Relajar las muñecas permite a los puntos Shu comunicarse con los dedos. Ahuecar las palmas y encoger los dedos permite una curvatura natural de la mano, que impide que el Qi se difumine. Es importante evitar estar rígido y curvar los dedos forzadamente, ya que todas las posturas de los dedos afectan al cerebro y al flujo de Qi.

Relajar las muñecas ayuda a regular los tres canales Yin y Yang de las manos. La muñeca debería formar una línea con los hombros. No hay que doblar las muñecas, sino mantenerlas firmemente rectas, de forma que el dedo del medio forme una línea con el antebrazo, y permitiendo que se relajen las manos y los dedos.

14- Suspender la cabeza

Los antiguos decían que «la cabeza se mantiene erguida no por fuerza, sino como si hubiera sido puesta ahí por un poder mayor». Se matiene la cabeza como si estuviera suspendida, con el punto Baihui hacia el cielo. Esto produce espacio en el cuerpo por la elongación de la columna. Cuando está suspendida, la cabeza debe mantenerse erguida, posicionada en el medio del pecho y los hombros. Esto ayuda a poner erecto todo el cuerpo y además dirige el Qi y la sangre hacia arriba para nutrir el cerebro y la mente. Una visualización efectiva es imaginarse la cabeza subiendo hacia el espacio, la cintura en las nubes, y los pies hundidos en la Tierra.

15- Hundir la mandíbula

La cabeza no se puede suspender debidamente si la mandíbula no se mete hacia dentro. Sólo entonces el punto Baihui de la cabeza se puede posicionar de forma correcta y la respiración nasal se puede hacer de forma libre.

Hundimos la mandíbula e inclinamos la cabeza ligeramente hacia delante para estirar la espalda. Se debería notar el estiramiento por toda la columna hasta el coxis. Después, se cambia el peso atrás, poniendo cada vertebra encima de la otra, de abajo a arriba.

16- Cerrar los ojos para una visión interior

Cuando los chinos dicen «cierra la cortina» se refieren a cerrar las pestañas para facilitar la visión interna y concentrarse en cualquier área donde se deba llevar el Qi o se esté entrenando. Los ojos son de una gran importancia en los ejercicios de Qigong Médico. Se dice que las actividades funcionales del Qi vienen dadas por los ojos, los ojos son los mensajeros de la mente y la mente es la residencia del Shen.

Los ojos completamente cerrados inducen un estado absolutamente Yin que se usa para meditaciones de tonificación de deficiencias. De todas maneras, cuando se usa en exceso, el Qi puede volverse demasiado inactivo.

Los ojos completamente abiertos inducen un estado Yang completo que se usa para dispersar excesos. Si se usa mucho o el receptor de la terapia tiene exceso de Yang, este tipo de meditación puede hacer que el practicante se ponga nervioso.

Cuando la meta es regular la energía del cuerpo, se deben dejar los ojos semi- abiertos. Esto mantendrá el Yang dentro del Yin de manera que el Qi esté más equilibrado. Como la energía se va por los ojos, después de hacer varios ejercicios de Qigong o recetas, debemos dejar que los ojos se cierren un poco para continuar el cultivo de fuerza vital.

Cerrar los ojos firmemente causa tensión en los párpados. Cerrar los párpados de forma suave restringirá la visión, lo que ayuda a calmar el Shen y la mente.

Cuando se medita, si los ojos miran al horizonte, no deberían concentrarse en un punto sino mirar al infinito, esta técnica también se llama "la mirada de los 1000 metros", y ayuda a regular la presión de las venas de la cavidad craneal.

Hay que buscar el equilibrio. Cada ojo tiene su responsabilidad específica y su función.

El ojo derecho se usa normalmente para proyectar intención y extender la emoción, la energía, y el espíritu fuera del cuerpo. Se relaciona con el agua, los riñones, el Qi, la luna, Yin, la Tierra, el metal, y el Po.

El ojo izquierdo se usa normalmente para dibujar por imágenes, recibir emoción, energía, y espíritu dentro del cuerpo. Se relaciona con el fuego y el corazón.

Si los dos ojos miran hacia arriba, hacia el Dan Tien superior, la energía subirá al infinito y se mezclará con lo divino.

Si los dos ojos miran hacia la punta de la nariz, el Dan Tien medio e inferior se conectan para transformar el Yuan Qi.

Cruzar los ojos produce la unión de madera y metal, para incrementar el desarrollo de la energía psíquica. Esta intensificación se debe a la unión del Hun con el Po dentro del cuerpo y conecta al receptor de la terapia con su Yuan Shen.

Después de la meditación, hay que almacenar el Qi de los ojos detrás de la órbita ocular. Esto previene que los ojos se calienten y se sequen.

17- Cerrar la boca y escuchar hacia dentro

Para potenciar el Yang durante los ejercicios, cerraremos los labios con los dientes tocándose suavemente. Cerrar los labios previene que el Qi interior se vaya.

Los chinos usan la expresión «parar las orejas», que significa escuchar hacia dentro para estar libre de interferencias externas.

18- Tocar el paladar con la lengua

Cuando la lengua toca el paladar, forma lo que se llama el Puente del Pájaro. La conexión de la lengua une el canal gobernador y el de la concepción. Mientras la lengua está

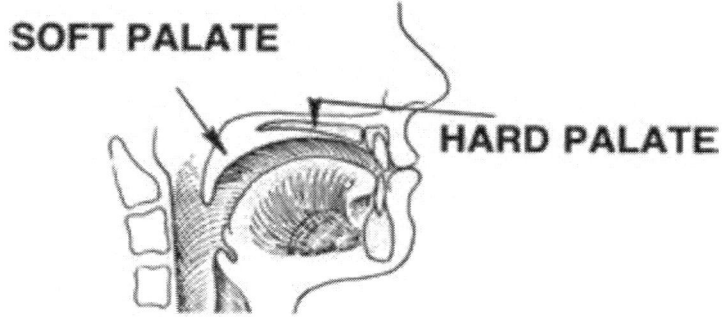

en esta posición el campo Wei Qi del cuerpo se expande. Esto ayuda a dispersar enfermedades y alargar la vida.

Algunos terapeutas de Qigong Médico comprueban el progreso de sus receptor de la terapia haciéndoles meditar con la lengua suspendida en la boca y cuando se les indica, la conectan al paladar. El aumento repentino del campo de Wei Qi del receptor de la terapia es entonces más dramático.

1. La técnica llamada "reunir la saliva" empieza cuando la lengua toca el paladar, causando que se segregue más saliva. La saliva contiene muchas enzimas, que ayudan en la digestión y benefician la fisiología del receptor de la terapia. En la China antigua se lla-

maba a esta práctica Reunir el agua de los Inmortales, o el Zumo de Jade para crear la Píldora Inmortal.

Hay un intercambio Yin y Yang en la saliva, ya que se reúnen el Qi de la Tierra y del cielo dentro de la esencia del fluido humano para crear la Píldora Inmortal.

Antes de tragar la saliva, es importante inclinar la cabeza un poco hacia delante (después de inhalar). La saliva debe tragarse en tres veces, usando la respiración como un tapón para encerrarla. Se envía la Píldora Inmortal, bajando el canal de la concepción, bañando los cinco órganos Yin, y acabando en el Dan Tien inferior. Después, se lleva la energía por el canal gobernador al cerebro para rellenar y nutrir el Dan Tien superior.

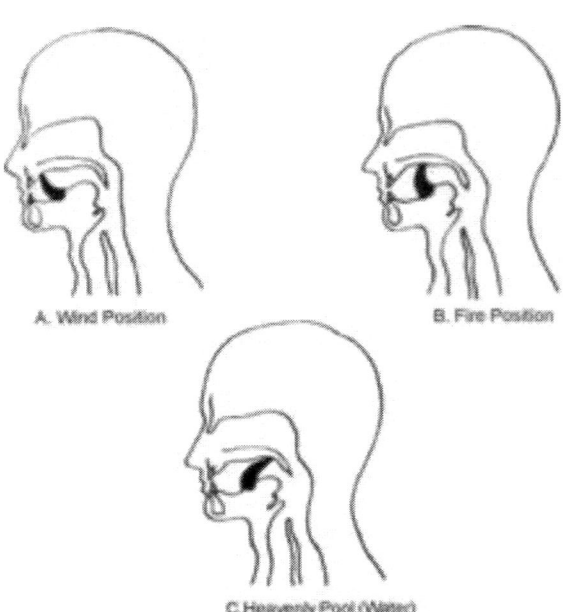

A. Wind Position

B. Fire Position

C. Heavenly Pool (Water)

3. Hay cinco posiciones elementales de la lengua. Cada posición está relacionada con uno de los cinco órganos Yin y se puede usar para dirigir el Qi a un lugar específico. A veces, mientras se hacen los ejercicios de Qigong Médico si se genera mucho calor se le pedirá al receptor de la terapia que cambie la posición de la lengua así como la meditación. Las cinco posiciones son las siguientes.

a) La posición de la Tierra (bazo) requiere que se ponga la lengua al fondo de la mandíbula en la base del paladar inferior, bajo los dientes y las encías.

b) La posición del metal (pulmones) requiere que se ponga la lengua entre los huesos del maxilar y la mandíbula, suspendida tras los dientes.

c) La posición del fuego (corazón) requiere que la lengua se ponga en el paladar superior, detrás de los dientes y las encías.

d) La posición de la madera (hígado) requiere que la lengua se ponga en la parte dura del paladar superior en el centro de la boca.

e) La posición del agua (riñones) requiere que la lengua se ponga en la parte blanda del paladar en la parte trasera del paladar superior.

ENTRENAMIENTO DINÁMICO DE DAO YIN POSTURAL

Mientras que los ejercicios de Qigong estáticos acumulan y refuerzan el Qi interno, estos ejercicios dinámicos entrenan los canales, colaterales, músculos y huesos de forma externa. Cuantos más movimientos dinámicos haga el receptor de la terapia, más energía se convertirá dentro del cuerpo. Cuando el movimiento es discontinuo, la energía acumulada se puede disipar un poco, la restante circulará por los canales e incrementará la circulación de Qi del receptor de la terapia. El sistema linfático se mueve por contracciones musculares. Cuando el receptor de la terapia hace movimientos posturales dinámicos, se activa el sistema linfático y se libera el cuerpo de toxinas.

El Qigong dinámico se divide en dos métodos de entrenamiento: el método Yun (Yin) y el método Dong (Yang).

1. El método Yun es una aproximación más Yin, y emplea movimientos lentos y gráciles. La intención se centra en los órganos internos, provocando un relajamiento emocional.

2. El método Dong es una aproximación más Yang, y emplea movimientos intensos. La intención se centra en el movimiento de las extremidades del cuerpo, consiguiendo la regulación de los tejidos.

Ambos métodos deben equilibrarse cuando se prescriban ejercicios.

USAR LA ENERGÍA DE LAS MANOS PARA DIRIGIR EL QI

El entrenamiento dinámico postural se hace mediante movimientos de manos y torso. Como las palmas tienen un campo electromagnético más fuerte que cualquier parte del cuerpo, se usan para emitir y dirigir el Qi. Estos movimientos están en armonía con los movimientos de la cabeza, cuello, torso, y extremidades. Cada cambio postural o de movimiento puede cambiar la dirección de los campos electromagnéticos de la mano. Igualmente todo cambio de movimiento o postura de las manos afecta a los campos electromagnéticos del cuerpo. En el Qigong Médico las técnicas de mano de Dao Yin tienen las siguientes funciones:

13. levantar las manos – el Qi sube
14. dejar caer las manos – el Qi desciende 15. abrir las manos – El Qi se extiende
16. cerrar las manos – El Qi es limitado

Estas posiciones se pueden subdividir en tres rangos: superior, medio e inferior. Estos rangos se pueden relacionar con la posición de los San Jiao del cuerpo, o de los tres Dan Tiens, dependiendo de la prescripción, y la intención del ejercicio. Las direcciones de los movimientos de mano se pueden dividir en cuatro tipos de regulación frontal y cuatro oblicuas. Además, dependiendo de los movimientos del brazo, cada postura se puede dividir en Yin (palma abajo) o Yang (palma arriba) así como todas las posiciones intermedias.

Las acciones de estos métodos ayudan, regulan y suplementan el Qi vital. Usar estas técnicas mejorará la circulación del Qi y de la sangre, y afinará los nervios sensoriales. Como todas las posturas se relacionan con el cerebro y la función y flujo de energía, también tienen un efecto psicológico y fisiológico en el sistema nervioso.

Cuando se entrena, los movimientos a veces son paralelos, y otras veces se realizan en direcciones opuestas.

TERAPIA DE QIGONG ANDANDO

El entrenamiento postural estático se puede hacer con los pies estacionarios o andando. El dicho Chino "el cuerpo debe andar como el viento," describe la forma relajada en que se deben colocar los pies y andar en la terapia. Esto puede estimular el Qi del bazo y del hígado, y puede ayudar a que el Qi interno del cuerpo se revigorice, así como el flujo de sangre. Con cada paso de la meditación andando, el receptor de la terapia debe practicar un equilibro de mente y cuerpo. La quietud interior y el movimiento exterior están en armonía. Tocar el suelo con el talón o con los dedos levantados también puede activar los canales Yin y Yang del talón, y permitir a la energía que fluya entre ambos. Eso permite que se regulen las energías Yin y Yang.

El talón también se estimula cuando das el paso, incrementando la acción del Qi de la vejiga y el riñón. Mientras das el paso, centra tu atención en el Dan Tien inferior para guiar hacia abajo cualquier aumento anormal de Qi del pulmón. Cada paso se hace deliberadamente, con intención, y sin colapsar los pies. Esta acción alivia cualquier síndrome de exceso de Qi de la parte superior del cuerpo y equilibra las dos porciones del cuerpo. La terapia consiste en estos métodos que se discutirán más adelante en la parte práctica.

1. La preparación (antes de andar), consiste en:

* abrir y cerrar los tres Dan Tiens;
* ejercicios estacionarios de fortalecimiento y regulación del Qi.

2. Una de las muchas prescripciones de las técnicas de andar con los dedos levantados.

3. El final (después de andar), consiste en:
* llevar el Qi de nuevo al Dan Tien inferior;
* amasar el abdomen;

cerrar los Dan Tiens y auto-masaje.

LAS FUNCIONES Y BENEFICIOS DEL ESTADO DE PREPARACIÓN (ABRIR Y CERRAR LOS TRES DAN TIENS)

Antes de empezar la terapia andando, se debe practicar el abrir y cerrar los tres Dan Tiens. Los términos "abrir" y "cerrar" se refieren a la purificación del cuerpo mediante la apertura (purgar) y el cierre (sellar) de ciertas áreas del cuerpo. Esto puede regular o bien un exceso o una deficiencia causados por el desequilibrio entre las partes interiores y exteriores, o superiores e inferiores, del cuerpo del receptor de la terapia. El propósito del estadio de preparación es:

eliminar el Qi malo del cuerpo;

hacer descender el Yin Qi turbio;
hacer circular el Qi Yang limpio a través de los canales antes de empezar a andar.

La intención de esta técnica particular es abrir y cerrar el Dan Tien superior (en el punto Yintang), el Dan Tien medio (en el punto Shanzong [VC 17]), y el Dan Tien inferior (en el punto Qihai [VC 6]).

El abrir y cerrar utiliza cuatro disciplinas específicas:

Concentrar la intención mental

Cuando se concentra la intención mientras se desarrolla esta técnica, se debe imaginar una energía oscura y turbia saliendo por los poros de lo profundo del cuerpo. Mientras la energía se marcha, se sellan los tejidos para prevenir que vuelva. Se imagina la energía oscura siendo absorbida por el suelo, y siendo purificada por la Tierra.

Dividir la energía Yin y Yang (subiendo el Yang Qi limpio y bajando el Yin Qi turbio)

Es la separación de las energías Yin y Yang dentro del cuerpo para la sanación. El Yin Qi almacena la substancia de la energía vital, y el Yang Qi nos guarda contra patógenos nocivos y protege el cuerpo.

.   a) Subir el Yang Qi. Cuando el Dan Tien superior es abierto y cerrado permite que el Yang Qi ascienda a los orificios superiores. Este incremento de la circulación estimula y energiza la superficie del cuerpo, y las cuatro extremidades. Cuando sube su naturaleza pura ayuda a tranquilizar el Shen.

.   b) Bajar el Yin Qi. Cuando los Dan Tien medio e inferior se abren y se cierran, el Yin Qi turbio desciende y se facilita el almacenamiento del Yang Qi claro.

Las posturas de las manos para abrir y cerrar los Dan Tien

La acción de abrir el Qi se dirige con el movimiento hacia fuera de las manos y los brazos, y la intención mental de abrir o expandir el abdomen.

El cierre de Qi es dirigido por el movimiento hacia dentro de las manos y los brazos, y la intención mental de cerrar o contraer el abdomen.

La función de la práctica postural Dao Yin, mientras se regula la respiración y se refuerza el Qi, confía en los movimientos de las manos y brazos para vigorizar el Qi que circula por el intestino grueso y los pulmones.

Concentración en la respiración

El método de abrir y cerrar usa la respiración invertida, los músculos abdominales se contraen al inhalar y se expanden al exhalar. Este método también se llama respiración Taoísta. La acción de la comprensión purga cualquier Qi Yin tóxico del cuerpo. Las expansiones y contracciones se deben combinar con la intención en el Dan Tien inferior. Si se concentra la mente en el Dan Tien inferior durante mucho tiempo, se producirá un reflejo que causará que los pliegues nerviosos produzcan bioelectricidad, que se expandirá por los canales Tai Ying. Esto causará que los vasos sanguíneos pequeños se dilaten, reduciendo la presión sanguínea y mejorando la circulación al corazón.

Contraindicaciones

Es importante notar que la respiración invertida no se recomienda para niños pequeños, gente mayor y receptor de la terapia con hipertensión, embolias, o enfermedades del corazón. En estos casos se debe optar por la respiración natural. Cuando esto se haga deben imaginar que el Qi de los cielos desciende a su cuerpo, llenando y expandiendo el Dan Tien inferior, mientras inhalan. Esta expansión permite que su Dan Tien inferior se abra, causando que el Qi de los cielos purifique de forma natural el cuerpo de Qi tóxico. Cuando exhalen, los receptores de la terapia deberán contraer sus músculos abdominales bajos para cerrar y sellar su Dan Tien inferior.

ANDAR COMBINADO CON LA TERAPIA DEL COLOR

En China, para ayudar a visualizar colores específicos para su uso terapéutico, los receptores de la terapia llevan cintas de seda coloreadas mientras andan. Los colores y su efecto se eligen de acuerdo a los cinco colores elementales.

ANDAR COMBINADO CON TERAPIA DEL SONIDO

En China, para ayudar a los receptores de la terapia a andar con un ritmo estructurado, coordinar la respiración, y mejorar la intención de la mente, los practicantes de Qigong Médico tocan tambores de madera, y platos de metal. Estos instrumentos resuenan en el área destinada a la realización de la terapia, vibrando con Qi Yin y Yang. Los receptores de la terapia, mientras andan en círculo, absorben naturalmente la energía que resuena en los instrumentos y buscan regular sus órganos internos naturalmente.

LOS EFECTOS TERAPEUTICOS DE LA TERAPIA POR QIGONG ANDANDO

El propósito de la terapia es vigorizar los canales Yin y Yang de las piernas. Se trata de andar lentamente durante este ejercicio. El bazo es el origen del la energía Postnatal y es responsable de la actividad de los músculos y las extremidades. Los movimientos de los cuatro miembros refuerzan el bazo.

La rotación pélvica juega un papel fundamental en la regulación de los canales del hígado, así como en el refuerzo del Qi del riñón. Esto se consigue a través de actividades que inician las acciones de dejar caer, doblar, relajar, y girar la cadera.

Las acciones de abrir y cerrar, combinadas con los movimientos de subir y baja, y la acción bamboleante de los cuatro miembros, promueven un bombeo de los músculos. Esta acción se intensifica cuando se dobla y se inclina la parte superior del cuerpo, y el cambio de peso alterno cuando se da un paso. Esto beneficia mucho la circulación del sistema linfático.

Clínicamente, los ejercicios de Qigong andando provocan un incremento del apetito, el refuerzo del cuerpo del receptor de la terapia, la tonificación de los riñones, pulmones, hígado y bazo, y el refuerzo de las funciones del corazón.

Los receptores de la terapia con cáncer necesitan regular la función de sus órganos Yin y Yang para incrementar el potencial de sanación. La meta principal al tratar el cáncer con el Qigong, es tener al receptor de la terapia concentrado en la condición del tumor y su reunión de energía. El receptor de la terapia imagina que el área del tumor se hace más blanda y los tejidos se transforman gradualmente en energía insubstancial. Esta técnica se usa para disolver tumores gradualmente y ciertos tipos de cáncer menos agresivo.

A continuación, mencionamos diferentes tipos de terapia andando, que se discutirán de forma más amplia en el apartado práctico:

Terapia andando de regulación dinámica;
Terapia andando para la tonificación de los pulmones;

Terapia andando para la tonificación de los riñones;

Terapia andando para la tonificación del hígado y el bazo; Terapia andando para la tonificación del corazón;

Prescripciones para el tratamiento del cáncer.

TERAPIA DE QIGONG ANDANDO

EL MÉTODO DE ABRIR Y CERRAR LOS TRES DAN TIENS

Normalmente un ejercicio empieza con un número igual de inhalaciones y exhalaciones, mientras los brazos se mueven hacia el cuerpo, y lejos de él. En este ejercicio, sin embargo, cada vez que nos acercamos a un Dan Tien, la primera acción de abrir y cerrar se hace inhalando durante todo el movimiento, sin exhalar en ningún momento. Esta acción simula la apertura de los Dan Tiens. A partir de la segunda y la cuarta vez, el receptor de la terapia exhala cuando abre e inhala cuando cierra. Se puede practicar este ejercicio siguiendo estos pasos:

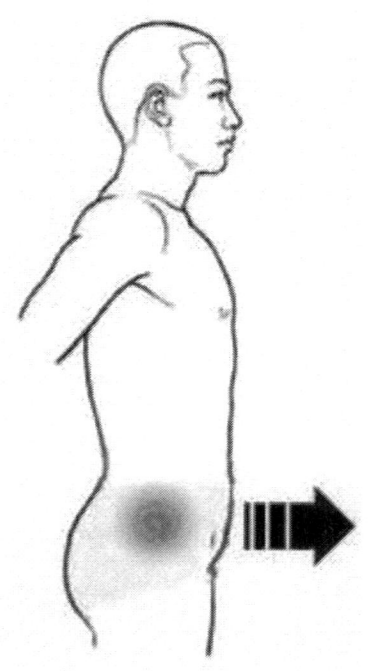

Empezamos desde una postura Wuji. Levantamos los brazos y manos para que se coloquen frente al Dan Tien superior. Mientras inhalamos, separamos los brazos hacia fuera y lejos del cuerpo, al tiempo que contraemos los bdominales; después, aún inhalando, llevamos las manos de vuelta al Dan Tien. Exhalamos mientras separamos las manos del Dan Tien, permitiendo que

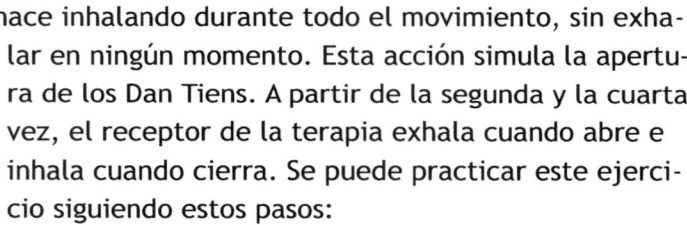

el abdomen se expanda, inhalamos y contraemos el abdomen mientras juntamos de nuevo las manos. Repetimos el proceso dos veces más.

Ponemos los brazos y manos frente al Dan Tien medio.

Mientras inhalamos, separamos los brazos hacia fuera y lejos del cuerpo, al tiempo que contraemos los bdominales; después, aún inhalando, llevamos las manos de vuelta al Dan Tien. Exhalamos mientras separamos las manos del Dan Tien, permitiendo que el abdomen se expanda, inhalamos y contraemos el abdomen mientras juntamos de nuevo las manos. Repetimos el proceso dos veces más.

Ponemos los brazos y manos frente al Dan Tien inferior. Mientras inhalamos, separamos los brazos hacia fuera y lejos del cuerpo, al tiempo que contraemos los bdominales; después, aún inhalando, llevamos las manos de vuelta al Dan Tien. Exhalamos mientras separamos las manos del Dan Tien, permitiendo que el abdomen se expanda, inhalamos y contraemos el abdomen mientras juntamos de nuevo las manos. Repetimos el proceso dos veces más.

EJERCICIOS DE REGULAMIENTO ESTACIONARIO (PREPARACIÓN PARA ANDAR)

El siguiente ejercicio de preparación es bueno para la tonificación general del receptor de la terapia y para incrementar la respiración en casos de receptor de la terapia con cáncer de pulmón.

Empezamos en una postura Wuji, inhalamos y exhalamos por la nariz. Ponemos las palmas de las manos hacia los abdominales inferiores y empezamos a extender Qi al ombligo. Imaginamos la energía fluyendo al ombligo, extendiéndose profundamente en el Mingmen y el área del Dan Tien inferior.

Después, ponemos las palmas mirando hacia el suelo y absorbemos la energía de la Tierra en el Dan Tien Medio durante unos minutos.

Giramos las manos hacia arriba, hacia el cielo, y empezamos a absorber la energía universal durante unos minutos. Finalmente, comenzamos a cerrar el ejercicio permitiendo que las palmas vuelvan al ombligo,

absorbiendo y enraizando el Qi en el Dan Tien Inferior.

EJERCICIOS TERAPÉUTICOS DE QIGONG ANDANDO

A continuación, proponemos diversos ejercicios de respiración y Qigong andando, para prescribir y para la autorregulación.

1. TERAPIA ANDANDO DE REGULACIÓN DINÁMICA

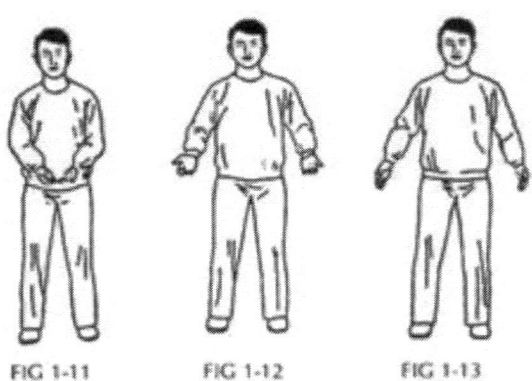

FIG 1-11   FIG 1-12   FIG 1-13

Es un buen ejercicio para regular el Yin y el Yang del cuerpo del receptor de la terapia. Se puede recetar para una tonificación general del cuerpo del receptor de la terapia, así como para un refuerzo contra los agentes patógenos. Este es el ejercicio principal de la terapia andando que se usa para tratar a receptor de la terapia con cáncer.

En cada ejercicio se empieza y se acaba con el ejercicio de abrir y cerrar los tres Dan Tiens. Cuando se da el paso, los dedos del pie deben estar levantados con el talón tocando el suelo (yendo hacia delante y atrás), estimulando los canales Yin y Yang del talón y las piernas. Mientras se da el paso adelante con el talón derecho, los canales del riñón y el bazo se abren. Se sube la mano izquierda hacia el centro del corazón (C. Concepción 17) mientras que la mano derecha se lleva a la cadera, cerca del punto de vesícula biliar 30.

Es importante utilizar la mente en conjunción con la respiración. La respiración es la que sigue:

Primer paso—inhalar por la nariz Segundo paso—inhalar por la nariz Tercer paso—exhalar por la boca

Cuarto paso—aguantar la respiración

Se aplican los mismos principios y movimientos cuando se da el paso con el pie izquierdo

3. TERAPIA ANDANDO PARA LA TONIFICACIÓN DEL PULMÓN

Es un buen ejercicio para tonificar el Qi del cuerpo del receptor de la terapia. Se puede recetar para nutrir la piel del receptor de la terapia, así como para reforzar el Qi verdadero. Se usa para tratar deficiencias del Qi de pulmón, bronquitis, tuberculosis, asma, enfisema, y sinusitis.

El patrón de pasos con el talón es similar al citado anteriormente, sin embargo, al dar el paso, las posturas de las manos cambiarán de una posición normal y relajada a otra en que los pulgares y los índices se toquen las puntas.

Algunos hospitales de Qigong Médico instan a sus receptor de la terapia a frotar el dedo pulgar contra el índice mientras hacen el ejercicio, de esta manera refuerzan el flujo de Qi de los pulmones y el intestino grueso, reforzando los pulmones.

El patrón de respiración es el siguiente: Primer paso—

inhalar, inhalar Segundo paso

—inhalar, inhalar Tercer paso

—exhalar
Cuarto paso—no respirar

4. TERAPIA ANDANDO PARA LA TONIFICACIÓN DEL RIÑÓN

Este ejercicio purgará el fuego del hígado y tonificará el Yin del riñón. Se receta para deficiencias de Qi en el riñón, enfermedades de la sangre, desórdenes ginecológicos, y cáncer de riñones.

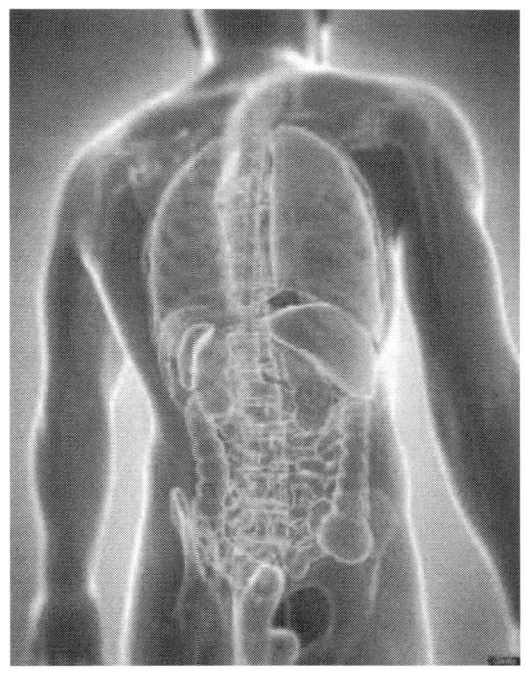

Empieza este ejercicio con las palmas abrazando una pelota imaginaria a la altura del Dan Tien inferior. Esta terapia ayuda a reforzar este Dan Tien.

Se da un paso hacia delante de forma que los dedos del pie derecho toquen el suelo antes que el talón. Esto abrirá los canales Yang en la parte exterior del pie. Después, se da un paso con el talón izquierdo y los dedos apuntando hacia arriba. Los pasos deberían ser: pie, talón, y después paso con el talón.

En el primer paso, se inhala por la nariz mientras se imagina el Qi llenando el tórax. En el segundo paso, se hace el sonido "Xu" (pronunciado "shu") mientras se exhalas. Este sonido se usa para purgar el Qi nocivo del hígado, permitiendo a los riñones llenarse con la energía de la Tierra.

Primer paso—inhalar

Segundo paso—exhalar, "shu"

El patrón de respiración es el siguiente: inhalar para el pie y el talón, dar el paso y exhalar en el paso con el talón (cada acción es un set). Después de andar en círculo durante nueve rotaciones, se para y se empieza de nuevo, con el pie izquierdo, haciendo el paso con los dedos y el talón. Mientras se hace el paso se deben mantener las dos manos en el Dan Tien inferior. Hay que regular la respiración mientras se lleva la energía de la Tierra hacia arriba desde el punto Yongquan Riñón 1. Se presiona el área del Mingmen hacia atrás mientras se respira el Qi de la Tierra; esto refuerza el Yuan Qi del riñón.

Al acabar el el ejercicio del riñón, se ponen las dos manos en el centro del pecho en el punto de la concepción 17. Para los hombres, la mano derecha debe estar en el exterior y la izquierda tocando al pecho. Para las mujeres es al revés. Se hace el sonido "shu" tres veces. Se acaba con el ejercicio de abrir y cerrar los Dan Tien.

5. TERAPIA ANDANDO PARA LA TONIFICACIÓN DEL HÍGADO Y EL BAZO

Este ejercicio activa la función del hígado de almacenar sangre y la del bazo de transformarla. Se usa para tratar enfermedades de la sangre y digestivas, hepatitis,

cáncer de hígado, esclerosis del hígado, y piedras en la vesícula.

La posición inicial es similar a la de los riñones con los dedos apuntando al suelo, excepto que hay que caminar hacia delante con los dedos izquierdos. Se camina hacia delante de forma que el pie izquierdo toque el suelo antes que el talón. Mientras se da el paso se inhala dos veces por la nariz. Después se camina hacia fuera 45 grados con el talón izquier-

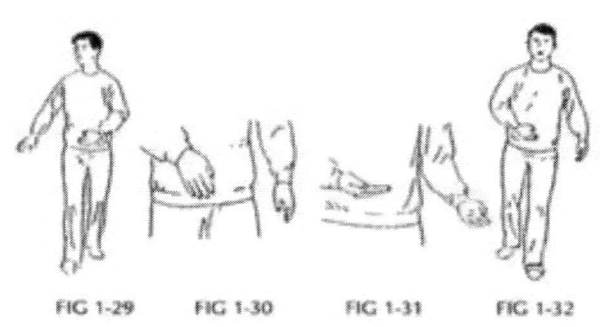

FIG 1-29   FIG 1-30   FIG 1-31   FIG 1-32

do, se exhala por la nariz dos veces, se da un paso con el pie derecho y los dedos apuntando hacia abajo mientras se exhalas una vez.

Primer paso—inhalar, inhalar

Segundo paso-inhalar, inhalar Tercer paso— exhalar, exhalar Cuarto paso—exhalar

Al andar con los dedos levantados, hay que dejar que el dedo gordo toque primero el suelo. Esto promueve la ascensión del Qi del hígado y el bazo. Después de andar en círculo durante nueve rotaciones, se para y se empieza de nuevo, con el pie derecho.

Las posiciones de las manos son las que siguen:

Para los problemas de bazo, los pulgares tocan los dedos anulares sólo cuando se da el paso hacia fuera en el cuarto paso.

Para problemas del hígado, los pulgares tocan de forma continuada los dedos anulares.

6. TERAPIA ANDANDO PARA LA TONIFICACIÓN DEL CORAZÓN

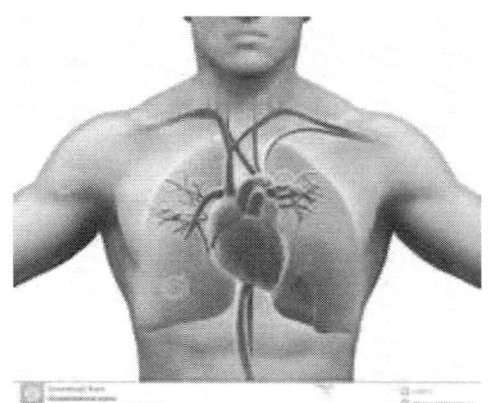

Este ejercicio calma la mente mientras tonifica el Qi y la sangre. Se usa para tratar enfermedades coronarias del corazón, artritis, palpitaciones, y anginas pectorales.

La postura de inicio es la misma que el ejercicio anterior, con excepción de las posiciones de las manos. En este caso, las manos están abiertas y relajadas hasta que llegan al pecho donde la punta de los dedos del medio toca el centro de cada palma en el punto pericardio 8.

Al respirar, debemos concentrarnos en inhalar el Qi de la Tierra. Cuando exhalemos, imaginaremos que el Qi del pecho va hacia abajo.

Primer paso—inhalar Segundo paso— exhalar

Este ejercicio se practica a una velocidad más lenta que los anteriores. En el tercer paso, el dedo medio de cada mano toca el centro de las palmas. Esto estimula el flujo de Qi interno en el canal del Pericardio.

TRES MÉTODOS PARA TRATAR EL CÁNCER

Estos ejercicios suplementarios se dan a los receptores de la terapia para regular su respiración y reforzar su Qi. Se aplican con la terapia andando de regulación dinámica. Estos ejercicios usan el método de la exhalación para reforzar los riñones, incrementar la cantidad de oxigeno y mejorar el sistema inmunológico.

Los tres métodos se hacen a velocidades diferentes dependiendo de los síntomas del receptor de la terapia. A los receptores de la terapia se les insta a que anden al menos una vez al día durante 15 ó 20 minutos. Estos ejercicios se clasifican en tres clases de recetas según la frecuencia de respiración.

EL MÉTODO DE EXHALACIÓN RÁPIDA

Este método se prescribe normalmente para los estadios iniciales del cáncer y es bueno para receptor de la terapia que lo sufren de hígado, pulmón, y estómago. Este ejercicio se practica usando una respiración equilibrada, inhalando un paso, y exhalando otro. El receptor de la terapia abre el pie izquierdo hacia fuera, mientras inhala por la nariz. Después hace lo mismo con el pie derecho, y exhala por la nariz. Ambas manos se balancean naturalmente hasta el pecho, mientras andan.

Es importante recordar que la cabeza precede a la cadera a la hora de girar y balancear los brazos. Sobre extenuarse sería perjudicial. La velocidad debería ser de 70-100 pasos por minuto.

EL MÉTODO DE EXHALACIÓN MODERADA

Este método se prescribe normalmente para los estadios iniciales del cáncer y es bueno para receptor de la terapia que lo sufren de estómago o intestinal. El receptor de la terapia respira hacia dentro y hacia fuera a través de la nariz con cada paso que da. Cuando da el paso se debe concentrar en el ritmo respiratorio. La velocidad debería ser de 60-80 pasos por minuto.

EL MÉTODO DE EXHALACIÓN LENTA

Este método se receta para receptor de la terapia con cáncer de riñón y urogenital. El receptor de la terapia da el paso con el pie izquierdo primero y después con el derecho. Cada paso está acompañado de dos inhalaciones y una exhalación. El receptor de la terapia da un paso hacia fuera con el talón mientras hace dos inhalaciones y después toca el suelo con la bola del pie. Como un paso involucra tres movimientos de respiración, la velocidad debería ser un poco más lenta, sobre unos 60 pasos por minuto.

ACABAR Y CERRAR LA TERAPIA ANDANDO

Para acabar la terapia de Qigong andando, se enseñan los siguientes ejercicios a los receptores de la terapia para que puedan llevar de nuevo el Qi a su Dan Tien inferior y volver a un estado de quietud.

1. LLEVAR EL QI DE VUELTA AL DAN TIEN INFERIOR

Este ejercicio en particular se divide en cuatro fases separadas.

A) Asegurar los tres Dan Tiens

Este ejercicio tiene tres propósitos: iniciar un estado de relajación, asegurar un equilibrio harmonioso entre los órganos Yin y Yang del cuerpo, así como llevar el Qi de nuevo al Dan Tien inferior.

Desde una postura Wuji de pie, imaginamos que estamos abrazando una pelota de energía en el Dan Tien inferior (aguantamos esta postura durante varias respiraciones). Después de exhalar, separamos las manos sin inhalar, moviendo y masajeando el Qi a la altura de la cadera.

Inhalamos y empezamos a levantar las palmas sobre la cabeza. Imaginamos que inhalamos el Qi de la Tierra, haciéndolo entrar en el cuerpo, mientras las palmas miran al suelo. A la altura de las caderas, rotamos las palmas para que miren al cielo, y empezamos a inhalar Qi de los cielos. Continuamos levantando las palmas hasta que estén sobre el Baihui, encima de la cabeza (mano izquierda arriba, al revés para las mujeres).

Exhalamos e imaginamos el Qi combinado de la Tierra y el cielo fluyendo al polo Taiji, conectando los tres Dan Tiens. Bajamos las palmas frente al cuerpo, mirando el Yintang, la garganta, el corazón, la parte superior del abdomen, y el ombligo, después acabamos abrazando el Dan Tien inferior. Empezamos de nuevo y repetimos este ejercicio nueve veces.

B) Amasar y enraizar el Dan Tien inferior llena el hígado y el bazo con sangre y Qi, ayudando a desintoxicar los órganos. Después de asegurar los tres Dan Tiens, aseguramos el Qi en el Dan Tien inferior y amasamos el abdomen hasta que esté suficientemente estimulado.

C) Hacer un masaje en círculo en el abdomen combina la energía de todo el cuerpo, formando así el verdadero Qi. Esto permite al cuerpo aliviar cualquier condición de exceso o deficiencia que puedan haber sido causadas por una acumulación excesiva de Qi, debido a los ejercicios anteriores de Qigong.

Empezamos en el ombligo, masajeando en círculo la parte baja abdominal 36 veces en sentido anti-horario. Primero con círculos pequeños y después con grandes círculos, completando los movimientos en la base del Dan Tien inferior. Después, invertimos la dirección y hacemos el masaje 24 veces en sentido horario, empezando con círculos grandes y acabando con círculos pequeños que terminan en la base del Dan Tien inferior.

D) Enraizar el Qi a veces se dice "llevar el Qi a su origen". Enraizar, extender, y estabilizar la energía en el Dan Tien inferior facilitará la regulación del canal de la concepción, calentador bajo, y caminos del agua. Enraizar el Qi también tonifica los riñones, Qi, la sangre, y el Yuan Qi, y permite al Qi nocivo ser fácilmente expulsado del cuerpo.

Dejamos las manos en el Dan Tien inferior y empujamos el Mingmen hacia atrás mientras inhalamos el Qi y el calor de las manos en el Dan Tien inferior (mano derecha en el exterior, al revés para las mujeres).

2. LA CLAUSURA

El procedimiento de clausura debería iniciarse al final de cada período de práctica. Después de tres respiraciones profundas, castañeamos los dientes 36 veces, después damos vueltas con la lengua 18 veces en cada dirección. Hacemos círculos 36 veces desde la parte baja de los dientes hasta la parte de atrás de la garganta. Inclinamos un poco la cabeza hacia delante, después tragamos saliva tres veces mientras imaginamos el Qi claro del cielo y la Tierra mezclándose con la saliva y fluyendo hacia el Dan Tien inferior.

3. REGULACIÓN POR AUTOMASAJE

Este método cambia la atención lentamente del área de concentración, mientras se lleva el Qi de nuevo al Dan Tien inferior. Después de que la mente se desenfoque de un punto específico, relajamos el cuerpo, abrimos lentamente los ojos y nos hacemos un masaje.

El auto masaje incluye frotar las palmas, bañar la cara (frotar las manos contra la cara), amasar el pelo con la punta de los dedos, y drenar los doce canales primarios.

1. Después de frotar las manos para calentarlas, ponemos ambas manos en la cara, cubriendo los ojos, y llevamos el calor a los ojos y el Dan Tien superior.

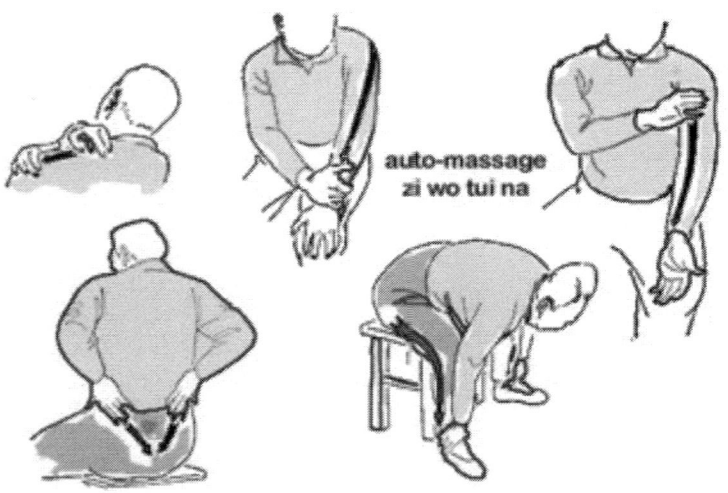

auto-massage
zi wo tui na

2. Nos amasamos el pelo con las puntas de los dedos para drenar el exceso de Qi de la cabeza y el cuello.

3. Frotamos desde los pies hasta el abdomen para drenar los tres canales Yin de los pies.

4. Frotamos desde el pecho a las manos para drenar los tres canales Yin de las manos.

5. Frotamos las manos, hombros y los laterales de la cabeza, los lados del pecho y el abdomen apara drenar los tres canales Yang de las manos.

6. Frotamos la cintura y la cadera hasta los pies para drenar los tres canales Yang de los pies.

La clausura y el auto masaje deberían realizarse siete veces, seguidos por estiramientos para acabar el ejercicio.

Para más información de cómo aplicar el Dao Yin y cómo curar con la postura, pincha en este enlace y podrás ver vídeos gratis y lecciones sobre ello

https://joaquinalmeria.clickfunnels.com/registro-webinar

CAPÍTULO 7

INTRODUCCIÓN A LAS DESVIACIONES DEL QI

Las desviaciones energéticas ocurren de forma natural a lo largo de nuestra vida cotidiana, aunque el cuerpo siempre se apresura a corregir cualquier desarmonía energética. La dificultad del cultivo del Qi no radica en desarrollar unas cantidades muy grandes de energía sino en crear un sistema lo suficientemente fuerte para que no sea dañado por ella. Por esta razón, los terapeutas de Qigong Médico de Qigong pasan tanto tiempo en sus inicios desarrollando medidas de seguridad y reservas internas para evitar que su cuerpo quede dañado. Estas alteraciones de los patrones energéticos pueden provocar síntomas desagradables, susceptibilidad o incluso enfermedades. A través de una terapia correcta, estas desviaciones se pueden rectificar.

Las desviaciones del Qi pueden ser las precursoras de la enfermedad. En estos años, los científicos en China han informado de que diversos receptor de la terapia de Qigong han admitido haber sufrido desórdenes físicos y mentales como resultado de estas desviaciones. La desviación se refiere a un fenómeno anormal que el receptor de la terapia sufre.

Si el terapeuta de Qigong Médico no ha sido debidamente preparado, su campo energético puede actuar como un imán y atraer la energía tóxica del receptor de la terapia y del entorno. Una vez que esta ha entrado en el cuerpo, puede crear una desviación. Esto debería tratarse inmediatamente, si es posible. Si la desviación ocurre durante una meditación o un ejercicio, el practicante debe parar inmediatamente y expulsarla de su cuerpo a través de las cuatro extremidades, al suelo.

Las meditaciones y ejercicios transforman el Shi Shen en Yuan Shen. Si durante el proceso el Qi turbio no es eliminado, el Qi concentrado en los Dan Tiens y otras áreas también se volverá turbio. Demasiada concentración también puede llevar a una desviación. El Qi turbio puede crear Shen turbio. No importa qué sistema de Qigong clínico se siga, lo primero es siempre drenar y purgar los canales de Qi patógeno, para regular los órganos y cultivar el Jing, Qi y Shen del cuerpo.

CAUSAS PRINCIPALES DE LAS DESVIACIONES DE QI

Los desórdenes mentales y de personalidad pueden existir ya en algunos individuos antes de su estudio del Qigong Médico. A veces, las personas que tienen historiales de psicosis y desórdenes mentales en la familia están más predispuestas a estas enfermedades. La práctica de las meditaciones y los ejercicios puede desencadenar estos síntomas en tales personas, especialmente si no se han atacado las desviaciones de Qi de forma correcta.

Las causas principales que contribuyen a las desviaciones incluyen la constitución de la persona y el estado patológico, regulación de Dao Yin incorrecta, no creer o confiar en los ejercicios de Qigong y meditaciones, o demasiada concentración mental.

1. Una constitución frágil puede desembocar en una condición patógena. A estas personas no se les debería dejar que se sienten o estén de pie demasiado

rato. Los receptores de la terapia con desórdenes respiratorios serios pueden incurrir en desviaciones de Qi si se les hace estar de pie mucho rato.

2. La regulación incorrecta de Dao Yin puede dar lugar a desviaciones. También puede deberse a la práctica forzada, cuando su condición no lo permite o cuando la persona entrena de forma indiscriminada estas técnicas. No se debería entrenar estos ejercicios sin haber tenido la instrucción correcta por parte de un maestro cualificado, ya que practicar incorrectamente puede provocar las desviaciones. Los receptores de la terapia deben ser pacientes cuando practiquen la regulación Dao Yin.

3. La incredulidad y la sospecha pueden inducir a desviaciones del Qi. Si no se adopta una actitud correcta hacia el Qigong y sus efectos, se pueden dar tendencias mentales que después incurrirán en desviaciones.

    a.   Una mente cerrada puede impedir que los receptores de la terapia conecten con su yo interior.

    b.   Una mente superficial puede evitar que el receptor de la terapia se tome la receta en serío.

    c.   Una mente preocupada puede causar que el espíritu del receptor de la terapia vague sin rumbo mientras practica Qigong.

4. La causa más frecuente de desviaciones del Qi es laexcesiva concentración mental. Demasiada atención en el flujo de Qi puede distorsionar su camino y causar desviaciones. Concentrarse en objetos internos demasiado intensamente puede causar estancamiento, o exceso de Qi en esa área. Para practicar el Qigong siempre se recomienda una concentración media y relajada.

CORREGIR LAS DESVIACIONES DEL QI

Para corregir cualquier desviación de Qi, es importante entender su causa. El terapeuta de Qigong Médico debería buscar las siguientes causas de las desviaciones.

1. Las desviaciones de Dao Yin postural resultan de cambios de postura incorrectos.

2. Las desviaciones respiratorias de Dao Yin resultan de una respiración incorrecta o de un método no correcto.

3. Las desviaciones mentales de Dao Yin resultan de actividades mentales impropias y molestias emocionales. Estas molestias emocionales se pueden manifestar con explosiones emocionales espontáneas.

4. Las actividades estresantes derivadas de la falta de equilibrio entre trabajo y recreo, falta de sueño, o una dieta incorrecta pueden causar igualmente desviaciones.

5. Interferencias ambientales durante la práctica de los ejercicios de Qigong, como el timbre de la puerta, o el teléfono, puede hacer que el practicante desarrolle desviaciones de Qi.

Para corregir las desviaciones de Qi, el terapeuta de Qigong Médico considera cada causa por separado, empezando por la postura del receptor de la terapia.

Desviaciones posturales

Para diagnosticar las desviaciones de Qi debido a un alineamiento postural incorrecto es importante observar si:

se alcanza la relajación;
la postura es estructuralmente correcta para facilitar la relajación, y
si se está usando la técnica de tonificación, purgación, o regulación correcta.

Cuando ocurre una desviación el receptor de la terapia debe examinarla de acuerdo a las leyes básicas del alineamiento postural. Un principiante es más proclive a algunos desórdenes que pueden causar dolores de cabeza, mareos o tortícolis.

Manifestaciones de desviaciones posturales de Qi

Si ocurre una desviación de este tipo, primero hay que revisar las reglas de la postura y después los otros parámetros del entrenamiento de Dao Yin. Lo que sigue son ejemplos de desviaciones específicas debido a una incorrecta alineación postural.

1. La distensión de los ojos resulta de fijar la vista en objetos externos durante las meditaciones. Para prevenirlo se debe recomendar a los receptores de la terapia que tengan una concentración suave.

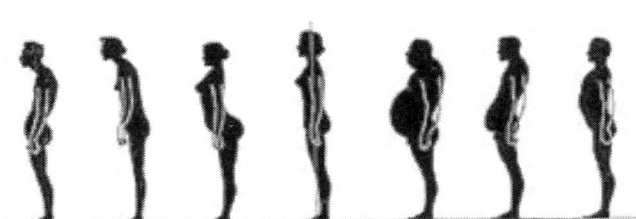

2. El tortícolis o dolores cervicales son debidos a los intentos de suspender la cabeza por la fuerza. Para prevenirlo hay que hacer que el receptor de la terapia relaje los músculos del cuello y hunda los hombros.

3. Los dolores en espalda y hombros ocurren cuando el receptor de la terapia no sabe relajar los músculos de estas partes, estira la espalda demasiado, hunde demasiado el pecho o aguanta una postura poco natural durante mucho tiempo. Para prevenir la desviación hay que conseguir que los receptores de la terapia se relajen, hundan los hombros e imaginen su espalda derritiéndose hasta las caderas y las piernas.

4. Los dolores en las caderas y las lumbares vienen de varios factores.

a. Tensión en los músculos de la cadera, que causa dolor en la misma y se extiende a las lumbares.

b. Girar la cadera sin relajarla primero puede desembocar en dolor de cadera y lumbares.

c. Girar la espalda a la fuerza también puede causar dolor

Para prevenir esto, los receptores de la terapia deben relajar la cadera y las lumbares y hundir su energía en la Tierra mediante los pies.

5. La distensión de las extremidades inferiores y del abdomen bajo resultan de meter hacia dentro el estómago de forma forzada, o demasiada concentración en la parte baja del cuerpo. Para prevenirlo, los receptores de la terapia deben relajar esta parte del cuerpo y su energía debe hundirse de forma natural.

6. Un ano hinchado o dolorido, puede deberse a levantar el ano forzadamente. Para prevenir esto hay que hacer que el receptor de la terapia cierre el esfínter anal suavemente y relaje las nalgas.

7. Las rodillas hinchadas pueden deberse a haberse agachado demasiado, haberlas sobreextensionado, o doblado demasiado. Para prevenir esto el receptor de la terapia debe mantener sus rodillas alineadas y guiar la presión del cuerpo para que fluya por detrás de las piernas y no por el frente.

8. Los dolores en los talones pueden ser causados por cambiar el peso del cuerpo excesivamente. También puede ocurrir si el receptor de la terapia se concentra demasiado en los talones y no en el centro de sus pies para aguantar el equilibrio. Para prevenirlo hay que conseguir que los receptores de la terapia relajen las piernas y caderas e imaginen que sus pies están amasando el suelo. Esta acción se usa para permitir el flujo libre de Yin Qi de la Tierra al cuerpo.

9. Los movimientos de manos impropios ocurren cando el receptor de la terapia no distingue entre Yin y Yang. Tanto el alineamiento como las funciones energéticas de los brazos del receptor de la terapia deben examinarse.

   a. si los movimientos de los brazos son muy dinámicos causarán una aglomeración energética que debe ser asimilada o dispersada; esto produce una desviación.

   b. Mientras se hace un ejercicio de tonificación, el hecho de que las palmas de las manos estén giradas hacia fuera y alejadas del cuerpo, puede causar causar fácilmente diarreas o una deficiencia de Qi.

   c. Si los dedos se mueven arriba para apuntar al pecho, la energía liberada de las manos puede causar rigidez en el pecho. Si las manos del receptor de la terapia apuntan de forma oblicua a su cuello o a su cara, el Qi emitido puede causar mareos, nauseas y edemas en la cara en los receptores de la terapia muy sensibles a los movimientos de energía.

Desviaciones respiratorias

Las desviaciones en la respiración a menudo resultan de una práctica incorrecta de los métodos de inhalación y exhalación. Tanto uno como el otro deben ser suaves,

iguales, y largos. Cuando practique, el receptor de la terapia debe evitar contener la respiración.

1. Las desviaciones pueden ser causadas por una incorrecta exhalación. Hay que determinar si la exhalación es lo suficientemente larga para la relajación; un hundimiento excesivo de la respiración puede causar dolor en las piernas. Las exhalaciones demasiado largas o cortas pueden causar dolores de cabeza, rigidez en el pecho, distensiones abdominales y dolor en el corazón.

2. Las desviaciones pueden ser causadas por una incorrecta inhalación. Hay que asegurarse de que la inhalación es lo suficientemente larga para la relajación. Para rectificar esta condición, cuando se inhala por la nariz, simultáneamente se contrae el ombligo y el área del perineo. Cuando se exhala, por la nariz, se guía el Qi al Dan Tien medio. Si se aplica este método no debería haber problemas.

3. Las desviaciones pueden ser debidas a una resonancia incorrecta. También pueden producirse por un uso incorrecto de las palabras o sonidos de sanación. Este uso incorrecto puede causar mareos y fiebres leves, tirantez en el pecho, debilidad en las piernas, respiración dificultosa, y sangre en las heces. Estos síntomas no pueden ser curados por un terapeuta de Qigong Médico de medicina occidental. Algunos receptores de la terapia se ven aliviados practicando el ejercicio de abrir y cerrar los tres Dan Tiens. A algunos receptores de la terapia se les recomienda usar tonos monocordes, que causará que su energía ascienda.

4. Para rectificar las desviaciones respiratorias se puede usar el siguiente ejercicio. Cuando el practicante se sienta incómodo después de practicar ejercicios de Qigong, debe hacer este ejercicio durante 20 minutos. Desde una postura sentada, se empieza imaginando que hay tres canales que inician en el coxis y viajan hacia arriba por el cuerpo. El primer canal hace una intersección con el agujero nasal derecho, el segundo enlaza con el Baihui y el tercero con el agujero izquierdo. Se pone la mano izquierda en el Dan Tien inferior, con la mano derecha descansando en la nariz. Es importante enfocar la mente en el flujo energético de la respiración. Se inhala por el agujero izquierdo y se deja que el Qi baje hasta el Dan Tien bajo. Se aguanta la respiración, se pellizca la nariz y se hace subir el Qi hasta el área del Baihui para después hacerlo bajar de nuevo hasta el vaso gobernador. Se exhala por el agujero derecho. Se repite la secuencia, alternando entre derecha e izquierda. Este ejercicio se debería practicar con la mente relajada y de forma amena.

DESVIACIONES MENTALES

Las desviaciones mentales son normalmente causas por pensar demasiado y demasiada concentración enfocada. Este tipo de desviación debería ser corregida controlando las actividades mentales. Cualquier desviación debería ser controlada y regulada por la intención.

A veces es difícil para los receptores de la terapia quedarse totalmente relajados y esto puede llevarles a desviaciones mentales. Algunas pueden ser rectificadas por un mantra o contando respiraciones. Después de dominar esta técnica los receptores de la terapia pueden avanzar a concentrarse en objetos externos en el área circundante.

1. El córtex cerebral juega un rol muy importante en las desviaciones del Qi de la mente. Un sistema nervioso saludable ayuda a regular, unificar y ajustar todas las actividades funcionales. Si las desviaciones ocurren durante los ejercicios, el cerebro pierde el control del sistema nervioso. Si los receptores de la terapia no son cuidadosos pueden llegar a sufrir enfermedades inducidas por la meditación, o psicosis inducidas por la meditación conocida como Tsou Huo Ru Mo. Debido a que las desviaciones de Qi pueden tener consecuencias muy serias, el terapeuta de Qigong Médico debe tener un conocimiento extenso de los principios del Qigong para prevenirlas y corregirlas. Una desviación causada por un exceso de concentración mental también puede provocar la pérdida de auto control. Para evitarlo, no se debe permitir que los receptores de la terapia usen su intención mental y concentración sin objetivo, sino que deben centrarse en la quietud de mente para recuperar su salud.

2. Hay tres reglas para determinar el enfoque mental apropiado.

a. Concentrar la mente en un objeto inmóvil.
b. Concentrar la mente en un objeto cercano.
c. Concentrar la mente en un objeto familiar.

Cada técnica se ajusta de acuerdo a cada caso específico. En todos los casos, el Yi debe dirigir el Shen y el Shen dirigir el Qi.

Los siguientes ejemplos muestran cómo las prescripciones se ajustan a cada receptor de la terapia:

Los receptores de la terapia con hipertensión se deben concentrar en un sitio bajo, o en un objeto por debajo de su campo de visión

Los receptores de la terapia con hipotensión se deben concentrar en un sitio alto, o en un objeto por encima de su campo de visión.

Receptor de la terapia con problemas de pulmón se deberían concentrar en objetos blancos y luminosos.

Receptor de la terapia con enfermedades del bazo y el estómago se deberían concentrar en objetos amarillos.

Receptor de la terapia con problemas de hígado se deberían concentrar en objetos verdes.

Receptor de la terapia con una deficiencia de corazón se deberían concentrar en objetos rojos. Los receptores de la terapia con exceso de corazón nunca deben concentrarse en objetos rojos sino rosas.

En el Qigong Médico, el color negro se asigna a veces a los riñones. Aún así, concentrarse en el color negro demasiado tiempo puede causar ansiedades, depresión y que la energía caiga en espiral. Así, cuando se traten receptor de la terapia con enfermedades del riñón se deberían concentrar en el color púrpura, índigo o un azul vibrante.

Los receptores de la terapia con depresiones serias, no deberían practicar ningún ejercicio hasta haberlas superado. Si no, pueden desarrollar dolores de cabeza, o en casos más graves, sufrir shocks.

Los receptores de la terapia con sensaciones incómodas de pesadez o ligereza se deben concentrar en el lado opuesto de su cuerpo y no en el afligido.

ACTIVIDADES DIARIAS ESTRESANTES

Las actividades estresantes crean un torrente de adrenalina en el cuerpo. Cuando ocurre esto, al sistema inmune le toca equilibrar todo el mecanismo de estrés y se le aparta de sus otras actividades. Una vida de estrés constante nos hace susceptibles a la enfermedad. La meditación aparta al receptor de la terapia de este estrés y permite al sistema inmune que se vuelva a ocupar de sus cometidos normales.

El estrés crónico cansa la mente produciendo un estado de ansiedad y depresión. Las ocasiones felices, como bodas o similares, también producen estrés que puede ser perjudicial si la vida del receptor de la terapia no está equilibrada, ya que puede causar desviaciones del Qi. Cuando el nivel de estrés sobrepasa la capacidad del sistema nervioso para manejarlo, sufrimos lo que se llama "un ataque de nervios", que provoca disturbios mentales y físicos. Estas perturbaciones pueden llevar a cuadros más serios como tumores, cáncer o quistes. Para evitar estos estados se deben equilibrar bien el trabajo y el descanso.

El pasado emocional de un individuo determina su estado de salud física y psicológica. Estas estructuras emocionales pasadas son las responsables de crear y curar las enfermedades. Nuestros pensamientos se materializan debido a las opciones que escogemos y se manifiestan dentro de nuestro cuerpo.

Aunque al hablar de traumas pasados puede empezar el proceso de curación, también pueden emerger problemas si estos traumas se manifiestan a través de las siguientes estructuras mentales:

1. Los individuos creen que sólo pueden recibir afecto y atención cuando sufren, así usan su necesidad para evitar que los otros les dejen.

2. Los individuos se quedan atrapados en una emoción -ira, culpa, miedo, preocupación, o dolor— y son incapaces de expresar un rango saludable de emociones.

3. Los individuos no tienen un sistema de soporte adecuado.

4. Los individuos no tienen el incentivo para curarse ellos mismos o creen que no pueden ser curados.

5. Los individuos se atan a alguien, debido al miedo a estar solos, mientras reciban la atención que piden.

6. Los individuos tienen la auto estima baja y no buscan ayuda para resolver sus problemas emocionales; tienen dificultades para confiar en alguien, ya que piensan que nadie entenderá su dolor.

El deseo de compartir el dolor para sentirse querido puede llevar a desarrollar una manera particular de relacionarse con la gente. Cuando estos individuos se sienten menospreciados, vuelven de forma inmediata a los traumas pasados. Si esto falla, para que se produzca la respuesta deseada, inconscientemente se puede crear otro trauma o herida emocional. Esto a su vez puede convertirse en una adicción, y puede llevar a enfermedades crónicas.

Debido a que la sanación energética ocurre en el presente y no en el pasado, las víctimas de traumas pasados nunca se curarán si regresan a ese pasado doloroso. Tanto el Yi del receptor de la terapia como el del terapeuta de Qigong Médico deben concentrarse en el perdón para liberar al receptor de la terapia de las heridas tóxicas. El deseo de curarse del receptor de la terapia debe ser tan fuerte que esté dispuesto a darlo todo, incluso perdiendo algo inherente a su enfermedad en el proceso. Los receptores de la terapia deben ser animados a encontrar nuevas maneras de realizar sus necesidades, y deben ser ayudados en esta transición.

A no ser que estemos preparados para quitarnos todas las máscaras del ego emocional, es muy difícil liberarnos de las emociones tóxicas que roban nuestra fuerza vital y dirigen nuestras vidas. Si no somos íntimos con nuestras emociones no podemos percibir las dinámicas dentro de esas emociones. Después de todo, las emociones sólo son energía que fluye por nuestro cuerpo. Es a través de este entendimiento que los terapeutas de Qigong Médico de Qigong entrenan sus emociones y su mente para regular el Shen.

PERTURBACIONES DEL SHEN Y DISFUNCIONES EMOCIONALES

Todas las perturbaciones del Shen están ligadas a disfunciones energéticas emocionales. Normalmente, se pueden dividir en dos categorías: perturbaciones Yin y perturbaciones Yang. Estas perturbaciones afectan a los pensamientos del receptor de la terapia y a sus emociones.

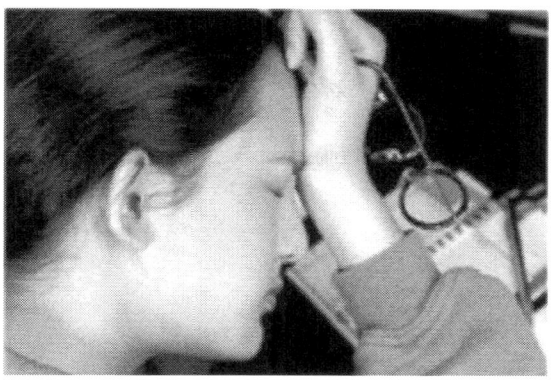

Un pensamiento es una energía a la cual se le ha dado forma mediante la consciencia. Cada experiencia refleja intención, deseo y

voluntad. Cualquier discrepancia puede causar fracturas en el interior energético, lo que puede llevar a un colapso de la energía vital del cuerpo y de forma definitiva a una enfermedad.

Las corrientes energéticas emocionales tienen diferentes frecuencias, que van de las bajas (miedo, ira, preocupación...) a las altas (amor, perdón, alegría, compasión...) y todos los términos medios. Las frecuencias bajas agotan el cuerpo de energía vital. Este deterioro acaba afectando a todo el cuerpo y acaba repercutiendo en la salud física y mental del individuo. Por el contrario, las frecuencias altas llenan el cuerpo de energía. Esto no significa que el receptor de la terapia deba suprimir las emociones negativas ya que son emociones naturales que funcionan de forma positiva preservando a la persona del daño. Es sólo cuando las emociones se suprimen, se niegan, y se acumulan que se convierten en perjudiciales.

Los receptores de la terapia pueden volverse hiperactivos e híper-emotivos cuando están bajo estrés. Cada perturbación emocional altera el patrón de respiración.

Según *El canon interior del emperador amarillo*, la sangre, el Ying, el Jing, el Qi, y el Shen se almacenan en los cinco órganos. Un exceso causará que cualquiera de estos componentes se vaya de sus respectivos órganos. Esto comportará: el agotamiento del Jing del receptor de la terapia; inquietud en el Hun y el Po del receptor de la terapia; mezcla difusa del Zhi y el Yi del receptor de la terapia; salida del cuerpo del Shen del receptor de la terapia.

Cuando se está emocionalmente triste, la energía sube hacia arriba, afectando a los órganos y liberando emociones adicionales. Para liberarse de estas reacciones se le debe enseñar al receptor de la terapia a relajarse y liberar la carga energética de esas emociones. Cultivando una actitud saludable y no suprimiendo emociones el cuerpo empezará a buscar su equilibrio natural. Esto se inicia diciendo al receptor de la terapia que relaje su mente y que respire profundamente hacia el Dan Tien bajo para reequilibrar la energía vital.

Técnicas de tratamiento

Cuando se trata a receptor de la terapia con perturbaciones del Shen, el terapeuta de Qigong Médico categoriza las perturbaciones emocionales y de pensamiento en Yin y Yang.

1. En las perturbaciones Yin Shen la energía del receptor de la terapia se comprime hacia dentro. Estos receptores de la terapia tienen tendencia a evitar los sentimientos, estando callados y deprimidos. También tienden hacia una postura y personalidad introvertida. Cuando se trate a este tipo de receptor de la terapia es importante redirigir el Shen hacia acciones específicas, y instar a que use mantras espirituales y afirmaciones para ganar fuerza y confianza interior.

2. En las perturbaciones Yang Shen la energía del receptor de la terapia se expande hacia fuera. Estos receptores de la terapia tiene la tendencia de expresar sus sentimientos, son ruidosos, impulsivos, volátiles, y maniáticos. También tienden a un comportamiento y postura extrovertida. Cuando se trata a receptor de la terapia de esta clase es importante redirigir el Shen y poner unos límites. Un despertar repentino para darse cuenta de la responsabilidad de sus acciones personales puede desembocar en un shock emocional para el receptor de la terapia.

Una técnica común es extender el Qi al Dan Tien Medio y la corte amarilla. Una vez esta área se ha equilibrado suficientemente, el terapeuta de Qigong Médico acaba el tratamiento enraizando el Qi del receptor de la terapia, llevándolo al Dan Tien inferior.

Recetas y deberes

Muchas de las meditaciones recomendadas para calmar el Shen del receptor de la terapia son las que siguen.

1. La meditación del derretimiento energético se usa para relajar el cuerpo y reducir el estrés. Debemos relajarnos e imaginar que nos derretimos desde lo alto de la cabeza hasta los pies. Esta imagen centra y enraíza la mente. Si el receptor de la terapia está estirado, hacemos que sienta cómo su parte superior se derrite sobre la parte inferior y ésta hacia la Tierra.

2. La meditación del intercambio del fuego y el agua unifica las energías de los riñones y del corazón. Se usa para unificar principios opuestos dentro del cuerpo. También refuerza el sistema inmune y los huesos. Nos sentamos y empezamos a respirar de forma natural, mientras inhalamos y exhalamos por la nariz. Visualizamos el Dan Tien bajo como un océano, y el corazón como una bola de fuego. Imaginamos las aguas del Dan Tien inferior

fluir hacia arriba y el fuego del corazón descendiendo hacia el centro del cuerpo. En el momento en que se unen en la corte amarilla, el agua se evapora y se convierte en vapor. Este vapor caliente viaja por todo el cuerpo. Después permitimos que entre en los huesos y fluya a través del ombligo. Imaginamos que esta niebla se solidifica y se endurece haciendo los huesos sólidos y radiantes con luz blanca. Cuando acabe la meditación, nos relajamos y permitimos que las imágenes se dispersen mientras nos sumimos en el estado Wuji.

3. La meditación del sol y la luna se usa para desintoxicar el estancamiento emocional y establecer claridad emocional, física y espiritual. Empezamos desde una postura Wuji o sentada. Inhalamos y exhalamos por la nariz. Imaginamos el sol como el ojo izquierdo y la luna sobre el ojo derecho. Sentimos su presencia sobre el punto Baihui. Imaginamos que el sol nos baña en luz dorada y la luna en luz plateada. Ambos haces de luz se encuentran en el punto Baihui, combinándose en luz blanca. Esta luz blanca baña al cuerpo y lo llena de energía. Una vez que el cuerpo ya está lleno la energía sale por los poros. Al principio sale energía espesa y de color negro. Esta energía contiene todas las toxinas que se eliminan del cuerpo. A medida que las sustancias toxicas dejan el cuerpo el color pasa del negro al gris, y después del gris al blanco. Sentimos el cuerpo radiar esta energía en las seis direcciones

llenando la habitación. Después de varios minutos, relajamos la mente y centramos la atención en el Dan Tien bajo, antes de acabar la meditación.

4. La meditación de liberar bloqueos emocionales y armadura energética se usa para disolver bloqueos emocionales de los órganos internos. Cuando se despejan las emociones, vuelven a su equilibrio. Empezamos desde una postura Wuji e inhalamos por la nariz y exhalamos por la boca.

a. Dirigimos la atención al hígado. Cada vez que inhalemos, visualizaremos y sentiremos simpatía y compasión entrando en el hígado. Mientras exhalamos, liberamos ira y celos. Repetimos 18 respiraciones.

b. Dirigimos la atención al corazón. Cada vez que inhalemos, visualizaremos y sentiremos regocijo, tranquilidad y felicidad entrando en el corazón. Mientras exhalamos, liberamos nervios y excitación. Repetimos 18 respiraciones.

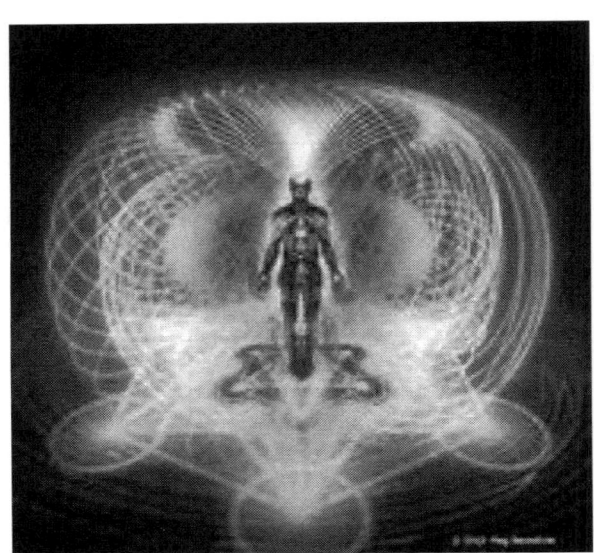

c. Dirigimos la atención a los pulmones. Cada vez que inhalemos, visualizaremos y sentiremos la dignidad, integridad y coraje entrando en los pulmones. Mientras exhalamos, liberamos ansiedad y culpa. Repetimos 18 respiraciones.

d. Dirigimos la atención a los riñones. Cada vez que inhalemos, visualizaremos confianza y fuerza interior entrando en los riñones. Mientras exhalamos, liberamos miedo y soledad. Repetimos 18 respiraciones.

e. Dirigimos la atención al bazo. Cada vez que inhalemos, visualizaremos y sentiremos las emociones de confianza, y sinceridad entrando en el bazo. Mientras exhalamos, liberamos preocupaciones, obsesiones y dudas. Repetimos 18 respiraciones.

f) Finalmente, inhalamos, visualizamos y sentimos la emoción de un cuerpo totalmente en paz. Mientras exhalamos, haremos que resuene este sentimiento por toda la habitación. Repetimos durante 18 respiraciones.

Perturbaciones durante la práctica de Qigong

El receptor de la terapia debería escoger cuidadosamente un lugar seguro y tranquilo para practicar sus ejercicios y meditaciones. Muy a menudo el receptor de la terapia se encuentra ya relajado cuando le asedian las perturbaciones, normalmente causadas por un sonido o evento inesperado. Durante el entrenamiento, si practicante se ve asediado, no debe abrir los ojos. Si lo hace, la energía tóxica saldrá y causará un bloqueo del Qi vital. Esta reacción causará unas desviaciones difíciles de solucionar.

Si se sigue el ejercicio como si nada hubiera pasado, se puede devolver la mente a su estado anterior de quietud guiando el Qi arriba por el vaso del gobernador y abajo por el vaso de la concepción. Incluso si el terapeuta de Qigong Médico se ha sobresaltado por un sonido, debe redirigir enseguida la mente a su estado de calma, haciendo la apertura y el cierre de los dos Dan Tiens.

Normalmente las emociones remitirán al hacer el ejercicio cuatro veces, pero puede repetirse las veces necesarias hasta recuperar la calma.

Nota: es importante tener un lugar tranquilo y seguro en el que practicar, a ser posible al aire libre, con aire fresco, flores y árboles. Esto es debido a que el interior del cuerpo se identifica con los alrededores. Es importante no entrenar en o cerca de: luz directa del sol; vientos fríos y fuertes; tormentas eléctricas; árboles viejos o podridos; cementerios o tumbas; generadores eléctricos, centrales eléctricas o instalaciones de este tipo; vertederos; sitios contaminados; así como no practicar inmediatamente después de terremotos, tornados, huracanes, vientos muy fuertes, etc.

DESVIACIONES MUSCULARES INCONTROLABLES

A veces el cuerpo del receptor de la terapia empieza a moverse, temblar, o vibrar de forma automática revelando un patrón energético que causa el movimiento muscular. Cuando ocurre esto, la parte del cuerpo sigue moviéndose durante varias horas, causando cansancio. A veces el Qi en las piernas y el corazón sube a la cabeza, agravando el problema.

Para los receptores de la terapia mayores esto se considera un síntoma peligroso, ya que sus extremidades inferiores son normalmente más débiles. En casos extremos se debería controlar diciéndole al receptor de la terapia : «Es momento de relajarse y calmarse. Debes acabar el ejercicio y descansar». Este método es muy efectivo cuando se hace una y otra vez.

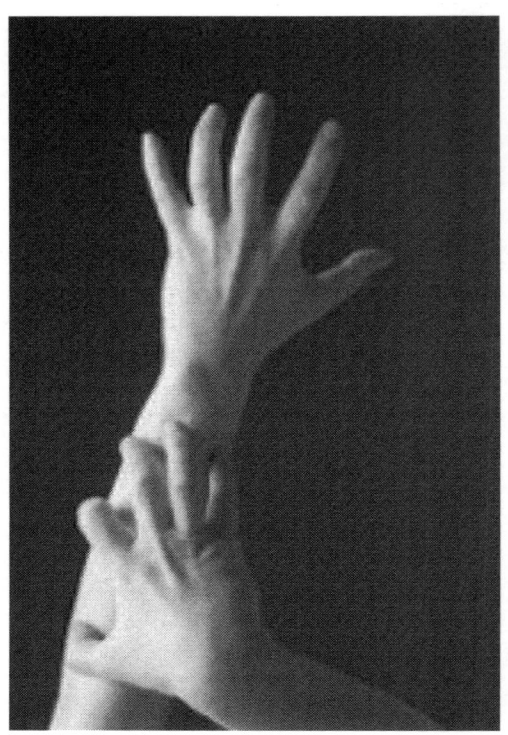

Si el receptor de la terapia no puede parar, se puede probar el siguiente método: dirigir al receptor de la terapia para que ponga su mando izquierda en el Dan Tien medio y la derecha encima de la izquierda. Decirle que se le va a ayudar a parar golpeando el área de su Mingmen. El terapeuta de Qigong Médico debe presionar la mano derecha del receptor de la terapia con su mano

izquierda, mientras con la otra mano golpea el Mingmen del receptor de la terapia tres veces, dirigiendo la atención a sus pies.

Si ninguno de los dos métodos funciona, hay que dirigir al receptor de la terapia para que gire su pie derecho hacia dentro con el dedo gordo apuntando al talón de su pie izquierdo. Si no lo pueden conseguir sin ayuda, se debe coger su mano izquierda con la mano derecha y con el pie, empujar el dedo gordo del receptor de la terapia al lugar indicado. Eso debería parar el movimiento.

Después, se toca el Taichong del receptor de la terapia (Híg-3), entre el dedo gordo y el segundo, con "los dedos espada" emitiendo Qi.

RECTIFICAR LAS DESVIACIONES DEL QI USANDO LA REGLA DE TAIJI

Si los receptores de la terapia experimentan mucho calor, se concentran demasiado y necesitan cambiar la posición de su lengua y quizá cambiar meditaciones. La regla de Taiji es muy efectiva para rectificar desviaciones causadas por una tonificación o purgación inapropiada, y puede ser usada para drenar canales y colaterales.

Cuando hagas este ejercicio, la rotación de la regla hacia arriba y afuera (lejos del cuerpo) se usa normalmente para incrementar el flujo de Qi y sangre en las extremidades superiores. El movimiento hacia abajo y hacia dentro se usa para incrementar el flujo de Qi y sangre en las extremidades inferiores.

La purgación de bloqueos de energía se libera con movimientos descendentes. La tonificación se mejora a través de movimientos ascendentes. Usando estos métodos los receptores de la terapia pueden arreglar sus desviaciones y promover el incremento de Qi.

DESÓRDENES Y DESVIACIONES DEL ALMA Y EL ESPÍRITU

Introducción a las dimensiones espirituales

Una realidad aceptada en la terapia por Qigong Médico es la relación entre la parte física y espiritual con el cuerpo. El mundo físico es considerado un estado Yang de existencia, mientras que el espiritual es Yin. Una vez que el Shen del terapeuta de Qigong Médico ha alcanzado un nivel elevado de sensibilidad, puede trascender el plano físico y comunicar con el Yin espiritual.

Dentro del sutil reino del mundo espiritual, la existencia de entidades espirituales y fantasmas se dividen en Yin y Yang. Hay una diferencia importante entre entidades espirituales y fantasmas.

1. Una entidad espiritual pertenece a la categoría Yang, y viene de la formación de la naturaleza. Los espíritus son considerados seres etéreos del Universo, que dependen de la absorción de energía natural y se ven afectados por los ciclos energéticos de la Tierra. Son seres conscientes y pueden tomar cualquier forma. Una entidad espiritual puede afectar los campos energéticos del cuerpo, o controlar ciertas áreas del sistema nervioso. Estas entidades se pueden dividir en dos categorías: Yang (buenas) y Yin (malas).

A las entidades Yang se les da el nombre de ángeles, guía y otros nombres positivos. Ayudan a la humanidad en su búsqueda de la

iluminación. Ayudan a la gente a tomar decisiones beneficiosas para alcanzar la madurez espiritual.

A las entidades Yin se les da el nombre de factores patógenos, espíritus de la oscuridad y otros nombres negativos. Las entidades Yin desafían a la humanidad confundiendo el espíritu humano. Si se les da la oportunidad pueden poseer a un individuo y volverse extremadamente hostiles y territoriales.

2. Los fantasmas o Gui, como les llaman en China, pertenecen a la categoría Yin. Los fantasmas se desarrollan a partir de la esencia espiritual combinada del alma eterna de un individuo. Cuando el cuerpo muere, las energías del alma corpórea entran en estado de descanso, volviendo a la Tierra, permitiendo al alma etérea que vuelva al cielo. El alma eterna del individuo se fusiona entonces con las energías de los tres Dan Tiens y es proyectada fuera del cuerpo, entrando en un túnel de luz de vuelta a lo divino. A veces, debido a problemas emocionales no procesados, muerte traumática, cuentas pendientes, etc. El alma etérea del individuo puede deambular por la Tierra, convirtiéndose en

un Gui. Normalmente, se necesitan tres días para que el alma corpórea reúna la energía del cuerpo fallecido. Los fantasmas también se pueden separar en Yin (malos) y Yang (buenos).

.   a) A los fantasmas Yang se les da el nombre de espíritus y flotadores. Estas almas sin cuerpo pueden estar pérdidas, confundidas, desilusionadas, o haber vuelto de forma premeditada para proteger y guiar a los vivos.

.   b) A los fantasmas Yin se les da el nombre de poltergeists, descarnados,u otros nombres negativos dependiendo del ámbito geográfico. Estas almas sin cuerpo están enfadadas y son maléficas y destructivas.

Es muy difícil ser inmune a las influencias del mundo espiritual. Las manifestaciones espirituales son evidentes a partir de manifestaciones sonoras, olores raros, frío extremo, y desplazamiento de objetos. Las entidades espirituales parecen poder moverse a través de sólidos y pueden aparecer y desaparecer de forma abrupta. Algunos tienen el movimiento muy limitado o torpe, mientras que otras tienen el movimiento que recuerda a una persona viva. Los encuentros con estas entidades se pueden dividir en seis categorías principales.

1. Las manifestaciones espirituales de los muertos ocurren normalmente poco tiempo después del fallecimiento del individuo. Las visitas de los difuntos sirven normalmente para anunciar que serán los guardianes de esa persona, para traer apoyo o para acabar algún asunto. Si un individuo muere de forma totalmente inesperada, el alma puede no darse cuenta de que ha perdido el cuerpo y seguir haciendo sus rutinas diarias. A veces estas almas se manifiestan como entidades maliciosas, que intentan ganarse la atención de los vivos, pero no tienen la maldad de una manifestación como un poltergeist maligno.

2. Las apariciones en el lecho de muerte son normalmente de naturaleza divina, figuras religiosas o apariciones luminosas. Visiones de seres queridos fallecidos, que vienen a guiar al alma moribunda al siguiente plano de existencia, también son frecuentes.

3. Las manifestaciones de una tragedia inminente son imágenes de una entidad que normalmente aparece en sueños. Cuando aparecen, estas entidades

espirituales comunican la muerte de un ser querido, una enfermedad grave, o avisan de una tragedia en ciernes.

4. Las entidades espirituales reencarnadas pueden aparecerse en sueños a un miembro de la familia por el cual serán traídos a la vida. Se conoce a estos sueños como "anunciaciones".

5. Las manifestaciones de poltergeist son normalmente maliciosas y malévolas. Pueden ser almas sin cuerpo o entidades demoníacas. Estas almas no han estado satisfechas en vida y no se pueden reintegrar a la Tierra después de la muerte o de ascender al cielo. Suelen hacer notoria su presencia arrastrando objetos, asaltando a los componentes de la familia, haciendo ruidos o con olores nauseabundos.

6. Se pueden proyectar imágenes fantasmales de una proyección astral y manifestarse en diferentes sitios como una aparición incorpórea. A veces esta aparición puede viajar a otros sitios y aparecer como una forma holográfica a otra gente. Esta imagen no se considera una manifestación espectral sino la extensión y la forma material del alma eterna del individuo.

Engaños mentales

A veces el mundo espiritual puede afectar el cuerpo físico a través de conexiones emocionales subconscientes con el Shen. Estas emociones no pueden ser nunca totalmente reprimidas porque saldrán a la luz en forma de sueños, visiones etc.

Ver una entidad espiritual es una parte normal del entrenamiento en Qigong Médico; aún así desórdenes como la esquizofrenia y la psicosis son considerados desviaciones del Qi y pueden ser causadas por la práctica del Qigong Médico de forma incorrecta. Estos estados se conocen como "engaños mentales" y son difíciles de corregir. Esto no significa que las personas que sufran desórdenes de este tipo sean maléficas por sí mismas.

Atracción por el terapeuta de Qigong Médico

Se considera culturalmente en China un engaño de la mente subconsciente durante, o después del tratamiento con Qigong, que hace que el receptor de la terapia demuestre un amor intenso por el terapeuta. Como la energía del terapeuta de Qigong Médico se

intensifica en el sistema nervioso del receptor de la terapia, los receptores de la terapia experimentan una especie de euforia biológica que da pie a expresar emociones secretas, fantasías, y síntomas excéntricos.

Durante el tratamiento, el receptor de la terapia se vuelve abierto y muy vulnerable. La habilidad del terapeuta de Qigong Médico para canalizar energía divina y compasión pueden confundirse fácilmente con señales de amor personal hacia el receptor de la terapia. Esto es una ilusión que normalmente se puede dispersar mediante la explicación del terapeuta de Qigong Médico. Cuando al terapeuta de Qigong Médico le es imposible disuadir o dispersar ese sentimiento, es señal de algún problema mental o desorden, a veces de largo recorrido. Esta clase de receptores de la terapia deben ser referidos a un especialista en salud mental para consejo profesional.

Encuentros con espíritus seductores

En raras ocasiones, los individuos que no tienen una conexión muy fuerte con lo divino pueden ser susceptibles a este tipo de encuentros. Los espíritus se conocen como Íncubos (masculinos) y Súcubos (femeninos), y tienden a manifestarse en los sueños. Estos sueños pueden ir desde la seducción y el romanticismo hasta la violación y la sodomía. Aunque estos encuentros ocurren en sueños, a menudo cuando la víctima despierta las sensaciones físicas aún persisten.

Ilusiones

A veces, durante o después del tratamiento o entrenamiento, en Qigong se producen ilusiones que llevan a un estado mental perjudicial. Una ilusión es una creencia falsa hecha sin estimulación externa, y es inconsistente con las creencias y conocimientos del individuo. Los receptores de la terapia que sufren este cuadro normalmente presentan disposiciones asociales y excéntricas. Algunos incluso se vuelven muy desmotivados y deprimidos. Pueden perder la ilusión de la vida y pensar en el suicidio; otros pueden tener síntomas parecidos a la psicosis. Estos síntomas ocurren debido a problemas emocionales preexistentes que el receptor de la terapia no ha sabido trabajar, o a los que ha evitado enfrentarse.

En realidad, la práctica del Qigong Médico no genera este tipo de problemas, aún así es probable que, ocasionalmente, las terapias vuelvan a los receptores de la terapia más sensibles a sus problemas sin resolver, y estos pueden resurgir en su mente subconsciente debido a un sistema nervioso hiperactivo.

Espíritus malvados

Los encuentros con fenómenos conocidos como espíritus malvados ocurren raramente en el transcurso de la práctica clínica. La posesión demoníaca o la opresión demoníaca se refieren al estado de mente del receptor de la terapia que llega a la consulta bajo la influencia de los "espíritus del mundo objetivo" (también llamados "ángeles caídos", "factores patógenos", etc.) y estos ejercen su influencia en los pensamientos o el cuerpo del receptor de la terapia. Pueden afectar a cualquier persona que esté abierta a su influencia. Cualquier práctica de una persona que abra su mente subconsciente la puede hacer proclive y vulnerable a estos estados.

Por ejemplo:

uso incorrecto de las meditaciones; uso incorrecto de la hipnosis o la auto hipnosis; irresponsabilidad en la práctica de la proyección astral; meditaciones que causan efectos secundarios adversos en el campo psicológico; anestesia general; abuso de drogas o alcohol; irresponsabilidad en la práctica de espiritismo, o la tabla de la Ouija; traumas profundos a nivel emocional o físico; irresponsabilidad en la práctica de encuentros psicosexuales (sexo tántrico con la persona equivocada); exposición a sitios que están encantados por espíritus malvados cuando el individuo está muy fatigado o estresado; irresponsabilidad en la práctica de la "magia negra".

Cuando la conexión del receptor de la terapia con su Shen se vuelve extremadamente deficiente, hasta el punto de que entregan su Hun, el Hun puede irse de su cuerpo y dejarlo vulnerable a la posesión.
Una de las primeras cosas que busca un demonio es satisfacer su apetito sensual (ya sean placeres sexuales, rabia, o adicciones emocionales, etc.). Un espíritu sin cuerpo no tiene la habilidad de sentir las sensaciones físicas debido a la desconexión con su cuerpo. Por esa razón sólo puede satisfacer esas necesidades a través del cuerpo de otro ser viviente. De esta manera si un receptor de la terapia se desasocia de su núcleo divino, o tiene un sistema de fronteras energéticas débil o carece de él puede ocurrir este fenómeno. En China esta condición se describe como, "el espíritu (Hun) deja el cuerpo y el demonio entra, uniéndose con el Po del cuerpo" y debe ser rectificado con remedios espirituales y la recuperación del alma.

Aunque estos encuentros en la clínica son raros, es importante reconocerlos y tratarlos cuando se producen. Al entender estos fenómenos, es importante darse cuenta de que los terapeutas de Qigong Médico en China dividen estos encuentros en dos tipos: espíritus malvados proyectados por la mente subconsciente y encuentros con espíritus malvados.

ESPÍRITUS MALVADOS PROYECTADOS POR LA MENTE SUBCONSCIENTE

A veces, durante la meditación, la mente subconsciente libera visiones dentro de la mente consciente en forma de fantasmas, apariciones, factores patógenos, etc. Estas visiones son proyecciones subjetivas de una parte propia del individuo, liberadas a través de las emociones. El color de cada imagen representa ciertos sentimientos y recuerdos reprimidos dentro del órgano con

el que la mente subconsciente se está intentando comunicar. Esto también se aplica a los sueños y las pesadillas donde el receptor de la terapia está bajo el acoso constante de espíritus o factores patógenos.

Un demonio verde representa profundos sentimientos reprimidos de rabia, ira y enfado que están conectados al hígado.

Un demonio rojo representa profundos sentimientos reprimidos de excitación, pánico, y ansiedad que están conectados al corazón.

Un demonio amarillo representa profundos sentimientos reprimidos de preocupación y pena que se conectan con el bazo.

Un demonio blanco representa profundos sentimientos reprimidos de tristeza, culpa, pena, ansiedad, agitación y corazón roto. Se conectan con los pulmones.

Un demonio negro representa profundos sentimientos reprimidos de miedo, paranoia, horror, pánico, y terror que se conectan a los riñones.

Estas imágenes se pueden ver influidas por la cultura del receptor de la terapia. Cada receptor de la terapia puede verse observando cosas bastante diferentes pero con las mismas emociones subyacentes. En la cultura occidental la gente suele soñar con asesinos o matones que le persiguen para asesinarlo o con monstruos.

ENCUENTROS CON ESPÍRITUS MALVADOS

Estos encuentros tienen una realidad objetiva, ya que son entidades que existen fuera de los pensamientos y sentimientos del individuo. Por razones obvias es muy importante para el terapeuta de Qigong Médico tener unos buenos fundamentos espirituales. Ya que sin ellos el terapeuta de Qigong Médico puede arriesgarse a absorber el Qi patógeno del receptor de la terapia y verse proclive a estos estados maléficos.

El estado espiritual del campo energético controla el campo emocional, el emocional el mental y el mental controla el físico. Cuando hay una interacción por parte de un espíritu, las emociones se manifiestan. Hay dos maneras por las cuales un espíritu malvado se puede atar al cuerpo: a través de la posesión o la opresión.

1. Los receptores de la terapia con opresión por parte de un espíritu o demonio tienden a haber padecido un fuerte trauma, que ha dado omo resultado una autoestima baja. Depresión, miedo, rabia, etc. son las emociones de las cuales se alimenta el espíritu. El espíritu se engancha al segundo campo de Wei Qi del receptor de la terapia, absorbiendo la energía y sustentándose de la liberación de emociones negativas del receptor de la terapia.

Son parásitos espirituales que provocan y hacen crecer las respuestas emocionales negativas. Si por alguna razón el demonio abandona el segundo campo de Wei Qi del receptor de la terapia, seguirá buscando otra fuente de la que alimentarse, como un depredador. Es por esta razón que en ciertas familias, estas dinámicas se pasan de generación a generación, debido a ciertos patrones espirituales congénitos.

2. La posesión por parte de un demonio o espíritu ocurre cuando la mente/ espíritu del receptor de la terapia está demasiado ligada a algo; puede incluso dejar al receptor de la terapia y no volver. El vacío dejado por la consciencia original puede verse llenado con el espíritu de otros seres. El estado resultante es una posesión. Debido a que la calidad y la estabilidad de la mente del receptor de la terapia se ha perdido, éste se vuelve extremadamente independiente de esta presencia ajena al relacionarse con los demás o el entorno.

Cuando una entidad posee el cuerpo del receptor de la terapia suele ser muy territorial y protectora. Esto se debe a que la presencia envuelve el núcleo energético del receptor de la terapia como si fuera una serpiente constrictora, alimentándose del receptor de la terapia y

distorsionando la realidad. Como resultado de esto se aprecian en el individuo cambios súbitos de humor, y a veces, muestras de poderes físicos increíbles o intuiciones extraordinarias.

En muchos casos estos espíritus no gozan de la mayor de las inteligencias; son más del tipo bacteria, virus o parásito. En algunos casos, de todas formas, los espíritus sí pueden ser de una gran inteligencia y poder, como se muestra en la película "El exorcista".

SUMARIO

Como se ha mencionado anteriormente, una vez que el Shen del terapeuta de Qigong Médico ha alcanzado niveles muy altos de sensibilidad es capaz de trascender sus percepciones conscientes para sentir, observar y comunicarse con el mundo espiritual. Esta habilidad de ver espíritus o fantasmas incorpóreos es una parte normal del entrenamiento en Qigong Médico y la observación de la energía.

Estas presencias espirituales se pueden sentir o ver por períodos cortos de tiempo o por largo tiempo. Algunas de estas entidades espirituales también pueden tomar forma de animales.

Algunos terapeutas de Qigong Médico ven estas entidades energéticas como individuos que se están proyectando o formas que pueden ser espíritus benignos o malignos. En cualquier caso, los encuentros con estas entidades no deben alterar ni atemorizar al terapeuta de Qigong Médico, sino que se deben interiorizar y esperar como parte del mundo espiritual.

Una nota importante, aunque la posesión demoníaca es real, la localización o el tipo de enfermedad del receptor de la terapia no tienen nada que ver con ella. La posesión está relacionada con la disociación del Yuan Shen y la ausencia, o supresión, del Hun del receptor de la terapia. No está causada por la formación de tejidos obstructores o la enfermedad física.

Después de ayudar al receptor de la terapia a desvelar algún trauma emocional severo, el terapeuta de Qigong Médico debe ayudarlo con las "meditaciones de recuperación del alma", para devolver el Hun a su residencia y facilitar la conexión con el Yuan Shen. Durante estas meditaciones, el receptor de la terapia puede ver su trauma desde diferentes puntos de vista: desde arriba, desde otro cuerpo, etc. La razón de este desplazamiento de la perspectiva es el resultado del desplazamiento del Hun cuando deja el cuerpo. Aunque el Hun está fuera del cuerpo sigue observando, escuchando y grabando. Esto también se aplica a las proyecciones astrales que ocurren durante una operación, así como en experiencias cercanas a la muerte. Muchos receptores de la terapia viajan fuera del cuerpo mientras están bajo los efectos de la anestesia. Estas experiencias se están viendo mejor documentadas en la actualidad gracias a las técnicas modernas de resucitación.

Se han documentado experiencias similares por parte de receptor de la terapia que, de niños, han sufrido abusos sexuales o físicos y que han aprendido a desasociarse de su cuerpo. En muchos casos de adultos estas personas no sufren de personalidad múltiple. Este desorden sólo se manifiesta en los casos más severos.

DESORDEN DE PERSONALIDAD MÚLTIPLE (DESORDEN DE IDENTIDAD DISOCIATIVA)

Ocasionalmente el terapeuta de Qigong Médico puede encontrar un receptor de la terapia que padece de desorden de personalidad múltiple. Esta condición viene dada normalmente por fuertes abusos sexuales, físicos y emocionales durante la niñez; en algunos casos se pueden dar posesiones demoníacas. Esta enfermedad hace que el receptor

de la terapia desarrolle dos o más consciencias divididas que, de forma recurrente, se alternan para toman el control del receptor de la terapia.

Se cree que la personalidad original se divide durante la niñez (normalmente entre los 6 y 7 años y, como muy temprano, a los 3) creando diversas personalidades que no están asociadas a la personalidad del receptor de la terapia. Estas personalidades pueden ser desde 2 hasta cientos, ya que a su vez, estas dan nacimiento a nuevas divisiones. Cada personalidad o `alter ego` tiene sus propias características y sexo.

Pueden tener diversas condiciones médicas aunque habiten en el mismo cuerpo. Mientras el receptor de la terapia cambia de personalidad, su campo energético también sufre cambios. Cada personalidad puede ser de una edad o estar en una fase de desarrollo distinta a la del individuo.

Normalmente una personalidad ayuda al terapeuta de Qigong Médico mientras que las otras tienen rasgos psicóticos, indiferentes, etc. Algunas de estas personalidades pueden tener habilidades especiales para trascender la consciencia a un estado psíquico, por ejemplo, que le haya servido de refugio durante los abusos al individuo.

Tipos de personalidades

En el transcurso del tiempo el papel de las personalidades cambia en el receptor de la terapia. Hay diferencia entre una personalidad estable, que mantiene su rol tanto interno como externo, y las personalidades fragmentarias (que sólo se presentan a la hora de lavar los platos p.ej.). También suelen presentarse personalidades de niños. El historial de violencia del receptor de la terapia nos permitirá saber dónde encontrar las personalidades peligrosas. Algunos de los tipos más usuales son los siguientes.

1. La primera que suele encontrar el terapeuta de Qigong Médico es la personalidad huésped del receptor de la terapia, no su personalidad original.

2. El tipo demoníaco o espiritual se suele encontrar en personas muy religiosas.

3. La personalidad del perseguidor es la responsable de los intentos de suicidio o de autolesiones del receptor de la terapia (un síndrome muy común entre personas afectadas por este desorden). Suelen ser niños o adolescentes. Se cree que estas personalidades son retazos del abusador original del receptor de la terapia o han evolucionado de personalidades que ayudan.

4.La personalidad de ayuda es aquella que proporciona al receptor de la terapia la fuerza necesaria de contrarrestar los actos de las personalidades más agresivas.

5.La personalidad administradora u obsesiva compulsiva es la responsable normalmente de permitir al receptor de la terapia que se gane la vida. Suelen ser fríos y secos.

6. El imitador o el impostor normalmente toma la forma de otras personalidades y maneja las situaciones que el individuo no puede, no sabe o son demasiado dolorosas para manejar.

7.La personalidad autista o discapacitada se manifiesta cuando el receptor de la terapia siente que es constantemente vigilado o siente que está siendo controlado y/o aislado. Pueden tener episodios de catatonía o autismo así como episodios donde pueden volverse momentáneamente sordos o ciegos.

8.La personalidad promiscua es normalmente la responsable de las necesidades sexuales incontrolables del receptor de la terapia (por ejemplo la ninfomanía).

Cuando se trata a receptor de la terapia con este tipo de desorden, el objetivo es fusionar e integrar todas las personalidades conjuntamente, normalmente a través de la hipnosis y la visualización creativa. Se consigue haciendo que el receptor de la terapia imagine cada personalidad fundiéndose en una sola.

De todas formas, algunos receptores de la terapia optan por seguir teniendo estas personalidades ya que fusionarlas implica "la muerte" de los otros. Si este es el caso se llega a acuerdos con las personalidades de forma que las más responsables mantengan a las más violentas a raya. Debido a la dificultad de estos cuadros, se recomienda al terapeuta de Qigong Médico que refiera al receptor de la terapia a un especialista que sepa tratar mejor estos casos, ya que la tasa de suicidios entre los individuos con este desorden es muy alta.

EL QIGONG Y LA RECUPERACIÓN DEL ALMA

Según la perspectiva del Qigong una de las mayores causas en las enfermedades es "la pérdida del alma". En el plano espiritual, el alma eterna es la manifestación y la suma total de todas nuestras asociaciones energéticas y la energía del Wu Jing Shen. El alma eterna sirve como un punto medio entre el origen y la organización de toda la fuerza vital. El alma eterna es considerada el asiento de todas las emociones, sentimientos y sensaciones. El cuerpo crece alrededor del alma eterna. A su vez, el alma eterna irradia energía por todo el cuerpo como si fuera el sol. En el aspecto

energético, el alma eterna expresa su cualidad innata para mover la energía a través de la forma física. Está conectada a todas las partes del cuerpo, y su luz o energía se refleja en los ojos a través del Hun. A través de ella, todos los sistemas energéticos del cuerpo buscan su forma completa. Conoce todo lo necesario para el cuerpo en todas las situaciones y actúa a través del Po. Sin ella la energía del cuerpo vagaría sin dirección.

La "pérdida del alma" no es una posesión demoníaca, sino una enfermedad espiritual que causa malestar emocional, mental y físico. Cuando se perturba el Hun deja el cuerpo y la mente vaga sin rumbo ella sola. Cuando esto ocurre por un corto período de tiempo se le suele llamar "disociación" o, coloquialmente, "embobarse". Cuando ocurre por largo tiempo se le llama viaje espiritual o del alma, y con frecuencia ocurre cuando el receptor de la terapia está durmiendo. Se cree que si el Hun sale del cuerpo permanentemente el receptor de la terapia morirá. El coma es un buen ejemplo de cuando el Hun deja el cuerpo, pero sigue ligado al receptor de la terapia a través de su campo de

Qi. Cuando el receptor de la terapia está en coma el Hun y el Shen abandonan el cuerpo y vagan por el plano astral.

El Hun y el Po crean la energía que sustenta el Wu Jing Shen, que da energía al Yuan Shen. Si el terapeuta de Qigong Médico consigue recuperar las partes perdidas del alma eterna del receptor de la terapia (los recuerdos reprimidos ligados al Hun y al Po) se puede restaurar el Shen del receptor de la terapia de vuelta a un estado saludable y armonioso.

Razones por las que el alma eterna deja el cuerpo

En tiempos antiguos se asociaba la enfermedad a que el Hun se había ido o había sido robado. Se creía que cuando el Hun dejaba el cuerpo lo hacía por tres razones: podía haber sido robado, asustado, o simplemente estaba vagando. Aparte del robo del Hun algunos terapeutas de Qigong Médico también relacionan la pérdida del Hun a la interferencia de Gui (fantasmas o espíritus), así como a la influencia de otros seres humanos (corazón roto, trauma severo).

La recuperación del alma es una parte esencial del Qigong Médico; el cuerpo y la mente sin el Hun, o la conexión espiritual con el Yuan Shen, están atrapados en un estado de suspensión y shock emocional. Cuando las necesidades espirituales del alma eterna se dejan de lado el Shen empieza a desasociarse y síntomas como adicción a las drogas o alcohol, violencia, obsesión o depresión profunda se manifiestan.

Debido a que nacemos entendiendo las realidades espirituales ocultas, los receptores de la terapia sucumbirán inevitablemente a varios cambios de humor; esto se debe a dolores emocionales profundos y experiencias que están atrapadas en el recuerdo y tocan el corazón. Algún tipo de vida espiritual de cualquier clase es esencial para la salud psicológica. Tradicionalmente, se dice que el Hun está suspendido entre la consciencia y la inconsciencia, y que su modalidad de percepción no es la de la mente ni la del cuerpo, sino la de la imaginación.

Desde la perspectiva clínica se ha notado que el Hun deja el cuerpo durante traumas emocionales severos. Siempre que sentimos un trauma el Hun escapa del cuerpo para evitar parte del impacto y el dolor. Cuando los receptores de la terapia se desasocian, algunos aspectos de su personalidad se separan de su consciencia, provocando vacíos de memoria.

Cuando el receptor de la terapia ha sido violado o herido de alguna forma y permanece en un estado mental emocional presente, dentro del cuerpo se descomprimen sentimientos de ira o heridas pasadas, culpa por el presente, o miedo por futuras heridas. Si ocurre una sobre estimulación de un órgano energético, puede dañar el Shen del receptor de la terapia, causando que el receptor de la terapia cierre el Yuan Shen para suprimir toda emoción, similar a la reacción de una anémona.

El propósito de la recuperación del alma

El propósito de la recuperación del alma en la terapia de Qigong es volver a llevar las emociones a áreas específicas del cuerpo, permitiendo que el receptor de la terapia exprese y libere los sentimientos y las reacciones que causan los síntomas de su enfermedad. Esto ayudará al receptor de la terapia a transformar su energía congelada o atrapada (Qi estancado), de vuelta a su verdadero potencial energético y a volver a reintegrarlo con el Shen.

El terapeuta de Qigong Médico acompañará al receptor de la terapia durante la transformación emocional, incluyendo las crisis, enfermedades, y la muerte y el renacimiento emocional. Esto permite que el receptor de la terapia se mantenga en un estado presente energético. Esto también resulta en el alivio de los síntomas de la enfermedad y la vuelta del poder personal del receptor de la terapia, creando el potencial para la realización en el trabajo y las relaciones. A veces puede ser que el receptor de la terapia decida dejar el trabajo para encontrar uno nuevo que lo llene más o descarte amistades antiguas y busque nuevas como resultado de la transformación emocional.

SANAR EL ESPÍRITU

El primer estadio en la sanación del alma es abrir el Yuan Shen del receptor de la terapia dándole esperanza y coraje. Una vez que el receptor de la terapia ha cerrado su Yuan Shen no se puede volver a abrir por medio de argumentos lógicos. En su lugar el terapeuta de Qigong Médico debe usar un tono suave y gentil para expresar compasión y mostrar que el receptor de la terapia de verdad le importa. El receptor de la terapia se debe sentir lo suficientemente valorado y honrado por el terapeuta de Qigong Médico para sentirse seguro y liberar las emociones dañinas y negativas.

Las alabanzas deben ser usadas de forma muy cuidadosa y gradual, ya que muchos receptor de la terapia aún no aceptan que puedan tenerles en alta consideración. Demasiada alabanza puede hacer que el receptor de la terapia sienta que se burlan de él o le mienten. Este tipo de curación sólo se puede llevar a cabo cuando el espíritu del receptor de la terapia estimula las emociones interiores y no sólo el intelecto.

Una vez que el Yuan Shen del receptor de la terapia se empieza a abrir, es importante que el terapeuta de Qigong Médico aumente la esperanza del receptor de la terapia para las relaciones interpersonales. Esto se inicia usando afirmaciones mentales silenciosas, o recetando afirmaciones positivas de forma conjunta con visualizaciones vívidas. Instalar la esperanza en el receptor de la terapia y darle fuerzas permite que la influencia del terapeuta de Qigong Médico crezca en el receptor de la terapia.

Una vez que el receptor de la terapia empieza a abrir el Shen, es importante que el terapeuta de Qigong Médico se tome tiempo para viajar emocionalmente y energéticamente con el receptor de la terapia de vuelta a esos recuerdos pasados, para encontrar el preciso momento en que el Hun dejó el cuerpo. La elección de devolver el espíritu emocional de vuelta al cuerpo debe venir del deseo del receptor de la terapia para recuperar sus sentimientos originales, no importa lo doloroso que

sea el proceso. El receptor de la terapia debe estar preparado para volver a experimentar y liberar esos sentimientos. Es importante que el receptor de la terapia suspenda el juicio sobre sí mismo y observe los eventos que se están liberando con compasión (como si le pasaran a un amigo y le tuviera que dar ánimos). Esto permite al receptor de la terapia experimentar una sanación verdadera con la ayuda de un compañero compasivo u "observador adulto".

A veces puede ser que el receptor de la terapia llore como resultado de la liberación del trauma original. Muchos receptores de la terapia notan que después de estas experiencias sus sueños cambian de forma significativa, volviéndose más reales. Además, su ambiente vital y sus relaciones tienden a cambiar de forma drástica.

LA SALA DE LA MEMORIA O SALA DE LOS RECUERDOS

Una simple meditación visual se puede usar también para acceder a las memorias pasadas del receptor de la terapia. Este ejercicio es una forma de meditación guiada, en la cual el terapeuta de Qigong Médico guía al receptor de la terapia para entrar en las partes ocultas imaginarias de su propia alma.

Empieza teniendo al receptor de la terapia en tendido supino. Pide al receptor de la terapia que cierre los ojos e imagine que baja por unas escaleras. Guía al receptor de la terapia por tres puertas separadas, descendiendo por sus tres respectivas series de escaleras.

Después de entrar por la última puerta, el receptor de la terapia desciende un tramo final de escaleras hasta que llega

a la sala de la memoria. Aquí es donde se han guardado todos los traumas pasados del receptor de la terapia, escondidos en la parte más profunda de la mente subconsciente.

Dentro de la sala, el receptor de la terapia descubre cilindros oscuros de dolores emocionales pasados. Cada cilindro representa un trauma específico que se ha guardado en el campo energético del receptor de la terapia. El receptor de la terapia después toma la decisión de liberar y sanar al cuerpo del campo energético enorme usado para suprimir esos recuerdos. Para sanar y disolver este "quiste" energético, el receptor de la terapia usa la meditación que sigue, repitiéndola las veces que sea necesaria:

1. El receptor de la terapia debe estar cómodamente sentado, con los pies en el suelo, las manos descansando en los muslos, los ojos cerrados, la lengua en el paladar superior, y el esfínter anal ligeramente cerrado. El receptor de la terapia debe respirar normalmente,

expandiendo el Dan Tien inferior con cada inhalación y comprimiendo el abdomen con cada exhalación.

2. El receptor de la terapia centra su atención en el área del cuerpo donde se almacena la energía de las emociones pasadas. El doctor le dice al receptor de la terapia que se imagine abriendo esa habitación dejando que la energía se libere. Este vapor se reúne en la parte izquierda del cuerpo, una vez liberada en su totalidad, toma la forma de un caparazón cilíndrico.

3. Después, el receptor de la terapia centra su atención en el área del cuerpo donde se almacena la energía de las emociones presentes. El terapeuta de Qigong Médico le dice al receptor de la terapia que imagine que abre esa habitación dejando que la energía se libere. Este vapor se reúne en la parte frontal del cuerpo y es situado al lado del primer cilindro, una vez liberada en su totalidad toma la forma de un caparazón cilíndrico.

4. Después,el receptor de la terapia centra su atención en el área del cuerpo donde se almacena la energía de las emociones futuras. El terapeuta de Qigong Médico le dice al receptor de la terapia que abra esa habitación dejando que la energía se libere. Este vapor se reúne en la parte derecha del cuerpo y es situado a la derecha del segundo cilindro, una vez liberada en su totalidad toma la forma de un caparazón cilíndrico.

5. El receptor de la terapia imagina los tres caparazones conectados entre sí en línea recta.

6. El receptor de la terapia centra su atención en su polo Taiji, imaginándola energía del Dan Tien superior descendiendo y combinándose con la energía del medio. Después, el receptor de la terapia imagina que las energías combinadas y su alma eterna descienden y se combinan con la energía del Dan Tien bajo. El receptor de la terapia usa esas tres energías combinadas para crear una burbuja energética dentro del Dan Tien inferior para envolver el alma eterna. Mientras se centra en el centro de la burbuja, se imagina su alma eterna transformándose en una pequeña forma energética de su ser.

7. Encapsulado dentro de la burbuja,la pequeña forma se manifiesta dentro del cuerpo físico. El alma eterna del receptor de la terapia empieza a ascender por el Polo Taiji, y deja el cuerpo por el punto Baihui. Aun cuando el alma ha salido del cuerpo sigue conectada al cuerpo del receptor de la terapia por un hilo de energía plateado.

8. El alma eterna del receptor de la terapia flota sobre tres caparazones energéticos, quedando suspendida sobre el caparazón en forma cilíndrica de la izquierda del cuerpo (acceso a recuerdos pasados) que está flotando delante del receptor de la terapia. Después, el receptor de la terapia ve los cilindros oscuros y negros, de forma oval a los que nos hemos referido.

9. El receptor de la terapia desciende al caparazón de las memorias pasadas y permite al alma eterna que busque el cilindro que necesita arreglarse. Al escoger un área para trabajar el Yuan Shen selecciona de forma automática el material más relevante de la inconsciencia del receptor de la terapia.

10. El receptor de la terapia saca su alma eterna del caparazón, llevándose con ella un cilindro oscuro específico. El cilindro se deposita delante del alma suspendida.

El cilindro aun está conectado al caparazón energético a través de un hilo de energía. A través de concentraciones vividas, el receptor de la terapia se concentra en el color del cilindro emitiendo luz desde el Yin Tang (tercer ojo) de su pequeño ser energético que está contenido en una burbuja y ha sido proyectado por el polo Taiji. Esta luz hace cambiar de color al cilindro de negro a blanco. Mientras el cilindro palpita y cambia su color se abre y revela su contenido de recuerdos perdidos y sentimientos sin resolver. Algunos de estos recuerdos pueden ser recuerdos donde la vida del receptor de la terapia ha sido puesta en peligro o la integridad de su cuerpo ha sido profanada.

11. Después, el receptor de la terapia conecta con el poder superior y empieza el proceso de sentir, expresar y entender esos recuerdos. Además debe dejar que se vaya toda la carga emocional ligada a esos recuerdos. Este proceso de purga emocional está conectado a las emociones de los cinco órganos Yin, y se expresan a través de estos estadios:

    a.   La ira, culpa y resentimiento se guardan en el hígado

    b.   El dolor, la tristeza y la decepción se guardan en los pulmones

    c.   El miedo y la inseguridad se guardan en los riñones

    d.   Los remordimientos, el resentimiento y la responsabilidad para mantener esos recuerdos vivos se encuentran en el bazo

    e.   El amor, entendimiento y el perdón se encuentran en el corazón.

12. Mientras las emociones empiezan a liberarse del cilindro, la basura energética se convierte en una nube de vapor. Después de entender y resolver las emociones dentro de esa nube, el receptor de la terapia divide la energía liberada en una nube para recibirla o para descargarla.

13. En este punto, el receptor de la terapia se centra en esa nube energética y empieza a separar el dolor y las memorias dolorosas del conocimiento o sabiduría que ha ganado de la experiencia.
Primero, el receptor de la terapia pone esos recuerdos reunidos de la sabiduría y la experiencia en la parte derecha de la habitación, imaginándolos como una luz

de energía dorada, plateada y blanca.

Después, el receptor de la terapia pone los recuerdos dolorosos generados del dolor de la experiencia en la parte izquierda de la habitación, imaginándolos como una energía espesa, oscura y negra.

14. El receptor de la terapia se concentra en la parte derecha de la habitación, inhalando esta energía tan brillante y pura en su forma energética. Como este pequeño ser es la energía del alma del receptor de la terapia, el cuerpo del receptor de la terapia siente inmediatamente cómo las emociones,
el espíritu y su energía ganan fuerza, y puede revivir esas experiencias sin sentimientos de culpa, dolor o juicio.

15. Después, el receptor de la terapia se centra en la parte izquierda de la habitación. Como el cilindro tiene una línea directa con el pasado del receptor de la terapia, el cordón energético ligado desde el cilindro debe ser cortado. Una vez se haya producido el corte el receptor de la terapia está completamente liberado de esas experiencias dañinas ligadas a su espíritu. Esto se inicia imaginándose un ser angélico con "la espada de la verdad", cortando el cordón. La espada representa la decisión del receptor de la terapia de recuperar su poder decidiendo no suprimir más esos recuerdos.

Una vez el cordón se corta el cilindro oscuro se vaporiza formando una nube energética. Entonces el receptor de la terapia imagina que corta las conexiones restantes con esas emociones tóxicas, y libera esa nube hacia el espacio.

16. Para finalizar, el receptor de la terapia hace volver la burbuja energética que contiene su yo energético desde el Baihui al polo Taiji, llevando la energía al Dan Tien inferior. Desde ahí la energía del alma del receptor de la terapia volverá al Dan Tien medio y superior, así como a los tejidos circundantes. Finalmente, el receptor de la terapia reabsorbe los caparazones energéticos que había proyectado ante sí de vuelta al cuerpo, y vuelve a un estado meditativo quieto.

Cuando el proceso está completo, el terapeuta de Qigong Médico guía al receptor de la terapia de vuelta arriba por las escaleras, por las tres puertas y de vuelta a la consciencia. Ya que estas meditaciones tienen consecuencias profundas en el ser del receptor de la terapia, es importante referirlo también a un psicoterapeuta para facilitarle la transformación sanadora mientras dure el proceso.

EL PROPÓSITO DE LA VIDA

Otro aspecto de la recuperación del alma consiste en un ejercicio que ayuda al receptor de la terapia a encontrar su propósito en la vida. Encontrar esa meta refuerza el proceso sanatorio interpersonal, y llena el espacio profundo dentro del corazón del individuo. Esto a su vez incrementa el potencial de curación proveyendo al receptor de la terapia de esperanza.

El propósito de la vida es una vida con propósito
Robin Sharma

1. El primer paso es pedir al receptor de la terapia que escriba en un papel qué quería ser cuando era joven. Debe hacer una lista con las profesiones con las que fantaseaba de pequeño. Este ejercicio permite al receptor de la terapia acceder a su pasado emocional y sentir y recuperar recuerdos y fantasías placenteras.

2. Después, receptor de la terapia tiene que conectar los cometidos comunes de cada profesión imaginaria (por ejemplo un bombero y un médico salvan vidas y pueden ser considerados héroes, pues la gente los admira, etc.). Este conocimiento informa al receptor de la terapia de la naturaleza inherente en cada personaje imaginario y puede ayudar al individuo a descubrir habilidades o ideas ocultas.

3. Luego, se le pide que escriba una lista de sus prioridades vitales. Esta lista debería basarse en la situación y la escala de valores presentes del receptor de la terapia.

4. Una vez hecho esto, el receptor de la terapia escribirá "su código de conducta" o su escala de valores. Este código representa los valores éticos según los cuales el receptor de la terapia actuará. Influencia los sentimientos, los pensamientos y las creencias. Afecta a las prioridades personales y la naturaleza de sus relaciones interpersonales. Es desde este código que se aceptan o se condenan a sí mismos y a los demás. Escribiéndolo entran en un contacto más reforzado con su verdadero yo.

5. Finalmente,el receptor de la terapia debe escribir una afirmación de "propósito vital" que conecte las experiencias de los personajes imaginarios y su "código de conducta".

Es importante que los receptores de la terapia sepan y sientan lo que escriben como una parte verdadera de sus pensamientos y emociones. La afirmación de propósito vital siempre se puede cambiar y modificar, mientras el individuo sufre sus transformaciones emocionales y espirituales a través de la experiencia y el conocimiento.

ASPECTOS PRÁCTICOS

REGULACIÓN DE LOS TEJIDOS A TRAVÉS DEL MASAJE EN EL QIGONG MÉDICO

El tratamiento de los tejidos comprende una gran variedad de manipulaciones del cuerpo y de alineamiento para realizar un programa de tratamiento completo. Lo que sigue son las seis metas del masaje por Qigong Médico:

1. Relajar los tendones, activar los canales y facilitar la circulación de la sangre y el Qi, y aliviar el dolor.

2. Dispersar los estancamientos de sangre

3. Aliviar los espasmos musculares

4. Expandir los tendones

5. Tratar la fascia para mover estancamientos y separar adiciones

6. Corregir dislocaciones

DOS APROXIMACIONES AL TRATAMIENTO

El masaje por Qigong Médico se puede dividir en dos escuelas que son las que siguen:

1. La terapia por masaje de los tejidos superficiales utiliza la teoría de los cinco elementos en conjunto con manipulaciones del tejido externo. Todas estas manipulaciones deben ser ligeras como una pluma y no deberían exceder la presión a la que somete-

ríamos un globo ocular. Cuando se trata con esta técnica la atención del terapeuta de Qigong Médico se debe centrar en dispersar el Qi patógeno y expandir el Wei Qi del receptor de la terapia, mientras toca suavemente los tejidos del receptor de la terapia

2. La terapia por masaje de los tejidos viscerales utiliza la teoría de los cinco elementos en conjunto con manipulaciones del tejido interno. Replicando el pulso del receptor de la terapia y la respiración con la del terapeuta de Qigong Médico se asegura una resonancia energética para empezar el tratamiento. Cuando se hace este tratamiento la atención del terapeuta de Qigong Médico debe estar centrada profundamente en los órganos del receptor de la terapia sin llegar a tocar los tejidos externos.

Cuando se acaba el masaje interno es importante que el terapeuta de Qigong Médico mantenga la atención en los canales del receptor de la terapia mientras va cesando el contacto. Después de desconectarse así se pueden usar técnicas de emisión o manipulación del Qi a distancia.

Se cree que las enfermedades se deberían tratar principalmente con la emisión de Qi y de forma secundaria a través del masaje. Aún así, combinando las dos técnicas el terapeuta de Qigong Médico puede mejorar la calidad del tratamiento.

MASAJE DE LOS CINCO ELEMENTOS DE QIGONG

Tradicionalmente hay cinco técnicas diferentes para el masaje en el Qigong. Estas cinco técnicas son muy importantes para restablecer la vitalidad energética del cuerpo del receptor de la terapia. Cada una de estas técnicas se relaciona a una acción específica o está asociada a un órgano que a su vez está asociado a uno de los cinco elementos. El objetivo de estas técnicas es influenciar los músculos, los nervios y los tejidos para ayudar al metabolismo y estimular el flujo de energía.

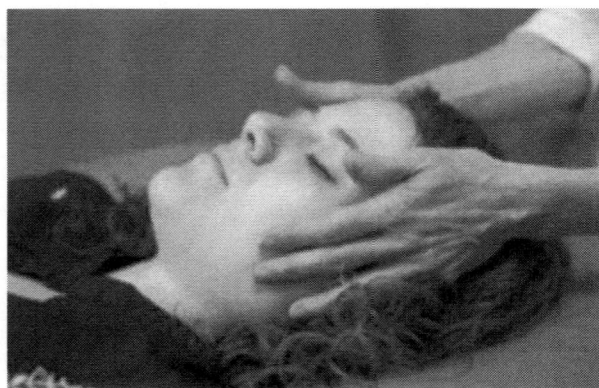

El método circular

Esta técnica se relaciona con el bazo, que gobierna y afecta a los músculos, y es parecido a la acción de atornillar en la piel, usando los dedos, palmas, nudillos, etc.

Cuando se usa en el receptor de la terapia esta técnica estimulará el Qi y la sangre

dentro de los puntos del canal. Esto generará una sensación de espasmos y adormecimiento que causara que los puntos hagan energía para contraatacar la invasión del Qi turbio y la enfermedad. También ayuda en la circulación de la sangre. Hay dos modalidades de tratamiento:

Para estimular, masajear el área en sentido horario de forma espiral, desde fuera hacia dentro. El propósito de esta modalidad es reunir energía del alrededor del receptor de la terapia y recogerla en el centro del punto que el terapeuta de Qigong Médico está tratando.

Para sedar, masajear el área en el sentido anti horario, de forma espirar de dentro hacia fuera. El propósito de esta modalidad es dispersar energía del área que el terapeuta de Qigong Médico está tratando. Esta energía sobrante

se eliminará después del cuerpo del receptor de la terapia o será movida a otros órganos.

El método de compresión y liberación

Esta técnica se relaciona con los riñones, que gobiernan y afectan los huesos, y se hace cuando el terapeuta de Qigong Médico extiende su intención en el receptor de la terapia, presionando la superficie del cuerpo de forma suave, usando la palma, partes de los dedos, o los codos. Se usa de forma usual para purgar o drenar los tejidos de Qi patógeno.

Este método se usa generalmente para regular el Ying y el Wei Qi. La presión profunda llega al Yang Qi, mientras que la presión superficial estimula el Wei Qi.

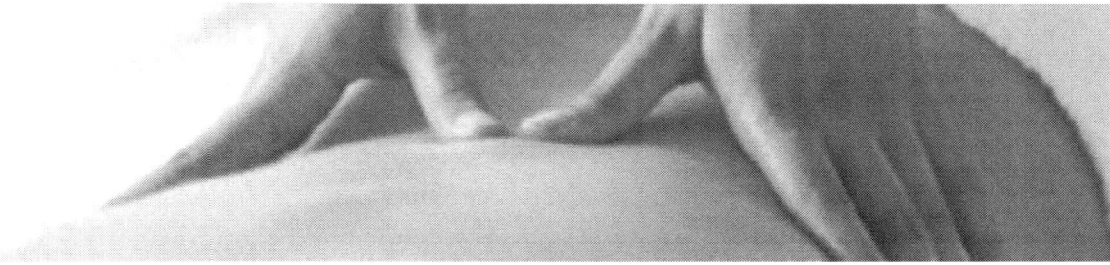

La técnica

Una vez que se han puesto las manos en la forma apropiada y se ha designado el área a tratar, el terapeuta de Qigong Médico guía el Qi a su palma y dedos usando energía caliente, fría, vibrante o espiral. Después el terapeuta de Qigong Médico inicia una presión rítmica sobre el receptor de la terapia. Esta acción alivia el estancamiento y la congestión y se puede usar para drenar canales y puntos energéticos, así como para aliviar espasmos y dolores.

El terapeuta de Qigong Médico debe aplicar la correcta dosis de presión para la condición del receptor de la terapia.

1. La compresión lenta es indicada para cualquier enfermedad de hiperactividad, desórdenes del sistema nervioso o mental, o perdidas de sangre.

2. La compresión lenta es indicada para enfermedades del bazo y el estómago. 3. La compresión rápida se aplica a cuadros hipaoctivos o enfermedades de frío.

Es importante para tonificar que el ángulo de presión sea de 45o, un poco por encima de donde el canal fluye al punto lesionado.

El ángulo se dispersa un poco pasado del punto donde el canal fluye a la zona a tratar.

El método de empuje

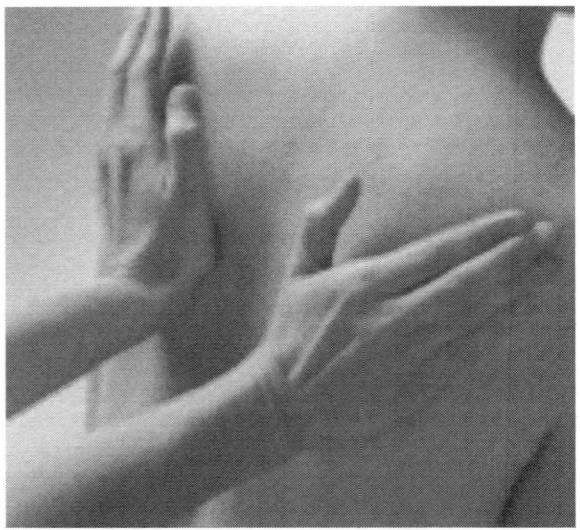

Esta técnica se relaciona con el corazón, que gobierna y afecta la sangre así como su circulación. Se usa para empujar gentilmente los tejidos, extendiendo el Qi y la sangre sobre los canales del receptor de la terapia usando el pulgar, la yema del pulgar o el talón de la palma. Este método puede llevar Qi a un área donde éste sea deficiente o despejarlo de un área donde sea excesivo.

La técnica

Una vez que se han puesto las manos en la forma apropiada y se ha designado el área a tratar, el terapeuta de Qigong Médico guía el Qi a su palma y dedos usando energía caliente, fría, vibrante o espiral. Después frota o toca suavemente los tejidos del receptor de la terapia mientras emite Qi de forma simultánea.

Esta técnica se debería sincronizar con la frecuencia del pulso del receptor de la terapia y su respiración. Este método se usa para regular y activar el Qi del receptor de la terapia, aliviando el dolor y purgando los canales.

El método de agarrar y sacudir

Esta técnica se relaciona con el hígado, que gobierna y afecta los tendones. Se administra haciendo vibrar suavemente la piel (primero suave y después incrementando la presión). Este método envía una onda de vibración a través del cuerpo del receptor de la terapia, y se usa para incrementar el Qi y el flujo de sangre en un área específica.

La técnica

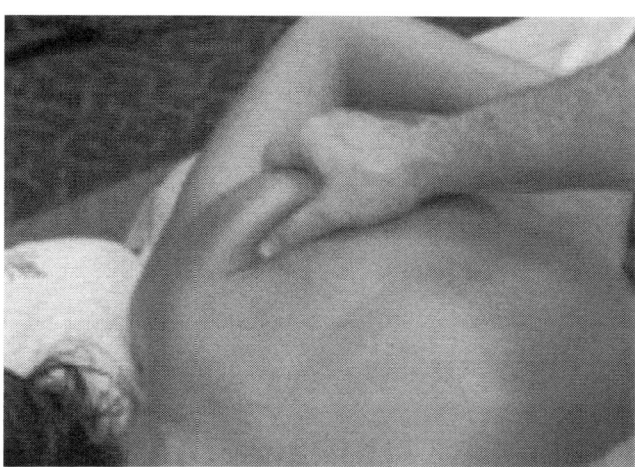

Una vez que se han puesto las manos en la forma apropiada y se ha designado el área a tratar, el terapeuta de Qigong Médico guía el Qi a su palma y dedos usando energía caliente, fría, vibrante o espiral.

Después el terapeuta de Qigong Médico agarra y hace vibrar el campo energético dentro del tejido del receptor de la terapia, mientras extiende energía: este método se usa para dirigir el Qi y que fluya contracorriente. Ayuda a la circulación del Qi, relaja los músculos y los tendones y equilibra la energía Yin y Yang.

El método de toque

Esta técnica se relaciona con los pulmones, que gobiernan y afectan el Qi y la piel. Consiste en dar toques ligeros y de forma rítmica en la piel del receptor de la terapia (variando el grado de fuerza) usando el dedo, las palmas o el puño. Este método envía un pulso por el cuerpo que ayuda a dispersar el estancamiento de los puntos, canales u órganos.

MANIPULACIÓN ENERGÉTICA DE PUNTOS YIN Y YANG

Antes de tratar a los receptores de la terapia con el método descrito arriba el terapeuta de Qigong Médico debe conocer las principales polaridades de la energía Yin y Yang involucradas en la manipulación de puntos. Este método de tratamiento se usa para regular el Wei Qi, el Ying Qi, el Qi y el sistema circulatorio del receptor de la terapia, para formar un "todo" equilibrado. Las técnicas se basan en la teoría Yin y Yang.

La teoría Yin de manipulación de Qi

Esta técnica se expresa como una acción pasiva silenciosa e inmóvil (más energía y menos movimiento). Estos movimientos pasivos se usan para empujar, llenar o tonificar el Qi benigno del receptor de la terapia, localizado en sus tejidos. Se usa tanto para tratar condiciones de los tejidos externos y como para los órganos internos.

Si el tejido exterior está en un estado inactivo o Yin, hay que aplicar una técnica Yin. Se trata un área fría con manipulaciones suaves y pasivas, mientras e extiende la mente superficialmente en los tejidos del receptor de la terapia para llenar o tonificar los factores anti patógenos, y revitalizar el área deficiente.

Si el área de un órgano está en un estado activo o Yang (caliente o duro), el terapeuta de Qigong Médico debe aplicar manipulaciones suaves y pasivas, mientras extiende la mente profundamente en los tejidos y órganos del receptor de la terapia.

La teoría Yang de manipulación de Qi

Esta técnica se expresa como una técnica activa, en continuo movimiento. Se usa generalmente para sacar o purgar factores patógenos. Se usa para tratar condiciones de los tejidos externos y para los órganos internos.

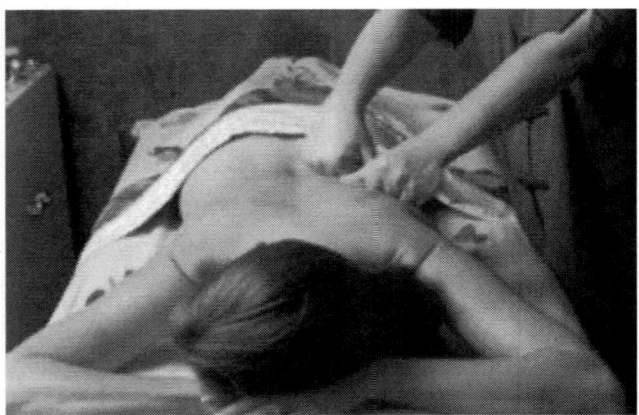

Si el tejido externo está activo, se debe aplicar una técnica Yang (tratando un área caliente o dura con manipulaciones rápidas) mientras se extiende la mente superficialmente en los tejidos del receptor de la terapia. Esto se hace para purgar o romper los estancamientos.

Si el área de un órgano está en un estado inactivo o Yin (frío o flácido), el terapeuta de Qigong Médico debe aplicar una técnica Yang, rápida o activa mientras extiende la mente profundamente en los tejidos y órganos del receptor de la terapia.

Esta combinación de movimiento y no-movimiento se expresa en los métodos circulares y de compresión de las cinco técnicas de regulación elementales.

Aplicación de técnicas Yin y Yang

Aquí se muestran algunos ejemplos de técnicas específicas, y cuándo aplicarlas.

1. El terapeuta de Qigong Médico usa técnicas de mano Yin para tonificar, llenar y empujar el Qi y la sangre por los órganos del receptor de la terapia, tejidos y canales. Estas acciones Yin son lentas o inactivas.

2. El terapeuta de Qigong Médico usa técnicas de mano Yang para sedar, purgar, y extraer el Qi y la sangre. Estas acciones Yang son rápidas y activas.

Métodos de tratamiento Yin y Yang

Aquí se muestran ejemplos de tratamientos Yin y Yang, y cuándo aplicarlos.

1. Cuando los tejidos del receptor de la terapia están en un exceso de Yang, el terapeuta de Qigong Médico seda el área con movimientos rotatorios en sentido anti horario, llevando el exceso de energía desde dentro hacia fuera.

2. Cuando los tejidos de un receptor de la terapia están en un estado deficiente Yin, el terapeuta de Qigong Médico tonifica el área con movimientos rotatorios en sentido horario, para llevar energía al punto donde es deficiente.

TRATAR EL ÁREA DE TEJIDO O PUNTO ENERGÉTICO

Al tratar la superficie de los tejidos del receptor de la terapia o puntos específicos, algunas escuelas de Qigong enseñan que con los hombres que reciben la terapia deben empezar por el lado izquierdo, progresando después hacia el lado derecho. Con las mujeres, al contrarío, señalan que se debe comenzar por el lado derecho y después el izquierdo.

Presión superficial y presión profunda

La compresión es controlada por la liberación del terapeuta de Qigong Médico. Una compresión profunda se relaciona con el Ying Qi, mientras que

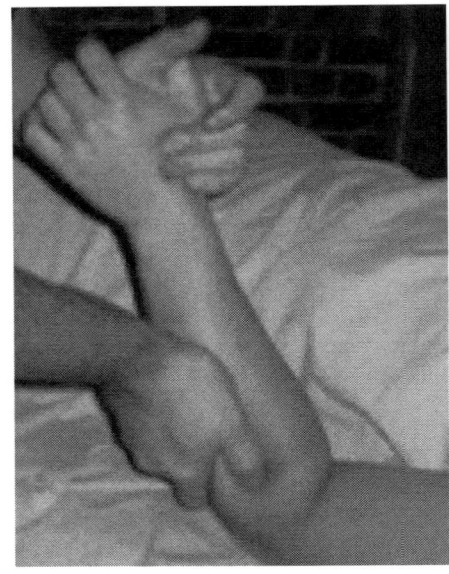

una superficial es del Wei Qi. Estas técnicas de compresión afectan a la armonía de la sangre y a la energía del cuerpo. Hay que tratar de mantener el equilibrio del cuerpo previniendo que el Qi fluya en la dirección incorrecta. También ayuda a sacar el Qi patógeno del cuerpo del receptor de la terapia, es llamada normalmente "la técnica de dispersión del Qi malvado".

Si la energía estancada se queda en el centro del punto, el terapeuta de Qigong Médico debe emplear un método de compresión y liberación. La compresión hace que el canal se contraiga y entre en un estado calmado. Al liberar la compresión el punto se expande y se estimula a un estado activo.

La penetración energética gradual en los tejidos

Cuando se trata a un receptor de la terapia con la regulación de tejidos externos, siempre ha de haber una penetración de energía gradual permeando los tejidos del receptor de la terapia. El terapeuta de Qigong Médico primero hunde su atención en los tejidos superficiales. Después la intención se hunde más profundamente, primero en los músculos, después en los huesos y las vísceras.

En ningún momento la presión debe dañar o comportar dolor. El tiempo de presión en cada área no debe ser excesivo. Para establecer la correcta dosis de presión, se debe determinar la pulsión energética normal de acuerdo con los cinco métodos elementales de masaje, después se decide si la técnica debe ser suave, mediana o fuerte.

CONSEJOS ADICIONALES

Lo que sigue son guías especificas de los métodos de masaje y cuando aplicarlos.

1. Antes de iniciar el tratamiento el receptor de la terapia debe estar cómodo y relajado. De otra manera el cuerpo del receptor de la terapia no será receptivo a la estimulación o la emisión de Qi.

2. Cuando se toca por primera vez al receptor de la terapia, el toque debe ser lento como al probar un agua. Los movimientos deben tener un ritmo establecido.

3. El terapeuta de Qigong Médico nunca debe tener su brazo o el del receptor de la terapia rígido o extendido completamente; los codos deben estar siempre ligeramente flexionados.

4. Un síntoma o un área dañada situada en un extremo de un canal puede ser tratada de forma efectiva estimulando el punto opuesto de ese canal (cuadrado mágico)

5. Los puntos que son dolorosos con una ligera presión están en un estado Yang y necesitan ser purgados y sedados.

6. Los puntos que son dolorosos a una presión profunda están en un estado Yin y necesitan estimularse.

7. Cuando un órgano está funcionando normalmente, debería recibir estímulos débiles y cortos que incrementen la función, acción y potencial energético del órgano.

8. La piel fría en un punto o canal indica deficiencia en ese canal y debe ser tonificada.

9. La piel caliente indica exceso de Qi. También indica una enfermedad actual o futura del órgano o el área asociada a ese canal, y debería purgarse de forma inmediata.

Para más información de cómo aplicar el masaje de qigong y cómo curar con ello, pincha en este enlace y podrás ver vídeos gratis y lecciones sobre ello

https://joaquinalmeria.clickfunnels.com/registro-webinar

CAPÍTULO 8

INTRODUCCIÓN AL DIAGNÓSTICO DIFERENCIAL

La Medicina Tradicional China se desarrolló en un sistema de diagnóstico altamente efectivo, después de muchos siglos de acumular experiencia clínica. La sintomatología para identificar patrones de una enfermedad sigue las leyes de causa- efecto. Para identificar esos patrones el terapeuta de Qigong Médico combina los diagnósticos con sistemas de tratamiento de forma continua. La identificación del patrón de la enfermedad no se desarrolla sólo observando una lista de síntomas, sino también observando la génesis de esa enfermedad. Un síntoma es un sentimiento o reacción que nos dice que hay una enfermedad, debido a un desorden determinado (físico, mental, espiritual, emocional o energético).

El tratamiento debe dirigirse a encontrar y tratar el origen de la enfermedad. Este es uno de los principios más fundamentales de la MTC en términos de diagnóstico diferencial y tratamiento. El propósito de la diagnosis es encontrar el desequilibrio energético causante de la enfermedad y su localización, así como la raíz de dicha enfermedad.

Encontrar la causa primaria o raíz de la enfermedad requiere la comprensión de la naturaleza de ésta, y permite al terapeuta de Qigong Médico centrarse en los aspectos más importantes de la enfermedad. Cuando se diagnostica una enfermedad, se usa la empatía para observar el movimiento energético (o su inmovilidad), así como las transformaciones energéticas, y no el estado presente de los tejidos ya que estas cambian según los cambios energéticos.

ETIOLOGÍA EN LA TERAPIA POR QIGONG CLÍNICO

La etiología, o el estudio de las causas de las enfermedades en el Qigong se puede dividir en lo que se llama tradicionalmente los "tres estadios de la vida". Estos tres períodos comprenden las actividades de desarrollo del Jing, Qi y Shen del receptor de la terapia durante los períodos transicionales de su vida, a saber: dentro del vientre materno, niñez y vida adulta. La constitución de cada receptor de la terapia resulta de la interacción entre su forma heredada y el medio ambiente.

Dentro de cada período se desarrollan tres estrellas que determinan las características y los rasgos diferenciales de la persona. Cada grupo de tres estrellas es un tercio de qué y quién será la persona. Se combinan juntos para formar y completar el sistema de nueve estrellas vitales.

Etiología dentro del vientre

El período de las tres estrellas del vientre materno (y también del nacimiento) es un período formativo de 40 semanas. En este tiempo pueden aparecer problemas provocados por los siguientes factores:

1. El estado del Jing del receptor de la terapia antes de la concepción: si el Jing de uno de los padres es deficiente el esperma/óvulo será débil.

2. El estado mental de la madre durante el embarazo tiene un efecto profundo en la formación del feto y afecta directamente al Jing, Qi y Shen del mismo. Si la madre está desnutrida, enferma, perturbada, tomando alcohol o drogas durante el embarazo el feto se verá afectado.

3. Si el nacimiento es anormal, difícil y/o prolongado, puede causar shock emocional al recién nacido.

Los problemas se pueden originar por algún factor más de los aquí enumerados haciendo al bebé más proclive a la enfermedad o provocando que nazca con una. Esta predisposición se puede manifestar a través de un desequilibro emocional o mental particular, enfermedades en alguno de los órganos Yin o Yang o como una debilidad general. Estas condiciones se denominan comúnmente "shock prenatal". También se puede observar cuando los bebés no duermen bien o cuando tienen continuamente fiebre.

Etiología durante la niñez

El período de las tres estrellas de la niñez comprenden un período formativo de 18 años. Los problemas internos que se pueden observar durante este periodo, pueden ser el resultado de algún tipo de abuso, trauma, malnutrición, o del sexo excesivo (durante la adolescencia). La mente subconsciente es fácilmente impresionable durante este período.

Si de niño el receptor de la terapia ha experimentado cualquier trauma o una pérdida traumática, puede ser proclive a las enfermedades en estadios más avanzados de su vida, o desarrollar una enfermedad durante este período de tiempo. Estos traumas pueden afectar el desarrollo del Jing, Qi y Shen en los receptores de la terapia adolescentes, ya que este período es donde mayormente se desarrolla física y mentalmente el niño.

Etiología durante la edad adulta

El último período (desde los 18 en adelante), comprende 60 años. En él, los problemas vienen dados por emociones internas y las reacciones hacia el medio que le rodea y sus relaciones sociales. Esto puede afectar sus actividades de desarrollo de Jing, Qi y Shen. Aunque el adulto es menos impresionable que el niño, es también menos robusto que el niño en los traumas infantiles y las enfermedades.

Prognosis

Si la constitución del receptor de la terapia ha sido pobre desde el nacimiento, o si ha sufrido una enfermedad desde el mismo, la prognosis es generalmente pobre. De igual forma, si la enfermedad ha sido aguda o sólo se ha manifestado en el período adulto, la prognosis es más favorable.

Siempre hay interacciones entre estos tres períodos vitales. Si, por ejemplo, una mujer joven tiene un desequilibrio hereditario entre los vasos de la concepción y el gobernador, y además sufre traumas emocionales severos durante la pubertad, puede sufrir problemas mentales en estadios más avanzados de su vida.

EL CRECIMIENTO Y LOS PICOS DE LOS CICLOS DE JING, QI Y SHEN

Estudiando las cualidades inherentes físicas, mentales, emocionales, espirituales y energéticas del cuerpo humano, el terapeuta de Qigong Médico puede observar y predecir los cambios según el sistema de las nueve estrellas. Se cree que el cuerpo tiene períodos de tiempo específicos para hacer florecer diferentes características. Son los que siguen:

Del nacimiento a los diez años, un tiempo de crecimiento y desarrollo. El niño está en un período formativo de todos sus aspectos.

De los diez a los veinte años se da la mayor expresión de crecimiento físico. Dentro de este marco el niño alcanza la pubertad y la capacidad de reproducirse; el proceso de crecimiento se estabiliza.

De los veinte a los treinta años vemos la mayor expresión de crecimiento mental. Dentro de este marco el adulto adquiere conocimiento para la supervivencia de forma activa. Ahora puede empezar a trabajar, sacar resultados y empieza a planificar el futuro.

De los treinta a los cuarenta años, la mayor expresión de crecimiento emocional. Dentro de este marco el adulto adquiere conocimiento emocional del medio que le rodea. El adulto ahora puede expresar sus emociones de forma civilizada y tratar con los trastornos emocionales.

De los cuarenta a los cincuenta años tenemos la mayor expresión de crecimiento espiritual. Dentro de este marco el adulto adquiere conocimiento espiritual. Ahora comprende su mortalidad y empieza a buscar paz espiritual.

De los cincuenta a los sesenta años, la mayor expresión de crecimiento energético. Dentro de este marco el adulto ve como sus experiencias pasadas dan frutos. Si ha alcanzado su armonía personal, el pico energético preparará al adulto para su renacimiento. Si esto no se alcanza la fuerza vital queda exhausta y el receptor de la terapia muere.

Se ha comprobado que los maestros de artes marciales que practican de forma excesiva o de forma incorrecta, suelen morir a estas edades. Esto se debe al agotamiento del hígado y los pulmones, además de la debilidad del bazo, corazón y riñones. Esto es causado por el desequilibro entre entrenamiento de combate y entrenamiento espiritual.

De los sesenta en adelante es el tiempo de los nuevos principios. Este período representa nuevos desafíos de liderazgo en la familia y la comunidad.

DESÓRDENES DEL CUERPO HUMANO

Los desórdenes se suelen producir por tres factores: fallo en la constitución del Qi prenatal o postnatal del cuerpo, factores patógenos y Qi maligno no reprimido, o uno o más de los ocho factores misceláneos.

Fallo en la constitución del Qi prenatal o postnatal del cuerpo

El fallo constitucional del Qi post o prenatal desemboca en una deficiencia, enfermedad o estancamiento de la energía vital.

La constitución prenatal viene dada por la fuerza de los padres cuando el niño está siendo concebido, o durante el embarazo. Si los padres tienen hábitos poco saludables o enfermedades el niño se verá afectado.

Si la madre está enferma, la energía del niño se verá afectada en el útero, además, las emociones nocivas, el alcohol, las drogas y otros hábitos poco saludables de la madre pueden afectar al feto y hacerlo proclive a enfermedades después de su nacimiento. La constitución prenatal se hereda de los padres y es imposible cambiarla.

La constitución postnatal se determina una vez que el niño ha nacido. Una nutrición apropiada y un ambiente adecuado ayudan a su constitución. Aunque no es posible cambiar o eliminar los efectos del patrón prenatal heredado, es posible mejorarlo a través de un estilo de vida equilibrado y el desarrollo de su constitución postnatal.

Factores patógenos y Qi maligno no reprimido

Existen seis factores externos y siete factores internos.

Los seis factores externos se corresponden a los seis cambios climáticos (viento, calor veraniego, sequedad, humedad, frío y fuego). Cuando el sistema del receptor de la terapia no está bien equilibrado, o el Qi es deficiente, el cuerpo no se adapta a estos cambios, que pueden afectar al Wei Qi del receptor de la terapia y penetrar en el cuerpo afectando canales y órganos.

Los siete factores internos provienen del exceso de emociones internas (ira, felicidad, preocupación, culpa, tristeza, miedo y shock). Estos sentimientos envuelven el estado mental del receptor de la terapia y afectan a las respuestas del individuo en sus relaciones sociales y con el medio ambiente, así como con las relaciones emocionales. Bajo circunstancias normales, las emociones si son expresadas y liberadas no causan problemas. Si se reprimen durante demasiado tiempo pueden causar problemas en el Qi, afectando a los órganos del cuerpo correspondientes.

Los ocho factores misceláneos.

A veces, la enfermedad del receptor de la terapia es causada por lo que en la MTC se conocen como los ocho factores misceláneos (dieta, sobre-extenuación, accidentes y lesiones traumáticas, exposición a venenos, sexo, fecundidad excesiva, parásitos y factores iatrogénicos). Estos factores perturban el equilibrio de Yin y Yang del receptor de la terapia y se describen de la siguiente forma:

1. Una dieta incorrecta puede romper la armonía entre el cuerpo y la mente del receptor de la terapia. Los problemas nutricionales se pueden dividir en tres categorías:

a) Ingesta excesiva de alimentos y/o de algunos en particular.

b) Hábitos de comida poco saludables como: ingerir comidas que no sean de temporada; dieta basada en demasiada comida fría, húmeda, seca, caliente, grasienta, picante o cruda; oscilar entre comer demasiado y no comer nada; comer con prisa o cuando se está emocionalmente afectado.

c) Malnutrición, la cual se desarrolla cuando hay deficiencia en la ingesta de la comida requerida para una dieta equilibrada. Puede deberse a la ignorancia, pubertad, o una digestión mal hecha, la absorción o el metabolismo.

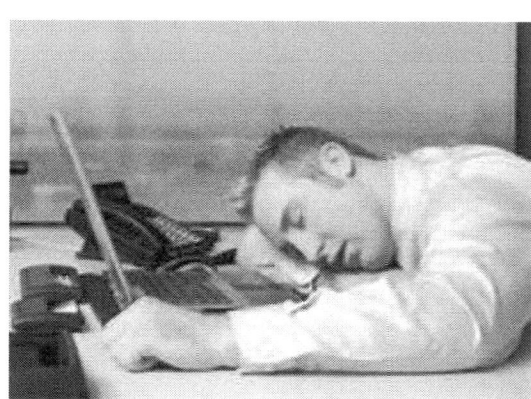

2. La sobre extenuación consume el Qi y provoca desviaciones energéticas. Esta condición es tanto mental como física, y se puede deber a la pérdida del sueño, descanso inadecuado, etc.

La extenuación mental y emocional puede darse por la insatisfacción con el trabajo (o la falta del mismo) o con la propia vida. Puede llevar a la frustración, apatía, hastío, depresión o al estrés.

La extenuación física varía dependiendo del trabajo que se desempeña, ya que cada trabajo tiene sus propias amenazas para la salud. Los problemas pueden ir desde problemas estructurales o en los órganos, hasta la incapacidad sensorial.

La pérdida de sueño y el descanso inadecuado también pueden ser contribuyentes directos en el desarrollo de desvíos de Qi.

3. Una vida sexual desequilibrada puede causar enfermedades. La vida sexual de un individuo está conectada de forma innata a las cualidades espirituales de su Hun o Po. Así, la mayoría de los problemas sexuales raramente tienen un origen puramente físico, sino que reflejan el equilibrio de las pasiones emocionales y personales del individuo.

a. Una vida sexual excesiva: lo que puede ser exceso para uno, puede no serlo para otro. La condición de exceso sexual se debe basar en la constitución de cada individuo. Cuando una persona excede las funciones sexuales normales de su cuerpo, el acto sexual puede quemar el Yin del cuerpo, el Jing y el Qi del riñón, causando síndromes de deficiencia (son más proclives los hombres). El acto en sí se considera un estado caliente y húmedo.

    b.   Una vida sexual deficiente: cuando un individuo se abstiene de la vida sexual, su producción de Jing crece. Si esta energía no se convierte en energía espiritual puede afectar al cerebro. La falta de sexo prolongada puede crear adicciones para suplir la falta de contacto íntimo.

4.   Tener demasiados hijos lastima la sangre de la madre y debilita su Qi. La madre sufre una pérdida de Jing durante el parto, así pues, demasiados nacimientos pueden causar una condición deficiente.

5.   Los accidentes traumáticos y las lesiones son traumas físicos que se dispersan o concentran en el Qi del cuerpo y la sangre, provocando desviaciones energéticas. Aunque se haya superado el trauma físico siempre hay posibilidad de recaída. Cuando el receptor de la terapia envejece estas posibilidades se acentúan. Todos los traumas físicos también son emocionales ya que son energéticamente inseparables.

6.   Por exposición a los venenos nos referimos a cualquier sustancia ingerida, inhalada, inyectada o absorbida por el cuerpo que interfiera con su funcionamiento normal. Se incluyen tanto las químicas como las ambientales.

7.   Los parásitos incluyen infecciones e infestaciones por organismos que viven en nuestro cuerpo.

8. Los desórdenes iatrogénicos se refieren a cualquier condición emocional, mental o física adversa contraída durante el tratamiento médico.

LA DIFERENCIACIÓN DE SÍNDROMES

La esencia del diagnóstico en la Medicina China es holística y se basa en el concepto de que todas las cosas están relacionadas. Así, el médico chino no sólo tiene en cuenta el estado físico sino también el espiritual, el emocional, el energético y los factores ambientales, que interactúan para la formación de los patrones nocivos. Estos patrones son los llamados "síndromes".

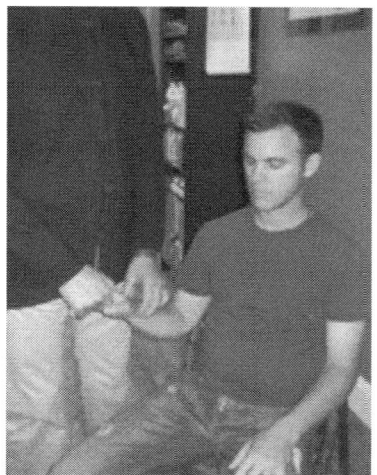

Los síndromes se pueden dividir en estancamiento, exceso o deficiencia y pueden incluir factores internos o externos, desórdenes congénitos o adquiridos. El terapeuta de Qigong Médico, primero, ha de determinar si la enfermedad es debida a un desorden energético o físico. Una vez hecho esto, se puede establecer el método y las metas del tratamiento.

Se pueden usar muchos métodos, de forma aislada o combinados, para diagnosticar síndromes. Son los siguientes:

1.Diagnosis según los ocho principios energéticos.
2. Diagnosis según la identificación del Qi, la sangre y los fluidos corporales.

3. Diagnosis según los cinco elementos.
4. Diagnosis mediante la identificación de los seis estados.
5. Diagnosis según la identificación de los cuatro niveles.
6. Diagnosis según la identificación del sistema del triple caldero.

CATEGORIZACIÓN DE LOS SIGNOS Y SÍNTOMAS

Para categorizar síntomas en síndromes, el terapeuta de Qigong Médico debe determinar el origen, la localización, el tipo de dolor o sensación, y su curso desde la primera vez que se manifestó.

El origen incluye la fecha de su aparición, si se manifestó de repente o de forma gradual, y el orden de aparición de los síntomas.

La localización específica debe determinar si los síntomas se mantienen fijos o se trasladan por el cuerpo.

Los agravantes o factores de alivio indican las condiciones que afectan al síntoma o los síntomas de forma positiva o negativa:

si se alivia o se agrava por la mañana o por la noche;

si aplicando frío o calor la condición se alivia;
si la condición mejora o empeora al aplicarle presión;

si la condición mejora por el movimiento o se agrava al moverse;

si la condición mejora o no al comer.

El tipo de dolor describe la naturaleza del desequilibrio como: pinzamiento o presión; pálpitos; rigidez; ardor; picor; dolor intermitente calambres; náuseas; distensión.

El recorrido desde el origen incluye las incidencias, el progreso y la efectividad del tratamiento.

Los síndromes no son la enfermedad en sí, sino los patrones de ésta. El propósito de asignarle un síndrome a una enfermedad no persigue la mera categorización, sino llegar a entender su proceso. No todos los síntomas de una enfermedad deben estar presentes para determinar el síndrome del receptor de la terapia.

DIAGNÓSTICO Y TRATAMIENTO DEL RECEPTOR DE LA TERAPIA

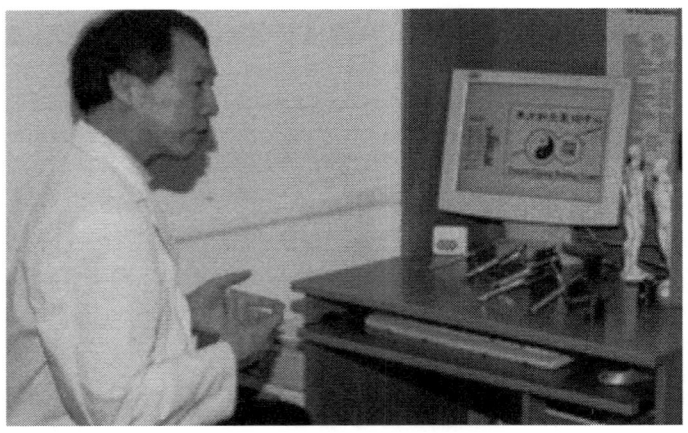

La evaluación del receptor de la terapia normalmente se hace en ocho estadios. Los siete primeros se hacen antes de empezar el tratamiento en sí. El último estadio es someterse al tratamiento y las evaluaciones periódicas. Durante estos ocho estadios el terapeuta de Qigong Médico se refiere a estos aspectos:

1. La persona en su totalidad debe ser evaluada según todo su ser. Este proceso conlleva:

• Su apariencia física;

• Su energía;

• Su estructura:

• Según las formaciones físicas Yao ;

• Introvertido o extrovertido;

• Apariencia Yin o Yang.

2. La constitución del receptor de la terapia se evalúa según las cinco constituciones elementales y sus subdivisiones, así como su elemento Yin o Yang

3. Los signos o síntomas de la enfermedad se clasifican como:

     a. Signos objetivos que observa el terapeuta de Qigong Médico.

     b. Síntomas subjetivos que el receptor de la terapia dice al terapeuta de Qigong Médico.

     c. Síntomas cardinales que se dan en el diagnóstico diferencial .

     d. Síntomas constitucionales que son indicativos de un desorden en el sistema.

4. El síndrome después se determina según los síntomas del receptor de la terapia, viendo su relación entre ellos.

5. Se evalúan los órganos del receptor de la terapia para buscar cambios que señalen una patología.

6. La etiología o causa raíz del síndrome se determina para completar el diagnóstico.

7. El plan del tratamiento se formula, tomando en consideración todos los datos reunidos por el terapeuta de Qigong Médico. Se pone una meta para el tratamiento y se determina su procedimiento según las necesidades y las metas del receptor de la terapia.

8. Se implanta el tratamiento y las recetas se asignan para iniciar el proceso. Con el tiempo, el tratamiento se reevalúa según la mejora o el empeoramiento observados en el receptor de la terapia. Las recetas también cambian con el receptor de la terapia.

Una vez iniciado el tratamiento, el proceso de la enfermedad se acorta o se alivian los síntomas, llevando alivio al receptor de la terapia y mejorando su constitución, así como devolviéndole el equilibrio.

LA TEORÍA DE LA INTERACCIÓN ENERGÉTICA

Cuando se trata a los receptores de la terapia, es importante que el terapeuta de Qigong Médico entienda esta teoría. En ella se describe la regulación natural del cuerpo, donde dos síntomas pueden manifestarse contemporáneamente, durante un considerable período de tiempo, en el mismo organismo.

Generalmente, mientras la enfermedad progresa, los viejos síntomas darán paso a unos nuevos. Por ejemplo, si un receptor de la terapia con asma (que se produce cuando el viento frío invade los pulmones) sufre repentinamente un ataque de gota (causada por el viento húmedo que invade las articulaciones y los canales), el ataque repentino de gota causará la desaparición de los síntomas de asma. Cuando la gota se alivie, los síntomas del asma volverán a aparecer. La nueva enfermedad prevalece naturalmente sobre la condición original.

DIAGNOSIS SEGÚN LOS OCHO PRINCIPIOS ENERGÉTICOS

FACTORES INTERNOS Y EXTERNOS

El diagnóstico de acuerdo a los agentes externos o internos no se basa en la etiología, sino en la localización de la enfermedad. Por ejemplo, si una enfermedad causada por un agente externo está afectando a los órganos interiores se clasifica como una condición interior y se hace de igual forma al revés. Una condición exterior afecta a los músculos, la piel y los canales; se conoce como un "patrón exterior". Una condición interior afecta los huesos y los órganos internos: se la conoce con el nombre de "patrón interior".

CONDICIONES EXTERIORES: SEIS FACTORES EXÓGENOS

Los factores patógenos externos – viento, frío, humedad, fuego, calor, y sequedad – son los seis factores "malignos" que vienen del medio ambiente externo al cuerpo. En circunstancias normales son beneficiosos para el cuerpo pero pueden ser muy dañinos cuando se vuelven excesivos.

El tiempo extremo (muy frío o muy caluroso) puede hacer que la gente enferme impidiendo el flujo normal de energía y haciendo el cuerpo vulnerable a cualquier enfermedad.

Cada factor externo, una vez entra en el cuerpo se puede manifestar como un factor interno. También es importante saber que una invasión externa una vez penetra en un órgano, se puede transformar en otro factor interno.

Estos factores externos son vistos no sólo como causa de enfermedades, sino como manifestaciones de la enfermedad. Una enfermedad puede ser debida a cualquiera de estos seis agentes, o simplemente manifestarse como un "demonio" externo, aunque el agente no esté presente en el momento que el receptor de la terapia contrae la enfermedad. El tratamiento pues, se basa en cómo la enfermedad se manifiesta, más que en su causa específica. De todas maneras, se recomienda tener una idea aproximada de la etiología para decidir cuándo se interviene y preveer las posibles complicaciones.

Los seis factores externos se categorizan en China según las estaciones, temperatura y clima. Son los siguientes:

1. La estación del calor se caracteriza por temperaturas por encima de los 32 grados. El corazón, intestino delgado, y los vasos sanguíneos son lo más vulnerable durante este período. Se evidencia de forma clara en verano.

El calor es un factor Yang que crece y se extiende por el cuerpo excesivamente, consumiendo y disminuyendo el Yuan Qi, los fluidos y el Qi del pulmón. Mientras el calor crece el Qi del cuerpo es empujado hacia arriba y dispersado, haciendo que la energía Yin descienda. Los síntomas pueden ir desde intranquilidad a ira, delirios, pérdida de consciencia e incluso coma. Esta condición se asocia normalmente al verano. El corazón se beneficia de comidas amargas que estimulan su Qi.

El calor mediano que es creado por el cuerpo, causa que el Qi ascienda. Esta acción ascendente provoca disturbios en la energía Yin del cuerpo causando un desequilibrio energético.

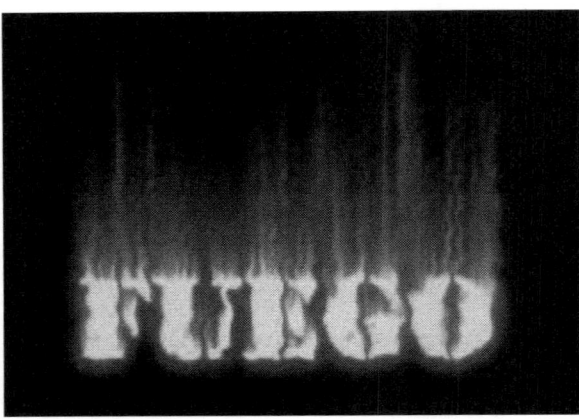

2. El fuego (calor extremo) es un factor Yang y se extiende excesivamente, consumiendo y disminuyendo el Yuan Qi, los fluidos y el Qi del pulmón. Produce una reacción explosiva, llevando el Qi a la cabeza y molestando a la sangre. Esto causa síntomas que van desde rinorrea a infecciones en la piel, hemorragias y vómitos con sangre.

3. La estación húmeda afecta normalmente al bazo, el estómago y los músculos. El bazo se beneficia de comidas dulces. La temperatura de este período varía entre los 23 y los 32 grados. Se asocia con los estadios finales del verano y la época de lluvias.

La humedad es un factor Yin que obstruye fácilmente la producción de Qi e inhabilita el Yang. Se considera un factor Yin ya que cuando la invasión de humedad se mueve hacia abajo y se manifiesta como una energía pesada y turbia, provoca náuseas vómitos, pechos cargados y un sabor dulce y pegajoso en la boca. Durante la estación húmeda, la invasión de la humedad puede afectar a los órganos urinarios, causando estancamiento de Qi. Si el cuerpo se obstruye, los resultados serán evidentes, manifestándose en enfermedades de la piel, abscesos, y úlceras con la orina turbia. Las enfermedades también se manifiestan a través de las infecciones, en combinación con el calor.

4. La estación seca se caracteriza por temperaturas entre 15 y 21 grados. Los pulmones y la piel son lo más vulnerable en este período. Se asocia al otoño, debido a la falta de humedad.

La sequedad es un factor Yang ya que mientras el calor asciende, la sequedad consume el Yin Qi del cuerpo, especialmente de los pulmones. Esto tiene como resultado una piel seca, agrietada, tos seca con expectoraciones, dolor de garganta o asma. Los pulmones se benefician de comidas picantes que estimulan y aumentan su Qi.

5. La estación fría se caracteriza por tener temperaturas por debajo de los 15 grados. Los riñones, vejiga, y los huesos son lo más vulnerable a este período. Se asocia al invierno.

El frío es un factor Yin que se caracteriza por ser un astringente de los tejidos. Durante este período los agentes Yin consumen el Yang Qi. El frío bloquea los canales y colaterales, causando dolores y daño al corazón, así como consumiendo el Qi de riñón. El frío también causa que los canales y los colaterales se contraigan, dando lugar a un flujo más lento de Qi y sangre. Mientras la energía Yin se mueve hacia abajo consumiendo el Yang del riñón, el Yang del cuerpo no puede generar calor y causa escalofríos, palidez, temblores, diarrea con comida no digerida, rigidez, dolor y orina muy clara. El frío interno se caracteriza por condiciones de contracción y estancamiento general. Los riñones se benefician de comidas saladas que estimulan y hacen crecer su Qi.

6. La estación ventosa afecta al hígado, la vesícula biliar, y los tendones. El sabor beneficioso es el ácido. El clima durante este período, dependiendo el área, oscila entre los 15 y 21 grados. Se asocia a la primavera.

El viento es de naturaleza Yang y tiende a perjudicar la sangre y el Yin del receptor de la terapia. Se divide en interno y externo. El viento externo es el responsable de la propagación y crecimiento del ambiente patógeno al combinarse con otros factores.

En la estación ventosa los factores Yang están en la parte superior del cuerpo, debilitando el Wei Qi, y causando un mal funcionamiento en la apertura y cierre de los poros del cuerpo. El viento, como agente patógeno, tiende a moverse constantemente, causando

movimientos anormales en el receptor de la terapia y rigidez en tronco y extremidades. El viento externo afecta a la parte superior del cuerpo, que cambia y se mueve como una hoja. Una vez se produce la invasión del viento externo, los síntomas son: cuello rígido, garganta irritada y con picores, ojos llorosos, dolor de cabeza, obstrucción nasal, hinchazón en la cara, aversión al viento, irritabilidad, sudoración anormal, dolor migratorio en las articulaciones, temblores, convulsiones, rigidez, y parálisis facial.

El viento interno se manifiesta con los mismos síntomas. Debido a su naturaleza seria, puede causar temblores, convulsiones y parálisis en todo el cuerpo (a excepción de la cara, cuya parálisis es causada por el viento externo).

FACTORES INTERNOS

Una desarmonía interior se diagnostica cuando los órganos internos se ven afectados por factores patógenos, que provocan un síndrome interior. Estos síndromes interiores pueden surgir por uno de estos tres factores:

1. Una invasión persistente exterior por uno de los seis factores exógenos que penetra profundamente en el cuerpo, produciendo un síndrome interior, si no es purgado del cuerpo.

2. Una invasión directa de los órganos Yin y Yang puede ocurrir también por una invasión externa de agentes patógenos. En estos casos, el órgano afectado se manifestará como una condición de exceso o deficiencia interior, dependiendo del síndrome.

3. Los factores emocionales también pueden dañar a un órgano Yin lo que a su vez puede causar daños a los otros órganos Yin y Yang. La gente encuentra subidas y bajadas emocionales en los procesos del día a día. Bajo circunstancias normales las siete emociones son buenas para la salud. La ira apropiada ayuda a dispersar

el Qi del hígado estancado y ayuda al receptor de la terapia a establecer un sistema de fronteras equilibrado, por ejemplo. Si por el contrarío el patrón de ira continúa, puede llevar a desórdenes serios del hígado, incluyendo lesiones en los ojos, desmayos, hemorragia cerebral o incluso la muerte. Así pues, se cree que las condiciones internas pueden surgir tanto de un exceso de emociones como de suprimirlas durante demasiado tiempo.

También se cree que el historial emocional de la persona determina su biología. Cada persona crea su realidad a través de su sistema de creencias. Así, el receptor de la terapia crea la enfermedad abrazando heridas pasadas y creando sistemas de creencias que ayudan a que se desarrolle. Estas agrupaciones energéticas son alimentadas por las vísceras mayores por una energía emocional excesiva. Estos procesos pueden desembocar en quistes, tumoraciones, cáncer, etc.

Cualquier desequilibrio entre las siete emociones lleva a un consumo innecesario, o bloqueo del Qi interno que fluye por el cuerpo. Esto crea un desorden funcional en el córtex del cerebro.

La desarmonía emocional induce un círculo vicioso que afecta a mente, cuerpo y espíritu. Cualquier factor de los que aquí se exponen puede iniciar el círculo. Cuando se encuentra en este círculo, la energía emocional puede agotar al cuerpo.

Los cinco elementos tienen una relación de creación y restricción. La secuencia de creación es: madera crea fuego, fuego crea tierra, tierra crea metal, metal crea agua y agua crea madera. Este círculo no tiene final.

La secuencia de control de los cinco elementos es la que sigue: la madera controla la Tierra, la Tierra controla el agua, el agua controla el fuego, el fuego controla el metal, el metal controla la madera. Este ciclo también es infinito. La relación de control se puede aplicar a los problemas con las emociones.

Debido a que pensar demasiado puede causar que el Qi se reúna, puede usarse como una herramienta para ayudar a volver la energía dispersa. Pensar demasiado y la ansiedad puede llevar, de todas maneras, a la depresión y estancamiento de Qi, que debilita la energía del bazo, y causa pérdida de apetito. Los casos medios pueden manifestarse como una dispepsia (indigestión), distensión abdominal o diarrea. En casos severos, el Qi y la sangre se estancan en el pecho y el abdomen causando un bloqueo en dichas zonas. Esta energía del bazo se puede desbloquear con la ira. En pocas palabras, la hiperactividad del Yin se trata con Yang para buscar un término medio.

RESUMEN DE LAS CONDICIONES EXTERNAS E INTERNAS

Los parámetros de diagnóstico interno y externo localizan la profundidad de la condición del receptor de la terapia y son relativamente fáciles de distinguir. Además determinar si una condición es externa o interna es el primer paso para realizar un diagnóstico.

Las condiciones internas son causadas normalmente por desarmonías internas, como ahora energía emocional excesiva, u otros desequilibrios relacionados con las siete emociones. Pensar demasiado y el estrés puede llevar a desequilibrios que se identifican como internos. Las condiciones internas suelen ser crónicas y suelen tener un cuadro gradual y una duración mayor.

Las condiciones externas son causadas normalmente por influencias externas en el cuerpo, como el calor, el frío, viento, humedad, sequedad, y el calor veraniego. Estas influencias perniciosas atacan al cuerpo cuando el Wei Qi está bajo.

Las enfermedades típicamente externas son los resfriados, gripe, erupciones cutáneas, o enfermedades causados por shocks o lesiones. Cantidades excesivas de comida, bebida, trabajo o actividad sexual también pueden causar cuadros internos y externos. Las condiciones externas son agudas, de poca duración y de aparición repentina.

Muchas veces las condiciones internas surgirán durante la retirada de una condición externa. Esto representa una debilitación del Wei Qi y el sistema inmunológico del cuerpo. Antes de conseguir su plenitud, el cuerpo presentará un estadio de condición medio interna o medio externa. Por ejemplo: febrículas, pesadez en el pecho, náuseas, vómitos, garganta seca, pérdida de apetito, irritación de la boca, y mareos. Un pulso agitado también es indicativo de esta condición.

Esta es una de las razones por las que se dice que se debe sudar para tratar la fiebre, y así mantenerla externa. Cuando se traten casos extremos como lesiones externas o shocks se debe mantener al receptor de la terapia caliente para conservar su Yang Qi.

FRÍO Y CALOR

Son las condiciones que resultan de un estado frío o caliente y se determinan por las sensaciones de frío o calidez. La naturaleza de su manifestación clínica depende de si está combinada con un síndrome por exceso o un síndrome por deficiencia.

CONDICIONES CALIENTES

Estas condiciones se dan normalmente cuando hay un exceso de actividad Yang en el cuerpo, o si hay insuficiencia de Yin Qi o fluidos. Estas condiciones se pueden subdividir en calor lleno (exceso) o calor vacío (deficiencia).

1. Una condición de calor lleno (por ejemplo, exceso de Yang) manifiesta los siguientes síntomas fisiológicos y mentales/emocionales.

Los síntomas físicos incluyen: energía y metabolismo exacerbado; fiebre con sed y necesidad de bebidas frías; tos seca y constipados; orina de color amarillo oscuro y reducida; enrojecimiento de cara, piel y ojos; extremidades calientes; aversión al calor; pulso rápido y lleno con lengua roja y superficie amarilla.

Los síntomas mentales y emocionales incluyen: irritabilidad; desasosiego; voz alta, verborrea; conducta extrovertida y agresiva.

Las inflamaciones, úlceras e infecciones son típicas de las enfermedades de calor lleno. Hay muchos otros síntomas dependiendo del órgano afectado.

Estos síntomas se dan cuando hay un exceso de energía Yang en el cuerpo. Este exceso puede ser causado por el consumo de demasiadas comidas calientes, o problemas emocionales de largo recorrido debido al estancamiento de Qi. Esta condición también se puede dar por invasiones externas que se transforman en calor.

2. Las condiciones de calor vacío (por ejemplo, deficiencia de Yin) se manifiestan como los siguientes síntomas fisiológicos y mentales/ emocionales.

a. Los síntomas físicos incluyen: boca y garganta seca (por la noche); sudoración nocturna; fiebre al atardecer; sensación de calor en el pecho, palmas y plantas de los pies; orina oscura; pulso rápido, vacío y flotante, enrojecimiento de la lengua.

b. Los síntomas emocionales y mentales incluyen: desasosiego mental; vaga ansiedad; insomnio.

Hay muchos otros síntomas dependiendo del órgano afectado.

Estos síntomas se dan cuando hay deficiencia de Yin. Si el Yin del receptor de la terapia se vuelve deficiente, esto afecta al Yin del hígado, corazón, y pulmones y causa una condición de exceso de Yang relativo.

CONDICIONES FRÍAS

Estas condiciones se dan cuando hay un exceso de actividad en las funciones Yin del cuerpo, o si hay insuficiencia de Yang Qi en el cuerpo. Las condiciones de frío se pueden subdividir en frío lleno (exceso) o frío vacío (deficiencia).

1. Las condiciones de frío lleno manifiestan los siguientes síntomas fisiológicos y mentales/emocionales.

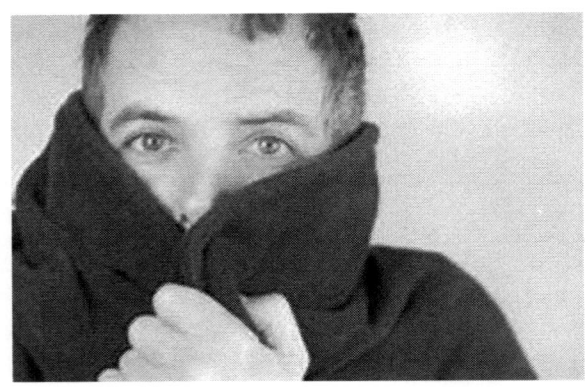

Los síntomas físicos incluyen: funciones fisiológicas disminuidas e inmunidad baja; energía baja; aversión al frío y deseo de calor; extremidades frías; falta de sed; orina clara; deseo de bebidas calientes; palidez facial; pulso lento, con la lengua y su saburra húmeda.

Los síntomas emocionales y mentales incluyen: timidez y voz tranquila; movimientos lentos; falta de motivación;

Generalmente, las molestias se incrementan con el frío y se alivian con el calor. Los síntomas de frío pueden aparecer en los estadios finales de fiebres y úlceras pépticas, denotando una debilidad del cuerpo para sobreponerse a la enfermedad.

Estos síntomas se dan cuando hay un exceso de Yin Qi en el cuerpo. Este exceso puede ser causado por la invasión de frío externo en el interior del cuerpo. En esta condición particular, el frío externo puede invadir el estómago, causando vómitos y dolor en el epigastrio, invadir el intestino y causar diarrea y dolor abdominal, etc. Una de las principales manifestaciones de este frío lleno es el dolor abdominal que se produce cuando el frío obstruye y constriña circulación de Yang Qi. El frío lleno también se puede desarrollar por la invasión de factores externos que se hayan convertido en frío.

2. Las condiciones de frío vacío manifiestan los siguientes síntomas fisiológicos y mentales/emocionales.

Los síntomas físicos incluyen: extremidades frías y escalofríos; palidez facial; fatiga; ausencia de sed; orina abundante y clara; sudoración; lengua pálida con cubrimiento fino y un pulso profundo, lento y débil.

Los síntomas mentales y emocionales incluyen: cansancio y pérdida de motivación; movimientos lentos;

Un síndrome de frío vacío normalmente se produce cuando el Yang Qi del cuerpo es insuficiente para calentarlo. Esto es causado por la deficiencia del Yang de bazo, el Yang de riñón, o el Yang de corazón. Lo más normal es que proceda del bazo que, a causa de la deficiencia, no calienta los músculos y produce escalofríos.

COMBINACIÓN DE SÍNTOMAS FRÍOS Y CALIENTES

Puede parecer que distinguir entre esta clase de enfermedades es fácil, pero es posible encontrarse con circunstancias donde los síntomas de ambas cosas aparezcan a la vez. Aunque la intuición normalmente nos sirve como un indicador general, si no se tienen en cuenta otros aspectos, nos puede jugar una mala pasada. El terapeuta de Qigong Médico debe tener en cuenta todos los síntomas que aparezcan según el Yin-Yang o los patrones de deficiencia-exceso.

1. Un síndrome de frío externo con calor interno se manifiesta cuando un receptor de la terapia tiene un síndrome de calor interno preexistente y ha sido invadido por un viento frío externo. Los síntomas incluyen fiebre con aversión al frío, dolores en el cuerpo, irritabilidad y sed.

2. Un síndrome de calor externo con frío interno se manifiesta cuando un receptor de la terapia con una condición de frío existente es atacado por un viento caluroso exterior. Los síntomas incluyen fiebre con aversión al frío, escalofríos, dolor de cabeza, garganta irritada, y sed.

3. Un síndrome por encima calor-por abajo frío se manifiesta cuando un receptor de la terapia sufre de calor patógeno en el tren superior, quedando frío el tren inferior. Los síntomas incluyen sed, sabor amargo, irritabilidad, herpes, y orina pálida y profusa.

A los receptores de la terapia siempre se les debe decir que estén atentos a estos signos cuando practican sus rutinas y recetas de Qigong.

EXCESO Y DEFICIENCIA

La capacidad de un individuo de resistir la invasión de los patógenos es proporcional a la fuerza de la enfermedad y la fuerza del individuo. Una condición de exceso se caracteriza por la presencia de un factor patógeno y por el hecho de que las funciones de Qi del cuerpo funcionan de forma normal. La batalla contra los agentes patógenos se manifiesta en los síntomas y signos de la condición de exceso. Una condición deficiente se caracteriza por la debilidad del Qi del cuerpo y la ausencia de un factor patógeno. Si el Qi del cuerpo es débil, pero el factor patógeno continúa su ataque, la condición se considera deficiente pero se caracteriza por síntomas de exceso.

CONDICIONES DE EXCESO

Una condición de exceso ocurrirá normalmente cuando una función del cuerpo esté hiperactiva o si se acumula el Qi de forma antinatural debido a un bloqueo. Se caracteriza

por la fuerza y reacciones sintomáticas agudas. Las condiciones que se van tan rápido como han venido se deben al exceso. El exceso Yang puede ser fácilmente remediado con una dieta donde predominen las verduras y la fruta.

Algunos indicadores de condiciones de exceso son: cara roja, dolor agudo, dolores menstruales extremos, abdomen tierno, y empeoran con la aplicación del calor. Un pulso fuerte también puede ser indicador de una condición de exceso.

En casos de exceso para dispersar el Qi patógeno el receptor de la terapia imagina como el Qi tóxico sale por puntos específicos con cada exhalación. Los resultados siempre son mejores si se unen las recetas con el tratamiento.

Cualquier patógeno interior puede dar lugar a una condición de exceso, incluyendo el estancamiento de Qi y de sangre.

CONDICIONES DE DEFICIENCIA

Aunque la deficiencia se caracteriza por la insuficiencia de Jing, Qi, Shen, y fluidos, no significa necesariamente que falte algún nutriente como prescribe la medicina occidental. Es más una afirmación de la incapacidad del cuerpo para encontrar o producir lo necesario para su función inmunológica. Así pues, se debe entender la deficiencia en términos más generales como la condición del receptor de la terapia o su enfermedad.

Las condiciones que debilitan son normalmente causadas por deficiencia. Los indicadores generales son: cansancio excesivo, energía inconsistente, respiración hueca y rápida, dolor caracterizado por la inflamación, voz inconsistente o de poco volumen, dolores

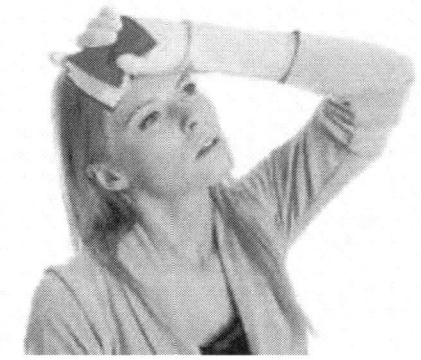

menstruales moderados, espíritu bajo y dolor abdominal. Una condición de deficiencia normalmente responde bien al calor y la presión. Un pulso débil también puede ser indicador de esta condición. Hay cuatro tipos de deficiencias:

1. Deficiencia de Qi, es el estado menos grave. Muchos síntomas aparecen por la debilidad del Qi del pulmón y el Qi del bazo.

2. Deficiencia de sangre, este tipo viene causado por la disfunción de varios órganos internos. Muchos síntomas aparecen por la debilidad del hígado, el corazón y el bazo.

3. La deficiencia de Yin es causada por la disfunción de varios órganos internos. Muchos síntomas aparecen por la deficiencia de Yin en el hígado, el corazón, el estómago, los pulmones y los riñones del receptor de la terapia.

4. La deficiencia de Yang causada por la disfunción de varios órganos internos. Muchos síntomas aparecen por la deficiencia de Yang en el hígado, corazón, bazo, pulmones, y riñones del receptor de la terapia.

En los casos de deficiencia, cuando se requiere llenar el Qi, se consigue el mejor efecto cuando el receptor de la terapia coopera con el terapeuta de Qigong Médico en la extensión de Qi a través de la intención de la mente y la inhalación.

CONDICIONES COMBINADAS DE EXCESO Y DEFICIENCIA

A veces, los dos tipos de condiciones ocurren a la vez. Aunque el exceso es una de las características de una enfermedad Yang, esto puede dar lugar a ciertos síntomas de deficiencia. Normalmente son resultado del Qi que está bloqueado en la utilización de sus nutrientes vitales.

TEORÍA YIN Y YANG

La energía del Yin y el Yang se representa normalmente con el símbolo del Taiji. El Yang Qi se representa con el color blanco y el Yin con el negro. El dibujo representa su interrelación energética. En la medicina, la teoría del Yin y el Yang se utiliza para explicar los fenómenos fisiológicos y psicológicos del cuerpo. Se considera un principio fundamental para diagnosticar y tratar enfermedades.

De forma general, un exceso de Yang puede llevar a una deficiencia de Yin y viceversa. Un síndrome de calor puede ser debido a un exceso de Yang o un Yin deficiente.

Las actividades del Qi en estos aspectos Yin y Yang unen y regulan el funcionamiento de los órganos del cuerpo y sus tejidos. La dirección y la naturaleza energética del Qi se puede detectar en la superficie del cuerpo para conseguir información sobre el diagnóstico y el tratamiento. Por ejemplo, para tratar receptor de la terapia con sobreabundancia de Yang Qi e hiperactividad de fuego, las meditaciones deben hacerse durante los períodos Yin (11 AM a 11 PM) mientras se mira al norte, con énfasis en exhalar para purgar el calor. El terapeuta de Qigong Médico debe actuar después para regular el Yang y el Yin y devolver el equilibrio.

Una vez la naturaleza Yin o Yang del desequilibrio se ha determinado, se aplica el método correspondiente de tratamiento para regular. El terapeuta de Qigong Médico aplica siempre Yin para enfermedades Yang y viceversa. Este principio debe ser seguido siempre. Es importante igualmente, purgar el exceso antes de rellenar y tonificar las deficiencias.

DIAGNOSTICAR YIN Y YANG EN EL CUERPO

Cada persona tiene aspectos Yin y Yang que serán más o menos predominantes según sus gustos, estilo de vida, físico, personalidad etc. Dentro de la constitución general puede haber sutiles fluctuaciones de Yin/Yang al reaccionar el cuerpo a los estímulos externos e internos. Antes de prescribir ejercicios o remedios es necesario establecer si el receptor de la terapia es Yin o Yang.

CONSTITUCIÓN YIN Y YANG

Hay indicadores generales que ayudarán al terapeuta de Qigong Médico a diagnosticar una condición predominante Yin o Yang. La constitución Yin/Yang del receptor de la terapia así como su equilibrio dentro del cuerpo, determinarán un importante rol en la elección del ejercicio y el momento de llevarlo a cabo. En la mayoría de los casos una condición Yin debe equilibrarse con un ejercicio Yang, y al revés.

Hay varios niveles de desarmonía dentro del cuerpo del receptor de la terapia. El Yin y el Yang son sólo términos relativos y los otros factores expuestos anteriormente deben tenerse en consideración. El Yin y el Yang nunca están en un estado permanente; siempre hay un movimiento dinámico y sus relaciones deben ser consideradas.

La teoría Yin y Yang es valiosa porque proporciona un instrumento para entender la constitución del receptor de la terapia en un momento dado. Esta información ayuda al terapeuta de Qigong Médico a determinar el mejor curso de acción según las necesidades del cuerpo del receptor de la terapia. La consideración de los atributos innatos y adquiridos (dieta, modo de vida, influencias y demás) se deben tener en consideración y basarse en la observación del estado mental, espiritual, emocional y físico del receptor de la terapia.

Hacer un programa para establecer un equilibrio requiere un entendimiento de los estados mentales y energéticos. Para evaluar la condición del receptor de la terapia, el terapeuta de Qigong Médico toma en consideración la localización y naturaleza de la desarmonía, la gravedad y el estado general del receptor de la terapia. El terapeuta de Qigong Médico puede encontrar una combinación de síntomas Yin y Yang que vayan contrastando, esto presenta un desafío a la hora de diagnosticar, ya que los síntomas y los indicadores en un receptor de la terapia enfermo suelen ser más extremos.

CONDICIONES YIN

Yang primario genera Yin primario. Todo en el Universo necesita ayuda del Yin. A un nivel básico, las condiciones Yin en el cuerpo suelen ser frías, internas, deficientes, y de naturaleza degenerativa. Si la condición se vuelve muy Yin, puede expresar síntomas de calor o Yang. El frío extremo en forma de nieve, por ejemplo, puede causar hipotermia. Esto se llama "falso Yang" porque la condición resutante se manifiesta como Yang y no Yin.

Las condiciones Yin se caracterizan por lo siguiente: orina copiosa y clara, depresión, palidez, aturdimiento, complexión amarilla, debilidad, cansancio, constitución delgada, piel fría, manos y pies fríos, sentidos vagos, postura curvada al dormir, voz suave, silencio, respiración hueca, preferencia por las comidas calientes, y tendencia a la indigestión. Una condición Yin también se ve reflejada en un pulso profundo, débil, lento y una lengua grande, pálida, húmeda con un cubrimiento posiblemente blanco.

CONDICIONES YANG

Las condiciones Yang suelen ser calientes, externas y excesos. Una enfermedad Yang es expansiva. Bajo ciertas condiciones una sobreabundancia de calor puede

transformarse en frío para formar un "falso Yin". Demasiado calor y sol, por ejemplo, pueden dar lugar a una insolación; esto es un falso Yin porque la condición se manifiesta como Yin y no Yang. Si una condición aguda Yang persiste, se volverá Yin.

Las condiciones Yang se caracterizan por: orina amarilla, apariencia excitada, fuerza, constitución muscular, acividad, irritabilidad, pies y manos calientes, piel caliente, sentidos fuertes, tendencia a estirar frecuentemente, voz alta, verborrea, respiración pesada, sed, boca seca y preferencia por bebidas frías. Una condición Yang también se percibe en un pulso flotante, rápido, fuerte, y una lengua roja, amarilla, sólida, seca, con grietas y con muy poco o sin recubrimiento.

SIGNOS YIN Y YANG

Determinar el verdadero o falso Yang puede parecer confuso. La gente deficiente de Yin de constitución flaca e hipertensos, pueden hablar en voz alta y manifestar desasosiego e insomnio. Estos individuos también pueden desarrollar cuadros febriles que varían de caliente a frío.

Generalmente, una condición verdadera Yin/Yang se determina por tres o más síntomas que ocurren de forma simultánea.

Los síntomas de falso Yin incluyen: debilidad, frío, humedad y otros síntomas Yin en una condición de otra forma Yang. Uno debe tener en mente que no hay condiciones Yin o Yang puras, pues ambos aspectos son interdependientes entre sí.

Además, los estadios Yin y Yang pueden cambiar durante el curso del día, o en el curso de una enfermedad. Si un estado Yang se deja progresar puede convertirse en un estado Yin. Si esto ocurre no es un buen signo, pero si una condición Yin pasa a una condición aguda Yang sí puede ser una buena noticia, ya que puede significar que se está reequilibrando. Lo importante es entender que se requiere energía activa (Yang) para manifestar una condición aguda, y cuanto más fuerte sea la manifestación, más fuerte será la energía.

CATEGORÍAS YIN Y YANG

Las hierbas chinas y las comidas se clasifican de forma típica en términos de Yin y Yang, como los ejercicios y meditaciones de Qigong. Durante los mismos el estado de relajación de la mente es crítico para determinar si es Yin o Yang. Es importante estar atento a este punto al desarrollar un programa adecuado para un receptor de la terapia. Si una vez que la condición desfavorable aparece damos una receta errónea, desequilibraremos al receptor de la terapia y se hará más difícil su recuperación.

DIAGNÓSTICO POR PULSO

El pulso es considerado otra forma de manifestación de la energía. El pulso se imagina como unas ondas de varios flujos que viajan por el cuerpo y salen del corazón. El diagnóstico por pulso puede dar al terapeuta de Qigong Médico información detallada del estado del receptor de la terapia y sus órganos internos, ya que refleja el flujo de energía, sangre y la energía Yin/Yang del receptor de la terapia. El pulso se busca en la arteria radial, que se divide en tres áreas (frontal, mediana y baja), y en tres niveles (superficial, mediano profundo) creando "nueve regiones" de diagnóstico por pulso.

Las tres áreas se relacionan con las manifestaciones energéticas del triple caldero. La posición frontal corresponde al cielo y se asocia a las enfermedades de la cabeza y el pecho; la posición media corresponde al hombre y se asocia a las enfermedades desde el diafragma al ombligo; la posición inferior corresponde a la tierra y se asocia a las enfermedades desde el ombligo a los pies.

Los tres niveles se relacionan con las manifestaciones energéticas de las enfermedades del cuerpo. El nivel superficial se asocia a enfermedades exteriores, el Qi del cuerpo y la energía Yang del cuerpo; el medio se corresponde a la sangre, así como a la energía del estómago y el bazo; el nivel inferior corresponde a enfermedades interiores y a la energía Yin del cuerpo y de los órganos.

Lo importante es diagnosticar como fluye la energía del cuerpo, tomando en consideración la relación del Yin y Yang en el pulso. La calidad del pulso puede variar según el receptor de la terapia:

1. Receptor de la terapia de constitución grande tienen el pulso más fuerte que los de constitución más pequeña.

2. Los receptores de la terapia con gran actividad física tienen un pulso más fuerte que aquellos que tienen una gran actividad mental.

3. Según el tiempo y la estación el pulso puede variar, por ejemplo en invierno el pulso es más profundo y en verano es más superficial.

CUALIDADES Y CLASIFICACIÓN DE LOS PULSOS

En China, se presta atención a la condición general del pulso. Cuando se lee el pulso superficial es importante notar que indica la condición del Qi del receptor de la terapia así como sus órganos Yang. Los pulsos profundos indican la condición del Jing del receptor de la terapia y sus órganos Yin.

Los pulsos se pueden dividir en tres categorías según sus cualidades Yin y Yang.

1. La profundidad a la que se puede sentir el pulso está en primer lugar.

a) Los pulsos superficiales/flotantes se pueden sentir con un toque muy ligero, apenas tocando la arteria. Indican un síndrome exterior, enfermedad crónica, o debilidad general. Esto informa al terapeuta de Qigong Médico de que hay un exceso en el nivel de Qi del receptor de la terapia (o una deficiencia en a nivel Yin).

Los pulsos superficiales y débiles (vacíos) se encuentran en enfermedades de exceso Yang cuando el Wei Qi está peleando con los agentes patógenos a nivel superficial.

Los pulsos superficiales y con fuerza (llenos) se encuentran en enfermedades interiores debido a una deficiencia de Yin o Jing.

b) Los pulsos profundos se sienten con una presión fuerte, cerca del hueso. Indica un síndrome interior, y está relacionado con el Jing del receptor de la terapia.

Los pulsos profundos y débiles (vacíos) se dan en enfermedades causadas por la deficiencia de Qi y Yang.

Los pulsos profundos y fuertes (llenos) se dan en enfermedades profundas. Confirman un exceso en el nivel Yin, o deficiencia del Qi, y señalan un estancamiento de Qi o de sangre, y una condición de calor o frío.

2.   Después se considera la velocidad del pulso

a. Los pulsos lentos son menores a 4 latidos por respiración del receptor de la terapia; indican un síndrome de frío.
Los pulsos lentos y débiles indican un frío vacío y deficiencia de Yang.
Los pulsos lentos y fuertes indican un frío pleno y exceso de Yin.

b. Los pulsos rápidos son mayores a 5 latidos por respiración del receptor de la terapia; indican exceso de Yang y calor pleno.
Los pulsos rápidos y débiles indican calo vacío y deficiencia de Yin.
Los pulsos rápidos y fuertes indican calor pleno y exceso de Yang.

3. Por último se tiene en cuenta la fuerza del pulso
a. Los pulsos débiles son muy sutiles y desaparecen con una presión fuerte; indican un síndrome de deficiencia.
b. Los pulsos fuertes son muy vigorosos y se sienten con una presión muy fuerte. Indican un síndrome de exceso.

Los pulsos rápidos y fuertes indican calor pleno.

Los pulsos lentos y fuertes indican frío pleno.

POSICIÓN Y PROFUNDIDAD DEL PULSO

Tradicionalmente, el mejor momento para tomarle el pulso al receptor de la terapia es cuando esta calmado y relajado. Hay varias escuelas de diagnóstico por pulso, cada una con sus propios métodos. El aspecto más importante al escuchar el pulso del receptor de la terapia es sentir su fuerza, su calidad y el espíritu del pulso. Sólo así el terapeuta de Qigong Médico podrá recibir la información adecuada.

Normalmente, en los hombres, el pulso del lado izquierdo (Yang) es ligeramente más fuerte que el del derecho (Yin), y viceversa con las mujeres. También en los hombres la posición frontal (Yang) es un poco más fuerte, mientras que en las mujeres son más fuertes las posiciones inferiores (Yin).

DIAGNÓSTICO SEGÚN LOS CINCO ELEMENTOS
INTRODUCCIÓN A LOS CINCO ELEMENTOS

Este método de diagnóstico se basa en la interpretación de las manifestaciones clínicas según los ciclos de creación, control, reactivo y de rebeldía de los cinco elementos. Los cinco elementos se refieren a cinco fases de transición usadas en la Medicina China a las que a veces se les llama Wu Xing. El concepto de los cinco elementos apareció por primera vez en China en documentación de la dinastía Zhou (1000-700 a.C.). Esta teoría clasifica las sustancias tangibles e intangibles en cinco categorías para su estudio, así como para su tratamiento y diagnóstico.

1. El elemento madera se asocia con las funciones de crecimiento y desarrollo de la naturaleza.

2. El elemento fuego se asocia con la máxima actividad funcional en el estadio de crecimiento y desarrollo de la naturaleza.

3. El elemento Tierra se asocia con la función de estabilización funcional en el estadio de crecimiento y desarrollo de la naturaleza.

4. El elemento metal se asocia con la función de decaimiento de la naturaleza en el estadio de crecimiento y desarrollo de la naturaleza.

5. El elemento agua se asocia con el máximo estado de reposo en el estadio de crecimiento y desarrollo de la naturaleza.

La teoría de los cinco elementos se usa para explicar las clasificaciones y características junto con las leyes del ciclo universal. Esto se estudia hoy en día en la MTC para ayudar al terapeuta de Qigong Médico a entender el crecimiento y el desarrollo de la anatomía energética del cuerpo, su fisiología, sus procesos y el desarrollo de los síntomas.

LOS CINCO ELEMENTOS Y LA TEORÍA DEL YIN Y YANG

Es importante entender la teoría de los cinco elementos y su interacción con el Yin y Yang para apreciar sus categorías energéticas.

Los antiguos maestros de Qigong creían que todos los procesos del Universo se debían a la interacción del Yin y el Yang. Así, la teoría del Yin y Yang se usaba para describir los procesos transicionales de todas las cosas, especialmente de los cinco elementos. El fuego y la madera se consideran elementos Yang activos, mientras que el agua y el metal se consideran elementos Yin reposados. La Tierra es el punto medio entre Yang y Yin.

Los terapeutas de Qigong Médico de Qigong asignan los cinco elementos a los órganos del cuerpo y los tejidos. Los cinco elementos se consideran el Jing de las piscinas de Yin y Yang del cuerpo.

Los ríos de Qi no pueden existir sin estas piscinas de Jing para nutrir su flujo; y las piscinas no pueden actuar sin los ríos de Qi. Así el principio de acción de los cinco elementos es la circulación del Qi Yang y Yin.

El cuerpo humano es como un símbolo de Taiji viviente. Sus canales traseros son Yang; los frontales Yin; y su canal central es contenido por la energía del polo Taiji. El polo Taiji produce Yang Qi por la inhalación de la fuerza vital. Cuando el Yang Qi llega a su punto álgido, descansa, mientras que el Yin Qi empieza a subir. Cuando llega a su punto álgido, descansa, y el Yang Qi vuelve a subir. Esta interacción continua produce y refuerza la energía de los cinco elementos en los órganos del cuerpo.

El primer estadio de los ejercicios de Qigong crea una transformación energética que regula estos cinco elementos en dos energías Yin y Yang primarias conocidas como Qi de fuego y agua. El segundo estadio es combinar ambas para tener los tres tesoros del ser humano.

La teoría de los cinco elementos asiste al terapeuta de Qigong Médico al examinar las correspondencias energéticas en la evaluación clínica. Esto sólo es una fase de la observación clínica, y siempre se debe aplicar conjuntamente con la teoría del Yin y el Yang.

EL CICLO DE CREACIÓN

Dentro de cada ciclo de Qi cada elemento tiene dos aspectos principales: o está creando o siendo creado; o bien está restringiendo o siendo restringido. Para el proceso de crecimiento ambos aspectos son necesarios. El elemento creativo se llama madre y el creado hijo.

El ciclo de creación se usa para tonificar, ya que la estimulación de un órgano estimula la función del siguiente. El ciclo de creación con sus correspondencias es el siguiente:

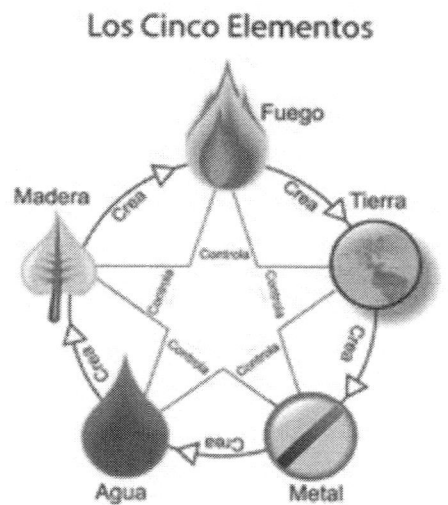

Los Cinco Elementos

1. El elemento del hígado es la madera, que se usa para crear el elemento fuego del corazón. El hígado almacena la sangre y la sangre aloja el Shen. Si la madre se estanca el hijo sufrirá. Las manifestaciones clínicas incluyen indecisión, timidez, falta de coraje, palpitaciones, e insomnio en la madrugada.

2. El elemento del corazón es el fuego, que se usa para crear el elemento Tierra del bazo. El Qi del corazón empuja la sangre, ayudando al Bazo en su función. Si la madre se estanca el hijo sufrirá, creando una deficiencia de Yang en el bazo. Las manifestaciones incluyen escalofríos, debilidad de extremidades, y heces sueltas.

3. El elemento del bazo es la Tierra, que se usa para crear el elemento metal de los pulmones. El Qi del bazo lleva Gu Qi a los pulmones donde se combina con el aire para formar el Zong Qi. Si la madre se vuelve deficiente el hijo sufrirá, creando flemas que obstruirán los pulmones. Las manifestaciones incluyen flemas, tos y debilidad general.

4. El elemento de los pulmones es el metal, que se usa para crear el elemento agua de los riñones. Los pulmones envían Qi y fluidos a los riñones para nutrir el Qi del riñón. Si la madre se estanca el hijo sufrirá, ya que no recibe suficiente Qi. Las manifestaciones incluyen falta de aliento, afonía, tos y asma

5. El elemento de los riñones es agua que se usa para crear la madera del hígado. El Yin del riñón nutre la sangre del hígado. Si la madre se vuelve deficiente el hijo sufrirá. Las manifestaciones incluyen dolores de cabeza, visión borrosa, mareos y vértigo.

EL CICLO DE CONTROL

Cada elemento controla o restringe a otro elemento, asegurando que se preserve el equilibrio dinámico. El elemento que restringe es el que tiene éxito mientras el otro está en espera. El restringente se llama abuela y el restringido hijo/niño. El ciclo controlador es el que sigue:

1. La madera absorbe nutrientes de la Tierra. El hígado controla el bazo y su órgano es el estómago. Una de las funciones del hígado es ayudar al estómago en la digestión para producir Gu Qi.

2. La Tierra restringe el agua. El bazo controla los riñones. Ambos controlan la formación de los fluidos.

3. El agua extingue el fuego. Los riñones controlan el corazón. El aspecto energético de los riñones controla el equilibrio del corazón.

4. El fuego derrite el metal. El corazón controla los pulmones. El corazón gobierna la sangre y los pulmones el Qi, ambos se asisten en sus funciones.

5. El metal corta la madera. Los pulmones controlan el hígado. Si el Qi del pulmón es bajo no descenderá y el Qi del hígado subirá.

EL CICLO REACTIVO

Este ciclo conocido también como de la destrucción, o de la tiranía, es donde un elemento reacciona e invade a un elemento determinado. En lugar de controlar, un elemento ataca al otro robándole Qi. Esto se observa de forma general en casos de exceso o deficiencia en los órganos. El ciclo reactivo es el siguiente:

1. La madera invade la Tierra. El hígado ejerce un control excesivo sobre el bazo y su órgano es el estómago. Las manifestaciones clínicas son: dolor hipocondríaco y epigástrico, irritabilidad, falta de apetito, heces sueltas, y color verdoso de la cara.

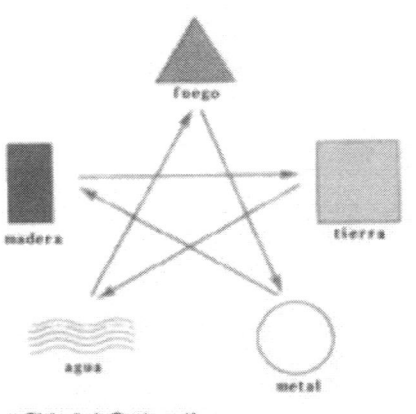

● Ciclo de la Destrucción

2. La Tierra invade el agua. El bazo ejerce un control excesivo sobre los riñones. Esto ocurre cuando el bazo no puede transformar los fluidos. Los fluidos se acumulan y obstruyen el riñón impidiendo que haga su función. Las manifestaciones incluyen edemas, dificultad para orinar, y un color amarillento en la cara.

3. El agua invade el fuego. Los riñones ejerce un control excesivo sobre el corazón. Este pa-

trón casi no se ve en la clínica ya que los riñones rara vez sufren de excesos.

4. El fuego invade el metal. El corazón ejerce un control excesivo sobre los pulmones. Esto provoca una condición de calor pleno en los pulmones. Las enfermedades pulmonares pueden venir de desórdenes cardiacos. Las manifestaciones incluyen tos con esputos amarillos, sensación de calor, y color rojizo en la cara.

5. El metal invade la madera. Los pulmones ejercen un control excesivo sobre el hígado. Las manifestaciones incluyen irritabilidad, distensión, fatiga, y palidez en la cara.

EL CICLO DE REBELDÍA

Este ciclo se da cuando los elementos invierten su ciclo de restricción y el hijo se rebela contra la abuela. Se observan normalmente en caso de exceso o deficiencia de los cinco elementos. El ciclo de rebeldía es el que sigue:

1. La madera mella el metal. El hígado se rebela contra los pulmones. Si el Qi del hígado se estanca puede incapacitar la función de los pulmones. Los síntomas incluyen: tos, distensión en el pecho, y asma.

2. El metal controla la propagación del fuego. Los pulmones se rebelan contra el corazón. Si el hijo se vuelve deficiente puede causar que el Qi del corazón se vuelva deficiente también. Los síntomas incluyen: palpitaciones, falta de aliento e insomnio.

3. El fuego seca el agua. El corazón se rebela contra los riñones. Si la abuela es deficiente, el niño puede volverse excesivo, dando lugar a un calor vacío de corazón. Las manifestaciones incluyen: mareos, dolores en las lumbares, sudoración nocturna, insomnio, y boca seca.

4. El agua erosiona la Tierra. Los riñones se rebelan contra el bazo. En este caso el hijo es deficiente causando que la abuela también lo sea. Síntomas: extremidades débiles, fatiga, edemas y heces sueltas.

5. La Tierra se resiste a ser hollada por la madera. El bazo se rebela contra el hígado. Si el bazo no transforma los fluidos, se dará una condición de humedad. La humedad se puede acumular y obstruir la función del hígado. Síntomas: distensión y dolor hipocondríaco, obstrucción de la bilis, e ictericia.

EL CICLO DE TONIFICACIÓN

Se puede usar para equilibrar la energía vital en conjunto con la naturaleza. La madera corresponde a la primavera, fuego al verano, metal al otoño, agua al invierno y la Tierra a la parte final de cada estación. El elemento Tierra está situado y asociado con los 18 días de transformación al final de cada estación. Su función es ayudar y reforzar el siguiente órgano del ciclo.

LAS CINCO MANIFESTACIONES YIN EN LOS ÓRGANOS

Los cinco elementos se manifiestan en cinco direcciones de movimiento. El terapeuta de Qigong Médico estudia los movimientos y las acciones de un receptor de la terapia mientras está en un estado meditativo, para diagnosticar su disposición energética. Después de meditar durante un rato, los órganos del receptor de la terapia rebosaran de Qi. Cuando los órganos rebosan de Qi dan lugar a ciertas reacciones físicas que ayudan a saber qué elemento tiene el problema.

1. La madera o el Qi del hígado es el responsable del efecto de dispersión del Qi, y se manifiesta en movimientos expansivos hacia fuera en todas direcciones, causando que el cuerpo se mezca ligeramente. Cuando la energía del hígado sobra en vez de mecerse ligeramente los movimientos del cuerpo pasan a ser como los de un árbol cuando sopla un viento muy fuerte.

2. Cuando el fuego o el Qi del corazón sobreabundan, es evidente por la manifestación física de movimiento hacia arriba del torso causado por el calor Yang. Esto afecta el cuerpo energético y se ve por los movimientos ascendentes, a veces espasmódicos.

3. La Tierra o el Qi del bazo se manifiesta normalmente en movimientos estables, de todas maneras, cuando sobreabunda se hace evidente por movimientos ligeros y rápidos. Esto permite al cuerpo moverse libremente y ser flexible.

4. Cuando el metal o el Qi del pulmón sobreabunda, se hace notar por "tics" en el torso y se manifiesta por movimientos inversos y que contraen, causando que el cuerpo se mueva violentamente de lado a lado.

5. Cuando el agua o el Qi del riñón sobreabunda, se hace evidente a través de movimientos raros y pesados hacia abajo del torso.

Cuando un receptor de la terapia se mece de forma no intencional como resultado de un estado meditativo, no se sentirá cansado al final de la sesión. Por el contrario, si intenta forzar ese estado de relajación o aumentar el movimiento de su cuerpo mientras medita, se sentirá fatigado cuando acabe la sesión.

PRÁCTICA

TÉCNICA DE LA AGUJA INVISIBLE

Hoy en China se reserva este tipo de terapia para gente que es muy sensible a la proyección de energía.

Para hacer esta técnica, el terapeuta de Qigong Médico debe conectarse con la energía divina. Esto se hace reuniendo energía de los cielos a través del Baihui y extendiéndola por las manos, envolviendo al receptor de la terapia. Algunos terapeutas de Qigong Médico imaginan agujas de luz, que descienden del cielo por su Baihui. Mientras esta luz entra en su cuerpo se apoderan de una reserva inagotable de agujas invisibles para tratar al receptor de la terapia. Para usar estas

agujas el terapeuta de Qigong Médico gira la muñeca en sentido horario y la aguja fluye desde su punto P-8 en el centro de la mano.

Otros terapeutas de Qigong Médico imaginan las agujas encima suyo como un halo dorado por encima de su cabeza, sobre el punto transpersonal celestial (un metro por encima de la cabeza). Para usar las agujas, el terapeuta de Qigong Médico las coge del halo y las inserta en el receptor de la terapia. Usemos la visualización que usemos lo importante es saber hasta dónde queremos que penetren las agujas. Cuando tratamos un área dentro de los órganos mayores, una rotación en sentido horario tonifica, y en sentido anti horario seda esa área.

PREPARACIÓN

Antes de insertar la aguja invisible en el receptor de la terapia, es importante para el terapeuta de Qigong Médico drenar primero el área. Es similar a desinfectar la piel con alcohol antes de hacer una punción en acupuntura. Mientras una mano extiende la aguja invisible, se usa la otra para reforzar su energía. El terapeuta de Qigong Médico trabaja con esa aguja hasta que la sienta dentro del cuerpo del receptor de la terapia. A veces los receptores de la terapia sienten una sensación fría al ser tratados por el terapeuta de Qigong Médico. Es una reacción normal en esta terapia. Cuanto más rato esté la aguja invisible dentro del cuerpo del receptor de la terapia, mejor será su efecto.

ANGULO DE INSERCIÓN PARA LA TONIFICACIÓN O LA SEDACIÓN

La habilidad de usar las agujas invisibles comprende un sistema energético para tonificar y sudar. La polaridad del receptor de la terapia (Yin o Yang) indica en que ángulo se debe insertar la aguja invisible.

Cuando se hacen técnicas de sedación o reducción es importante insertar las agujas de forma perpendicular, formando una presa para parar el flujo de Qi. El terapeuta de Qigong Médico saca la aguja lentamente y deja el punto abierto para que el Qi se siga liberando de forma natural.

Cuando se hacen técnicas de tonificación o refuerzo, se debe insertar la aguja en ángulo, apuntando en la dirección del flujo del canal. Después, se debe quitar deprisa, para así evitar que el Qi se escape, y presionar el agujero de la aguja con la mano para sellar el punto.

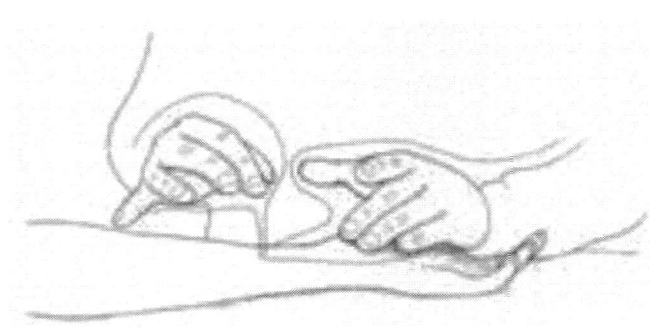

Una de las técnicas de tonificación preferidas por ciertos terapeutas de Qigong Médico de Beijing es dejar las agujas dentro del receptor de la terapia mientras regulas los vasos de la concepción y el gobernador. Una vez han reforzado la órbita micro cósmica, quitan las agujas y las dispersan una a una en la Tierra. Esta inserción se hace con la técnica de la palma de la aguja invisible.

Otra técnica es insertar la aguja en el punto del R-1 en la planta del pie. Una vez está dentro el terapeuta de Qigong Médico extiende su intención y la hace crecer y extender hasta los riñones. Después, el terapeuta de Qigong Médico emite energía por las piernas del receptor de la terapia para tonificar los riñones y el área del Mingmen.

Las agujas invisibles también pueden transformarse en los colores específicos de los cinco elementos. Igualmente se pueden dar giros adicionales a las agujas para generar bucles energéticos para tonificar (horario) o purgar (anti horario).

LAS POSTURAS DE LAS MANOS DE LA AGUJA INVISIBLE
Lo siguiente es una descripción de las varias posturas de las manos usadas en esta terapia.

Mano derecha

La mano derecha se usa generalmente para controlar y proyectar energía de la aguja al receptor de la terapia. No es sólo responsable de la formación sino también de la inserción de la aguja. La acción y el movimiento de la mano se conocen como la "técnica del picoteo del gallo". En esta postura el pulgar conecta con el índice para hacer la forma de un pico. Mientras estos dedos están conectados los otros se relajan hacia delante y el terapeuta de Qigong Médico se concentra en la proyección de la aguja en el cuerpo del receptor de la terapia.

La inserción y manipulación de la aguja sólo es efectiva cuando el terapeuta de Qigong Médico enraíza su intención en el Jing del receptor de la terapia y el Shen. Esto conecta al terapeuta de Qigong Médico con el Qi y la sangre del receptor de la terapia, además de con su espíritu animado.

Mano izquierda

La mano izquierda se usa para manipular los tejidos del receptor de la terapia, para mejorar el efecto del tratamiento o recoger Qi en el Dan Tien inferior del terapeuta de Qigong Médico y proyectarlo al receptor de la terapia. Una vez que el pulgar conecta con alguno de los dedos, la energía liberada ayuda a la naturaleza del elemento asociado y sus propiedades Yin y Yang. El Qi que se recolecta cuando el pulgar y el medio conectan, por ejemplo, es el Yang Qi del corazón.

Si la mano del terapeuta de Qigong Médico está sobre el canal del pericardio del receptor de la terapia, el Shen del mismo se tranquilizará. Cuando se trata con la energía de los cinco elementos, el índice y el medio son fuego y madera; esta combinación es Yang. El anular y el meñique son agua y metal; esta combinación reúne y crea energía Yin.

TIEMPO Y DURACIÓN DEL TRATAMIENTO

Se debe aplicar esta técnica de forma general una vez al día. La rutina incluye de seis a dieciocho tratamientos. Para casos intermedios, el receptor de la terapia puede continuar la terapia de seis a veinticuatro sesiones. Para casos crónicos el tratamiento puede durar de uno a tres meses, según la condición del receptor de la terapia.

Por lo que concierne al lapso de tiempo, el ratio se basa en las mareas altas y bajas del canal afectado que tenga el receptor de la terapia.

QUITAR LAS AGUJAS Y FINALIZAR EL TRATAMIENTO

Durante la tonificación el terapeuta de Qigong Médico quita las agujas rápidamente mientras el receptor de la terapia inhala. Esto permite al receptor de la terapia mantener el Qi y el Shen dentro de los canales y tejidos. Después de extraer la

aguja, el terapeuta de Qigong Médico presiona el punto con emisión de Qi y lo masajea en sentido horario hasta cerrarlo.

Durante un tratamiento de sedación, el terapeuta de Qigong Médico hace que el receptor de la terapia exhale para sacar todo el Qi maligno y el calor de los tejidos. Después de sacar la aguja lentamente, el terapeuta de Qigong Médico deja que el punto de acupuntura drene de forma natural y se cierre por sí mismo. Esto ayuda a drenar el Qi maligno y el exceso de calor del cuerpo del receptor de la terapia.

TERAPIA DE PUNTOS ENERGÉTICOS

Los siguientes tratamientos son usados generalmente por el terapeuta de Qigong Médico cuando usa la terapia de la aguja invisible, pero no están limitados a esa modalidad. Estas terapias se agrupan según enfermedades específicas. Los puntos son frontales y traseros como ya se ha estudiado.

Terapia para tonificar energía Yin

1. Para tonificar el Yin y reducir un tipo de fuego deficiente, extender Qi a los puntos R-3.

2. Para nutrir el Yin y reducir el fuego, extender Qi a los puntos R-3 y P-10.

3. Para tratar una deficiencia de Yin del hígado y los riñones y reducir las causas de fuego deficiente, extender Qi a B-6 y H-3.

4. Para tratar una deficiencia de Yin que causa sequedad en los pulmones, extender Qi a los puntos P-1 y V-13 en la parte frontal y trasera del cuerpo. Regula el tracto respiratorio así como los puntos P-7 y R-6, tonificando el Yin y activando la función de descenso de los pulmones.

Terapia para tonificar o dispersar energía Yang

1. Para reforzar el Yang de los riñones del receptor de la terapia, extender energía a los puntos VB-4, V-23 y R-3.

2. Para calentar, y tonificar el Yang del bazo y los riñones, extender energía en los puntos V-20 i 23. Este tratamiento es muy útil para eliminar fluidos húmedos causados por tipos deficientes de edema.

3. Para fortalecer el Yang y evitar un estado de colapso, tonificar el Yuan Qi del receptor de la terapia extendiendo energía en su Dan Tien inferior centrándose en los puntos VC.-4,-6, y -8.

4. Para tratar una condición de deficiencia de Yang en el bazo, reforzar el estómago del receptor de la terapia y el bazo para eliminar humedad y flema. Para llevarlo a cabo, extender energía y tonificar los puntos E-36, VC.-12 y V-20. Después activar y calentar el Qi de los pulmones del receptor de la terapia extendiendo Qi a los puntos V-13 y -43

5. Para reforzar el Yang del bazo, se promueve su función de transporte, extendiendo Qi en los puntos VC-12, V-20, H-13 y B-3

6. Para reducir un Yang hiperactivo en el hígado, primero hay que drenar y dispersar los puntos VB-20, V-18, y H-2 para pacificar el Yang del hígado; después, tonificar los puntos V-23 y R-3 para fortalecer los riñones.

7. Para subir el Yang Qi del receptor de la terapia o que fluya mejor dentro del vaso gobernador, extender energía en el punto VB-20.

8. Para reducir el exceso de Yang dentro del vaso gobernador que ha causado una hiperactividad de calor, drenar y sedar el punto VB-20. Después purga el calor de los puntos VG-14 y IG-4

Terapia para tonificar o dispersar el Qi

1. Para reforzar el Yuan Qi, extender Qi en el Dan Tien inferior del receptor de la terapia centrándose en los puntos VC-4 y -6.

2. Para fortalecer el Qi del receptor de la terapia y restablecer su Yang, extender energía en los puntos VG-20, VC-6 y E-36.

3. Para subyugar el Qi ascendente del receptor de la terapia, extender el Qi a los puntos VC-22 y V-17.

4. Para dispersar el Qi estancado del receptor de la terapia y la flema, extender Qi al punto V-13.

5. Para tonificar los riñones y el Jing y reducir cualquier deficiencia de los riñones, extender Qi en los puntos VG-4, V-52, y R3 del receptor de la terapia.

6. Para estimular la circulación del Qi y la sangre, extender Qi en los puntos H-3 y IG-4.

Terapia para nutrir y tonificar la sangre

1. Para activar la circulación del receptor de la terapia, extender energía en el punto B-10.

2. Para estimular la función conductora de la sangre, extender energía en el punto B-1.

3. Para controlar la producción de la sangre, extender Qi al punto V-20 para controlar la sangre o V-15 para incrementar su producción.

4. Para activar la circulación y remover las estasis, extender energía a los puntos V-17 y B-6.

5. Para reforzar el origen de la sangre, extender energía a los puntos E-36 y B-6.

6. Para quitar bloqueos (estasis) de sangre en el útero, extender energía en los puntos V-32 y E-29.

Terapia para eliminar el frío y la humedad

1. Para calentar el bazo y el estómago y eliminar el frío, extender la energía al Dan Tien bajo y en el área del VC-12 y -13.

2. Para dispersar el frío, aliviar dolor, pacificar el estómago y reforzar el bazo, extender la energía en los puntos B-4 y V-20.

3. Para reforzar el bazo y despejar la humedad, extender energía en los puntos B-6 y E-36.

4. Para eliminar edemas sobre la cintura, extender energía en los puntos V-20 y H-13.

5. Para eliminar edemas por debajo de la cintura, extender energía en los puntos V-28, H-6 y B-9.

Terapia para eliminar el calor

1. Para eliminar el calor, extender energía en los puntos IG-11, o drenar y dispersar la energía de los puntos Shi Xuan (puntas de los dedos).

2. Para mover el calor hacia abajo, drenar y dispersar la energía de los puntos R-1.

3. Para dispersar el calor externo, drenar y dispersar la energía del punto ID-3.

4. Para eliminar el calor interno, drenar y dispersar la energía del punto PC-5.

5. Para eliminar el calor húmeda, extender energía a los puntos V-20 y B-9.

6. Para eliminar el calor húmedo de la sangre, drenar y dispersar la energía del punto V-40, y luego extender la energía en el punto P-3.

7. Para reducir el fuego del hígado, drenar y dispersar la energía de los puntos VC-3 y H-5.

8. Para reducir las perturbaciones del fuego ascendente del hígado y la vesícula biliar, drenar y dispersar la energía de los puntos VB-12, así como las áreas de V-19 y -18.

Terapia para eliminar el viento

1. Para eliminar el viento frío, drenar y dispersar la energía de los puntos VG-16, V-12, VB-20, P-7, IG-4, y R-7.

2. Para eliminar el viento caluroso, drenar y dispersar la energía de los puntos VG-14, IG-4, TC-5, y VB-20.

3. Para eliminar el viento de la parte superior del cuerpo, drenar y dispersar la energía de los puntos V-7, VG-20 y -16.

4. Para eliminar el viento patógeno, extender energía al punto P-7 del receptor de la terapia para activar la función natural de dispersión de los pulmones.

5. Para eliminar el viento y reducir el fuego, drenar y dispersar el punto VB-20. 6. Para calmar el viento del hígado, drenar y dispersar la energía del punto H-3.

Terapia para eliminar la flema

1. Para eliminar la flema húmeda en el interior, primero hay que reforzar la función del bazo y el estómago para eliminar la humedad, extendiendo energía en el punto V-20 y VC-12 y después, eliminar la flema drenando los dos puntos E-40.

2. Para eliminar la flema de fuego en el estómago del receptor de la terapia, drenar los puntos VB-34 y E-40.

COINTRAINDICACIONES

No usar esta terapia con receptores que estén en un estadio agudo de enfermedades inflamatorias (especialmente del abdomen). También se debe evitar en receptor de la terapia con hipertensión, enfermedades de corazón, pulmonías graves, tuberculosis, hemofilia, y casos graves de afección cutánea.

MEDITACIONES DE PUNTOS Y CANALES

Después de aplicar la terapia de la aguja invisible o la terapia por puntos energéticos, quizá el terapeuta de Qigong Médico quiera aplicar una meditación para reforzar el tratamiento. Esto se hace pidiendo al receptor de la terapia que se concentre en puntos específicos de los canales. Esta concentración ayudará a los órganos del receptor de la terapia a sobrevenir la enfermedad.

Al dar una meditación al receptor de la terapia el terapeuta de Qigong Médico tiene que tener en cuenta que sea la adecuada para su cuadro clínico.

Técnicas Más Potentes

QI HAI VC. 6 氣海
Parte Inferior del Abdomen

Localización:
1.5CUN debajo de ombligo.

Acciones/Indicaciones:
1. Llave energética del recalentador inferior: mueve la energía y desbloquea el recalentador inferior.
2. Trata signos de agotamiento, fatiga, desgaste, astenia, depresión.

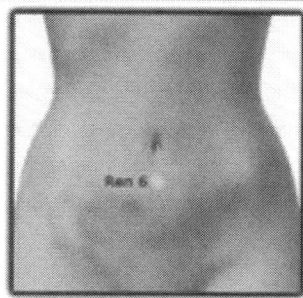
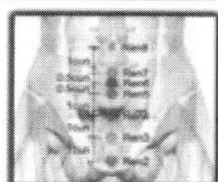

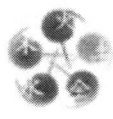

Qihai (VC-6) Mar de Qi

Este punto está localizado en el Dan Tien inferior, y es el que se escoge con más frecuencia. Se escoge normalmente para llevar el Qi de vuelta al lugar donde se originó. Centrarse en este punto permitirá al receptor de la terapia tonificar el Yuan Qi de los riñones, y puede usarse para regular el caldero inferior, el vaso de la concepción, y los caminos del agua. El terapeuta de Qigong Médico también puede dirigir su Qi a este punto para: restaurar el Yin/Yang Qi colapsado; elevar el Qi del Caldero medio; calentar el Yang Qi; calentar una condición fría; tratar desórdenes mentales; tratar problemas sexuales masculinos; tratar problemas urinarios; tratar dolor local; tratar fatiga; tratar la deficiencia de sangre y Qi.

Técnicas Más Potentes

MING MEN VG. 4 命門
Puerta de la Vida

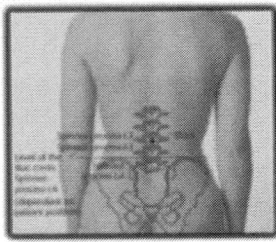

Localización:
Entre L2 y L3, x debajo L2 (a la altura 23 V o 52 V) (coincide muchas veces con la altura de la última costilla flotante)

Acciones/Indicaciones:
Tonifica yang de R. Reserva Jing de R. Pacifica el viento.

1. Vacío de Yang.
2. Escape de Yang: Dolor de cabeza como si se rompiera, calor de cuerpo como si ardiera sin sudor. Subida de tensión. Fiebre, fuego, calor.
3. Problema de R y genital: impotencia, incontinencia, esterilidad, amenorrea, metrorragia.
4. Calor interno de todos los órganos.
5. Convulsiones infantiles, meningitis, tétanos.
6. Gran punto síndrome menopáusico: sofoco, mareo, hueso en vapor (sensación de calor)
7. Dolor lumbar y debilidad: sobre todo si irradia hacia delante: 52 V (dolor cuadrado lumbar)+ 4 DM + 60 V + 62 V.

Mingmen (VG-4) Puerta de la vida

Este punto se localiza entre los dos riñones y se usa para receptor de la terapia con deficiencias del Yang del riñón y caída del fuego del Mingmen (manifestado por lumbago, emisiones seminales, y aversión al frío). Primero hay que centrar la atención del receptor de la terapia en el ombligo, después debe ir bajando hacia el Mingmen. Centrarse en este punto estabilizará y tonificará el Yuan Qi y el Jing. Un terapeuta de Qigong Médico que extienda energía a este punto puede regular los caminos del agua del receptor de la terapia, y bajar la presión sanguínea. También se usa para tratar dolores de la baja espalda, ciática, y problemas sexuales/genitaleS.

Técnicas Más Potentes

SHAO SHANG P. 11 少商
Pequeño Metal

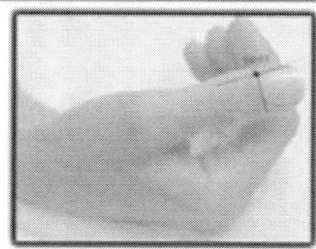

Localización:
En el ángulo ungueal radial del pulgar.

Acciones/Indicaciones:
1. Dolor de garganta (inflamación): Amigdalitis, faringitis aguda (sangrar, junto con 1 IG.
2. Opresión de tórax (sobretodo si es por debajo)
3. Nerviosismo, dolor.
4. Locura agitada y calmada.
5. Fiebre.
6. Dolor en el dedo gordo.

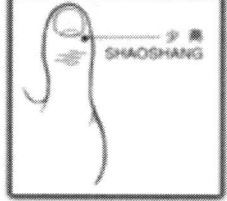

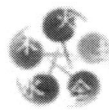

Shao Shang (P-11) Shang Menor

Este punto también se llama el fantasma de la sinceridad, y es el segundo de los 11 puntos fantasma. El sonido "Shang" es una nota musical y se corresponde al metal. Este punto se usa para receptor de la terapia con deficiencia de los pulmones. Refuerza el Qi y regula el pulmón. Un terapeuta de Qigong Médico puede sacar energía de este punto para drenar y despejar el fuego del pulmón, calor, y calor veraniego, así como viento caluroso del cuerpo del receptor de la terapia.

Zhong Chong (PC-9) Corredor mediano

Este punto se usa para receptor de la terapia con deficiencias en el Qi de corazón (palpitaciones y desasosiego). Refuerza su Qi y calma el corazón. Esta área es buena para regular el Qi del corazón, devolver a la consciencia y restaurar un Yang colapsado. Se puede usar para drenar y despejar el fuego del corazón, calor, y calor veraniego.

Técnicas Más Potentes

ZU SAN LI E. 36 足三里
Tres Distancias

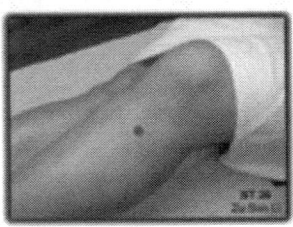

Localización:
Debajo del 35 E, y fuera de la cresta de la tibia.

Acciones/Indicaciones:
1. Tonifica todo el organismo: desciende la energía Yang para interiorización.
2. Debilidad por insuficiencia de Qi-Xue de todos órganos: Cansancio, fatiga (interioriza Yang).
3. Tonifica sistema inmune: 36 E + 14 DM: aumenta glóbulos blancos.
4. Trastornos de E: Al ser He inferior trata plenitud de las entrañas, libera E: Hinchazón abdominal, dolor abdominal.
5. Estreñimiento.
6. Opresión y dolor tórax (Qi de cielo que no baja, concentrado en tórax. Al ayudar al descenso de la energía la opresión mejora.)
7. Dolor lumbar con dificultad de movimiento (E comunica con Chong Mai) -> 30 E, 31 E, 33 E, 36 E: para dolor lumbares.
8. L4-L5 ciática: dolor de ingles y hinchazón abdominal.
9. Interioriza Yang Ming: insomnio, dolor cabeza, mareo, HTA, taquicardia, hernia de hiatos, inapetencia, bulimia (pinchar hacia arriba en dirección contraria para dispersar).

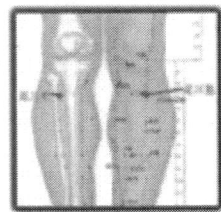

Zu San Li (E-36) El Pie de las tres millas

Este punto se usa para receptor de la terapia con desórdenes en la función del transporte y transformación del estómago y el bazo (dolor abdominal y distensión). Este punto tiene un fuerte efecto tonificador (sobre todo para el bazo) y regula el estómago. También refuerza el Ying Qi, y regula el caldero medio y bajo. Reduce el estancamiento digestivo. El terapeuta de Qigong Médico puede usarlo para redirigir Qi rebelde, y drenar influencias patógenas del estómago.

Técnicas Más Potentes

DA DUN H. 1 大敦
Gran Grosor

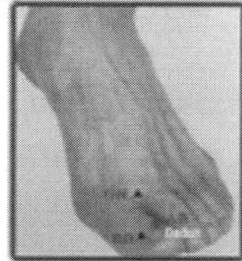

Localización:
A 0,1 CUN detrás del ángulo ungueal externo del dedo gordo del pie (muy sensible).

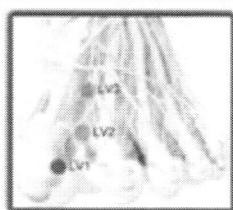

Acciones/Indicaciones:
· Trata hemorragias del recalentador inferior: H reserva la sangre (sangre en orina, metrorragias). Moxar 1 B + 1 H a la vez.
·Trata todo tipo de hernia muscular, umbilical.
· Trata hinchazón y dolor de los genitales externos, problemas en testículos (tumores, quistes, ingle ya que el meridiano de Hígado contornea los genitales)
· Orina: micción difícil, goteo, piedras, sangre (H es pequeño vientre)
· Apoplejía cerebral, viento, epilepsia, fiebre alta, somnolencia, convulsiones infantiles, síncope etc.

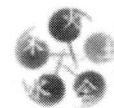

Da Dun (H-1) Gran Columna

Se usa para receptor de la terapia con el Yang del hígado hiperactivo y el fuego del corazón. Calma el hígado para tratar enfermedades de la parte superior del cuerpo (básicamente cabeza). Concentrándose en esta área el receptor de la terapia puede regular el Qi del hígado y la sangre. El terapeuta de Qigong Médico puede drenar esta área para dispersar el Qi del hígado y transformar el calor húmedo en el caldero bajo.

Yong Quan (R-1) Fuente abundante

Este punto se usa para receptor de la terapia con deficiencias de Yin del hígado y el riñón, hiperactividad del fuego debido a estas deficiencias o exceso en la parte superior del cuerpo y deficiencia en la de abajo. También calma el espíritu, despeja el fuego y el calor del área de la cabeza, restaura el Yang colapsado y transforma la flema del corazón.

Técnicas Más Potentes

YONG QUAN R. 1 涌泉
Manantial Burbujeante

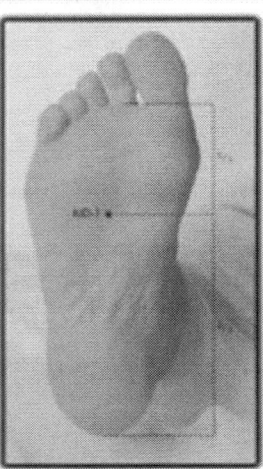

Localización:
En la depresión en donde se unen el tercio anterior y medio de la planta del pie.

Acciones/Indicaciones:
- Es un nacimiento de fuente para que todo el Qi-Xue llegue a su origen y no escape (no pinchar en caso de vacío de Qi-Xue)
- Baja fuego de Corazón: cara negruzca, tos con sangre, sed, garganta inflamada, sequedad de garganta y lengua. Nerviosismo y miedo.
- Calienta los pies a la vez que desciende el fuego de la cabeza, de manera que ayuda a dormir.
- Enfría pies demasiado calientes (tonifica R y baja fuego de H)
- Punto madera del meridiano agua: tonifica H.
- Somnolencia diurna e insomnio por la noche. Tristeza, dolor en las fosas ilíacas, mareos, estancamiento de Qi H.
- Hemoptisis y epistaxis.
- Sed.
- Hipo por insuficiencia de R.
- Vómito tipo frío vacío.
- Tos, asma, disnea y ahogos por frío vacío (R ayuda al P a descender)
- Acúfenos, sordera.
- HTA.
- Punto local para dolor de la planta del pie.
- Furia.

Baihui (BV-20) Cien reuniones

Este punto se usa para receptor de la terapia con deficiencia de Qi en el caldero medio (pérdida de aliento, mareos, diarrea incurable y prolapsos). Este punto se conoce como el mar del tuétano. Ayuda a despejar el cerebro y calmar el espíritu. Si el terapeuta de Qigong Médico trata el área, se pueden estabilizar los orificios inferiores del receptor de la terapia. También se usa para tratar la hipertensión, insomnio, infartos, mareos, dolores de cabeza, y prolapsos.

Técnicas Más Potentes

BAI HUI VG. 20 百會
Cien Reuniones

Localización:
A 5 cun por detrás de la línea anterior del cabello y 7 cun de la línea posterior del cabello. Se puede encontrar también siguiendo la línea que une las puntas de las orejas, donde se encuentra con la línea media. Delante de la fontanela posterior.

Acciones/Indicaciones:
1. Sube yang (tonificación, moxa): Diarrea, prolapso de ano, mareo, vértigo.
2. Baja Yang (dispersión, no moxar): Dolor de cabeza, HTA, viento, nariz tapada, alergia.
3. Gran punto de órganos de sentido (Jing de R se gasta): problemas de ojos, nariz etc.
4. Problemas de origen secuela AVC, punto q eleva el Qi, desmayo.
5. Retraso mental, retraso, memoria (+ 15 V y 4 inteligencias.)
6. Hemorragia uterina (+1 B.)

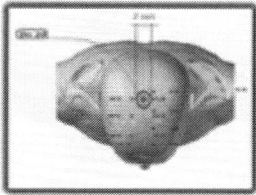

Huiyin (VC-1) Encuentro de Yin

Este punto se usa para receptor de la terapia con deficiencia de Qi de pulmón y Yin de riñón (asma y tos). Centrando la concentración en esta área, se estabiliza el Jing del receptor de la terapia y los orificios inferiores, además de calmar el espíritu y despejar el cerebro. El terapeuta de Qigong Médico puede usarlo para tonificar y regular el Qi del receptor de la terapia, para despejar el calor del cuerpo, para tratar menstruaciones irregulares, uretritis, prostatitis, y elevar la presión de la sangre.

Técnicas Más Potentes

YIN TANG EX. 2 印糖
Pasillo del Sello

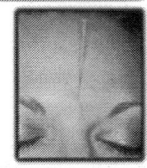

Localización:
Entre las cejas.

Acciones/Indicaciones:
1. Calma el shen, relaja y facilita el sueño.
2. Despeja la nariz.
3. Cefalea frontal.

Yin Tang (Extra) Sala del sello

Este punto, localizado entre las cejas, se usa para calmar el espíritu de los receptores de la terapia y el terapeuta de Qigong Médico lo puede usar para disipar el viento y despejar el calor del cuerpo del receptor de la terapia. También se usa para tratar la epilepsia y los vómitos, insomnio, sinusitis, mareos y vértigo.

Para más información de cómo diagnosticar y cómo curar con aguja invisible, pincha en este enlace y podrás ver vídeos gratis y lecciones sobre ello

https://joaquinalmeria.clickfunnels.com/registro-webinar

CAPÍTULO 9
TRATAMIENTO DEL RECEPTOR DE LA TERAPIA

ESTABLECER LAS BASES TIEMPO/ESPACIO

Antes de tratar a los receptores de la terapia, y para establecer un espacio de sanación sagrado, el terapeuta de Qigong Médico debe primero llevar su imagen verdadera a lo que se llama el centro del espacio y centro del tiempo, para poder conectar con lo divino.

Esto establece las bases para del tratamiento y permite al terapeuta de Qigong Médico fusionarse con el receptor de la terapia, mientras accede a la energía de lo divino, así como a la energía universal y medioambiental. Una vez que consigue esto, el terapeuta de Qigong Médico puede permitirse actuar como un observador, viendo al receptor de la terapia desde una posición objetiva.

ENCONTRAR LA IMAGEN VERDADERA

El "yo real" del terapeuta de Qigong Médico se define como su existencia espiritual innata y pura, sin las máscaras de ego y personalidades. El "yo real" está conectado y enraizado a la energía de lo divino. Es la parte del alma que acepta incondicionalmente a los demás y a uno mismo, y tiene un rol más de observador compasivo que de juez. El "yo real" permite al terapeuta de Qigong Médico observar la condición del receptor de la terapia, sin ningún prejuicio emocional.

Para descubrir el "yo real", el terapeuta de Qigong Médico se entrena con una meditación especial de Shengong. En una de estas meditaciones, la pregunta "¿quién eres?" se repite hasta que el terapeuta de Qigong Médico se da cuenta y experimenta su verdadero ser. Es a través de la realización de la verdad innata, que el terapeuta de Qigong Médico se libera del ego (conocido como la "muerte del miedo del ego"). Una vez que el terapeuta de Qigong Médico se da cuenta de quién es, la respuesta se refleja en la luz de sus ojos y no a través de conceptos mentales. Hay un dicho de Lao Zi, escrito en el Dao De Jing que explica este fenómeno: "El Dao que se puede nombrar no es el verdadero Dao".

ENCONTRAR EL CENTRO DEL ESPACIO

Antes de tratar al receptor de la terapia, el terapeuta de Qigong Médico ha de colocar su cuerpo, emociones, mente, energía y existencia espiritual en el lugar de la existencia infinita llamado el "centro del espacio". Se trata de un concepto espiritual y energético, donde el terapeuta de Qigong Médico imagina que es el centro del Universo.

Este concepto mantiene que toda la energía, luz y campos energéticos se extiende desde el núcleo central, expandiéndose hacia fuera, al espacio infinito. Esta energía envuelve al Universo y todas las dimensiones energéticas.

Para acceder al centro del espacio, el terapeuta de Qigong Médico ha de poner su verdadero ser en el polo Taiji, conectando su núcleo de existencia con lo divino.

Desde la orientación de su núcleo, el terapeuta de Qigong Médico accede a los campos energéticos del cuerpo del receptor de la terapia.

ENCONTRAR EL CENTRO DEL TIEMPO

La imagen final que visualiza el terapeuta de Qigong Médico, es la del espacio conocido como el "centro del tiempo". Es el sitio del "ahora". Una dimensión donde el futuro infinito fluye por siempre al núcleo del terapeuta de Qigong Médico, mientras que el pasado infinito se aleja.

Para comprender el concepto del centro del tiempo, hay que pensar en el tiempo como una progresión lineal de luz y energía. El futuro viene corriendo directamente hacia la parte frontal del cuerpo. En un segundo, el Yang cambia a Yin y el futuro se transforma en pasado, y sale por detrás del cuerpo. Hay que encontrar el punto medio dentro del cuerpo, donde el futuro se transforma en pasado (este es el centro del tiempo). Desde el centro del tiempo el terapeuta de Qigong Médico lleva al receptor de la terapia al momento presente. Este proceso permite al terapeuta de Qigong Médico acceder a los recuerdos atrapados dentro del receptor de la terapia.

LA CABINA DE CONSULTA

Antes de recibir a los receptores de la terapia es importante establecer un entorno que conduzca a la sanación. La densidad y la calidad de la energía en la consulta es un factor crítico. Llenar la habitación y la clínica con la energía que fluye de los cielos y la Tierra prepara un vórtice energético. A través de este vórtice las dolencias del receptor de la terapia, una vez tratadas, se dispersaran al suelo. Cuanta más energía haya en la consulta, más satisfactorio será el tratamiento. Es importante limpiar la consulta antes y después de cada tratamiento. Esto se consigue a través de la conexión con lo divino del terapeuta de Qi-gong Médico.

Cuando se está estableciendo una consulta, es importante también tener la luz adecua-

da y aire limpio. Se debe evitar la luz fluorescente o, si esto es imposible, usar una luz de amplio espectro.

Es importante también mantener la camilla del receptor de la terapia limpia energéticamente, ya que los patógenos tienen tendencia a acumularse en las áreas donde ha habido enfermedad. Al receptor de la terapia se le dice que queme sal con un poco de alcohol para limpiar la consulta o su casa y llenar el espacio con aire fresco y luz. Limpiar energéticamente la casa o el apartamento a menudo, durante y después de haber sufrido una enfermedad, permite que la energía tóxica se vaya.

La consulta también debe mantenerse despejada, ya que la energía se estanca en los sitios demasiado llenos. También, después de cada tratamiento, se debe cambiar la ropa de la camilla y limpiar energéticamente la clínica o la consulta.

AIREAR, ILUMINAR, O PURIFICAR

Es importante limpiar diariamente el campo energético de la consulta. Esto facilita un ambiente sano para el próximo receptor de la terapia. Las tres maneras más comunes de limpiar la clínica antes y después de cada receptor

de la terapia, son:

1- Airear y ventilar la clínica, asegurándose de que la circulación del aire es fresca y limpia.

2- Iluminar la clínica, exponiéndola a la luz del sol, o luz divina (a través de la plegaria).

3- Purificarla, quemando fragancias en forma de incienso. Hay que acordarse de airear después de purificar.

Cada técnica tiene sus ventajas e inconvenientes, dependiendo del tamaño y el ambiente que rodee la clínica.

ESTABLECER CONEXIONES CON EL RECEPTOR DE LA TERAPIA

Es importante establecer unas bases de confianza entre el terapeuta de Qigong Médico y el receptor de la terapia antes de que empiece el tratamiento. Estas bases son las siguientes:

- Hablar con el receptor de la terapia para determinar las metas del tratamiento

Después del diagnóstico y de establecer el tratamiento y la estrategia, el terapeuta de Qigong Médico discute con el receptor de la terapia la meta del tratamiento. Las áreas del tratamiento son escogidas de forma específica para facilitar un efecto rápido en el

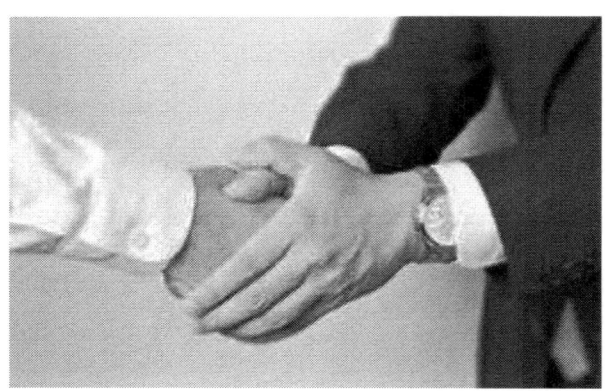

proceso funcional de la enfermedad del receptor de la terapia. El terapeuta de Qigong Médico explica lo que intenta conseguir usando la purga, la tonificación, o las técnicas de regulación, y cómo esto afectará al cuerpo del receptor de la terapia.

- Explicar y llegar a acuerdos en las modalidades de tratamiento a usar

El terapeuta de Qigong Médico explica, de manera clara, cuál es la manera que ha determinado que será la mejor para aproximarse y rectificar la condición del receptor de la terapia, y qué modalidades de tratamiento se usarán.

Si el receptor de la terapia entiende lo que va a pasar, se enfrentará a la terapia mucho más relajado. También ayudará a construir la confianza entre terapeuta y receptor de la terapia, que será de gran ayuda a la hora de hacer los "deberes" en casa o cuando el terapeuta de Qigong Médico le sugiera cambiar algo de su estilo de vida.

- Honrar el sistema de creencia espiritual del receptor de la terapia

Cuando se tratan receptor de la terapia, es importante que el terapeuta de Qigong Médico no se distraiga por la ilusión del tejido sólido, recordando que todos somos espíritu, y la sanación empieza en la quinta dimensión. La creencia principal en la terapia por Qigong es que la energía tangible e intangible, a través de la fe, se unirán en el más alto nivel de cultivación. La plegaria es la invocación que extiende la mente, emoción, y espíritu a lo divino, mientras que la meditación es un estado de recepción para la inspiración divina. Ambas acciones conectan al receptor de la terapia con lo divino e inician la curación divina.

La modalidad de sanación escogida por el terapeuta de Qigong Médico debe ser congruente con la estructura de creencia espiritual del receptor de la terapia. El receptor de la terapia debe estar conectado a la consciencia universal para que se inicie la sanación divina.

Cuando el receptor de la terapia no cree en un poder más alto, el terapeuta de Qigong Médico aún puede ayudarlo a sanar, siempre que el receptor de la terapia haya depositado su confianza en el terapeuta, sin tener en cuenta su sistema de creencias.

Para los receptores de la terapia con escasa fe, la aplicación de Qigong con las manos será más efectiva. Gradualmente, el terapeuta de Qigong Médico irá incorporando otras formas de tratamiento a medida que la confianza se va agrandando.

El terapeuta de Qigong Médico siempre ha de empezar el tratamiento en armonía con el sistema de creencias del receptor de la terapia, a través del tacto, conversación verbal y empatía. El terapeuta de Qigong Médico también debe establecer una comunicación mental con el receptor de la terapia, ya que eso facilitará la confianza a un nivel subconsciente.

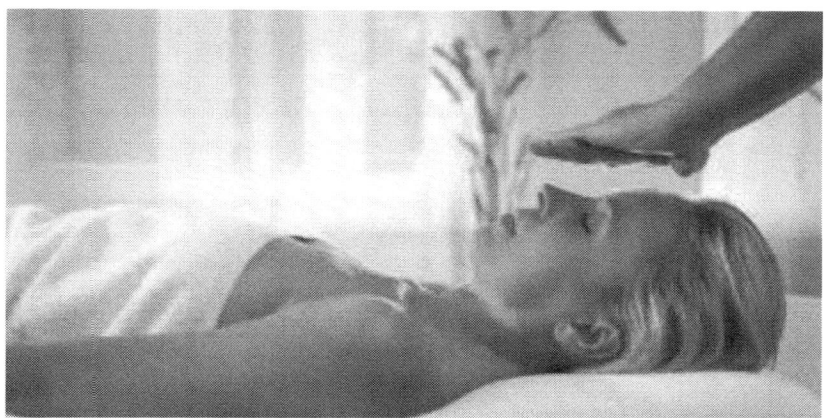

- Recibir el consentimiento del receptor de la terapia antes de tratarlo
El tratamiento debe ser decidido de forma conjunta por el receptor de la terapia y el terapeuta de Qigong Médico. Es importante que se informe al receptor de la terapia del tratamiento lo más extensamente posible, de manera que se pueda dar un consentimiento informado. Esto ayudará al receptor de la terapia a relajarse y a confiar en el terapeuta de Qigong Médico.

- Igualar la respiración con la del receptor de la terapia
Otra técnica para relajar al receptor de la terapia es "igualar y seguir". El terapeuta de Qigong Médico se sincroniza con la respiración del receptor de la terapia

y poco a poco va bajando su ratio de respiración a un ritmo más lento y profundo. Esta técnica se usa muy a menudo para relajar a los receptores de la terapia. No sólo conecta al terapeuta de Qigong Médico con

el receptor de la terapia a un nivel emocional y energético, sino que también proporciona una fuerte conexión espiritual.

Nota: no se debe sincronizar con un receptor de la terapia asmático, ya que esto desequilibra el flujo de Qi del cuerpo del terapeuta de Qigong Médico.

- Mantener la relación terapeuta de Qigong Médico-receptor de la terapia

Siempre que el terapeuta de Qigong Médico empieza a juzgar o formular opiniones negativas sobre el receptor de la terapia, ya no está operando en el "presente" divino de intuición espiritual, sino que ha cambiado al "pasado". El terapeuta de Qigong Médico está entonces en peligro de absorber los patógenos descargados por el receptor de la terapia, o proyectar al receptor de la terapia opiniones basadas en el subconsciente.

Cuando los receptores de la terapia van a ver al terapeuta de Qigong Médico, dan su consentimiento para que el terapeuta de Qigong Médico sepa cosas personales que el receptor de la terapia ha ocultado a sus seres próximos. También dan permiso a los terapeutas de Qigong Médico para que usen la energía para hacer cambios en los campos mentales, emocionales, físicos, energéticos y espirituales del cuerpo.

Cada tratamiento será diferente para el receptor de la terapia, ya que las experiencias variarán según su estado emocional y mental. La permisividad del receptor de la terapia para que la energía del terapeuta de Qigong Médico penetre más o menos en su cuerpo se basará en la confianza establecida, así como en influencias externas positivas o negativas que le hagan abrirse o cerrarse. A los receptores de la terapia que se haya ridiculizado por acudir a este sistema de medicina les puede costar abrirse ya que su receptividad será baja, como método de autodefensa.

El receptor de la terapia siempre tiene el control final sobre la energía emitida por el terapeuta de Qigong Médico, y escoge entre absorberla y aprovecharla o dispersarla y sabotear el tratamiento. Por este motivo, las metas y la confianza entre receptor de la terapia y terapeuta de Qigong Médico se han de establecer de antemano.

Hay que asegurarse de que los brazos y las piernas del receptor de la terapia no estén cruzados, ya que pueden cortocircuitar los flujos energéticos, causando obstrucciones en el Qi. El receptor de la terapia debería cerrar los ojos pero no dirigir el Qi a ningún lugar, a no ser que el terapeuta de Qigong Médico se lo diga de forma explícita. Normalmente al receptor de la terapia se le dice que se imagine disolviéndose en el espacio, lo que ayuda a que se relaje y a evitar las distracciones. Si está tumbado se le da otro tipo de visualizaciones, como flotar en un mar de agua templada. Estas imágenes relajan al receptor de la terapia y ayudan al terapeuta de Qigong Médico a despejar su armadura para tener un fácil acceso a los tejidos.

Después del tratamiento, el terapeuta de Qigong Médico y el receptor de la terapia evalúan cada sesión, y discuten las sensaciones, observaciones, transiciones y sentimientos experimentados por ambos. Después se dan deberes en forma de ejercicios, para ayudar al tratamiento. (Dependiendo del caso del receptor de la terapia y su condición).

LAS CUATRO GRANDES PRÍORIDADES DEL QIGONG MÉDICO

Según el prominente Gran Maestro de Qigong, el Qigong Médico se basa en cuatro prioridades principales. Al establecer un entorno clínico es importante informar al receptor de la terapia sobre las estructuras de estas prioridades. Son las que siguen:

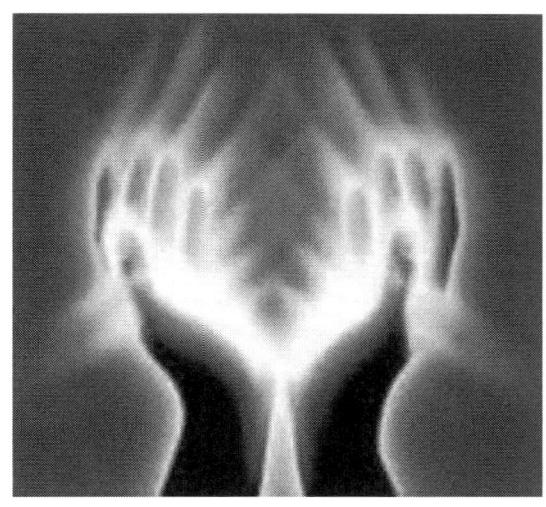

1.   Una fe fuerte en que el Qi o fuerza vital puede sanar al receptor de la terapia se construye haciendo que el receptor de la terapia oiga a testimonios. Estos testimonios los dan receptor de la terapia que se han recuperado de las mismas dolencias y que han mejorado a través de la terapia.

El Qigong trata directamente con la parte psicológica de las enfermedades. Además, como parte de los ejercicios de Qigong, la mente del nuevo receptor de la terapia se centra en recuerdos placenteros. Todo esto crea una actitud mental positiva en el receptor de la terapia.

Si un receptor de la terapia no quiere curarse de forma inconsciente, su actitud saboteará todas las modalidades clínicas de sanación. No se puede hacer mejorar a alguien si no quiere. La enfermedad, como la salud, a menudo es una opción.

2.   Antes de que un grupo de receptor de la terapia empiece Qigong, el terapeuta de Qigong Médico sincroniza verbalmente el pensamiento del grupo absorbiendo Qi celestial y llevándolo al campo energético de sanación que envuelve a todos, incluido el terapeuta de Qigong Médico. El efecto sanador es potenciado ya que el grupo actúa como una unidad, con una sola fe.

3. Los terapeutas de Qigong Médico inician la sanación propiamente dicha llevando energía divina a cada receptor de la terapia.

4. Los receptores de la terapia son instruidos en cómo hacer los ejercicios de Qigong y las meditaciones, practicándolas una y otra vez.
   Cuando un receptor de la terapia entra en una clínica de Qigong en China, primero es diagnosticado por un terapeuta de Qigong Médico y después se le asigna una clase de Qigong específica para seguir un tratamiento de 24 días. El receptor de la terapia pasa ocho horas al día practicando Qigong sin televisión, periódicos, o teléfono para evitar que regrese a su estado anterior. Los que pueden, practican los ejercicios de pie, los de movilidad reducida, sentados o tumbados. Una vez acabado el tratamiento de 24 días se le vuelve a diagnosticar con uno de estos cuatro resultados.

a. El receptor de la terapia ha sido curado: los síntomas han desaparecido. Los test alopáticos no registran ninguna anormalidad en los tejidos.

b. El tratamiento ha sido muy efectivo: los síntomas casi han desparecido y los test alopáticos muestran un gran progreso.

c. El tratamiento ha sido efectivo: el receptor de la terapia puede comer, dormir, y sentirse bien.

d. El tratamiento no ha sido efectivo: no ha habido cambio alguno, o la condición ha empeorado.

Sobre el modo de prepararse para llevar a cabo la terapia, conviene volver consultar apartado "Aspectos prácticos" del capítulo 3 del presente libro.

DRENAR Y PURGAR AL RECEPTOR DE LA TERAPIA

Hay dos fases de purgación clínica que son las siguientes:

1. El terapeuta de Qigong Médico drena y purga los patógenos de la superficie del cuerpo del receptor de la terapia. El terapeuta de Qigong Médico se mueve al lado derecho del cuerpo del receptor de la terapia y peina energéticamente el cuerpo del receptor de la terapia de pies a cabeza usando las técnicas del amasamiento del tigre o la mano de abanico. Esta técnica se usa para evaluar las reacciones del receptor de la terapia al Qi emitido por el terapeuta de Qigong Médico, mientras drena los campos Wei Qi.

2. El terapeuta de Qigong Médico purga desde la base de los pies del receptor de la terapia. El terapeuta de Qigong Médico se pone cerca de los pies del receptor de la terapia

y continúa drenando el cuerpo del receptor de la terapia peinando su cuerpo. Esta acción purga más al receptor de la terapia de energía patógena.

TRATAR A LA PERSONA.

Después de que el terapeuta de Qigong Médico haya envuelto al receptor de la terapia, empieza el tratamiento. Primero, el terapeuta de Qigong Médico drena los campos energéticos externos del receptor de la terapia, canales y colaterales (de la cabeza a los pies). El terapeuta de Qigong Médico siente el Qi a través de sus manos, cambiando la profundidad de la percepción usando su intención. Una vez el Qi patógeno se alcanza, el terapeuta de Qigong Médico siente varias sensaciones (calidez, vibración, pesadez, etc.) y elimina cualquier energía maliciosa.

El terapeuta de Qigong Médico continúa el tratamiento extendiendo su intención dentro del cuerpo del receptor de la terapia, purgando y dispersando los patógenos tóxicos de dentro del cuerpo del receptor de la terapia. Es normalmente en este estadio cuando el receptor de la terapia sufre fuertes descargas emocionales. Esta purgación libera emociones tóxicas que normalmente contribuyen al cuadro clínico del receptor de la terapia.

Después de que el receptor de la terapia haya sido purgado, el terapeuta de Qigong Médico empieza a tonificar los órganos internos, canales, colaterales, y el Qi benigno del receptor de la terapia. Esto se hace para ayudar al receptor de la terapia a mejorar su sistema inmunológico.

AJUSTAR Y FORTIFICAR LAS CÉLULAS ENERGÉTICAS DEL RECEPTOR DE LA TERAPIA

Al final del tratamiento el terapeuta de Qigong Médico regula los campos energéticos del receptor de la terapia ajustando y fortificando las células. Esto mantiene la energía del receptor de la terapia en armonía, permitiendo a su campo interno y externo operar a su máximo potencial para la sanación.

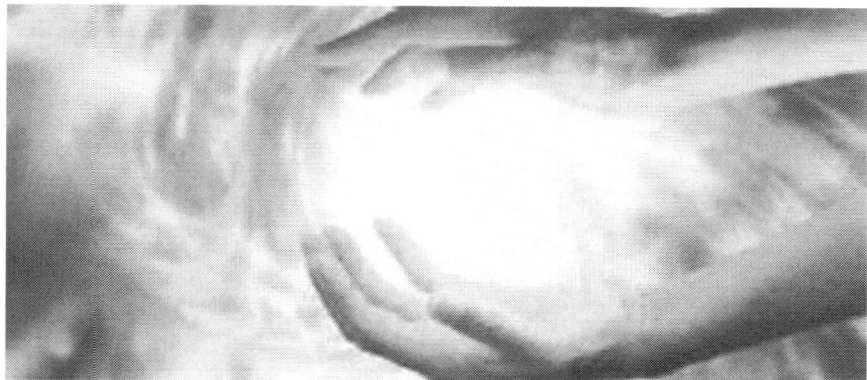

El terapeuta de Qigong Médico ajusta y fortifica las células energéticas del receptor de la terapia, para iniciar una transformación energética permanente para la sanación dentro del cuerpo del receptor de la terapia. Estas células son influenciadas por el pensamiento y las emociones.

La mente creativa subconsciente mantiene la formación de las células y causa al cuerpo físico actuar según la huella en la estructura de esas células. Después de que el terapeuta de Qigong Médico haya cambiado o corregido la célula energética, al receptor de la terapia se le mandan deberes en forma de meditaciones de visualización y afirmación, así como ejercicios de Qigong.

TRATAR A VARIOS RECEPTORES DE LA TERAPIA

Una vez que se establece un campo energético en la habitación, los receptores de la terapia pueden empezar sus regulaciones individuales. Los terapeutas de Qigong Médico se posicionan de acuerdo al número de receptores de la terapia que necesiten tratamiento. Las posturas de los terapeutas de Qigong Médico y su extensión energética varían dependiendo de su habilidad individual y su nivel de proyección energética. Es importante para los terapeutas de Qigong Médico mantener un ritmo durante el tratamiento. El ritmo de los receptores de la terapia se basa en el pulso y las vibraciones de los terapeutas de Qigong Médico.

En China, los terapeutas de Qigong Médico rotan cada 15 minutos para prevenir fatigarse y que los receptores de la terapia absorban un Qi cansado.

Si sólo se dispone de 1 ó 2 terapeutas de Qigong Médico a la hora de tratar varios receptores, los terapeutas se pondrán espalda con espalda en el medio de la sala con los receptores de la terapia rodeándolos. Después de varios minutos los terapeutas de Qigong Médico empezaran a rotar el círculo extendiendo su energía, y tratando al receptor de la terapia de forma individual.

El Qi emitido por el terapeuta de Qigong Médico se combina con el del receptor de la terapia para producir un campo energético mucho más fuerte.

El tratamiento suele ser mucho más efectivo y los resultados más rápidos cuando se establece una sala de tratamientos que facilite la regulación del Qi de los receptores de la terapia.

FINALIZAR El TRATAMIENTO

Cuando el tratamiento se acaba, el terapeuta de Qigong Médico insta a cada receptor de la terapia a relajarse y después devuelve su Qi al Dan Tien inferior.

DURACIÓN DEL TRATAMIENTO

La duración del tratamiento varía según cada receptor de la terapia. Un tratamiento largo comprende normalmente entre 20 y 30 minutos y se usa en receptor de la terapia con cáncer, gente mayor o con traumas severos y enfermedades crónicas. Un tratamiento corto en cambio sólo dura entre 3 y 5 minutos y se usa para lesiones deportivas y dislocaciones de ligamentos.

RECUPERACIÓN POST-TRATAMIENTO

Es muy importante una adecuada recuperación para la reposición de energía y fuerza después del tratamiento. Esto puede incluir que el receptor de la terapia haya de cambiar sus actividades diarias. El receptor de la terapia debe incorporar un equilibrio de descanso y trabajo, así como adquirir unos hábitos de comidas regulares y saludables. Establecer unos patrones de sueño también es necesario. De igual importancia es tener una actitud positiva y abierta de mente, por esta razón, la ayuda de familiares puede ser impagable.

Después del tratamiento al receptor de la terapia también se le dice que debe evitar las duchas frías, consumir alcohol, sexo excesivo y drogas. También se le prohíbe cualquier cosa que pueda producirle un shock emocional, ya que estar en un estado de quietud de mente y espíritu es esencial.

COMBINAR TERAPIAS DE QIGONG MÉDICO CON OTRAS MODALIDADES DE CURACIÓN

COMBINACIÓN DE QIGONG MÉDICO CON OTRAS MODALIDADES DE MTC

Los tratamientos tradicionales chinos en conjunción con las modalidades clínicas del Qigong se dividen normalmente en terapia exclusiva por Qigong Médico, Qigong Médico y terapia por masaje chino, terapia por Qigong Médico y acupuntura/ moxibustión, y terapia por Qigong Médico y fitoterapia.

TERAPIA EXCLUSIVA POR QIGONG MÉDICO

La terapia por Qigong puede ser administrada por el terapeuta de Qigong Médico para tonificar y promover la circulación de energía o sedar los canales y colaterales del cuerpo. Las recetas de Qigong también pueden darse para que el receptor de la terapia los practique sólo. La terapia por Qigong clínico por sí misma es excelente para tratar cuadros de:

insomnio; neurastenia (fatiga crónica); hipertensión; golpes de calor; dolores agudos abdominales; lesiones en los nervios; hemopleura (sangre en las paredes del tórax y diafragma, también en el espacio pleural); miopía; migraña; atrofia muscular; esguinces; cáncer; tumores; quistes.

QIGONG MÉDICO Y TERAPIA POR MASAJE CHINO

La conjunción de estas dos terapias da como resultado un tratamiento muy poderoso. Mejora la respuesta de los

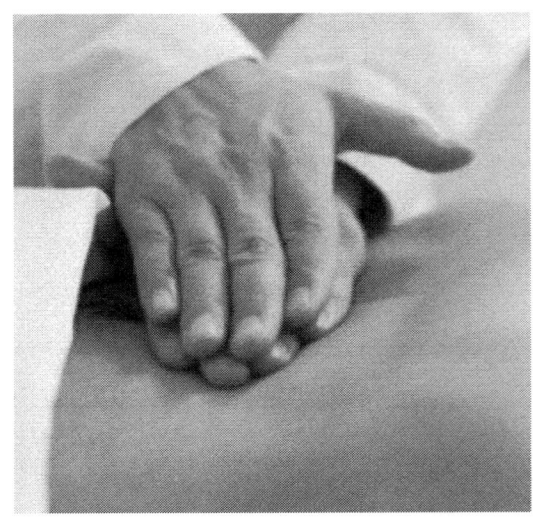

tejidos así como la activación de las reacciones psicofísicas dentro del cuerpo. Estas terapias pueden combinarse para despejar las articulaciones antes de arreglar los huesos (como en la terapia Jie Gu), para purgar y drenar los canales y ajustar la circulación del Qi antes de regular el sistema muscular del cuerpo (como en las terapias de Tui Na y Gua Sha), o para dispersar las toxinas antes de regular el sistema de vísceras internas del cuerpo (como las terapias de An Mo y la de puntos Jing). Estas dos terapias juntas se usan comúnmente para tratar: obstrucciones de tejidos internos; rigidez muscular; hombros anquilosados; sensibilidad a la emisión energética baja.

QIGONG MÉDICO Y ACUPUNTURA/MOXIBUSTIÓN

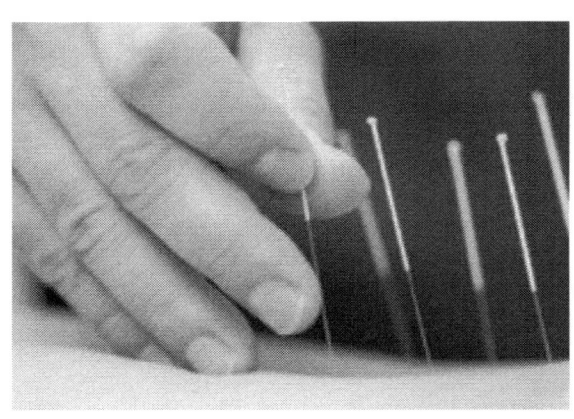

Las agujas se insertan en el cuerpo del receptor de la terapia antes de que el terapeuta de Qigong Médico extienda Qi al receptor de la terapia para facilitar la sanación. Esto también se aplica a los tratamientos con bastones de moxa en los cuales el terapeuta de Qigong Médico extiende energía al receptor de la terapia a través de los bastoncillos ardiendo. Las energías combinadas (el calor de la moxa y el Qi del terapeuta de Qigong Médico) inician un flujo de Qi incrementado dentro de los canales del receptor de la terapia, lo que permite una tonificación más fuerte. El tratamiento de Moxa es especialmente efectivo en los casos de artritis. El Qigong y la acupuntura se combinan en los tratamientos de purgación o tonificación.

QIGONG MÉDICO Y FITOTERAPIA

La terapia por Qigong Médico combinada con la fitoterapia (o las prescripciones farmacéuticas) cada vez es más popular. Hay grandes evidencias de que la combinación de terapia por Qigong Médico auto aplicada y la terapia por fármacos es mucho mejor que los fármacos solos. En China estos datos se han visto confirmados por los estudios realizados a muchos receptores de la terapia con hipertensión y cáncer.

La terapia por Qigong relaja el cuerpo, promueve el flujo de Qi, sangre, oxígeno, y nutrientes a todas las células del cuerpo, asimismo promueve la eliminación de los deshechos de las células. La terapia de Qigong además promueve la absorción de los fármacos por el cuerpo, las células y los

tejidos ya que incrementa la micro circulación por el sistema micro circulatorio del cuerpo. Este flujo de Qi reforzado sana tejidos desnutridos o tensos.

Una diagnosis que presencié en China la hizo un terapeuta de Qigong Médico que absorbió en su cuerpo los efectos de una medicina específica tocando la botella que contenía las hierbas. Después extendió la energía a su receptor de la terapia y empezó a absorber el Qi del receptor de la terapia para ver si el cuerpo de éste se veía afectado por la receta que se le había recetado.

El terapeuta de Qigong Médico es instado a recetar medicina fitoterapéutica con ciertos ejercicios de Qigong Médico. Si el terapeuta de Qigong Médico no está cualificado para hacer esta receta, se puede acudir a un acupuntor/ fitoterapeuta. Las recetas de hierbas varían según las condiciones del receptor de la terapia, constitución y enfermedad o cuadro clínico.

Las terapias por fitoterapia y Qigong se usan de forma común para tratar cuadros de:

- tumores; cáncer de estómago; cáncer de pulmón; hepatitis; SIDA; embolias.

COMBINACIÓN DE LA TERAPIA DE QIGONG MÉDICO CON MODA-LIDADES DE LA MEDICINA OCCIDENTAL

La Medicina Tradicional China sirve como una poderosa herramienta en la ayuda a la medicina occidental, sobre todo en lo referente a aliviar el sufrimiento de los receptores de la terapia. Debido a su énfasis en las aproximaciones a la sanación mental, emocional, energética, y espiritual, la terapia por Qigong Médico se ha combinado con éxito como una fuente complementaria al tratamiento médico con estas disciplinas de medicina occidental:

- Pediatría
- Geriatría
- Ginecología - Neurología - Psicología
- Oncología
- Cirugía

PRECAUCIONES Y CONSIDERACIONES ÉTICAS PARA EL TERAPEUTA DE QIGONG MÉDICO

EVITAR AGOTAR LA ENERGÍA

Ya que la terapia por Qigong Médico consume energía, mientras la cantidad de energía del terapeuta de Qigong Médico supere la del receptor de la terapia, el terapeuta de Qigong Médico puede transmitir la suya al receptor de la terapia sin ningún efecto pernicioso. Pero, por el contrario, si el terapeuta de Qigong Médico se encuentra muy cansado o vacío e intenta tratar a un receptor de la terapia, la energía que producirá puede resultar más débil que la del receptor de la terapia.

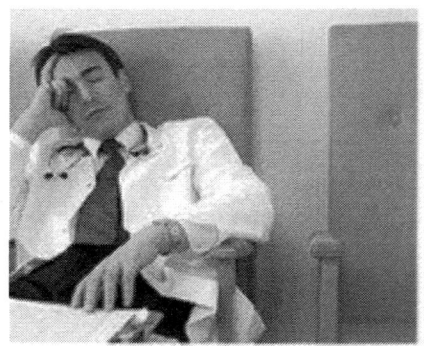

Es importante notar que la energía fluye de arriba abajo. Así pues, el terapeuta de Qigong Médico puede, si se encuentra en un estado débil, absorber el Qi turbio o las energías enfermas del receptor de la terapia. Cualquier desequilibro en el sistema orgánico del terapeuta de Qigong Médico

aumentará el riesgo del terapeuta de Qigong Médico a patógenos externos. Estas sensaciones patógenas también pueden ser transmitidas al cuerpo de personas sanas, o de otros receptores de la terapia. La gente que no ha practicado Qigong, sin embargo, no es proclive a interferir con estas sensaciones. Esta gente tiene una barrera natural, o para expresarlo en términos más simples, no son sensibles a las transmisiones de los campos energéticos y debido a su sistema de negación, no pueden percibir sensaciones energéticas.

Si el terapeuta de Qigong Médico ya tiene una tendencia hacia una enfermedad particular, la exposición a los patógenos puede instigar o intensificar la enfermedad. Si el terapeuta de Qigong Médico sufre de deficiencias energéticas, por ejemplo, el resultado puede ser que el terapeuta de Qigong Médico experimente desviaciones de Qi debido a la absorción del Qi turbio o tóxico del receptor de la terapia. Esto significa que se ha sacado más energía fuera del cuerpo del terapeuta de Qigong Médico de la que se puede reponer, debilitando la constitución energética del terapeuta de Qigong Médico.

Mientras tratan a los receptores de la terapia los terapeutas de Qigong Médico reciben y diagnostican la información desde sus seis aberturas (también llamadas las seis ventanas del cuerpo). Estas seis aberturas son las que siguen:

1. Los ojos – abiertos para ver patrones de energía y colores.

2. Las orejas – abiertas para escuchar patrones de energía y tonos.

3. La nariz – abierta para oler diferentes olores.

4. La lengua – abierta para degustar o sentir los sabores.

5. El cuerpo – abierto para sentir las sensaciones energéticas.

6. El espíritu (corazón/mente) – abierto para las percepciones energéticas de las emociones, pensamientos, y el interior espiritual.

Mientras se usan las seis aberturas para la diagnosis el terapeuta de Qigong Médico naturalmente vacía un poco de fuerza vital. Ya que los cinco órganos están dirigidos al espíritu del terapeuta de Qigong Médico (Shen), el gasto de energía es considerable. Cualquier desequilibrio debido al agotamiento de un órgano hará que el terapeuta de Qigong Médico absorba Qi turbio del receptor de la terapia. Este Qi se puede mover por dentro del cuerpo del terapeuta de Qigong Médico causando desviaciones, especialmente si se mezcla con el Qi limpio del terapeuta de Qigong Médico.

1. Si esto ocurre dentro del Dan Tien superior del terapeuta de Qigong Médico, los síntomas pueden incluir fatiga mental, mareos, dolores de cabeza, etc.

2. Si ocurre dentro del Dan Tien medio del terapeuta de Qigong Médico, los síntomas pueden incluir fatiga emocional, dolores en el hígado (región hepática), etc.

3. Si ocurre dentro del Dan Tien inferior del terapeuta de Qigong Médico, los síntomas pueden incluir fatiga física, frío en las extremidades, molestias en el abdomen inferior, etc.

Esta es la razón por la cual los terapeutas de Qigong Médico de Qigong deben estar constantemente reponiendo su energía y equilibrándose. Es importante notar que si el terapeuta de Qigong Médico ha ingerido los patógenos del receptor de la terapia, y las desviaciones de Qi se han producido, ningún otro terapeuta puede ayudarle. Sólo el terapeuta de Qigong Médico con la desviación de Qi (con ayuda de otro terapeuta de Qigong Médico de Qigong) puede transformar el Qi turbio en Qi puro, usando energía divina y purgando el Shen corporal, el Qi, y finalmente el Jing. Esto ayuda al Qi bueno del terapeuta de Qigong Médico y lucha contra las invasiones de los agentes patógenos del receptor de la terapia.

La emisión de Qi también debería evitarse si el terapeuta de Qigong Médico se encuentra enfermo, cansado, hambriento, sobrealimentado, profundamente triste, indignado, o borracho. También, si el terapeuta de Qigong Médico no

puede centrarse en el presente se quedará dormido de forma inevitable o tendrá "un desmayo de Shen". Para evitar este estado de vacío, el terapeuta de Qigong Médico debe:

- restringir el número de receptor de la terapia;

- reducir el tiempo de tratamiento---de 20 a 25 minutos como máximo;

- mantener una dieta equilibrada con suplementos;

- recibir exposición frecuente a la luz del sol y aire fresco;

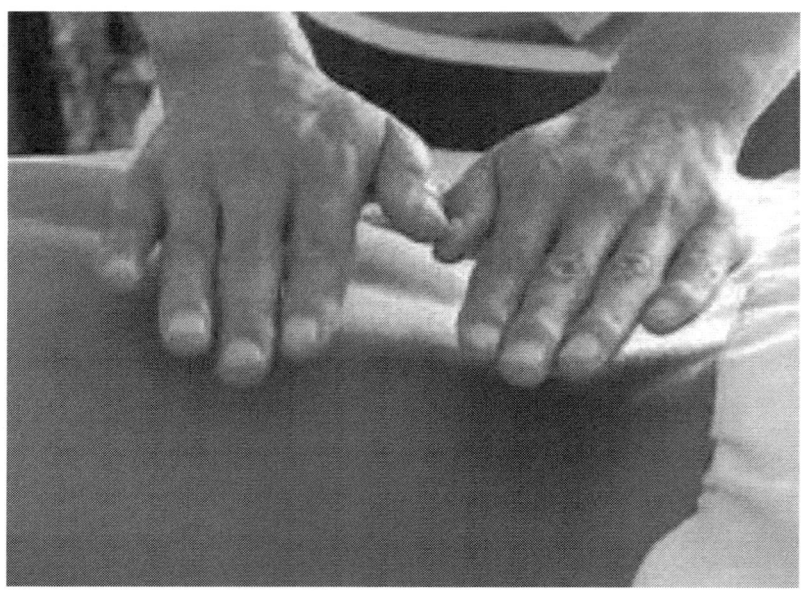

- realizar la meditación Micro cósmica u otras para regularse entre receptor de la terapia y receptor de la terapia.

Nota: mientras trata a los receptores de la terapia, el terapeuta de Qigong Médico nunca puede vestir de rojo. El color rojo es demasiado caliente y tiene un efecto de dispersión de Qi, que tiende a dispersar los campos energéticos del cuerpo y distorsiona la emisión de Qi del terapeuta de Qigong Médico.

PREVENIR LA INVASIÓN DE QI TURBIO

Cuando el Qi turbio entra en el cuerpo del terapeuta de Qigong Médico, este interfiere con la circulación normal del Qi, causando desórdenes en parte, o en todo el sistema circulatorio de la energía. En casos leves, el Qi puede estancarse en ciertas partes del cuerpo (hombros, brazo, pecho o espalda), causando síntomas tanto físicos como mentales.

- Los síntomas físicos pueden incluir: hormigueos, dolor, frío, contracturas, pesadez, fatiga, y distensión y mala ventilación en el pecho.
- Los síntomas mentales pueden incluir: interferencias en las actividades mentales, causando mareos, dolor de cabeza, pesadez en la cabeza, vejación, e inquietud.

En casos severos, el terapeuta de Qigong Médico puede experimentar los mismos síntomas del receptor de la terapia, pero después de un examen físico no hay verificación de ninguna enfermedad existente. El terapeuta de Qigong Médico debe, así pues, estar alerta para evitar los peligros de desarrollar síntomas del receptor de la terapia después de percibir el Qi turbio.

Es muy importante para terapeutas de Qigong Médico que tratan a un receptor de la terapia con Qigong Médico poseer la habilidad para prevenir y repeler el Qi turbio para que no turbe sus actividades energéticas propias. Las desviaciones de Qi suelen verse en individuos que tratan a receptor de la terapia después de haber ganado conocimientos sobre Qigong Médico pero no gozan de experiencia, aunque también puede ocurrirle a los más veteranos. La interferencia de Qi turbio es usualmente un factor importante en la salud del terapeuta de Qigong Médico. Cuando la interferencia es percibida, el terapeuta de Qigong Médico debe usar manipulaciones manuales adecuadas y reajustar las actividades energéticas para repeler el Qi turbio inmediatamente. Si el Qi turbio invade los dedos del terapeuta de Qigong Médico, o penetra dentro de ciertos canales o puntos, el terapeuta de Qigong Médico debería guiarlo a puntos, canales, y áreas infectadas específicas y después relajarse y agitar las manos para descargar el Qi turbio mientras exhala.

El terapeuta de Qigong Médico debería ser capaz de parar el Qi turbio antes de que alcance el punto Dazhui (Canal gobernador-14) en la parte superior de la espalda, el punto Tiantu (Canal de la concepción-22) en la parte frontal de los hombros, y los puntos Fengfu (Canal gobernador-16) y Fengchi (Vesícula biliar-20) en la parte de atrás de la cabeza. Es importante repeler el Qi turbio cuando ha llegado a los dedos, muñecas, codos, y como mucho a los hombros.

Cuando esto ocurre el terapeuta de Qigong Médico debería llevar el Qi malicioso hacia fuera y regular su circulación de Qi con la máxima prontitud. Hay muchas maneras de hacerlo:

- Exhalar mientras se balancean los brazos hacia el suelo, llevando el Qi malicioso a lo más profundo del centro de la Tierra. Cuando se tratan tumores, hay que tener especial cuidado en dispersar los patógenos fuera por los dedos y no permitir que las toxinas se peguen a tus palmas.

- Exhalar mientras "soplas Qi" (extender el Qi) a través de las palmas (PC-8) y los dedos de los pies (r-1).

- Exhalar por la boca (pero nunca encima del receptor de la terapia, o hacia alguna persona). Un cambio en la respiración es una reacción común cuando se descargan emociones, o cuando se llega a una acumulación energética.

GUÍAS PARA EL TERAPEUTA DE QIGONG MÉDICO DE QIGONG

1. El terapeuta de Qigong Médico de Qigong debe evitar la práctica de éste si va con prendas mojadas. Si el terapeuta de Qigong Médico transpira un poco mientras entrena, debe evitar quedar expuesto al viento; si el terapeuta de Qigong Médico transpira mucho, la práctica debe ser discontinua ya que se puede dañar el Yin Qi del terapeuta de Qigong Médico.

2. El terapeuta de Qigong Médico no debería ir al lavabo antes de que haya pasado media hora de práctica para evitar un reflejo condicionado. Esto ayudará a prevenir la pérdida de energía vital.

3. Los receptores de la terapia que sufran de cáncer pueden afectar la circulación de Qi del terapeuta de Qigong Médico de forma más seria. Se deben tomar precauciones cuando se trata a estos receptores, o evitar tratarlos, hasta que se haya cultivado suficiente energía, y se haya adquirido suficiente experiencia.

4. El terapeuta de Qigong Médico se debe lavar siempre las manos con jabón después de cada tratamiento para prevenir la transferencia energética de enfermedades. Es importante resaltar que lavarse las manos con agua fría después de una emisión de Qi es perjudicial para el campo de energía del terapeuta de Qigong Médico, debido al shock térmico. Lavarlas con agua caliente abre los puntos y canales del terapeuta de Qigong Médico, lo cual permite que el Qi nocivo se sumerja más profundamente en el organismo del terapeuta de Qigong Médico. Para evitar estas complicaciones, se debe esperar varios minutos después del tratamiento, antes de lavarse las manos.

Mientras espera, el terapeuta de Qigong Médico debería tocarse las puntas de los dedos entre sí y concentrarse en su Dan Tien inferior, permitiendo al Qi que vuelva a su origen (un mínimo de tres minutos). Después, el terapeuta de Qigong Médico se lava con agua a temperatura ambiente hasta los codos para reducir la posibilidad de absorber el Qi turbio del receptor de la terapia.

Si el terapeuta de Qigong Médico no es capaz, durante el tratamiento, de repeler el Qi turbio de forma inmediata debido a alguna distracción, o si la energía interna del terapeuta de Qigong Médico no es sustancial, el Qi turbio puede entrar en su cuerpo a través de sus dedos, viajando por sus muñecas, codos, o entrando por los puntos Baihui (Canal gobernador-20), Tanzhong (Canal de la concepción-17), Fengchi (Vesícula biliar-20), Yintang (punto extra) y Yongquan (riñón-1). Si esto empieza a ocurrir, el terapeuta de Qigong Médico no debería continuar extendiendo energía, sino parar el tratamiento y hacer un "cierre", repeliendo el Qi turbio chasqueando los dedos, muñecas, y agitando los brazos hasta que la molestia haya pasado. Si aún quedan restos de Qi turbio, el terapeuta de Qigong Médico debería practicar ejercicios de Qigong para regular sus actividades energéticas.

5. Es importante que los terapeutas de Qigong Médico, así como los receptores de la terapia, eviten las actividades extenuantes (como el correr inmediatamente después de los ejercicios de Qigong Médico) para prevenir un flujo erróneo de energía vital o dolores en las piernas. Es siempre mejor para el terapeuta de Qigong Médico y los receptores de la terapia que sean activos primero (correr, nadar, practicar formas, etc.) y después se enfríen con ejercicios de Qigong Médico inactivo (a no ser que se receten otros).

ÉTICA CLÍNICA

El estudio de la ética clínica se refiere a la moralidad del terapeuta de Qigong Médico de Qigong y su habilidad para marcar límites. El estudio de la moral en la relación terapéutica quiere reflejar los ideales que el terapeuta de Qigong Médico asume como sanador profesional y la capacidad de respaldar esos estándares profesionales con su conducta. Tanto la moral como el auto reflejo van de la mano, consciente e inconscientemente, para alinear los valores del terapeuta de Qigong Médico con sus acciones.

La conducta ética surge de los valores internos del terapeuta de Qigong Médico y sus acciones (emocionalmente, cognoscitivamente y espiritualmente) y su sentido de conexión externa (físicamente, existencialmente, y socialmente). La conducta del terapeuta de Qigong Médico de Qigong ha de ser siempre congruente con unos altos estándares éticos y en armonía con sus valores, intuición, conocimiento, y sentimientos.

Es importante establecer estándares éticos para la relación terapeuta de Qigong Médico-receptor de la terapia para evitar esos comportamientos que son considerados anti terapéuticos y para reforzar aquellos que son más beneficiosos terapéuticamente para el receptor de la terapia. Tanto el receptor de la terapia como el terapeuta de Qigong Médico confían el uno en el otro. Es responsabilidad del terapeuta de Qigong Médico crear un contexto para el receptor de la terapia donde éste pueda hacer un cambio en su vida o estado de salud.

Cuando los receptores de la terapia son tratados energéticamente, se relajan hasta llegar a un estado alterado de consciencia. Esto hace que los límites del receptor de la terapia se debiliten o desaparezcan. Ya que el Qigong clínico revela conocimientos íntimos de la vida o el estilo de vida del receptor de la terapia, hay peligro de "enredarse", o de que se formen relaciones de codependencia.

Cuando trabajan con receptor de la terapia, los terapeutas de Qigong Médico a veces encuentran reacciones físicas, mentales, emocionales, y espirituales intensas de los receptores de la terapia. Estas experiencias tienden a dispersar los límites del receptor de la terapia y pueden confundir los roles entre terapeuta de Qigong Médico y receptor de la terapia, intensificando la transferencia y activando la contratransferencia.

Cuando el terapeuta de Qigong Médico y el receptor de la terapia tienen una relación personal con un poder divino, naturalmente les transporta a un estado de sanación espiritual y sabiduría espiritual. La aceptación de esta relación divina debería establecer límites éticos. Esto se va tornando más verdadero cuando el terapeuta de Qigong Médico empieza a ver el cuadro completo de cómo sus intenciones y acciones (en relación a sus receptores de la terapia) afectan a otros. Es importante que el terapeuta de Qigong Médico también vea los efectos en sí mismo cuando realiza acciones determinadas hacia otros, incluidos sus receptores de la terapia.

INTERACCIONES CLÍNICAS CONSCIENTES E INCONSCIENTES

Las experiencias clínicas se dividen en dos estados de interacción: corporal/ mental y emocional/espiritual.

- La interacción cuerpo/mente se refiere a estados ordinarios de consciencia, como el hablar, pensar, analizar, trabajar, interactuar con el mundo material u otras personas. Estas diferentes cualidades ayudan al terapeuta de Qigong Médico a definir, categorizar, educar, y establecer sus estructuras sólidas de creencia.

- La interacción emoción/espíritu se refiere a estados subconscientes de comunicación como percibir, sentir, intuir, interactuar con el mundo espiritual o metafísico, así como con campos energéticos. La gente entra en estados de trance ligeros (soñar despierto, evadirse, etc.) para concentrarse en su atención, pensamientos, sentimientos, sensaciones e intuiciones y para conectarse con su medio ambiental y lo divino. Esto permite el acceso a información y facilita el proceso de sanación y entendimiento de uno mismo y sus experiencias vitales.

Ya que la mayoría de heridas involucran un trauma emocional/espiritual en el momento del incidente, los receptores de la terapia deben revivir el trauma durante el proceso de sanación. A través de la interacción emocional/espiritual entre el terapeuta de Qigong Médico y sus receptores de la terapia, hábitos de pensamiento, sentimientos y entendimientos empiezan a hacerse difusos y a derrumbarse. Esto hace que los receptores de la terapia encuentren nuevas interpretaciones de ciertos traumas y les permite reclamar partes desconectadas de su pasado (recuperación del alma).

Cada vez que los receptores de la terapia trascienden a un nuevo nivel de comprensión de sus miedos y sus creencias, cambian, maduran, y se expanden para ajustarse a sus nuevos esquemas mentales, emocionales y espirituales. En el momento que los receptores de la terapia rompen con sus antiguos límites a veces los sentimientos invaden su mente, provocando una sensación de expansión o de desorientación, debido a que se encuentran en territorio desconocido.

No es útil para los receptores de la terapia revivir sus traumas emocionales sin entender el proceso por el que están pasando. Revivir el trauma sin la comprensión del mismo sólo lleva a un nuevo trauma. Por eso el terapeuta de Qigong Médico de Qigong ayuda al receptor de la terapia con "los cinco niveles de la sanación emocional". Los receptores de la terapia después pueden experimentar sus emociones pasadas en el tiempo presente, y liberarse de ellas viviendo el presente. En la clínica esto se conoce como "viaje en el tiempo emocional". En este punto de transición, los receptores de la terapia no sólo experimentarán emociones y sensaciones de su pasado, sino que también pueden experimentar las emociones y las motivaciones de los que causaron el trauma.

Este conocimiento empático de las emociones del perpetrador es debido al proceso de identificación de la víctima con el culpable. Este fenómeno está bien reconocido en los casos de toma de rehenes, y es un contribuyente máximo a las víctimas de abusos infantiles que "sacan" sus miedos reprimidos actuando de forma similar a como fueron tratados ellos.

ESTABLECER ACUERDOS ENTRE TERAPEUTA DE QIGONG MÉDICO Y RECEPTOR DE LA TERAPIA

Para la protección de la integridad de terapeuta de Qigong Médico y receptor de la terapia, es importante que se establezcan los procedimientos que van a ser usados. Los siguientes siete principios se usan para establecer las bases de la ética clínica.

1. El terapeuta de Qigong Médico no causará daño alguno. El terapeuta de Qigong Médico mantendrá un alto nivel de habilidad, conocimiento, y conducta profesional, ofreciendo sus servicios sin favoritismos, prejuicios, o discriminación alguna.

El terapeuta de Qigong Médico de Qigong está comprometido a la educación y desarrollo personal del receptor de la terapia mediante la práctica del Qigong. Usará su mejor criterio para determinar si lo recetado presenta contraindicaciones o no es adecuado para los receptores de la terapia.

El terapeuta de Qigong Médico nunca hará ningún comentario negativo o comentará a los receptores de la terapia que se pondrán peor, ya que destruiría la esperanza del receptor de la terapia y es contraproducente a la sanación del receptor de la terapia (Maldición clínica). Esto causará que los receptores de la terapia sucumban a las propias creencias del terapeuta de Qigong Médico.

2. El terapeuta de Qigong Médico mantendrá todas las sesiones en confianza. Asimismo, mantendrá toda la información del receptor de la terapia en secreto. Esto permite a los receptores de la terapia experimentar el tratamiento de forma segura y recibir respuestas honestas.
Se aplican excepciones a esta regla cuando el receptor de la terapia es un peligro para sí mismo (suicidio), para los demás (homicidio), cuando el receptor de la terapia ve amenazada su vida o en casos de abuso.

3. El terapeuta de Qigong Médico recibirá el consentimiento del receptor de la terapia antes de iniciar cualquier tipo de tratamiento. Antes de empezar el procedimiento el terapeuta de Qigong Médico explicará en qué consiste el tratamiento y lo que quiere conseguir con él, así como lo que puede experimentar el receptor de la terapia. Siempre respetará los límites del receptor de la terapia, en ocasiones tendrá que imponerlos el mismo terapeuta de Qigong Médico en caso que los receptores de la terapia no puedan hacerlos por sí mismos.

4. Tanto el terapeuta de Qigong Médico como el receptor de la terapia se dirán siempre la verdad. Ninguna parte del diagnóstico se debe ocultar al receptor de la terapia, y la verdad se ha de comunicar siempre con esperanza, ya que nadie puede predecir el futuro.

El terapeuta de Qigong Médico nunca hará manifestaciones poco realistas, inadecuadas o inexactas de la terapia por Qigong. Tampoco dará al receptor de la terapia falsas esperanzas. Se deberá asistir al receptor de la terapia de forma realista.

5. El terapeuta de Qigong Médico respetará todos los acuerdos que estableció con el receptor de la terapia. Es importante que el receptor de la terapia confíe en el terapeuta de Qigong Médico. Como esto es un factor crítico el terapeuta de Qigong Médico no puede pedir prestado dinero, coches, etc. A los receptores de la terapia.

6. El terapeuta de Qigong Médico nunca actuará de forma romántica o sexual con un receptor de la terapia. El terapeuta de Qigong Médico de Qigong no debe tolerar avances sexuales mientras interactúa con sus receptor de la terapia. Aunque a veces haya atracción, no se debe actuar ni dejar salir ese sentimiento nunca pues

interferiría con el proceso de sanación del receptor de la terapia.

7. El terapeuta de Qigong Médico se pondrán de acuerdo en el lugar, hora y duración del tratamiento; así como su coste. El terapeuta de Qigong Médico debe mantener un tratamiento consistente en términos de lugar y duración. Esto hará que se mantenga la seguridad en casos de receptor de la terapia que no saben establecer sus límites. El terapeuta de Qigong Médico es el responsable de comunicar con dos semanas de antelación cualquier cambio en el tratamiento, lugar o coste.

DINAMICA DEL PODER Y COMPORTAMIENTO ÉTICO

En cualquier escenario clínico hay una dinámica de poder activa. Normalmente es el terapeuta de Qigong Médico el que mantiene el poder sobre el receptor de la terapia. Ya que el receptor de la terapia llega al terapeuta de Qigong Médico con expectativas es importante estar a la altura de las mismas y ser congruente con ellas. Estas expectativas configuran tanto los estándares para la sanación del receptor de la terapia como la dinámica de poder. A través de esta dinámica se pueden desarrollar tres problemas clásicos: transferencia, contra transferencia, y relación emocional-sexual.

1. La transferencia es el proceso en el cual un receptor de la terapia transfiere de forma inconsciente pensamientos, sentimientos y creencias al terapeuta de Qigong Médico.

2. La contra transferencia es el proceso por el que el terapeuta de Qigong Médico pierde la objetividad y transmite al receptor de la terapia de forma inconsciente sentimientos, pensamientos, creencias y patrones de conducta.

3. En una relación emocional-sexual, tanto el terapeuta de Qigong Médico como el receptor de la terapia pierden su objetividad y se transmiten sentimientos emocionales-sexuales el uno al otro.

Para prevenir esto es importante que el terapeuta de Qigong Médico mantenga constantemente sus límites. El terapeuta de Qigong Médico y el receptor de la terapia deben recordar que es el receptor de la terapia quien hace la sanación con el trabajo energético, el terapeuta de Qigong Médico meramente crea la situación donde esta transformación energética pueda darse.

ERRORES COMUNES

Hay ciertos errores comunes que el terapeuta de Qigong Médico de Qigong debe saber y que quizá experimente, si uno de los límites ha sido, o empieza a ser violado. Las experiencias son las siguientes:

El terapeuta de Qigong Médico empieza a identificarse con el problema del receptor de la terapia y siente la necesidad de discutir sus problemas similares con el receptor de la terapia.

El terapeuta de Qigong Médico empieza a sentirse emocionalmente conectado o atraído sexualmente y tiene la necesidad de actuar.

El terapeuta de Qigong Médico empieza a sentir la necesidad de ir más allá del deber y su responsabilidad para adecuarse a las necesidades del receptor de la terapia.

El terapeuta de Qigong Médico empieza a tratar a los receptores de la terapia sin cobrar

El terapeuta de Qigong Médico empieza a ser sobre protector con el receptor de la terapia, o empieza a preocuparse por el receptor de la terapia en momentos no apropiados.

El terapeuta de Qigong Médico empieza a necesitar la aprobación del receptor de la terapia.

El terapeuta de Qigong Médico no escucha lo que el receptor de la terapia dice, pensando que ya conoce el problema por adelantado.

Quedar en un intercambio de servicios con un receptor de la terapia puede dar lugar a que este se sienta abusado o dolido.

Permitir que el receptor de la terapia vaya acumulando deudas para pagarlas de golpe es poco ético y puede dar lugar a acciones legales.

Dar demasiada información particular (del terapeuta de Qigong Médico) para ayudar al receptor de la terapia puede hacer que este se sienta responsable del bienestar del terapeuta de Qigong Médico. Dar información particular puede usarse de forma muy rara cuando el receptor de la terapia se puede beneficiar de la solución que le funcionó al terapeuta de Qigong Médico. Es mejor, de todas formas, hacer ver que las situaciones les pasaron a otros.

Es importante para el terapeuta de Qigong Médico recordar que el bienestar emocional/ espiritual y la salud del receptor de la terapia siempre es lo primero. Para evitar caer en estos errores, se recomienda al terapeuta de Qigong Médico

monitorizar constantemente sus acciones y motivaciones. Este tema tan importante normalmente se deja de lado en el entrenamiento profesional y la educación.

EVITAR "QUEMARSE"

Uno de los problemas clásicos que se encuentran todos los sanadores es el "quemarse". Lo que se conoce coloquialmente por "quemarse" es el resultado del strés crónico del trabajo, y a veces puede ocurrirle al terapeuta de Qigong Médico de Qigong. Esta condición se caracteriza por una frustración extrema, decepción, agotamiento físico y mental, y a veces enfermedades físicas. El resultado es la pérdida de la preocupación por los receptores de la terapia, o la pérdida del sentimiento de éxito con su actuación como sanador. El terapeuta de Qigong Médico de Qigong es susceptible de "quemarse", especialmente si siente que:

hay demasiados o demasiados pocos receptor de la terapia ; tiene poco tiempo para recrearse;

sufre mucho estrés en su vida cotidiana;

no se pone la atención suficiente en la autopreservación y el crecimiento psicológico personal;

no se presta atención a seguir un camino espiritual o una vía propia.

Si la vida del terapeuta de Qigong Médico gira en torno a la clínica (que es lo que normalmente pasa), entrará en contacto de forma desproporcionada con los traumas de los receptores de la terapia y, además, se verá bombardeado por las energías tóxicas liberadas por estos.

A veces los receptores de la terapia, para sanar sus increíblemente grandes traumas emocionales, requieren un soporte enorme por parte del terapeuta de Qigong Médico. Si el terapeuta de Qigong Médico no monitoriza su reserva energética, esto puede dar lugar a un agotamiento de Qi.

Si el terapeuta de Qigong Médico gasta toda su energía en una interacción personal intensa con el receptor de la terapia durante su tratamiento, la interacción tóxica vaciará al terapeuta de Qigong Médico, provicando un agotamiento mental y físico. Si el terapeuta de Qigong Médico se vacía en medio de un tratamiento, puede abandonar su conexión de Dan Tien superior con el receptor de la terapia, y empezar de repente a expresar signos de crítica, ira, decepción o pena. Esto pasa cuando el terapeuta de Qigong Médico que ha agotado todas sus reservas de energía se vuelve susceptible de absorber todas las descargas emocionales del receptor de la terapia. El problema de "quemarse" normalmente viene de una invasión de los límites energéticos. Hay que recordar que la sanación por Qigong requiere que el terapeuta de Qigong Médico se sane a él mismo primero.

A menudo, cuando el terapeuta de Qigong Médico de Qigong se "quema" se debe buscar el origen en asuntos personales sin resolver y no en el número o carga de

receptor de la terapia, o la acumulación de stress ambiental que experimenta el terapeuta de Qigong Médico.

INVASIÓN DE LAS FRONTERAS ENERGÉTICAS

Intentando entender el concepto de "quemarse" debido a la invasión de las fronteras energéticas y su relación con la interacción entre receptor de la terapia y terapeuta de Qigong Médico, es importante revisar siete factores

importantes que controlan y transforman los campos energéticos del cuerpo.

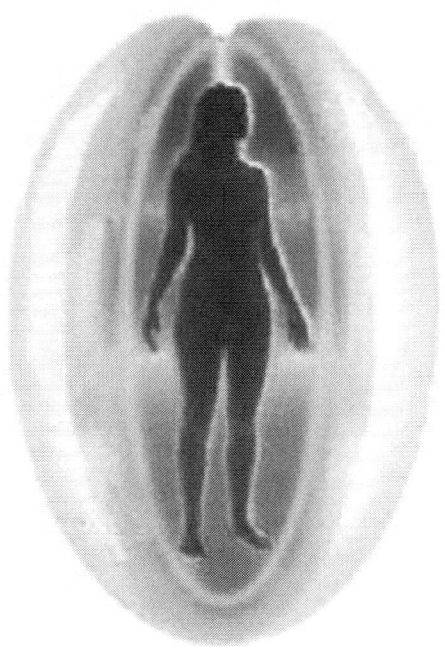

1. La energía existe en diferentes planos. El cuerpo es como un complejo holograma, compuesto por el plano físico, mental, emocional, y espiritual. El campo espiritual controla el campo emocional y mental, que a su vez controla el campo físico. Estos campos afectan y controlan la formación energética de las células del cuerpo, tejidos, órganos, y sistemas de órganos.

2. Debido a que el cuerpo produce calor, luz, electricidad, magnetismo, y resuena con las vibraciones, estas liberaciones naturales de energía crean una polaridad básica Yin (negativa) y Yang (positiva), que se encuentra en todas las manifestaciones de la energía.

3. Todo en el cuerpo está en constante vibración. Varias formas de tejidos se desarrollan a partir de diferentes vibraciones. Cuando la energía del cuerpo baja, empieza a vibrar de forma más densa. El impedimento de esta vibración puede generar un trauma o shock al sistema, produciendo estancamientos energéticos y enfermedades.

4. Los órganos internos del cuerpo recogen y almacenan energía emocional, tanto positiva como negativa. Cualquier emoción retenida que empiece a culminar, el cuerpo naturalmente la dispersará. Normalmente se liberan externamente a través de la postura, la respiración, y el diálogo mental.
    La postura incluye la estructura física del cuerpo adaptándose o conformando un Yang expandido o un Yin contraído.
    La respiración se libera desde el corazón, chillar desde el hígado, gemir desde los riñones, llorar de los pulmones, y cantar del bazo.
    El diálogo mental incluye tanto patrones benignos como malignos.

5. El cuerpo tiene tres centros primarios de energía conocidos como DanTiens. Cada Dan Tien resuena con su propia vibración y es responsable de interacciones específicas en la comunicación interpersonal.

El Dan Tien inferior es considerado la base energética más física. Es la más densa y vibra con la frecuencia más baja de los tres. Se comunica cinéticamente con el ambiente.

El Dan Tien medio se considera la base emocional y mental. Tiene una resonancia moderada y se comunica de forma empática con el ambiente.

El Dan Tien superior es considerado la base espiritual y tiene la vibración más rápida y delicada. El Dan Tien superior funciona a nivel intuitivo.

6. Cuando se comunica, el cuerpo interactuará desde los cinco niveles: físico, mental, emocional, energético, y espiritual. Esta comunicación interactiva a veces se fusionará con el ambiente externo.

7. Nuestros pensamientos y sentimientos externos e internos, así como los tejidos y las células son producto de las interacciones de la energía que surge de la comunicación con nuestro interior y nuestro ambiente.

Después de revisar estos hechos, el terapeuta de Qigong Médico puede entender porqué cada vez que conecta con receptor de la terapia, el campo del receptor de la terapia se verá engullido por el del terapeuta de Qigong Médico. El terapeuta de Qigong Médico hace esto de manera consciente para analizar el pasado emocional del receptor de la terapia, así como los estallidos emocionales presentes. Aunque los campos del terapeuta de Qigong Médico y el receptor de la terapia se unan, los campos de energía de los órganos internos del terapeuta de Qigong Médico generalmente protegen al terapeuta de Qigong Médico de absorber emociones negativas. Estas fronteras energéticas también se extienden al campo Wei Qi del terapeuta de Qigong Médico.

Tanto el campo Wei Qi del terapeuta de Qigong Médico como el del receptor de la terapia se fusionan durante el tratamiento. De esta forma es imperativo que el sistema de fronteras energéticas del terapeuta de Qigong Médico mantenga su estructura, aun siendo permeable mientras trata al receptor de la terapia. El terapeuta de Qigong Médico no debe perder de vista su propósito. Cualquier crítica dirigida al terapeuta de Qigong Médico no debe ser tomada seriamente, igual que cualquier conducta inapropiada del receptor de la terapia. El campo Wei Qi del terapeuta de Qigong Médico debe permanecer fuerte. Si no, se permitirá la transferencia energética. Si el terapeuta de Qigong Médico, por ejemplo, ya tiene una condición de calor en el hígado, se verá agravada por la influencia de la ira y la rabia liberada por el receptor de la terapia. Si esto ocurre, el receptor de la terapia se quedará aliviado pero el terapeuta de Qigong Médico quedará bastante alterado.

FORTALECIMIENTO DE LAS FRONTERAS ENERGÉTICAS

Es importante para los terapeutas de Qigong Médico de Qigong permitir que las emociones de los receptores de la terapia fluyan a través de sus cuerpos, sintiendo, entendiendo, y después liberando esos sentimientos. Si en algún punto de esta transición, un terapeuta de Qigong Médico (debido a asuntos personales) para el flujo de emociones de repente y empieza a concentrarse, o a sumirse en

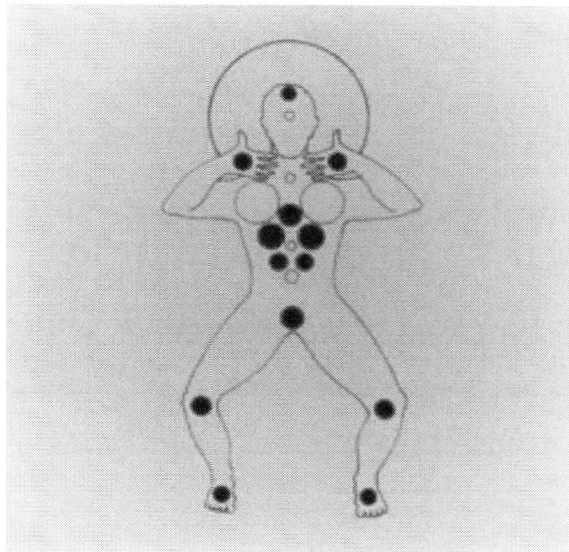

un intercambio energético particular, las emociones que descarga el receptor de la terapia invadirán el cuerpo del terapeuta de Qigong Médico.

Para evitar la invasión de las fronteras energéticas el terapeuta de Qigong Médico debe mantener un programa regular de meditación y ejercicios de Qigong. Este programa debería incluir estos ejercicios y meditaciones.

1. Practicar ejercicios y meditaciones de drenaje de Qi y dispersión emocional para liberar traumas particulares.

2. Hacer ejercicios para fortalecer los órganos internos y los campos de Wei Qi. Ya que las emociones se almacenan en los órganos internos, fortalecerlos facilitará el control de la energía emocional del cuerpo.

3. Practicar ejercicios de equilibrio y regulación del Qi para equilibrar el Yin y Yang del cuerpo, así como los canales energéticos internos y externos, órganos, y sistemas de órganos. Esto ayuda a controlar las ráfagas de energía surgidas de las descargas emocionales internas.

4. Mantener el énfasis en el enraizamiento energético y las meditaciones que están asociadas a lo divino antes de tratar a los receptores de la terapia. Estas meditaciones son importantes para establecer fronteras energéticas y emocionales que ayudarán a evitar el estrés y a prevenir las invasiones energéticas.

5. Dedicar tiempo a uno mismo incluyendo cualquier actividad espiritual, social y de recreo lejos de la clínica.

CAUSAS DEL DRENAJE ESPIRITUAL

A veces, el "quemarse" puede ser una consecuencia del "drenaje espiritual". Este tipo de situación puede provenir de haber experimentado un "período seco" de exploración espiritual y percepción. Puede ocurrir durante las observaciones y los tratamientos, provocando frustración al terapeuta de Qigong Médico. El drenaje espiritual es debido normalmente a uno o más de los siguientes cuadros.

1. Si el terapeuta de Qigong Médico está cansado, hambriento, o enfermo, su concentración se irá a sus necesidades particulares en lugar de las del receptor de la terapia.

2. Una desconexión de lo divino, causada por la culpa, falta de perdón (autoinculpación), vergüenza, etc. puede dar lugar a una pérdida de visión espiritual. Es importante que el terapeuta de Qigong Médico tenga una conexión abierta y honesta con lo divino para recibir las más sutiles revelaciones. Sin este tipo de relación, la habilidad del terapeuta de Qigong Médico para disolverse en el Wuji que lo rodea se puede ver mermada.

3. Un fallo al relajarse durante la preparación a la meditación puede acelerar el tiempo de la misma. Esta condición normalmente es debida a preocupaciones ocultas, que distraen el Shen del terapeuta de Qigong Médico antes de la meditación. Es importante

para el terapeuta de Qigong Médico relajarse y volver al estado de paz, para escuchar realmente lo divino.

4. Si se entrar en una rutina porque el terapeuta de Qigong Médico hace las meditaciones de Shengong de forma repetitiva y mecánica, y pierde la conexión emocional y espiritual con su núcleo, la meditación pierde el significado y la fuerza. Para evitar que se convierta en rutina, el terapeuta de Qigong Médico tendría que enfocar cada meditación como un nuevo comienzo y un tiempo de iluminación, y no como algo obligatorio.

5. Es importante para el terapeuta de Qigong Médico poder compartir experiencias emocionales y espirituales con otros colegas del sector, y cuando sea apropiado, con un receptor de la terapia. Este hecho de compartir experiencias, observaciones, miedos y triunfos renueva la confianza del terapeuta de Qigong Médico en sus regalos espirituales, y mantiene una gran fe en el potencial de la sanación por Qigong Médico.

ASPECTOS PRÁCTICOS

TERAPIA POR SONIDO

LAS SEIS RECETAS DE SONIDOS CURATIVOS

Antes de empezar cualquier ejercicio de sonido, hay ciertas técnicas de purificación y concentración que el receptor de la terapia debe practicar. Los ejercicios son los siguientes.

1. Siempre se empieza en una postura Wuji de pie.

2. Se respira naturalmente desde el abdomen, inhalando por la nariz y expirando por la boca. El cuerpo debería estar relajado, y la respiración debería ser suave. La mente no se debe concentrar en la expansión de los pulmones sino en el Dan Tien inferior y después en el área de tratamiento. Al exhalar, se hace el sonido curativo, sintiendo dónde llega la onda. Una vez que el área está estimulada, se sube el volumen del sonido. Al mismo tiempo, se contrae el abdomen, el ano, se agarra al suelo ligeramente con los pies, se dejan caer los hombros, y después se cambia el peso a los talones. Durante la inhalación, se cierra la boca, se sube la lengua contra el paladar,

y se cambia el peso a la planta del pie. Se exhalan los sonidos curativos a través de la boca mientras se imagina que todas las impurezas del órgano tratado desaparecen.

3. Bajar los cielos (la regulación respiratoria final). Se inhala y exhala por la nariz. Al inhalar, se levantan los brazos hacia delante y hacia arriba, a los lados del cuerpo, con las dos palmas mirando hacia abajo hasta que lleguen al nivel de los hombros. Después se giran las manos hacia arriba, y se continúa haciendo círculos con los brazos por encima de la cabeza. Al exhalar, se doblan los codos haciendo una curva delante del pecho, y se contrae el abdomen. Después se separan los brazos a los lados de las piernas, y se vuelve a la postura Wuji.

Hay que regular la respiración tres veces en la postura de Wuji cuando se acabes el ejercicio. Este ejercicio se debe hacer después de un ejercicio de sonido y antes de empezar otro.

EL SONIDO "XU" (SHU)

Este sonido relaja el hígado, ayuda a corregir defectos de la visión, y purga la acumulación de flema en el cuerpo.

NUTRE EL HÍGADO

Ambas manos se superponen a los Laogong interiores, con la mano izquierda fuera para los hombres (al revés las mujeres). El punto Shaoshang de los pulgares presiona el ombligo y los Laogong apuntan a él.

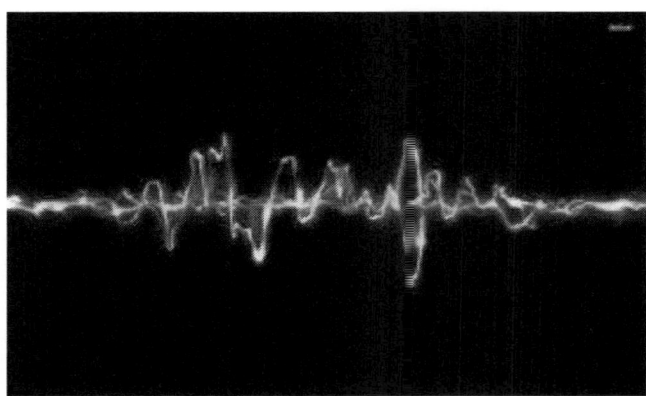

Al inhalar, hay que expandir el abdomen y cerrar los ojos, sintiendo que la respiración envuelve y penetra el hígado. Al mismo tiempo, se debe dirigir el Qi del hígado hacia arriba, desde los puntos Dadun del lateral de los dedos gordos del pie. Se visualiza el Qi subiendo por el abdomen, viajando a la garganta, a los ojos, y saliendo por el punto Baihui.

Durante la exhalación, se contrae el abdomen y se liberan los agentes patógenos. Hay que centrar la atención y la imaginación en dejar caer el Qi por la cara, los pulmones y llegar a los pulgares. Después el Qi se dirige y se enraíza en el Dan Tien inferior. Se abren los ojos haciendo el sonido "shu". Se exhala completamente. Se repite seis veces.

EL SONIDO "KE" (JA) LLENA EL CORAZÓN

Este sonido alivia el fuego del corazón y expulsa el calor del cuerpo; también mejora la circulación pobre y reduce las fiebres. Los patrones de respiración son los mismos que en la receta anterior.

Al inhalar, se levantan ambas manos al nivel de los hombros como si se abrazara un poste. Se expande el abdomen y se cierran los ojos; hay que sentir que la respiración envuelve y penetra en el corazón. Al mismo tiempo, se dirige el Qi del canal del bazo para

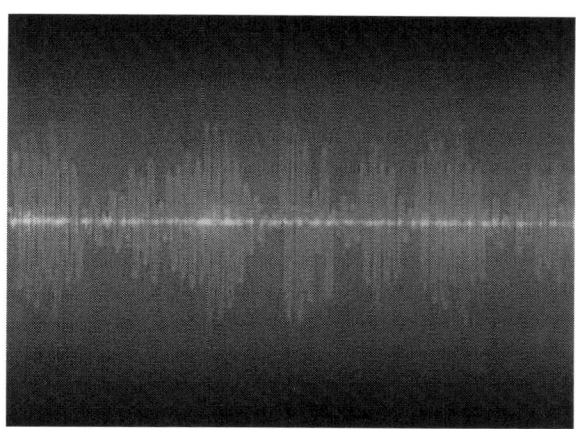

que fluya desde la parte media de los dedos gordos de los pies, por la parte interior de las piernas, hacia arriba, por el abdomen, para encontrarse con los canales de empuje, y entrar en el corazón.

Al exhalar, se abren suavemente los ojos y se saca el Qi del corazón, pasando por los pulmones, a través de las axilas por la parte interna del brazo hasta llegar a la parte media de los meñiques. Con los dedos, se apunta hacia delante para librarse de los agentes patógenos y se hace el sonido "ja". La boca está entrecerrada, con la lengua contra la mandíbula inferior. Se exhala completamente. Esta respiración debería sentirse caliente. Se vuelve a la posición de inicio y se hace lo mismo seis veces más.

EL SONIDO "HU" (JU) REFUERZA EL BAZO

Este sonido se usa para corregir los problemas digestivos, especialmente cuando el estómago y los intestinos se sienten llenos o no funcionan.

Al inhalar, se levantan ambas manos hacia arriba frente al abdomen, como si se abrazara una pelota en el área del Dan Tien inferior. Ambas palmas deberían estar cara a cara con los brazos haciendo una curva. Se expande el abdomen y se cierran los ojos, sintiendo que la respiración envuelve y penetra el bazo. Se dirige el Qi para que fluya desde los dedos gordos del pie al abdomen, para entrar en el bazo, y conectarse al estómago.

Durante la exhalación, la palma derecha se gira hacia fuera, rodando y empujando por encima de la cabeza, adoptando la postura

de "sujetar el Cielo". Al mismo tiempo, hay que imaginar que el Qi asciende hasta la garganta, la raíz de la lengua, y se expande bajo ella. Se visualiza un flujo de Qi secundario fluyendo del estómago al corazón, y ascendiendo por los canales del corazón hasta la porción media de los dedos pequeños, y se exhala con el sonido "ju". Los labios se

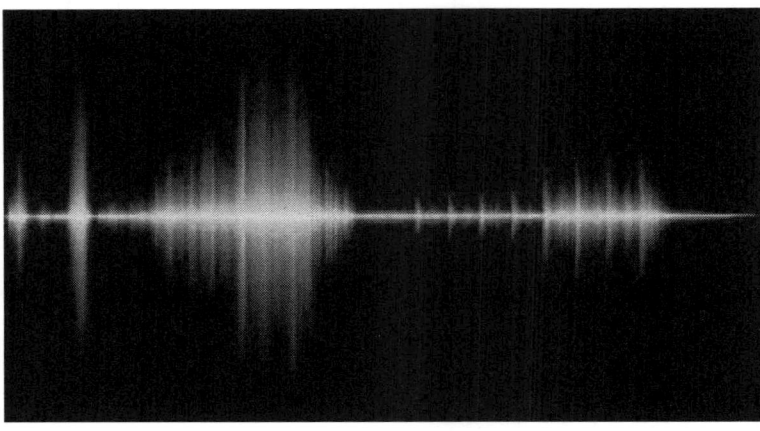

deben juntar como si tocáramos la flauta, la legua debe estar nivelada y estirada al máximo. Se exhala completamente mientras la palma de la mano izquierda se gira hacia abajo y presiona la parte exterior de la cadera izquierda.

Después, se inhala y se gira la palma derecha para que encare el cuerpo; lentamente se hace descender el brazo derecho, mientras se revierte el movimiento anterior. Al mismo tiempo, se exhala y se repite el sonido "ju". Hay que repetirlo seis veces. Al final, se cruzan ambos brazos delante del pecho y se vuelve a la posición inicial.

EL SONIDO "Si" (SSSS) TONIFICA LOS PULMONES

Este sonido se usa para nutrir los pulmones, tratar problemas como la tuberculosis, abscesos, y dermatitis.

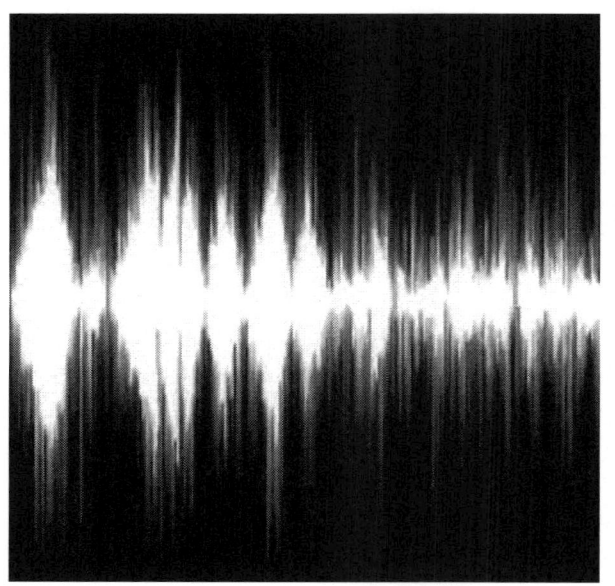

Desde la postura Wuji inicial, se inhala y se levantan las dos manos como si se cogiera una pelota delante del pecho. Se dirige el Qi de los canales del hígado para que ascienda desde los laterales de los dedos gordos del pie, por la parte interna de las piernas, y a través del abdomen inferior a los pulmones.

Cuando se exhale, hay que girar ambas manos para que apunten hacia abajo y después separar las palmas de forma horizontal hacia los lados. Se guía el Qi por los canales del pulmón hasta la parte interna de los pulgares, mientras se exhala con el sonido"sss". Los labios se echan ligeramente hacia atrás, los dientes superiores e inferiores se juntan ligeramente formando una pequeña rendija; la punta de la lengua se coloca contra esa rendija para hacer el sonido. Se exhala completamente, después se permite que ambos brazos desciendan a los lados del cuerpo. Se repite 6 veces.

EL SONIDO "CHUI" (CHRI) REFUERZA LOS RIÑONES

Este sonido se usa para regular los riñones, expulsar escalofríos, y mantener el calor interno de el Dan Tien inferior y el fuego del Mingmen.

Se inhala y se levantan los brazos para abrazar una pelota imaginara a la altura del pecho. Las articulaciones entre el pulgar y el índice están completamente estiradas. Se dirige el Qi para que fluya hacia arriba desde el Yongquan, a través de la parte interior de los muslos, por la columna, y en los riñones.

Al exhalar, se aguanta la postura y se estiran los dedos, mientras se guía el Qi desde los riñones al pecho y después a los pulmones. El Qi canalizado se transfiere al canal del pericardio y fluye hacia abajo por los brazos hasta la punta de los dedos medios. Mientras se exhala, se hace el sonido "Chri". La boca está casi cerrada con las esquinas un poco hacia atrás; la lengua se mueve hacia delante. La respiración debería sentirse fría.

Lentamente se estira el cuerpo mientras las manos descienden en círculo, desde la espalda baja hasta los muslos. Hay que masajear la zona lumbar y los lados de los muslos, moviendo las manos hacia arriba mientras se masajean las nalgas. Se vuelve a la posición inicial y se repite seis veces.

EL SONIDO "XI" (SHI) REGULA LOS TRIPLES CALENTADORES

Este sonido se usa para eliminar el exceso de calor, para tratar el reumatismo, la circulación pobre, y los problemas de los triples calentadores. Este ejercicio ayuda a cargar el cuerpo y el metabolismo del Qi, regular el Qi interno, y equilibrar los ocho sistemas del cuerpo.

El sonido "Shi" se receta siempre a receptores que estén bajo terapia por radiación o quimioterapia. Esto permite al receptor de la terapia dispersar el calor tóxico que ha quedado en sus tejidos.

Desde la postura Wuji inicial, se inhala y se levantan ambas manos como si se cogiera una pelota imaginaria delante del pecho. Se dirige el Qi canalizado del canal del triple calentador para que baje al Dan Tien inferior, y después baje por las piernas, por el canal de la vesícula biliar, a las puntas de los dedos número cuatro del pie.

Se exhala con el sonido "Shi", a mismo tiempo que se rotan ambos brazos hacia arriba en la postura de abrazar a los cielos. Los labios están ligeramente abiertos y hacia atrás; la lengua suspendida detrás de los dientes. Cuando se exhale, se dirige el Qi para que fluya hacia arriba, hasta la cabeza y pase al canal de los triples calentadores de los brazos hasta la parte exterior de los dedos anulares. Se exhala completamente.

Se inhala, mientras se giran las palmas sobre la cara hacia abajo, y se empieza a bajar ambos brazos por delante del pecho. Se debe imaginar el Qi fluyendo desde los brazos al Dan Tien inferior. Se exhala sin hacer el sonido, y se juntan las dos palmas frente al abdomen, a los lados de las caderas, volviendo a la postura Wuji. Se repite la secuencia entera seis veces.

Este ejercicio es diferente de los demás ya que la energía circula sin dispersarse fuera del cuerpo.

COMBINACIÓN DE MÚLTIPLES SONIDOS

Los seis sonidos pueden hacerse de la forma prescrita, o como terapias individuales que van de un sonido a muchos. Algunos ejemplos son:

1. Tras el sonido "Ja", se traga saliva (después de la purga de Qi) para aliviar taquicardias.

2. Muchos sonidos usados de forma secuencial, se usan para apagar el fuego patógeno dentro del receptor de la terapia.

3. Los seis sonidos se usan en combinación para tratar el frío derivado de los síntomas de la fiebre. Causado por el exceso de fuego.

4. Hacer sonidos según las cinco estaciones también será beneficioso para la regulación del receptor de la terapia.

   a. "Shu"en la primavera va bien para el hígado

   b. "Ja"en el verano va bien para el corazón

   c. "Ssss" en el otoño va bien para los pulmones

   d. "Chri"en el invierno,y durante todas las estaciones, revitaliza los riñones

e. "Ju"en todas las estaciones ayuda al bazo.

5. Combinar sonidos es como tomar varias hierbas recetadas por el herbolario. Los seis sonidos se pueden combinar para centrarse en partes específicas del cuerpo y el sistema energético.

EL HOMBRE VIEJO BUSCANDO EL REFLEJO DE LA LUNA EN EL FONDO DEL LAGO

Este ejercicio es una muestra del punto cinco de la sección anterior y se usa para tratar todas las fluctuaciones del Shen debido a depresiones emocionales, ira reprimida, culpa o remordimientos.

1. Se empieza el ejercicio desde una postura de pie. Ambos pies mirando hacia delante, separadas a la anchura de los hombros. Se inhala y se imagina la luz divina llenando los pulmones. Mientras se inhalas, hay que separar y estirar los brazos haciendo una "T".

2. Hay que inclinarse y empezar a exhalar, haciendo el sonido "Shhhh". Mientras se exhala, se imagina el Qi tóxico de los pulmones bajando por los brazos y cayendo al suelo. Ambos brazos deberían balancearse a un lado y otro, cruzándose mientras se hace el sonido.

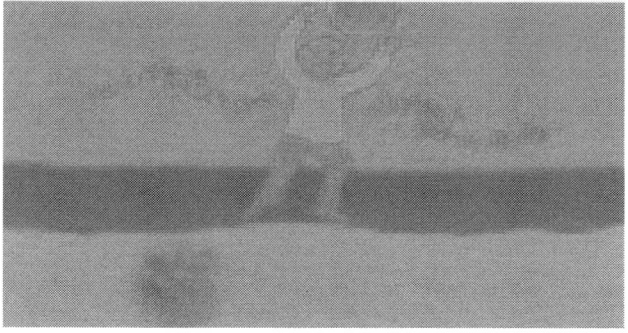

3. Se vuelve a una posición erguida, mientras se inhala y se imagina la luz divina llenando el pecho. Durante la inhalación, se mira hacia arriba y se levantan los brazos por encima de la cabeza.

4. Al exhalar, ambas manos deberían descender al nivel de los hombros, cerrando los puños. Se centra la intención en el centro del pecho y se imagina que el Qi tóxico del corazón se liberar mientras se hace el sonido "Jaaa-a-a-a". Se exhala la mitad de la respiración. Después, la segunda mitad mientras se imagina el Qi nocivo liberándose del hígado y el bazo, a la vez que se hace el sonido "Ju-u-u-u". Durante la exhalación, se mueven ambas manos hacia las caderas manteniendo los puños blandos. Se epiten los dos últimos

pasos tres veces. Eso hace un set. Hay que hacer 36 sets para completar el ejercicio. Debería durar unos 25 minutos.

CONTRAINDICACIONES PARA LA TERAPIA DE LOS SEIS SONIDOS

Hay varias contraindicaciones:

Los sonidos afectan profundamente a los tejidos, así pues no es recomendable en receptor de la terapia con huesos rotos.

Debido a los efectos estimulantes no es aconsejable recetarlos a un receptor de la terapia en una fase muy aguda de enfermedad ya que puede estimular la crecida del virus.

Se prohíbe practicar esta terapia a mujeres embarazadas, ya que pueden provocar pérdidas del feto debido a su naturaleza de dispersar bloqueos.

Se prohíbe practicar esta terapia a las mujeres que estén con la menstruación ya que es bueno dejar que el cuerpo purgue naturalmente la sangre tóxica del cuerpo.

PREPARACIÓN PARA LA TERAPIA DE SONIDO EN CASOS DE TUMOR Y CANCER

Hay que hacer que el receptor de la terapia empiece este ejercicio en la postura Wuji, y ayudarlo con la meditación del uno al cuatro.

Cada sonido se pronuncia en un tono monocorde, mirando a la izquierda y exhalando el tono mientras se rota el cuerpo a la derecha. Después de completar las exhalaciones re-

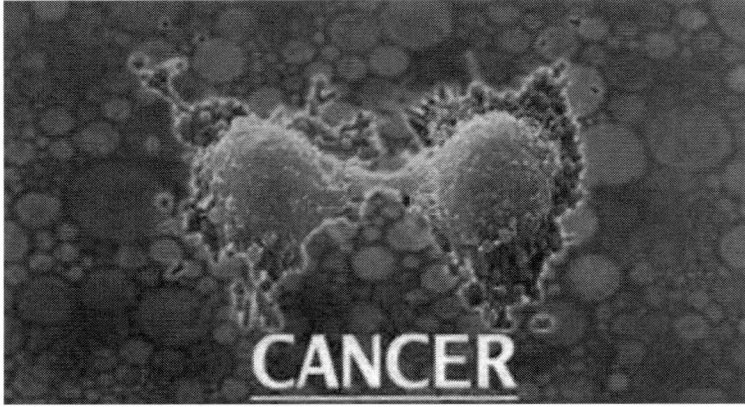

queridas, el receptor de la terapia mira al frente y se para.

El receptor de la terapia después empieza la segunda parte de la receta mirando a la derecha y exhalando un tono descendente mientras rota el cuerpo al centro de la habitación, después sube el tono mientras gira a la izquierda. Esto permite que el receptor de la terapia purgue el Qi tóxico de los órganos enfermos.

Una vez acabado, el receptor de la terapia hace la técnica de empujar el cielo para limpiar el cuerpo y cualquier residuo energético.

Los siguientes sonidos se prescriben para esta clase de terapia:

-"Guo" para enfermedades del hígado
-"Zheng" (Jang) para enfermedades del corazón -"Gong" para enfermedades del bazo
-"Shang" para enfermedades de los pulmones -"Yu" para enfermedades de los riñones

EL NÚMERO APROPIADO DE REGULACIONES DEL TONO

El receptor de la terapia primerizo no debe preocuparse demasiado por hacer el número correcto de pronunciaciones. Se deben adaptar gradualmente, de esta manera evitan cansarse. El número de repeticiones siempre depende de la edad, la constitución y el cuadro del receptor de la terapia.

Dicho de otra forma, el número de veces al día que el receptor de la terapia hace la terapia por sonido depende de la condición del mismo. Los sonidos para el cáncer se recetan a un volumen más bajo que los de la terapia de los seis sonidos.

RECETAS ESPECÍFICAS PARA TUMORES Y CÁNCER

La terapia por sonido que se usa para tratar cáncer y tumores es bastante diferente y más poderosa que la de los seis sonidos. Debido a esa diferencia de poder y potencial energético a los receptores de la terapia con cáncer se les dará un número menor de respiraciones con sus tonos, pero lo tendrán que hacer más veces al día.

El sonido escogido debe corresponder a la enfermedad del receptor de la terapia. Normalmente, los receptores de la terapia con cáncer deberían pronunciar el sonido "Jaa" al principio para purgar las emociones. Después el terapeuta de Qigong Médico añadirá los sonidos específicos según su dolencia. Son los siguientes:

1. Los tonos para receptor de la terapia en terapia de radiación o quimioterapia deberían incluir el tono "She" del triple calentador. Este tono se debería hacer después de la quimioterapia o la radiación para expulsar el exceso de calor en su cuerpo. El sonido se ha de pronunciar seis veces. Seis veces en frecuencia aguda y seis en grave. Cuando el receptor de la terapia se haya estabilizado se sustituye por el sonido "Jaa". Se hace así para estabilizar las emociones del receptor de la terapia.

2. Los tonos para cáncer de estómago deberían incluir el sonido "Dong". Se debería pronunciar diez veces en frecuencia aguda y seis en baja con variaciones tímbri-

cas.

3. Los tonos para cáncer de cerebro deberían incluir el sonido"Duo".Se debería pronunciar diez veces en frecuencia aguda y diez en grave con variaciones tímbricas. Además el receptor de la terapia también debería practicar técnicas para reforzar los riñones y el corazón.

4. Los tonos para el cáncer de pulmón deberían incluir el sonido"Shang".Se debería pronunciar nueve veces. El receptor de la terapia debería usar el método de la exhalación rápida (dos inhalaciones seguidas de una exhalación con el sonido "Shang"). También se deberían hacer ejercicios de refuerzo de los pulmones.

5. Los tonos para los tumores de intestino grueso deberían incluir el sonido "Shang". Se debería practicar nueve veces usando el método de respiración rápida, además de practicar ejercicios para reforzar los pulmones.

6. Los tonos para los tumores nasofaríngeales deberían incluir el sonido "Shang". Se debería practicar nueve veces usando el método de respiración rápida andando, además de practicar ejercicios para reforzar los pulmones.

7. Los tonos para los tumores de intestino delgado deberían incluir el sonido "Zheng". Debería practicarse siete veces, usando el método de la respiración rápida, además se deberían practicar ejercicios para reforzar el corazón.

8. Los tonos para el cáncer de hígado y los tumores de vesícula biliar deberían incluir el sonido "Guo". Debería practicarse ocho veces, usando el método de respiración rápida, además de practicar ejercicios de refuerzo para los pulmones, hígado y bazo.

9. Los tonos para los tumores de vejiga y útero deberían incluir el sonido"Yu". Se debería practicar seis veces, usando el método de respiración rápida, además de practicar ejercicios de refuerzo de los riñones.

10. Los tonos para el cáncer de próstata deberían incluir el sonido "Yu". Se debería practicar seis veces, usando el método de respiración rápida, además de practicar

ejercicios de refuerzo de los riñones.

11.Los tonos para receptor de la terapia con cáncer de piel deberían incluir el sonido "Shang". Se debería practicar nueve veces, usando el método de respiración rápida, además de practicar ejercicios de refuerzo para los pulmones, hígado, y bazo.

CONTRAINDICACIONES PARA LA TERAPIA POR SONIDO EN RECEPTOR DE LA TERAPIA CON TUMORES Y

CÁNCER

Como se ha dicho antes, los sonidos se recetan sólo para purgar condiciones de exceso dentro de los órganos enfermos del receptor de la terapia y no para tratar deficiencias de los mismos. Si un órgano ya está deficiente y al receptor de la terapia se le permite centrarse en ese órgano con uno de los sonidos para tumores y cáncer, su condición empeorará, pues se verá incrementado el potencial de de la enfermedad.

Para más información de cómo certificarte como terapeuta profesional de Qigong medico (Chinese Medical Qigong) escribe a: info@qigong.com.es

Printed in Poland
by Amazon Fulfillment
Poland Sp. z o.o., Wrocław

41175408R00188